LA FRANCE

Légende

Le français langue maternelle d'une minorité importante

Langues officielles

Le français est la seule langue officielle

Le français est une des langues officielles

Le français est la langue de culture ou des affaires pour une partie importante de la population

LE ROYAUME-UNI

LA MER DU NORD

LES PAYS-BAS (m.)

LA BELGIQUE
la Wallonie

LE LUXEMBOURG

LA MANCHE

Dunkerque
Calais
Boulogne
Lillie
LA PICARDIE
Amiens
Dieppe
Cherbourg
Le Havre
Rouen
LA CHAMPAGNE   Reims   Verdun   Metz
la Seine
Paris   L'ÎLE-DE-FRANCE   LA LORRAINE   Nancy   Strasbourg
Caen   Versailles   L'ALSACE
St. Malo   LA NORMANDIE   Chartres   Fontainebleau   LES VOSGES
le Mont-St. Michel
Brest   Troyes   Colmar
LA BRETAGNE   Rennes   Le Mans   L'ALLEMAGNE

Orléans   la Loire
Angers   Blois   la Saône
Nantes   Tours   Dijon   Besançon
la Loire   LA TOURAINE   Bourges   LA BOURGOGNE
LA VENDÉE   LA FRANCE   LE JURA   LA SUISSE
Poitiers
La Rochelle

L'OCÉAN ATLANTIQUE (m.)

LE POITOU   Limoges   Lyon   le Val d'Aoste
Clermont-Ferrand

L'AUVERGNE   Grenoble   L'ITALIE
Bordeaux   Rocamadour
LE MASSIF CENTRAL   LES ALPES
la Garonne   le Rhône   LE DAUPHINÉ
Moissac
Albi   Nîmes   Avignon   Nice
Biarritz   Montpellier   LA PROVENCE   Cannes   MONACO
Toulouse   Arles
LE PAYS BASQUE   Marseille
Lourdes   Carcassonne
LE LANGUEDOC
LES PYRÉNÉES   Perpignan   LA MER MÉDITERRANÉE   la Corse

L'ANDORRE

L'ESPAGNE (f.)

0   50   100 MILLES
0   50   100   150 KILOMÉTRES

D1412360

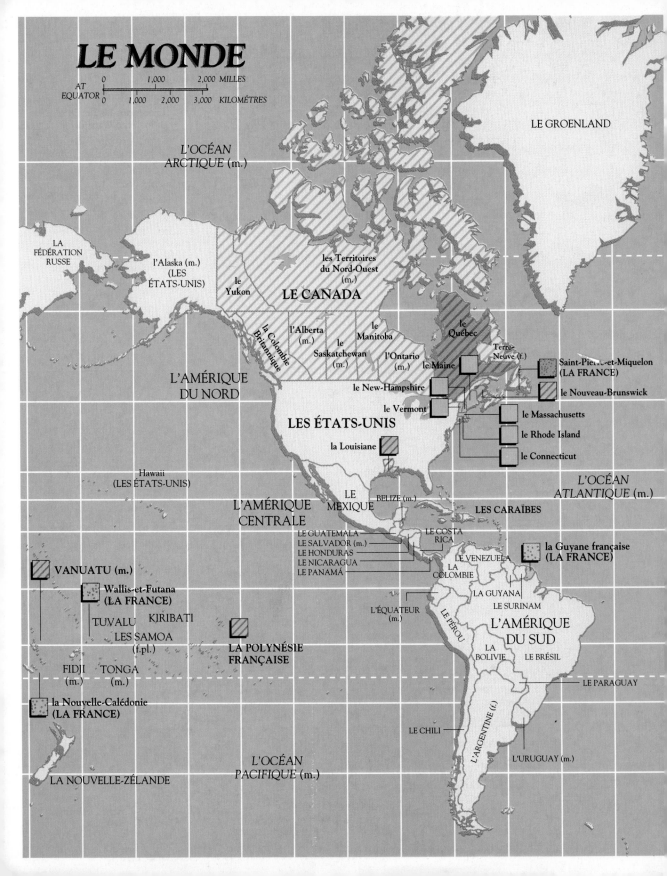

LE MONDE

AT EQUATOR

| 0 | 1,000 | 2,000 MILLES |
| 0 | 1,000 | 2,000 | 3,000 KILOMÈTRES |

LE GROENLAND

L'OCÉAN ARCTIQUE (m.)

LA FÉDÉRATION RUSSE

l'Alaska (m.) (LES ÉTATS-UNIS)

le Yukon

les Territoires du Nord-Ouest (m.)

LE CANADA

la Colombie Britannique

l'Alberta (m.)

le Saskatchewan (m.)

le Manitoba

l'Ontario (m.)

le Québec

Terre-Neuve (f.)

le Maine

Saint-Pierre-et-Miquelon (LA FRANCE)

le Nouveau-Brunswick

L'AMÉRIQUE DU NORD

le New-Hampshire

le Vermont

le Massachusetts

le Rhode Island

le Connecticut

LES ÉTATS-UNIS

la Louisiane

Hawaii (LES ÉTATS-UNIS)

L'AMÉRIQUE CENTRALE

LE MEXIQUE

BELIZE (m.)

LES CARAÏBES

L'OCÉAN ATLANTIQUE (m.)

LE GUATEMALA
LE SALVADOR (m.)
LE HONDURAS
LE NICARAGUA
LE PANAMÁ

LE COSTA RICA

la Guyane française (LA FRANCE)

LE VENEZUELA

LA COLOMBIE

L'ÉQUATEUR (m.)

LA GUYANA

LE SURINAM

VANUATU (m.)

Wallis-et-Futana (LA FRANCE)

TUVALU

KIRIBATI

LES SAMOA (f.pl.)

LA POLYNÉSIE FRANÇAISE

FIDJI (m.)

TONGA (m.)

la Nouvelle-Calédonie (LA FRANCE)

LE PÉROU

L'AMÉRIQUE DU SUD

LA BOLIVIE

LE BRÉSIL

LE PARAGUAY

L'ARGENTINE (f.)

LE CHILI

L'URUGUAY (m.)

L'OCÉAN PACIFIQUE (m.)

LA NOUVELLE-ZÉLANDE

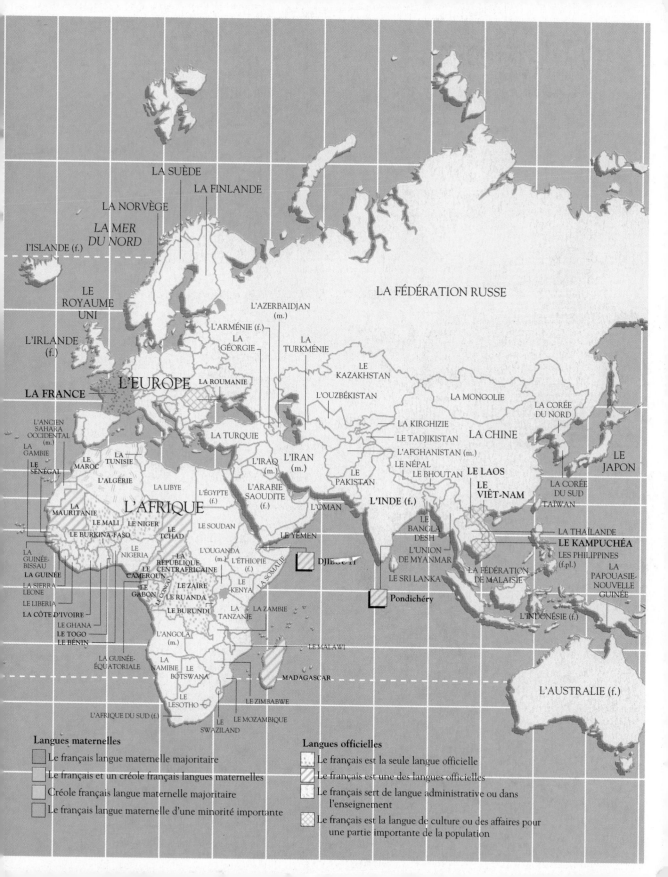

LA SUÈDE

LA FINLANDE

LA NORVÈGE

LA MER
DU NORD

L'ISLANDE (f.)

LA FÉDÉRATION RUSSE

LE
ROYAUME
UNI

L'AZERBAIDJAN
(m.)

L'IRLANDE
(f.)

L'ARMÉNIE (f.)
LA
GÉORGIE

LA
TURKMÉNIE

LE
KAZAKHSTAN

L'EUROPE

LA ROUMANIE

L'OUZBÉKISTAN

LA MONGOLIE

LA CORÉE
DU NORD

LA FRANCE

LA TURQUIE

LA KIRGHIZIE

LA CHINE

LE JAPON

L'ANCIEN
SAHARA
OCCIDENTAL
(m.)

LE TADJIKISTAN

LA
GAMBIE

LE
MAROC

LA
TUNISIE

L'IRAQ
(m.)

L'IRAN
(m.)

L'AFGHANISTAN (m.)

LE NÉPAL

LE LAOS

LA CORÉE
DU SUD

LE
SÉNÉGAL

L'ALGÉRIE

LA LIBYE

L'ÉGYPTE
(f.)

L'ARABIE
SAOUDITE
(f.)

LE
PAKISTAN

LE BHOUTAN

LE
VIÊT-NAM

L'AFRIQUE

L'INDE (f.)

TAÏWAN

LA
MAURITANIE

LE MALI

LE NIGER

LE SOUDAN

L'OMAN

LE
BANGLA
DESH

LA THAÏLANDE

LE BURKINA-FASO

LE
TCHAD

LE YÉMEN

L'UNION
DE MYANMAR

LE KAMPUCHÉA

LA
GUINÉE-
BISSAU

LE
NIGERIA

L'OUGANDA
(m.)

L'ÉTHIOPIE
(f.)

DJIBOUTI

LES PHILIPPINES
(f.pl.)

LA GUINÉE

LA
RÉPUBLIQUE
CENTRAFRICAINE

LE SRI LANKA

LA FÉDÉRATION
DE MALAISIE

LA
PAPOUASIE-
NOUVELLE
GUINÉE

LA SIERRA
LEONE

LE
CAMEROUN

LE
GABON

LE ZAÏRE

LE KENYA

Pondichéry

LE LIBERIA

LE RUANDA

LA CÔTE D'IVOIRE

LE BURUNDI

LA TANZANIE

LA ZAMBIE

L'INDONÉSIE (f.)

LE GHANA

LE TOGO

L'ANGOLA
(m.)

LE MALAWI

LE BÉNIN

LA GUINÉE-
ÉQUATORIALE

LA
NAMIBIE

LE
BOTSWANA

MADAGASCAR

L'AUSTRALIE (f.)

LE
LESOTHO

LE ZIMBABWE

L'AFRIQUE DU SUD (f.)

LE
SWAZILAND

LE MOZAMBIQUE

LE CONGO

LA SOMALIE

Langues maternelles

Le français langue maternelle majoritaire

Le français et un créole français langues maternelles

Créole français langue maternelle majoritaire

Le français langue maternelle d'une minorité importante

Langues officielles

Le français est la seule langue officielle

Le français est une des langues officielles

Le français sert de langue administrative ou dans
l'enseignement

Le français est la langue de culture ou des affaires pour
une partie importante de la population

L'EUROPE

Langues maternelles
- Le français langue maternelle majoritaire
- Le français langue maternelle d'une minorité importante

Langues officielles
- Le français est la seule langue officielle
- Le français est une des langues officielles
- Le français est la langue de culture ou des affaires pour une partie importante de la population

LA FINLANDE

LA FÉDÉRATION RUSSE

LA NORVÈGE

LA SUÈDE

LA MER BALTIQUE

L'ESTONIE (f.)

LA LETTONIE

LA LITUANIE

LE DANEMARK

LA FÉDÉRATION RUSSE

LA BIÉLORUSSIE

LA MER DU NORD

LES PAYS-BAS (m.)

LE ROYAUME UNI

L'ALLEMAGNE

LA POLOGNE

L'UKRAINE (f.)

LA MOLDAVIE

LA BELGIQUE
- la Wallonie

LA TCHÉCOSLOVAQUIE

LE LUXEMBOURG

L'AUTRICHE (f.)

LA HONGRIE

LA ROUMANIE

L'OCÉAN ATLANTIQUE (m.)

LA FRANCE

LA SUISSE

le Val d'Aoste

LA SLOVÉNIE

LA CROATIE

LA BOSNIE-HERZÉGOVINE

LA SERBIE

LA BULGARIE

L'ITALIE (f.)

LE MONTÉNÉGRO

LA MACÉDOINE

LA TURQUIE

MONACO

L'ALBANIE (f.)

L'ANDORRE

la Corse

LA GRÈCE

L'ESPAGNE (f.)

la Sardaigne

LA MER MÉDITERRANÉE

CHYPRE

0   50   100 MILLES
0   50   100   150 KILOMÈTRES

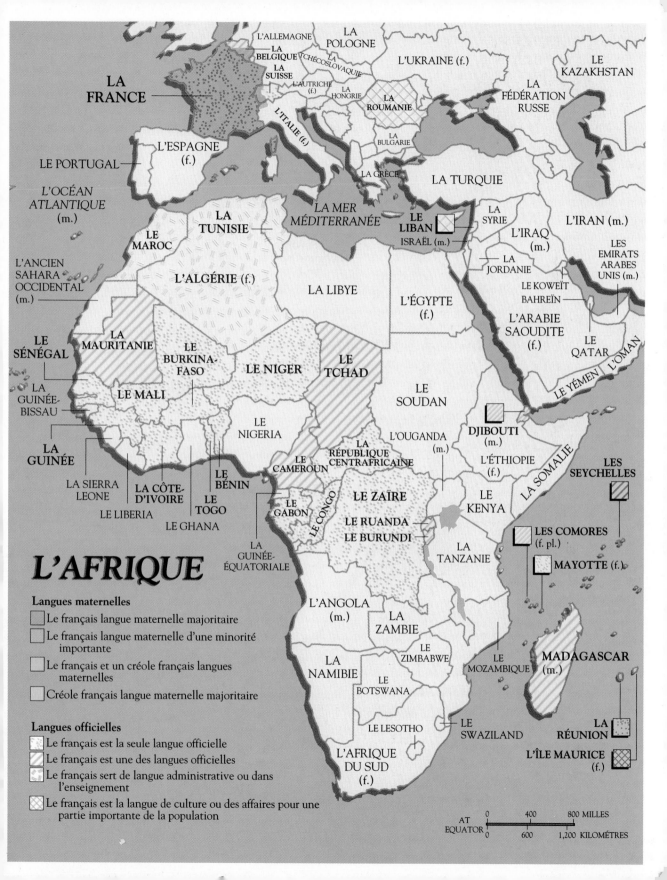

L'AFRIQUE

Langues maternelles

☐ Le français langue maternelle majoritaire

☐ Le français langue maternelle d'une minorité importante

☐ Le français et un créole français langues maternelles

☐ Créole français langue maternelle majoritaire

Langues officielles

▨ Le français est la seule langue officielle

▨ Le français est une des langues officielles

▨ Le français sert de langue administrative ou dans l'enseignement

▨ Le français est la langue de culture ou des affaires pour une partie importante de la population

L'ALLEMAGNE
LA BELGIQUE
LA SUISSE
L'AUTRICHE (f.)
LA HONGRIE
LA POLOGNE
LA TCHÉCOSLOVAQUIE
L'UKRAINE (f.)
LA ROUMANIE
LA BULGARIE
L'ITALIE (f.)
LA GRÈCE
LE KAZAKHSTAN
LA FÉDÉRATION RUSSE

LA FRANCE
LE PORTUGAL
L'ESPAGNE (f.)
L'OCÉAN ATLANTIQUE (m.)

LA TURQUIE
LA MER MÉDITERRANÉE
LE LIBAN
ISRAËL (m.)
LA SYRIE
L'IRAQ (m.)
LA JORDANIE
LE KOWEÏT
BAHREÏN
L'IRAN (m.)
LES EMIRATS ARABES UNIS (m.)

LA TUNISIE
LE MAROC
L'ALGÉRIE (f.)
LA LIBYE
L'ÉGYPTE (f.)
L'ARABIE SAOUDITE (f.)
LE QATAR
LE YÉMEN
L'OMAN

L'ANCIEN SAHARA OCCIDENTAL (m.)
LA MAURITANIE
LE SÉNÉGAL
LA GUINÉE-BISSAU
LA GUINÉE
LA SIERRA LEONE
LE LIBERIA
LE MALI
LE BURKINA-FASO
LA CÔTE-D'IVOIRE
LE GHANA
LE NIGER
LE TCHAD
LE NIGERIA
LE TOGO
LE BÉNIN
LE CAMEROUN
LE SOUDAN
L'OUGANDA (m.)
LA RÉPUBLIQUE CENTRAFRICAINE
DJIBOUTI (m.)
L'ÉTHIOPIE (f.)
LA SOMALIE
LES SEYCHELLES

LA GUINÉE-ÉQUATORIALE
LE GABON
LE CONGO
LE ZAÏRE
LE RUANDA
LE BURUNDI
LE KENYA
LA TANZANIE
LES COMORES (f. pl.)
MAYOTTE (f.)

L'ANGOLA (m.)
LA ZAMBIE
LE ZIMBABWE
LE MOZAMBIQUE
MADAGASCAR (m.)

LA NAMIBIE
LE BOTSWANA
LE LESOTHO
LE SWAZILAND
L'AFRIQUE DU SUD (f.)
LA RÉUNION
L'ÎLE MAURICE (f.)

AT EQUATOR
0   400   800 MILLES
0   600   1,200 KILOMÉTRES

L'AMÉRIQUE DU NORD

LE GROENLAND

L'OCÉAN ARCTIQUE (m.)

L'Alaska (LES ÉTATS-UNIS)

le Yukon

les Territoires du Nord-Ouest (m.)

Saint-Pierre-et-Miquelon (LA FRANCE)

le Québec

L'AMÉRIQUE DU NORD

la Colombie Britannique

LE CANADA

l'Alberta (m.)

le Manitoba

le Saskatchewan (m.)

l'Ontario (m.)

le Maine

Terre-Neuve (f.)

le New-Hampshire

le Vermont

l'Île du Prince-Edouard (f.)

le Nouveau-Brunswick

Langues maternelles

Le français langue maternelle majoritaire

Le français et un créole français langues maternelles

Créole français langue maternelle majoritaire

Le français langue maternelle d'une minorité importante

Langues officielles

Le français est la seule langue officielle

Le français est une des langues officielles

Le français sert de langue administrative ou dans l'enseignement

LES ÉTATS-UNIS

la Louisiane

le Massachusetts

le Rhode Island

le Connecticut

Hawaii (LES ÉTATS-UNIS)

LE MEXIQUE

GOLFE DU MEXIQUE

BELIZE (m.)

L'AMÉRIQUE CENTRALE

L'OCÉAN ATLANTIQUE (m.)

CUBA (m.)

LES CARAÏBES

LA JAMAÏQUE

HAÏTI (m.)

LA GUYANE FRANÇAISE (LA FRANCE)

LE GUATEMALA

LE SALVADOR

LE HONDURAS

LE NICARAGUA

LE COSTA RICA

LE PANAMÁ

LE VENEZUELA

LA COLOMBIE

LA GUYANA

LE SURINAM

L'OCÉAN PACIFIQUE (m.)

L'ÉQUATEUR (m.)

LE BRÉSIL

L'AMÉRIQUE DU SUD

LE PÉROU

LA BOLIVIE

LES CARAÏBES

CUBA (m.)

LA RÉPUBLIQUE DOMINICAINE

la Guadeloupe (LA FRANCE)

HAÏTI (m.)

DOMINIQUE (f.)

la Martinique (LA FRANCE)

LA MER DES CARAÏBES

SAINTE LUCIE (f.)

0   150   300 MILLES

0   200   400 KILOMÈTRES

AT 45° LATITUDE   0   400   800 MILLES

0   600   1,200 KILOMÈTRES

Ouvertures

Cours intermédiaire de français

Ouvertures

Cours intermédiaire de français

H. Jay Siskin
University of Oregon

Thomas T. Field
University of Maryland–Baltimore County

Julie A. Storme
Saint Mary's College (Notre Dame)

Holt, Rinehart and Winston
Harcourt Brace College Publishers

Fort Worth   Philadelphia   San Diego   New York   Orlando   Austin   San Antonio
Toronto   Montreal   London   Sydney   Tokyo

Editor-in-chief	Ted Buchholz
Senior Acquisitions Editor	Jim Harmon
Developmental Editor	Nancy Beth Geilen
Project Editor	Sarah E. Hughbanks
Production Manager	Debra A. Jenkin
Book Designer	Beverly Baker
Illustrations	Julie Johnson
Photo Research	Shirley Webster
Cover Image	Gauguin. MATAMOE. 1892. The Pushkin Museum, Moscow, Russia. (from Superstock, image number 261H/117)
Cover Background Photo	Mark Humphries

Literary and photo credits appear at the back of the book.

Printed in the United States of America

ISBN: 0-03-049047-2

Library of Congress Catalogue Card Number: 92-53197

3 4 5 6 7 8 9 0 1   039   9 8 7 6 5 4 3 2

Preface

Ouvertures, a comprehensive intermediate program designed for college-level French courses, uses culture as the organizing principle in its communicative approach to teach speaking, reading, listening and writing. In developing Ouvertures, the authors have addressed the following concerns:

- To improve articulation between beginning and intermediate French courses. Ouvertures has the advantage of a well-defined beginning point reinforced by a review of structures that is integrated into the text.
- To avoid a mere repetition of the structures, vocabulary and contexts of a first-year course. This is achieved by recycling functions, grammar, and vocabulary at a higher level and by providing a fresh cultural content which moves beyond the situations and contexts that form the basis of first-year texts.
- To integrate culture and language. Ouvertures offers content-based instruction where a cultural theme serves as a unifying element within each chapter. Culture is integrated into the teaching of every skill; speech acts, grammar, listening, reading and writing skills provide the basis for the acquisition of knowledge and understanding of Francophone culture. Language is used as a tool to explore the cultures of the Francophone world.
- To avoid normative models of Francophone cultures and the marginalization of non-continental Francophone cultures. Ouvertures promotes a contrastive approach to culture which encourages (self)-exploration rather than judgments. The cultural theme of each chapter is extended to a variety of Francophone cultures, continental and non-continental. Francophone cultures outside of France are not grouped together or treated in isolation.
- To provide a manageable amount of material while paying thorough and appropriately distributed attention to all five skills.

Organization of the Book

Ouvertures culturelles

Each chapter begins with a cluster of activities that are intended to stimulate thinking about a crucial problem of cultural dynamics. In organizing the cultural component of Ouvertures, we have chosen to emphasize issues rather than facts, and, in the belief that the study of a foreign language should serve to enlarge students' understanding of culture in the broadest sense, we have built the content of each lesson around topics that will be relevant to students whether they eventually travel abroad or not. This section opens with a brief statement in English of the issues that will constitute the cultural focus of the particular chapter followed by two activities derived from the presentation of various cultural documents: Première approche, which invites critical thinking about a particular problem of cultural dynamics, and *Pour aller plus loin*, which allows students to extend and elaborate the thinking process begun with *Première approche*.

Interactions

The *Interaction* that begins each half-chapter is a dialogue that introduces a real-world cultural problem and sets the tone for the chapter's treatment of the relevant cultural issue. These conversations provide models of natural French speech from a wide variety of speech events. In addition to their linguistic function, they are intended to illustrate the everyday impact of intercultural tensions and the variety that exists in all speech communities: this means that the dialogues are often conflictual in nature. It is our conviction that an understanding of the tensions that characterize cultures is essential to the building of intercultural awareness. The content of the *Interactions* connects them with the general cultural presentation of the chapter openers, and their form leads the student toward the more concrete vocabulary and grammar material that follow.

Grammaire de base

This section reviews material typically covered in a first-year French course. Some will have been taught for mastery in the first year. Others will be partially or only conceptually controlled. They are presented here as a basis for recycling and raising the function presented in the *Structures*.

Autrement dit

Each *Interaction* is followed by a section which expands on the vocabulary and expressions presented in context of the dialogue. These new items are organized according to semantic field, such as "le logement," "la bureaucratie"; context, such as "pour parler de la ville," "pour parler du travail"; or linguistic function, such as "pour insister qu'on a raison," "pour montrer de l'impatience". This new vocabulary is practiced through mechanical, meaningful and communicative exercises which follow.

Structures

This section explains new grammar that has been presented in context through the *Interaction*. Grammar is presented functionally and recycled throughout the text. For example, the imperfect is presented in Chapter 4 three times; its conjugation is reviewed in the *Grammaire de base*, and its two functions, describing in past time and talking about habitual past actions are presented in separate *Structures*. It is taken up again in Chapter 5 where its third function, talking about on-going past actions, is presented. Later in Chapter 5, all of the past tenses are contrasted and reviewed. Finally, in Chapter 10, the imperfect is recycled as part of a summary of verb tenses.

Etude de vocabulaire

This section presents vocabulary distinctions as well as vocabulary items from other areas of the Francophone world and borrowings from other languages into French.

Lectures

There are two *Lectures* contained in each chapter. The readings of *Ouvertures* are fully integrated with the cultural focus of the particular chapter. The first reading is generally non-literary and may be based on realia, samples of journalism or excerpts from publications for tourists; the second reading offers a more literary selection. All *Lectures* include pre-reading and post-reading exercises and have been selected to represent a wide variety of Francophone cultures.

Compréhension auditive

This section consists of authentic, unedited interviews with speakers from the Francophone world: France, Senegal, Haiti, Canada, Belgium, New England and Canada. Several excerpts from radio and television broadcasts are also included. These texts explore the cultural themes of the chapter in more depth, giving attitudes and insights from different age groups, social milieux and geographical regions.

Activités

The concluding section, *Activités*, contains small-group activities that allow students to recycle, analyze and expand on the cultural themes, vocabulary, and structures presented in the chapter.

Appendices

The appendices consist of verb charts, including irregular verbs, those which are followed by prepositions and an explanation of the forms and use of the *passé simple*; maps of the Francophone world accompanied by political, geographical and historical notes; a French-English/English-French vocabulary; and the index.

Ancillaries

The Workbook/Lab Manual

Structural accuracy, writing, listening comprehension and pronunciation are the foci of the Workbook/Lab Manual (*Cahier d'exercices et de laboratoire*). The Workbook contains written activities that correspond to each section of the textbook. Each chapter also contains a composition exercise, preceded by pre-writing activities. The Lab Manual consists of listening and writing activities such as dialogue completion, brief responses to questions, filling out grids, dictations, etc. In addition, each chapter begins with a section called *Prononciation*. Here, the sounds of French are described and drilled. An Answer Key allows for self-correction of most exercises.

Instructor's Manual

The Instructor's Manual contains sample curricula and lesson plans, strategies for utilizing each section of the textbook, sample tests and annotations keyed to specific points in each chapter. The scripts for the listening comprehension are also found in the Instructor's Manual.

Caméra 1

The Harcourt Brace Jovanovich Intermediate French Video *Caméra 1* can function as an adjunct to this textbook. Information on how to acquire this video may be obtained from a publisher's representative.

The following list contains suggestions for correlating the textbook to the video. Situation cards are also available; ask your publisher's representative for details.

OUVERTURES	CAMÉRA 1
Chapitre 1: Au seuil de la culture L'enfant et la famille	*Episode 2:* La femme contemporaine *Episode 3:* La famille
Chapitre 2: Passage vers la communication Perspectives interculturelles	*Episode 8:* La gastronomie
Chapitre 3 Accès à la formation de l'esprit L'enseignement	*Episode 1:* La vie universitaire
Chapitre 4 Perspectives sur l'exil L'immigration et l'assimilation	*Episode 6:* La politique
Chapitre 5 Révélations audiovisuelles Les médias et les valeurs	*Episode 14:* La communication *Episode 15:* Les beaux arts *Episode 16:* La télévision *Episode 17:* La chanson française
Chapitre 6 Clés de la vie politique Identités ethniques et nationales	*Episode 13:* La francophonie
Chapitre 7 Regards sur la diversité Conflits linguistiques et culturels	*Episode 11:* Les vacances *Episode 13:* La francophonie

Acknowledgments

The publication of *Ouvertures* could not have been accomplished without the assistance and support of many people. We would like to thank our Developmental Editors, Mary K. Bridges and Nancy Geilen for their hard work and insightful guidance; special thanks go to our Acquisitions Editor, Jim Harmon, whose support encouraged us to envision and complete *Ouvertures*. We also wish to express our gratitude to Emile Bedriomo for his contribution to our project and Marie-Hélène Field for her invaluable assistance in linguistic and cultural matters.

We would further like to acknowledge the role of the many reviewers and thank them for their efforts to improve the text through their astute criticism:

Roger J. Brown, West Chester University;
Edmund J. Campion, University of Tennessee;
Hope Christiansen, University of Arkansas;
Dan M. Church, Vanderbilt University;
Signe Denbow, Western Michigan University;
Jacques F. DuBois, University of Northern Iowa;
Paul Homan, North Dakota State University;
Stephen Infantino, University of Miami;
Lynn Klausenburger, University of Washington;
Jean Knecht, Texas Christian University;
Michael Locey, Bowling Green State University;
George McCool, Towson State University;
Wilbert J. Roget, Temple University;
Hilary Sachs, University of Tennessee;
Gabrielle Saint-Yves, Drew University;
Norman Savoie, Utah State University;
Richard Smernoff, State University of New York—Oswego;
Arlene F. White, Salisbury State University;
Owen Wollam, Arizona State University.

Finally, we would like to thank our friends and families who did without us and gave us their unceasing support.

Table des matières

Chapitre 4
Perspectives sur l'exil
L'immigration et l'assimilation......114

Chapitre 5
Révélations audiovisuelles
Les médias et les valeurs......151

Chapitre 6
Clés de la vie politique
Identités ethniques et nationales......183

Chapitre 7
Regards sur la diversité
Conflits linguistiques et culturels......216

Chapitre 8
Fenêtre ouverte sur les paysages
Villes et campagnes......251

Chapitre 9
Portes ouvertes ou fermées?
Différences de classe......283

Chapitre 10
Ouvertures internationales
L'état et le monde......311

1

Au seuil de la culture
L'enfant et la famille

Introduction

Family structures vary greatly across the French-speaking world, and, even within France, different regions are characterized by strikingly different types of family organization. For the most part, the family is the place where the deepest values of a culture are instilled. We will begin our study of the French-speaking world with an examination of the family and the ways in which it transmits values from generation to generation.

Première approche

Voici quatre pages d'un livre à colorier français.

A. Les deux premières pages du livre

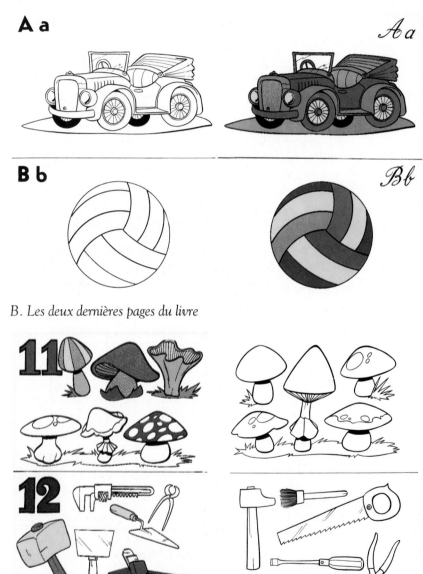

B. Les deux dernières pages du livre

Imp. Grafiche Corradin Magenta (Italie)
« Loi n° 49.956 — 16/7/1949 sur les publications destinées à la jeunesse. »
Dépôt légal n°/... 80

EDITIONS LITO
41, rue de Verdun
94120 CHAMPIGNY s. M.

1. Quels sont les objets que l'enfant va colorier?
2. Comment faut-il colorier les premières pages (A)?
3. Presque tout le livre est organisé comme ces deux premières pages. Mais, à la fin (B), il y a un changement. Lequel?
4. Qu'est-ce que ce livre apprend à l'enfant?
5. Comparez ce livre avec les livres à colorier que vous connaissez. Quelles différences trouvez-vous?
6. Que pensez-vous de la méthode adoptée par le livre français? Cette méthode est caractéristique de toute l'**éducation** (*upbringing*) de l'enfant français.

Pour aller plus loin

Regardez les statistiques suivantes. Elles représentent l'opinion des adolescents français sur leur famille.

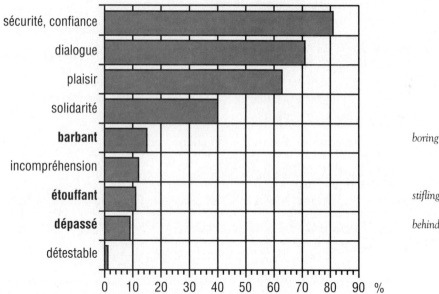

1. Quelle opinion les jeunes Français ont-ils de leur famille?
2. Dans quel ordre faut-il mettre ces mots pour représenter l'opinion des adolescents américains sur leur famille?
3. Pouvez-vous trouver des explications pour les différences entre les deux listes?

Interaction I

La leçon de conduite

Monsieur et Madame Blanchard ont invité Tom, un ami américain, à dîner chez eux. A table, il y a aussi un petit garçon qui s'appelle Didier. C'est le plus jeune fils de M. et Mme Blanchard.

MME BLANCHARD Didier!

DIDIER Quoi?

MME BLANCHARD On ne dit pas «quoi», on dit «comment». Tu veux du potage?

DIDIER Non, j'ai pas faim.

MME BLANCHARD Je *n'*ai pas faim. Et vous, Tom? Je vous sers encore un peu de rôti?

TOM Oui, je veux bien, merci. Il est délicieux.

M. BLANCHARD Didier, tiens-toi comme il faut. Nous sommes à table, voyons! Et il y a des invités.

DIDIER Maman, est-ce que tu peux me passer le sel, s'il te plaît?

MME BLANCHARD Bien sûr, mon chéri. Voilà.
[*elle attend*]
Eh bien, Didier, qu'est-ce qu'on dit?

DIDIER Merci … C'est parce que j'avais la bouche pleine.

MME BLANCHARD «Merci, mon chien»?

DIDIER Merci, maman.

MME BLANCHARD Ah, bon. Et quand on mange, on ne cache pas ses mains sous la table. Pose tes mains *sur* la table, mon chou.

TOM Pauvre Didier! En France, les grandes personnes sont bien sévères.

M. BLANCHARD [*à voix basse*] … surtout quand il y a des invités. On ne veut pas que les enfants fassent honte aux parents, vous comprenez.

Perspectives

1. Quelle est l'attitude des parents (M. et Mme Blanchard) envers leur fils?
2. Comment expliquez-vous cette attitude? En général, est-ce que les parents américains agissent de la même façon dans cette situation?

Autrement dit

Les rapports familiaux et les grands événements de la vie

*L'**aîné** (oldest) a quatorze ans. Il s'appelle Jean-Paul. Philippe, c'est le **cadet** (youngest). Il vient d'avoir neuf ans, son **anniversaire** était hier. Et c'est leur petite **cousine** (cousin), Catherine. Ils aiment jouer ensemble.*

*Moi, je suis veuve, mon **mari** (husband) est **mort** (died) il y a quelques années. Depuis sa **mort** (death), j'habite avec ma **fille** (daughter), Sophie, et son mari, Charles. Sophie est **enceinte** (pregnant); ce sera mon deuxième **petit-fils** (grandson). Le premier est né l'an dernier. C'est un enfant **gâté** (spoiled), je l'avoue … et c'est ma faute!*

*J'ai divorcé il y a quatre ans. Mon **ex-femme** (ex-wife) a la charge de nos deux enfants, des **jumeaux** (twins). Elle va se **remarier** (remarry) et les enfants ne sont pas très contents. Ils n'aiment pas tellement leurs futurs **demi-frères** (half-brothers) et **demi-sœurs** (half-sisters). Moi, je ne vais jamais me remarier.*

*Notre fille est **fiancée** (engaged) depuis mai. Elle va se marier l'année prochaine. Son fiancé est devenu **orphelin** (orphan) à l'âge de quatre ans quand ses parents sont morts dans un accident de la route. Il a été **adopté** (adopted) et **élevé** (raised) par son **oncle** (uncle) et sa **tante** (aunt). C'est un brave couple. Ils seront des **beaux-parents** (parents-in-law) idéaux.*

A table

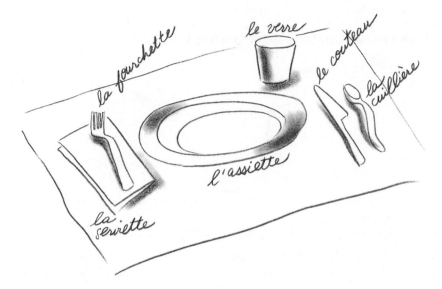

Il vaut mieux:

- ramener la soupe vers soi avec la **cuillère** (*spoon*) (sans jamais pencher (*tip*) l'**assiette** pour la finir).
- tenir le **couteau** (*knife*) dans la main droite pour **couper** (*to cut*) la viande, et éviter de reprendre la **fourchette** (*fork*) dans la main droite pour porter le **morceau** (*piece*) à la bouche.
- ne pas saucer, c'est-à-dire **essuyer** (*to wipe*) la sauce avec un morceau de pain.
- **rompre** (*to break*) son morceau de pain; ne pas le couper au couteau.
- s'essuyer la bouche avec sa **serviette** (*napkin*) avant de boire.
- ne pas parler **la bouche pleine** (*with your mouth full*).

Pour demander

Est-ce que tu pourrais/vous pourriez
Est-ce que tu peux/vous pouvez } me passser le sel?
Passe-moi/Passez-moi le sel, s'il te/vous plaît.

Pour offrir à boire

Vous voulez boire quelque chose?
Qu'est-ce que vous prenez?
Qu'est-ce que vous voulez boire?
Qu'est-ce que je vous sers?   (sers < servir)

Pour offrir à manger

Servez-vous.
Vous prenez encore de la soupe?
Encore un peu de dessert?

Pour accepter

S'il vous plaît.
Oui, avec plaisir. (C'est délicieux.)
Volontiers (*With pleasure*). (C'est très bon.)
Je veux bien. (C'est excellent.)

Pour refuser

Merci.
Non, merci.
Je n'ai vraiment plus (pas) faim.

Pratique et conversation

A. Qui est-ce? Identifiez les personnes suivantes en utilisant le vocabulaire de l'*Autrement dit*.

1. C'est un petit garçon ou une petite fille qui a perdu ses parents.

2. C'est le plus jeune enfant de la famille.

3. Ce sont des parents par mariage.

4. C'est la femme qu'on a divorcée.

5. C'est le frère du père/de la mère d'un enfant.

6. C'est la mère du père/de la mère d'un enfant.

7. C'est l'enfant du fils/de la fille d'une personne.

B. Portraits. Faites le portrait d'un membre de votre famille. Qui est-ce? Quand est-il/elle né/e? Est-il/elle marié/e? divorcé/e? Avec qui habite-t-il/elle? Ajoutez d'autres détails. Si possible, apportez une photo pour montrer aux autres.

C. Poli ou impoli? Dites si les actions suivantes seraient polies ou impolies si on était invité dans une famille française.

1. Poser les mains sur les **genoux** (*lap*) pendant le repas.

2. Tenir la fourchette dans la main gauche et le couteau dans la main droite.

3. Rompre le pain avec les mains.

4. Parler la bouche pleine.

5. Refuser d'être resservi en disant «non».

6. Finir sa soupe en penchant le bol vers soi.

D. A table. Vous dînez dans une famille française. La soupe était excellente, mais le poulet n'était pas à votre goût. Les carottes, par contre, étaient délicieuses. Votre hôtesse demande de vous resservir. Acceptez ou refusez selon vos préférences. (ATTENTION: Votre hôtesse a préparé une recette spéciale pour le poulet; elle va insister pour vous resservir ... refusez avec tact!)

Etude de vocabulaire

Pour parler des conditions physiques et mentales

Le verbe **avoir** est souvent employé pour parler des conditions physiques et mentales:

avoir faim *to be hungry*	**avoir peur (de)** *to be afraid (of)*
avoir soif *to be thirsty*	**avoir honte (de)** *to be ashamed (of)*
avoir chaud *to be hot*	**en avoir assez**
avoir froid *to be cold*	**en avoir ras-le-bol**
avoir sommeil *to be sleepy*	**en avoir marre** } *to be fed up*
avoir raison *to be right*	**en avoir jusqu'ici**
avoir tort *to be wrong*	

Pratique et conversation

A. Complétez. Finissez la phrase en utilisant une expression appropriée de la liste ci-dessus.

MODÈLE Didier, est-ce que tu pourrais ouvrir la fenêtre? Je …

Vous J'ai chaud.

1. Catherine, je t'ai dit plusieurs fois de ne pas **taquiner** (*tease*) ton frère. Arrête! Je …

2. Ah, non, je vous assure! Ce n'est pas du tout comme ça. Vous …

3. Il est minuit passé! Tu devrais …

4. J'étais sur le point de présenter le **conférencier** (*lecturer*) mais j'avais oublié son nom! Je …

5. C'est exact! Vous …

6. Il a tant de phobies que je ne peux même pas les compter. Il … de tout!

7. Un petit verre d'eau, s'il te plaît. Je …

B. Racontez. Racontez une situation récente où vous avez dû exprimer les sentiments suivants.

1. J'en ai ras-le-bol!

2. Tu n'as pas honte?

3. Je te l'ai dit! J'avais raison!

4. Je suis désolé/e, mais tu as tort.

5. Je n'ai pas mangé de toute la journée! J'ai faim!

Grammaire de base

1.1 Review the forms of the regular verbs in the present indicative:

FERMER, *to close*		FINIR, *to finish*	
je ferme	nous fermons	je finis	nous finissons
tu fermes	vous fermez	tu finis	vous finissez
il ferme	elles ferment	on finit	elles finissent

RÉPONDRE, *to answer*

je réponds	nous répondons
tu réponds	vous répondez
il répond	ils répondent

1.2 Learn the following verbs that are conjugated like **finir:**

bâtir	*to build*	**remplir**	*to fill, fill out*
choisir	*to choose*	**réfléchir à**	*to reflect*
obéir à	*to obey*	**réussir à**	*to succeed, pass (a course, a test)*

1.3 Learn the following verbs that are conjugated like **répondre:**

attendre	*to wait for*	**perdre**	*to lose*
descendre	*to go down, get off*	**rendre**	*to return*
entendre	*to hear*	**vendre**	*to sell*

1.4 Learn the forms of these high-frequency verbs thoroughly.

AVOIR, *to have*

j'ai	nous avons
tu as	vous avez
il a	elles ont

ÊTRE, *to be*

je suis	nous sommes
tu es	vous êtes
on est	elles sont

ALLER, *to go*

je vais	nous allons
tu vas	vous allez
il va	ils vont

FAIRE, *to make/to do*

je fais	nous faisons
tu fais	vous faites
il fait	elles font

2.1 To form the imperative, drop the subject pronouns **tu, nous** and **vous.** For **-er** verbs, drop the final **-s** of the **tu** form:

L'IMPÉRATIF

FERMER	FINIR	RÉPONDRE
ferme!	finis!	réponds!
fermons!	finissons!	répondons!
fermez!	finissez!	répondez!

2.2 The final **-s** of the **tu** form is restored when a pronoun starting with a vowel follows:

Parle de ton repas!	Parles-en!
Va au restaurant!	Vas-y!

3.1 Use rising intonation to turn a statement into a yes/no question. This is the most common way of asking a yes/no question in French in an informal context:

Statement: Les grandes personnes sont très sévères en France.

Question: Les grandes personnes sont très sévères en France?

Statement: Le poulet est délicieux.

Question: Le poulet est délicieux?

3.2 Yes/no questions may also be formed by adding **est-ce que** at the beginning of a statement and using rising intonation:

Est-ce que les grandes personnes sont plus sévères en France?
Est-ce que le poulet est délicieux?

3.3 When forming a question using inversion, the order of the subject pronoun and verb is reversed. Inversion is usually used in more formal contexts.

Peux-tu me passer le sel?
Veux-tu encore de la soupe?
Habite-t-il en France?

As the last example illustrates, when the written form of a verb in the third person singular ends in a vowel (that may or may not be pronounced), a **-t-** is inserted between it and the subject pronoun.

3.4 Note that when the subject is a noun, the noun remains and the verb and the pronoun that corresponds to the subject are inverted.

Les grandes personnes sont-elles plus sévères en France?

3.5 Information questions are formed by using question words such as:

Où	where?	Comment	how?
Quand	when?	Pourquoi	why?
Combien de	how many?	A quelle heure	at what time?

3.6 Two patterns are possible for information questions:

QUESTION WORD +	EST-CE QUE +	SUBJECT +	VERB
Où	est-ce que	tu	vas après le dîner?
Quand	est-ce que	nous	allons finir?

OR

QUESTION WORD +	VERB +	SUBJECT
Où	vas-	tu après le dîner?
Quand	allons-	nous finir?
Comment	allez-	vous?
Quelle heure	est-	il?

3.7 Note that inversion rarely occurs in the first person singular. Inversion is less frequent than other question-asking structures, except in a few fixed expressions such as the ones given below:

Comment allez-vous?   Quelle heure est-il?   Quel âge as-tu?

Structure I

Pour poser une question: les pronoms interrogatifs

    Another way of asking information questions is by using *interrogative pronouns*. When using these pronouns, you are asking about either persons or things. The forms will differ depending on the grammatical function of the pronoun in the question. Study the chart below:

INTERROGATIVE PRONOUNS

GRAMMATICAL FUNCTION	PERSONS	THINGS
subject	<u>qui</u> Qui est là? Qui sont ces gens?	<u>qu'est-ce qui</u> Qu'est-ce qui est bon?

direct object	<u>qui est-ce que</u>
	Qui est-ce que tu vas
	   inviter ce soir?
	<u>qui</u>
	Qui vas-tu inviter ce soir?
		<u>qu'est-ce que</u>
		Qu'est-ce que tu vas
		   servir?
		<u>que</u>
		Que vas-tu servir?

object of a preposition	<u>[à] qui est-ce que</u> A qui est-ce que tu parles? <u>[à] qui</u> A qui parles-tu?	<u>[à] quoi est-ce que</u> A quoi est-ce que tu penses? <u>[à] quoi</u> A quoi penses-tu?

a. The verb that follows the subject form of the interrogative pronoun must be in the third person.

b. Note that there are two forms given for interrogative pronouns serving as direct objects and objects of a preposition. When using the longer form that contains **est-ce que** (qui **est-ce que**, qu'**est-ce que**, etc.) no inversion of the subject and verb is necessary. When using the short form, inversion of the subject and verb is required.

c. In French, questions about objects of prepositions always begin with the preposition. Compare this to colloquial English.
   *Who are you talking **about?***   **De** qui parles-tu?

d. To ask for an identification, use the question **Qu'est-ce que c'est**?
   [*Pointing to a bottle-opener:*]   — Qu'est-ce que c'est?
                         — C'est un décapsuleur.

e. To ask for a definition, use the question **Qu'est-ce que c'est que ...**?
   — Qu'est-ce que c'est qu'un décapsuleur?
   — C'est un truc pour ouvrir une bouteille.

Pratique et conversation

A. Une gaffe sociale. Tom raconte sa soirée chez les Blanchard. Il a fait une gaffe sociale. Posez une question basée sur la partie de la phrase en italique.

Modèle *Les Blanchard* m'ont invité chez eux.

    Vous Qui t'a invité chez eux?

1. Ils ont servi *une soupe délicieuse*.
2. Il y avait *deux cuillères* sur la table.
3. J'ai mangé la soupe *avec la mauvaise cuillère*.
4. Mme Blanchard a servi *une mousse au citron* à la fin du repas.
5. J'ai commencé à la manger *avec ma cuillère à soupe*.
6. Heureusement, *Mme Blanchard* m'a passé discrètement une cuillère à dessert.
7. *Personne n'*a remarqué ma gaffe.

B. Une rupture. Pauvre Jacqueline! Elle vient de **rompre** (*break up*) avec son fiancé! Elle parle à sa meilleure amie, Agnès. Complétez le dialogue en mettant la forme correcte du pronom interrogatif dans le blanc.

    Agnès Ma pauvre Jacqueline! Raconte tout ce qui s'est passé.

Jacqueline Il a téléphoné ...

    Agnès Et _____ il t'a dit? (*what*)

Jacqueline Il m'a dit qu'il ne voulait plus me voir. Et puis il m'a dit qu'il sortait avec une autre ...

    Agnès Avec _____ est-ce qu'il sort? (*whom*)

Jacqueline Je ne sais pas. Et puis, il m'a accusée d'être infidèle. Quelqu'un lui a dit qu'il m'avait vue embrasser Philippe ...

    Agnès Mais _____ le lui aurait dit? (*who*)

Jacqueline Aucune idée.

    Agnès _____ vas-tu faire? (*what*)

Jacqueline Je pense à quelque chose qui pourrait le faire changer d'avis.

    Agnès _____ penses-tu? (*what*)

Jacqueline Ecoute, j'ai un plan ...

    Agnès Mais _____ arrivera si ton plan ne marche pas? (*what*)

Jacqueline Alors là, je ne sais vraiment pas ce que je ferai.

C. Situations. Essayez d'éliciter la description d'une situation amusante/embarrassante/pénible etc., qui est arrivée à votre partenaire en lui posant des questions. Votre partenaire ne fera que répondre à vos questions; il/elle ne fournira aucun détail, alors, soyez persévérant/e et méticuleux/euse avec vos questions. Ensuite, racontez tout ce que avez appris à la classe.

D. **Jeopardy.** Votre professeur va diviser la classe en équipes. Ensuite, il/elle vous donnera la définition d'un objet. L'équipe qui devinera l'identité de l'objet en posant la question correcte recevra un point. L'équipe avec le plus de points gagnera, bien sûr.

Structure II

Pour conseiller: l'impératif

a. Learn the following irregular imperatives:

	AVOIR	ÊTRE	SAVOIR
[tu]	aie	sois	sache
[nous]	ayons	soyons	sachons
[vous]	ayez	soyez	sachez

Ayez la gentillesse de ne pas parler trop fort.
Sois sage, Benoît!
Sachez que les Français apprécient les bons vins californiens. (Here, the imperative **sachez** means *let me inform you*)

b. The verb **vouloir** also has irregular imperative forms, of which only the second personal plural is used in a very formal register, with the meaning of *please*:

Veuillez …
Veuillez croire, Monsieur, à l'expression de mes sentiments distingués = *Sincerely yours*

Pratique et conversation

A. **Conseils.** Quels conseils est-ce que vous donneriez à un Américain qui est invité à dîner dans une famille française? Formulez des phrases.

1. Savoir/vous comporter à table.
2. Ne … pas avoir/peur de goûter quelque chose que vous n'avez jamais essayé.
3. Ne … pas être/impoli.
4. Avoir/les mains sur la table pendant le repas.
5. Savoir/qu'on ne coupe pas son pain avec un couteau.
6. Si vous faites une gaffe sociale, avoir/le sens de l'humour.

B. **Situations difficiles.** Qu'est-ce que vous diriez dans les situations suivantes? Utilisez l'impératif.

1. Votre sœur vient de perdre son emploi. Elle en est très triste et anxieuse.
2. Un ami français a du mal à apprendre l'anglais. Il n'a pas beaucoup de patience.
3. Vos petits cousins ne sont pas sages du tout. Ils se disputent constamment.

4. Votre professeur est trop sévère. Il n'est pas du tout gentil.

5. Votre patron a refusé de vous donner une augmentation. Il est trop avare.

6. Vous vous trouvez dans une situation difficile. Vos amis n'ont pas de sympathie pour vous.

7. Vos amis vous demandent constamment pourquoi vous avez beaucoup de temps libre. Finalement, vous leur révélez que vous avez perdu votre emploi.

C. **Des parents modernes.** Vos parents ont décidé qu'ils veulent ressembler aux jeunes. Formulez plusieurs phrases à l'impératif pour leur dire ce qu'il faut faire/ne faut pas faire.

Lecture I

Le texte suivant, qui vient d'une brochure publiée par la Caisse Na-tionale d'Allocations Familiales, décrit différentes sortes d'assistance offertes par le gouvernement français aux nouveaux parents.

Avant de lire

A. **Réfléchissez.** Regardez la grille de congé de maternité et la publicité ci-dessous et répondez aux questions suivantes.

Petit Format/Sandra Lousada/CLMBBDO

1. Quels pays ont les congés de maternité les plus avantageux? les moins avantageux?

2. La publicité fait partie d'une campagne gouvernementale. Quel est le but de cette campagne? Est-ce que vous pourriez imaginer les raisons pour lesquelles «La France a besoin d'enfants»?

3. Quels sont les problèmes qui concernent la natalité aux Etats-Unis? Avec l'aide de votre professeur, comparez ces problèmes à ceux de la France dans ce domaine.

Congés de maternité dans quelques pays industriels

	Durée des congés	Nombre de semaines payées	Pourcentage du salaire normal
Allemagne	14–26	14–19	100%
Autriche	16–52	20	100%
Canada	17–41	15	60%
Finlande	35	35	100%
France	18	16	90%
Italie	22–48	22	80%
Japon	12	12	60%
Suède	12–52	38	90%

Source: *The Baltimore Sun*

B. Prédictions. Avant de lire le texte, essayez d'imaginer son contenu en répondant aux questions suivantes.

1. Quelle sorte d'assistance est-ce que le gouvernement français pourrait offrir?

2. A qui est-ce qu'on offrirait de l'assistance?

3. Quelles conditions est-ce que le gouvernement pourrait imposer à ceux qui bénéficient de cette assistance?

C. Classez. Lisez rapidement le texte pour trouver des mots et des expressions qui appartiennent aux deux catégories ci-dessous. Ensuite, essayez de deviner le sens des mots que vous avez trouvés selon leur contexte.

LA FAMILLE   LES FINANCES

_____   _____

_____   _____

_____   _____

_____   _____

_____   _____

D. Quelle traduction. Regardez les mots en italique dans leur contexte et choisissez la traduction correcte.

1. Attention, si vous ne respectez pas *les délais* de ces visites, vous risquez de perdre une partie de vos droits.

   a. delay   b. time period

2. Au 1e juillet 1991, *le montant* mensuel de l'allocation a été fixé à 882F.

   a. amount   b. showing

3. Il est le même pour toutes les familles, quel que soit le nombre d'enfants *à charge.*

   a. dependent   b. in charge

4. La naissance d'un enfant *entraîne* des modifications dans votre mode de vie …

   a. trains   b. brings about

5. … la loi vous *accorde* un certain nombre d'avantages.

   a. grants   b. agrees

E. Parcourez. Lisez rapidement en indiquant dans quelle partie du texte vous trouvez les choses suivantes.

1. Les conditions qu'on doit remplir pour recevoir une allocation pour jeune enfant

2. Les limites sur les ressources des familles qui demandent une allocation pour jeune enfant

3. Le montant mensuel de l'allocation pour jeune enfant

4. Les avantages au point de vue des impôts pour une famille avec un jeune enfant

5. La **durée** (*duration*) du congé parental

Vous attendez un enfant

L'allocation pour jeune enfant

whatever/avoir droit à: to have the right to

Vous attendez un enfant. **Quelle que soit** votre situation, vous **avez droit à** l'allocation pour jeune enfant pour préparer sa naissance et peut-être jusqu'à ses trois ans.

Quelles autres conditions devez-vous remplir?

as of

Pour avoir droit à cette allocation **à partir de** votre cinquième mois de grossesse, vous devez:

through/governmental office which distributes funds

- déclarer votre grossesse avant la fin des quinze premières semaines, **auprès de** votre **Caisse** d'assurance maladie et de votre Caisse d'allocations familiales,

- passer les trois visites médicales obligatoires avant la fin de votre troisième mois, au cours de votre sixième mois et dans les quinze premiers jours de votre huitième mois de grossesse,

- faire passer à votre enfant les trois examens médicaux obligatoires, dans les huit jours suivant sa naissance, au cours de son neuvième ou dixième mois et au cours de son vingt-quatrième ou vingt-cinquième mois.

France: une crèche collective municipale à Grenoble

Attention, si vous ne respectez pas les délais de ces visites, vous risquez de perdre une partie de vos droits.

A partir de votre cinquième mois de grossesse et jusqu'au troisième mois de votre enfant, quels que soient vos revenus, vous avez droit à cette allocation. Au-delà, et jusqu'aux trois ans de votre enfant, vos ressources ne doivent pas dépasser certaines limites.

Quelles sont les limites fixées?

Pour le savoir, regardez le tableau ci-dessous:

NOMBRE D'ENFANTS	MÉNAGES AVEC UN REVENU EN 1990	MÉNAGES AVEC DEUX REVENUS EN 1990 OU PERSONNE SEULE
1	94 283 F	124 599 F
2	113 140 F	143 456 F
3	135 768 F	166 084 F
par enfant en plus	+ 22 628 F	+ 22 628 F

Si vos revenus sont légèrement supérieurs à ces limites mais qu'ils ne les dépassent pas de plus de 10 332 F, vous avez droit à une partie du montant de cette allocation.

Quel est son montant?

monthly

Au 1ᵉʳ juillet 1991, le montant **mensuel** de l'allocation a été fixé à 882 F. Il est le même pour toutes les familles, quel que soit le nombre d'enfants à charge.

Vos autres droits

birth
lifestyle
the law

La **naissance** d'un enfant entraîne des modifications dans votre **mode de vie,** notamment au plan financier ou professionnel. Pour vous aider à faire face à ses changements, **la loi** vous accorde un certain nombre d'avantages.

La fiscalité

taxes
cost
upon proof/spent/déduire:
to deduct/a ceiling

Si vous travaillez, vous pouvez bénéficier d'une réduction **d'impôt** pour les **frais** de garde des enfants de moins de sept ans.

Sur justificatif, 25% des sommes **versées** seront **déduits** directement de votre impôt, avec un **plafond** de 15 000 F par enfant.

le congé: a leave or time off
from work

Le congé parental

Il est ouvert au père ou à la mère, à condition d'avoir un an d'ancienneté dans l'entreprise au jour de la naissance. Si votre entreprise compte plus de cent salariés, votre employeur ne peut vous le refuser.

A la suite du congé maternité (ou d'adoption), le congé parental est accordé pour une période d'un an renouvelable deux fois jusqu'aux trois ans de votre enfant. A la fin du congé, le contrat de travail n'est pas

the time of

rompu et vous réintégrez vos fonctions aux mêmes conditions que **lors de** votre départ.

Après avoir lu

A. Compréhension du texte. Répondez aux questions suivantes.

1. Quand est-ce qu'une femme doit déclarer sa grossesse pour recevoir l'allocation pour jeune enfant?

2. Qui doit subir des visites médicales pour recevoir l'allocation pour jeune enfant? Combien de visites médicales? Quand est-ce qu'il faut passer ces visites médicales?

3. A partir de quel âge (de l'enfant) est-ce qu'on considère les ressources de la famille?

4. Jusqu'à quel âge (de l'enfant) est-ce que les parents peuvent recevoir cette allocation?

5. Est-ce que la Caisse d'allocations familiales accorde des allocations partielles?

6. Quel est le montant mensuel de l'allocation pour jeune enfant? Est-ce que le montant change selon les ressources de la famille ou le nombre d'enfants?

7. Est-ce que le gouvernement aide les familles avec les frais de garde des enfants? Comment?

8. Dans quelles circonstances est-ce qu'une entreprise peut refuser d'accorder un congé parental?

B. A la Caisse d'Allocations Familiales. Vous travaillez à la Caisse d'Allocations Familiales et vous lisez des demandes d'assistance.

1. Indiquez si chaque personne 1) serait refusée, 2) recevrait l'allocation, 3) recevrait une allocation partielle.

> Demande 1: Chantal Péguy. Célibataire. Un enfant de quinze jours. Revenu: 110 000 F.
>
> Demande 2: Henri Deschamps. Marié avec 3 enfants; le plus jeune a 2 ans. Sa femme travaille. Revenu: 176 000 F.
>
> Demande 3: René Gascon. Marié avec 5 enfants; sa femme ne travaille pas. Revenu: 150 000 F.
>
> Demande 4: Brigitte Pérona. Célibataire. Pharmacienne. Elle vit conjugalement avec le père de ses 2 enfants, Michel Deschamps qui travaille. Revenu: 150 000 F.
>
> Demande 5: Rachel Kaufmann. Mariée. Mère de famille. Jumeaux de trois mois. Revenu: 95 000 F.

France: une famille à Orléans

2. Calculez la réduction des impôts pour les personnes suivantes:

   a. Henri Deschamps a payè 30 000 F pour la garde de ses trois enfants âgés de 6, de 4 et de 2 ans.

   b. Brigitte Pérona a payé 17 000 F pour la garde de son fils âgé de 5 ans.

   c. Rachel Kaufmann a payé 8 000 F pour la garde de ses jumeaux âgés de 3 ans.

C. **Critique social.** En petits groupes, composez une liste des avantages et des désavantages du système d'Assistance Familiale en France. Selon vous, est-ce qu'un tel système pourrait fonctionner aux Etats-Unis?

Interaction II

Pas si sévères, après tout …

Le fils aîné de M. et Mme Blanchard s'appelle Gilles. Depuis une semaine, Gilles est en voyage avec des amis. Il rentre justement ce soir. En arrivant chez lui, il trouve sa famille à table avec Tom, leur ami américain.

GILLES (seize ans) Salut, tout le monde! Non, non, ne vous dérangez surtout pas pour moi.

M. BLANCHARD Gilles! Nous t'attendions hier soir. Alors, tu t'es bien amusé?

GILLES Oh, oui! Tellement, en fait, que j'ai décidé de rester un jour de plus. Ah, papa, c'est beau, la liberté!

MME BLANCHARD Si tu as faim, Gilles, assieds-toi. Tu connais Tom?

GILLES Bien sûr … Non, merci, maman, j'ai pas faim.

DIDIER On dit: «Je n'ai pas faim.»

TOM Où es-tu allé, Gilles?

GILLES A Nice, et puis un peu partout sur la Côte d'Azur. Très sympa. On a découvert des boîtes de nuit vraiment extra! Un soir, on est même allé jusqu'en Italie, dans la bagnole d'un de mes copains.

TOM Seuls? Je veux dire … sans aucun adulte pour vous surveiller? Au fond, les parents, en France, ne sont pas si sévères que ça … Beaucoup d'Américains s'étonneraient de la liberté que vous laissez à Gilles.

M. BLANCHARD Bah, c'est un jeune homme sérieux. Et puis, que voulez-vous: «Il faut bien que jeunesse se passe.»

GILLES Au fait, il faut que je passe chez un de mes copains tout à l'heure. Quelle heure est-il? Oh la la! J'y vais. Bonsoir.

MME BLANCHARD Mais Gilles …

TOM Réflexion faite, les parents en France sont plutôt
indulgents.

DIDIER Pas quand on est petit, en tout cas.

Perspectives

1. Est-ce que les Blanchard traitent Gilles de la même façon que Didier?
Expliquez cette différence.

2. Est-ce que vos parents vous permettraient la même liberté que les
Blanchard accordent à Gilles?

Autrement dit

Saluer

Salut. Ça va?	Oui, ça va et toi?	Très bien.
Bonjour, Anne. Comment ça va?	Pas mal, et toi?	Ça va bien, merci.
Bonjour, Madame. Comment allez-vous?	Très bien, merci, et vous?	Très bien, merci.
Bonsoir, M. Coste. Comment allez-vous?	Bien, merci. Et vous-même?	Pas mal.

Québec: une famille à Québec

Martinique: une famille à la Pointe du Diamant

Présenter

AVANT DE PRÉSENTER	PRÉSENTATION	RÉPONSE
Tu connais Tom?	Je te présente Tom Richards.	Salut!
	Tom, [c'est] Marie-Hélène.	Enchanté/-e.
	Marie-Hélène, [c'est] Tom.	Très heureux/-euse.
Vous connaissez Madame Blanchard?	Je vous présente Madame Blanchard.	[Je suis] heureux (-euse)/enchanté(e)/ content(e) de vous rencontrer/connaître.
Vous vous connaissez?	Je voudrais vous présenter Madame Blanchard.	
	Permettez-moi de vous présenter Madame Blanchard.	[Je suis] enchanté(e) etc. de **faire votre connaissance** (*make your acquaintance*).
	C'est ma femme, Sylvie Blanchard.	

Se présenter

Je me présente. [Je suis/Je m'appelle] Charles Fourny.
Je me permets de me présenter. [Je suis/Je m'appelle] Charles Fourny.

Pour dire au revoir

AVANT DE PRENDRE CONGÉ

Excuse(z)-moi.	Je suis en retard.	
	Il faut que je coure.	*I have to run.*
	Il faut que je me dépêche.	*I have to hurry.*
	Il faut que je m'en aille.	*I have to leave.*
	Je me sauve.	*I have to get going.*
	Je cours.	
	Je m'en vais.	
	J'ai rendez-vous [tout à l'heure].	

SALUTATION	ON PEUT AJOUTER …	OU …
Salut!	A tout de suite.	Bonne journée.
Ciao!	A tout à l'heure.	Bonne soirée.
Au revoir!	A plus tard.	Bon week-end.
Au revoir, Monsieur/ Madame/Mademoiselle.	A bientôt.	Bonnes vacances.
Bonsoir.	A ce soir.	Bon courage.
Bonne nuit (se dit au moment de se coucher).	A demain.	
	A lundi.	

Pratique et conversation

A. Salutations. Qu'est-ce que vous diriez pour saluer les personnes suivantes? Et pour prendre congé?

1. un copain/une copine

2. votre professeur

3. une vendeuse dans un grand magasin

4. votre boulanger

5. un/e camarade de classe

B. Présentations. Présentez la personne dans la colonne A à la personne dans la colonne B.

A	B
1. vos parents	votre fiancé/e
2. un/e camarade de classe	un/e autre camarade de classe
3. vous	quelqu'un que vous aimeriez connaître
4. votre sœur de 21 ans	votre meilleur copain
5. votre professeur	vos parents
6. vous	un/e voisin/e

Choisissez une des situations ci-dessus et faites-en une petite conversation.

C. Une soirée. Vous avez invité beaucoup de personnes qui ne se connaissent pas chez vous pour un cocktail. Présentez les invités les uns aux autres. Présentez-vous et votre mari/femme à ceux qui ne vous connaissent pas.

D. **Une rencontre malchanceuse.** Par malchance, vous avez rencontré un/e ami/e qui adore bavarder. Vous avez beaucoup de choses à faire; après un petit échange, vous essayez de vous débarrasser de cet/te ami/e, qui refuse de vous laisser partir. Finalement, vous insistez, et vous vous dites au revoir.

Etude de vocabulaire

Le langage familier

Le langage familier, c'est le français employé avec des gens qu'on connaît bien et dans des situations quotidiennes de la vie. Pour un étranger, il vaut mieux l'employer avec modération, en attendant qu'on atteigne une meilleure connaissance de la langue et de la culture françaises. Pourtant, il est important de pouvoir comprendre le français familier.

Pratique et conversation

Choisissez. Choisissez le mot de la colonne B qui correspond à son équivalent dans le langage familier de la colonne A. Utilisez un dictionnaire, si nécessaire.

A	B
1. bagnole	a. nourriture
2. sympa	b. firme/enterprise
3. fac	c. extraordinaire
4. bouquin	d. livre
5. bouffe	e. voiture
6. extra	f. enfant
7. boîte	g. sympathique
8. boulot	h. faculté, université
9. gosse	i. emploi

Grammaire de base

4.1 Review the conjugation of the following irregular verbs in the present indicative:

VOULOIR, *to want*		POUVOIR, *to be able to*	
je veux	nous voulons	je peux	nous pouvons
tu veux	vous voulez	tu peux	vous pouvez
il veut	elles veulent	on peut	ils peuvent

SORTIR, *to go out*	
je sors	nous sortons
tu sors	vous sortez
elle sort	ils sortent

[Conjugated like **sortir** are **dormir** (*to sleep*), **mentir** (*to lie*), **partir** (*to leave*), **sentir** (*to feel, to smell*) and **servir** (*to serve*)].

VENIR, *to come*	
je viens	nous venons
tu viens	vous venez
elle vient	ils viennent

[Conjugated like **venir** are **devenir** (*to become*), **revenir** (*to return*), **tenir** (*to hold*) and compounds such as **obtenir** (*to obtain*)].

CONNAÎTRE, *to be acquainted with*	
je connais	nous connaissons
tu connais	vous connaissez
il connaît	elles connaissent

[Conjugated like **connaître** are **disparaître** (*to disappear*), **paraître** (*to appear*) and **reconnaître** (*to recognize*)].

4.2 You have learned to use **pouvoir** and **vouloir** in the conditional to make requests:

| Pourriez-vous me passer le sel? | *Could you pass me the salt?* |
| Je voudrais le vert, s'il vous plaît. | *I'd like the green one, please.* |

Structure III

Pour exprimer le rapport entre deux actions: le participe présent

a. To form the present participle of regular verbs, drop the **-ons** of the **nous** form for the verb and add the ending **-ant:**

(fermer) fermant   (finir) finissant   (répondre) répondant

b. Most irregular verbs form their present participle in the same way. There are three exceptions:

(être) étant   (avoir) ayant   (savoir) sachant

c. The present participle preceded by the preposition **en** is used to express an action that is occurring simultaneously with another action:

| En arrivant chez lui, il trouve sa famille à table avec Tom, leur ami américain. | *Upon arriving home, he finds his family at the table with Tom, their American friend.* |
| Il ne faut jamais essayer de parler en mangeant. | *You should never try to talk while eating.* |

d. The idea of simultaneity may be reinforced by using **tout en** followed by the present participle:

| Tout en sachant qu'elle n'était pas là, il a insisté pour rester. | *All the while knowing that she was not in, he insisted on staying.* |

e. The present participle may also be used to express how or by what means an action is done or results may be obtained:

Il a réussi en gagnant la confiance de tout le monde. — *He succeeded by winning over everyone.*

C'est en faisant des fautes qu'on apprend. — *One learns by making mistakes/ through one's mistakes.*

f. Do not equate the present participle with the English verb form *-ing*. Note the following:

- To express ongoing action in present time, use the *present tense* in French:

    J'écoute. — *I'm listening.*

- The expression **être en train de** emphasizes the ongoing nature of the action:

    Ne me dérange pas. Je suis en train de lire un rapport. — *Don't disturb me. I'm reading (in the midst of reading) a report.*

- *To spend time doing something* is expressed in French by the construction: **passer du temps à faire quelque chose.**

    Je passe toute la journée à faire le ménage. — *I spend the entire day doing housework.*

    Elle passe tout son temps à parler au téléphone. — *She spends all her time talking on the phone.*

- The English expressions *to begin by/end up doing something* are rendered by **commencer/finir par + infinitive:**

    Nous avons commencé par préparer le repas. — *We began by preparing the meal.*

    J'ai fini par partir. — *I ended up leaving.*

Pratique et conversation

A. Comment faites-vous? Complétez les phrases suivantes en disant ce que vous faites ou ce que vous ne faites jamais en même temps.

MODÈLE Je lis un roman policier …

Vous Je lis un roman policier en écoutant la radio.

1. J'étudie …
2. Je ne parle jamais …
3. Je fais de la gymnastique …
4. Je fais mes devoirs …
5. Je prépare le dîner …
6. Je ne bois jamais de boissons alcoolisées …
7. Je parle au téléphone …

B. Pour réussir dans la vie. Qu'est-ce qu'il faut faire pour réussir dans la vie? Complétez la phrase selon le modèle.

MODÈLE On réussit dans la vie …

Vous On réussit dans la vie en faisant de son mieux.

1. On reçoit une promotion …
2. On gagne beaucoup d'argent …
3. On peut avoir beaucoup d'amis …
4. On peut gagner un prix en athlétisme …
5. On peut maîtriser la grammaire française …
6. On peut prolonger sa vie …

C. Traduisez. En traduisant ces phrases, souvenez-vous des structures que vous venez d'apprendre.

1. He spends too much time watching TV.
2. Don't bother me. I'm cooking dinner.
3. She ended up coming home after two days.
4. We spent all evening finishing our homework.
5. You won't get very far by talking like that.

Structure IV

Pour exprimer la continuation d'une action: le temps présent + depuis

a. To talk about an action that began in the past and continues into the present, use the structure present tense + **depuis** + time expression:

Gilles est en voyage depuis une semaine.	*Gilles has been traveling for a week.*
Nous étudions le français depuis deux ans.	*We've been studying French for two years.*

Note that English uses the present perfect to express this idea. In these sentences, **depuis** is translated as *for*.

b. When used with a specific point in time, day or date, **depuis** is translated as *since*:

Elle est absente depuis lundi.	*She has been gone since Monday.*

c. To form a question, use the question words **depuis quand** or **depuis combien de temps** with the question patterns you have learned (*Grammaire de base*, 3.6):

Depuis quand	est-ce que vous êtes êtes-vous	en France?
Since when	*have you been*	*in France?*

Depuis combien de temps	est-ce que tu fais fais-tu	ce métier?
How long	*have you been*	*in this line of work?*

Depuis quand may be used to emphasize the starting point of an action, whereas **depuis combien de temps** usually emphasizes its duration. In practice, both questions can be used interchangeably.

d. The following expressions are virtually synonymous with **depuis** + time expression when used with the present tense:

Il y a
Ça fait } + time expression + **que** + present tense verb
Voilà

Ça fait (Voilà/Il y a) trois jours qu'il nous téléphone sans cesse.	*He has been calling us repeatedly for three days.*
Voilà (Ça fait/Il y a) une semaine qu'on attend son arrivée.	*We've been waiting a week for her arrival.*

Pratique et conversation

A. Un CV (*a résumé*). Lisez le CV ci-dessous et répondez aux questions qui suivent.

CURRICULUM VITÆ

NOM:	Durand, Yves
DATE DE NAISSANCE:	le 12 mars 1962
LIEU DE NAISSANCE:	Montréal, QUÉBEC
NATIONALITÉ:	canadienne; résident permanent en France depuis 1985
ADRESSE ACTUELLE:	90, Boulevard St Michel 75005 PARIS
FORMATION:	1984: Licence, Université de Paris — Nanterre 1986: Maîtrise, Université de Paris — Nanterre
EXPÉRIENCE:	1987: Stage, Groupe BREGUET 1988: Agent immobilier, Groupe AUGUSTE THOUARD
EMPLOI ACTUEL:	1991- Agent immobilier, Agence EURO-IMMOBILIER

---

1. Il y a combien de temps qu'Yves travaille à l'agence Euro-immobilier?
2. Depuis combien de temps a-t-il sa licence?
3. Depuis combien de temps a-t-il sa maîtrise?
4. Depuis quand est-il résident permanent de la France?
5. Si Yves s'est marié en 1985, depuis combien de temps est-il marié?

B. Interview. Posez les questions suivantes à votre partenaire. Demandez-lui:

1. depuis combien de temps il/elle étudie le français.
2. depuis quand il/elle est à l'université.
3. depuis combien de temps il/elle connaît son meilleur/sa meilleure ami/e.
4. depuis combien de temps il/elle habite dans sa maison/son appartement.
5. depuis quand il/elle sait **conduire** (*to drive*).

C. Questions. Inventez cinq questions que vous aimeriez poser à votre professeur. Utilisez les structures que vous venez d'apprendre (depuis quand, depuis combien de temps, etc.).

D. Traduisez. Faites attention au temps du verbe en traduisant les phrases suivantes.

1. Her child has been sick for several days.
2. I've been waiting for you for two hours.
3. Have you been here long?
4. Has she had any news from him since his return?
5. How long has she been talking on the phone?

Lecture II

Le texte qui suit est la transcription d'une histoire qu'une mère a racontée à son enfant. Basée sur le conte «La Chèvre de Monsieur Seguin» par Alphonse Daudet, écrivain français du dix-neuvième siècle, cette histoire est passée dans la tradition de la littérature orale pour enfants. Comme les contes de fées, elle est souvent racontée aux enfants surtout pour la leçon morale qu'elle illustre.

Avant de lire

A. Prédictions. Avant de lire le texte, essayez d'imaginer un peu son contenu en répondant aux questions suivantes.

1. Regardez le titre du conte et les illustrations aux pages 31–35. Qui sont deux personnages importants dans le conte? Quelle sorte d'histoire aurait un animal comme personnage principal?
2. Pensez aux histoires qu'on vous a racontées pendant votre enfance. Quel genre d'histoire est-ce qu'on raconte aux enfants? Quelles sont les caractéristiques typiques de ces contes?
3. Essayez d'imaginer l'histoire à l'aide des illustrations aux pages 31–35.

B. Associations. Regardez les mots soulignés et essayez de déterminer leur sens à l'aide des questions posées.

1. «Alors, la chèvre est dehors, et elle <u>broute</u> l'herbe dans le jardin.» Quelle action de la chèvre est-ce que ce verbe pourrait décrire?

2. «Alors, elle <u>tire</u>, elle <u>tire</u>, elle <u>tire</u> sur la corde. La corde <u>lâche</u>.» Quelle pourrait être la situation de la chèvre décrite dans cette phrase? Qu'est-ce que la répétition du verbe <u>tirer</u> pourrait signifier?

3. «Après ça, Blanchette passe par <u>un trou</u> dans la **cloture** (*fence*).» Comment est-ce que la chèvre s'échappe?

4. «Elles courent partout, et elles sautent de rocher en rocher. Elles ont l'habitude, ces chèvres-là, de courir, tandis que Blanchette n'a pas l'habitude. Au bout d'un moment, elle est toute <u>essoufflée</u>.» Comment est-ce que Blanchette pourrait se sentir après avoir couru et sauté de rocher en rocher?

5. «Et il <u>sonne</u> le **cor** (*horn*).» Quelle action est décrite dans cette phrase?

6. «Elle voit les yeux <u>luisants</u> du loup…» Comment est-ce que vous pourriez décrire les yeux d'**un loup** (*a wolf*) dans la nuit?

7. «Elle peut à peine <u>respirer</u>, elle est tellement **épuisée** (*tired, worn out*).» A quel mot anglais est-ce que ce mot ressemble?

C. **Parcourez.** Lisez rapidement le passage et indiquez dans quelle partie du texte se trouvent les descriptions des événements suivants.

1. Le moment où Blanchette remarque la montagne pour la première fois.
2. Le moment où Blanchette décide de partir de chez M. Seguin.
3. Le moment où elle parle à d'autres chèvres.
4. Le moment où elle remarque le loup.
5. Le moment où elle regrette d'être sortie du jardin.

D. **Comment est Blanchette?** Lisez rapidement l'histoire en cherchant des adjectifs qui décrivent l'apparence et le caractère de Blanchette.

La Chèvre de M. Seguin d'après Daudet

Monsieur Seguin, c'était un monsieur qui avait une jolie maison, juste en face d'une grande montagne. Mais Monsieur Seguin n'avait pas de chance. Il aimait beaucoup les chèvres, et il aimait en particulier les chèvres blanches. Mais il ne pouvait pas les garder, ces chèvres. Il achetait les chèvres, et puis les chèvres regardaient la montagne et voulaient y aller. Au bout de quelque temps, elles s'échappaient, et il les perdait toutes, les unes après les autres.

Un jour, Monsieur Seguin va au marché pour acheter une chèvre. Et il voit une très jolie petite chèvre toute blanche. Il décide de l'acheter. Il dit:

this one   — Oh, **celle-ci** est vraiment belle. Je vais l'acheter. Elle est si belle et si blanche, je crois que je vais l'appeler Blanchette.

Et il dit:

— Celle-ci, je ne vais pas la perdre. Je vais faire bien attention. Je ne la perdrai pas.

Il achète Blanchette, il la ramène chez lui, et il décide:

—Hmm… Je crois que je vais faire une **clôture** autour du jardin.   *fence*
Comme ça, la chèvre ne va pas s'échapper.

Alors, la chèvre est dehors, et elle broute l'herbe dans le jardin. Elle est contente. Monsieur Seguin vient la voir, il vient lui parler de temps en temps. Elle grandit, et Monsieur Seguin se dit:

—Tiens, j'ai de la chance. Celle-ci, j'ai l'impression qu'elle va rester avec moi.

Et puis un jour, la chèvre promène son regard un peu partout par là, et elle voit tout d'un coup une grande masse devant elle, une grande masse bleue. Et elle dit:

—Mais qu'est-ce que c'est que ça? Que c'est grand! Que c'est gros! Qu'est-ce que c'est que ça?

Alors, Monsieur Seguin vient un peu plus tard. Elle lui dit:

—Qu'est-ce que c'est, ça, Monsieur Seguin?

Il lui dit:

—Quoi, ça?

Elle lui dit:

—Ça, là-bas.

Et puis elle lui montre du **museau.** Il lui dit: *muzzle*

—Ça? C'est la montagne.

—La montagne, qu'est-ce qu'il y a là?

Monsieur Seguin lui dit:

wolf —Oh, faut pas y aller là, il y a le **loup.** Avant toi, j'avais beaucoup de chèvres, elles ont toutes voulu aller là-bas dans la montagne et la forêt. Le loup les a toutes mangées. Surtout, n'y va pas, hein?

La chèvre dit:

—Bon.

Mais, elle avait envie de regarder cette montagne. Ça l'intriguait. Alors, tous les jours elle regardait la montagne. Quelquefois quand elle regarde la montagne, la montagne est bleue. Quelquefois elle est verte. Elle remarque qu'il y a des couleurs différentes. Elle n'arrête pas de regarder la montagne. Elle dit:

—Oh, il y a l'air d'y avoir de jolis arbres là-bas.

Elle ne voyait pas bien, parce que c'était loin. Mais elle a vraiment envie d'y aller. Elle ne comprend pas pourquoi Monsieur Seguin ne veut pas qu'elle y aille. Alors, elle a de plus en plus envie de partir. Elle en parle encore à Monsieur Seguin. Elle lui dit:

—Monsieur Seguin, je ne pourrais pas y aller? Ne serait-ce que pour quelques minutes? Et puis je reviendrai.

—Si tu me parles encore de cette montagne, tu vas comprendre.
angry D'abord, je suis tellement **en colère** contre toi que je vais t'attacher tout de suite.

Alors, Monsieur Seguin prend une corde et il attache Blanchette. Il ne veut pas qu'elle lui reparle de cette montagne. Il attache Blanchette, et puis il s'en va. Il va au marché. Et Blanchette se dit:

—Oh, moi j'ai envie d'y aller. Pendant qu'il est parti, je vais aller me promener un peu, voir ce qui se passe.

Alors, elle tire, elle tire, elle tire sur la corde. La corde lâche. Après ça, Blanchette passe par un trou dans la clôture. Elle s'échappe et elle s'en va en direction de la montagne.

—Oh, que je suis bien. Je n'ai plus la corde autour du cou, je n'ai plus la clôture. Je suis bien.

Et elle va vers la montagne. Puis elle voit de belles choses et de beaux arbres. Elle arrive à la montagne et elle rencontre d'autres chèvres. Et alors, les autres chèvres lui disent:

—Et qu'est-ce que tu fais là, toi?

Elle dit:

—Moi, je suis en promenade. J'habite en bas dans la vallée. Et je viens me promener un peu, voir ce qui se passe.

—Tu viens jouer avec nous? Nous, on habite ici dans la montagne. Viens jouer avec nous.

—Ah bon? Vous habitez ici? Mais on m'a dit que c'était dangereux ici, qu'il y avait le loup, qu'il ne fallait pas venir ici…

—Oui, oui, il y a bien un loup qui habite par ici, mais nous, on ne l'a jamais vu. On se promène, et puis, quand on pense qu'il va venir, on s'échappe. Non, non, ce n'est pas dangereux. Tu peux venir ici.

Alors, elle les **suit.** Elles courent partout, et elles **sautent** de rocher en rocher. Elles ont l'habitude, ces chèvres-là, de courir, **tandis que** Blanchette n'a pas l'habitude. Au bout d'un moment, elle est toute essoufflée. Et puis, les chèvres décident de partir. Et elle, elle trouve un endroit qui

suivre: to follow/sauter: to jump/while

horn

est très joli. Alors, elle se met à brouter. L'herbe est très bonne. Et puis, tout d'un coup, elle entend le son du **cor.** Alors elle pense:

—Oh, ce n'est pas Monsieur Seguin qui m'appelle?

Et il sonne le cor, il sonne le cor, il sonne le cor. Ça veut dire:

—Blanchette, Blanchette, reviens!

—Hmm… elle s'est dit. Peut-être que je devrais revenir. Hmm… mais je n'ai pas encore envie de revenir. C'est bien là, à la montagne.

Bon. Quelque temps se passe, peut-être une heure ou deux. Le cor qui sonne encore! Monsieur Seguin!

he annoys me

—Oh, **il me barbe**! Il m'appelle encore. Je suis bien, moi, ici. Pourquoi il m'appelle pour revenir? Je n'ai pas envie de revenir, moi, là-bas dans sa maison.

Bon, quelques heures se passent encore. Le cor qui sonne encore! Mais de plus en plus faible. Monsieur Seguin est de plus en plus découragé. Il ne souffle plus très fort dans le cor. Alors, elle se dit:

—Oh… Peut-être que je devrais rentrer. Encore quelques minutes et puis je vais rentrer.

Et puis, tout d'un coup, la nuit tombe.

from devoir,
I should have

—Oh! Et comment je vais faire maintenant pour rentrer? Je n'y vois rien. **J'aurais dû** rentrer quand Monsieur Seguin sonnait du cor.

Elle commence à avoir peur. Alors tout d'un coup elle entend un bruit. Elle voit des yeux luisants, et elle commence à entendre «hhhh, hhhh» un souffle comme ça. Elle se dit:

—Mon Dieu, c'est le loup. Qu'est-ce que je vais faire? Qu'est-ce que je vais faire?

Elle voit juste les yeux luisants. Elle ne **bouge** pas. Elle se dit: *move*

—Peut-être qu'il ne va pas m'attaquer.

Le loup était malin. Il attend, il attend. Il se dit:

—Elle va être fatiguée, elle va s'endormir. Et quand elle va s'endormir, boum! Je me jette sur elle et je la mange.

Au bout d'un moment, Blanchette commence à être fatiguée. Elle est pourtant **énervée** parce qu'elle a peur du loup. Quand elle commence   *jumpy* à être fatiguée, le loup l'attaque. Alors, elle se défend, elle se défend. Elle a des petites cornes, et elle donne des coups de corne. Le loup dit:

—Oh, elle est **coriace**, celle-ci. Elle va me donner du mal.   *tough*

Alors, il recommence, le loup, à l'attaquer. Et elle se défend. Elle donne des coups de corne, elle donne des coups de corne. Le loup **recule.** Mais il ne s'échappe pas. Il se dit: *backs up*

—On va recommencer.

Au bout d'un moment, le loup revient. Et encore des coups de corne, et encore des coups de corne. Mais elle se fatigue la pauvre. Une petite chèvre, comme ça, qui essaie de se défendre contre un loup. C'est difficile pour elle. **Elle n'en peut plus**. Elle devient de plus en plus   *She can't go on* fatiguée, de plus en plus fatiguée. Et puis, elle se rappelle que Monsieur Seguin avait eu une chèvre… Il lui avait raconté qu'il avait eu une chèvre qui était très courageuse. Elle s'était battue avec le loup pendant presque toute la nuit. Elle s'est dit, peut-être moi aussi je serai aussi

courageuse que cette chèvre-là. Peut-être que moi aussi je vais pouvoir me battre avec le loup toute la nuit. Alors le loup revient. Il l'attaque. Elle se défend. Et puis, tout d'un coup elle commence à voir que le soleil se lève. Elle se dit:

to hold on

—Mon Dieu, si jamais je peux **tenir le coup**, peut-être que je vais être sauvée. Peut-être que s'il fait trop soleil, le loup va partir, il va me laisser. Je vais pouvoir revenir chez Monsieur Seguin. Alors, là, si jamais

Let's hope that

j'ai la chance de revenir chez Monsieur Seguin, je n'irai plus dans la montagne. Je resterai avec Monsieur Seguin, tranquille. **Pourvu que** je tienne le coup!

exhausted

Et elle est **épuisée,** elle n'en peut plus. Elle peut à peine respirer, elle est tellement épuisée. Et elle se dit:

—Oh, j'ai battu le record de cette chèvre. Elle avait tenu presque toute la nuit. Elle avait résisté au loup. Moi, je vais tenir le coup jusqu'à l'aube.

Le loup arrive enfin. Il pense:

—Cette fois-ci, je crois que je vais réussir.

Il attaque la petite chèvre. Elle donne un dernier coup de corne. Elle tombe par terre, et elle meurt. Et le loup l'a mangée.

Et Monsieur Seguin a été tellement triste, tellement triste! Et je crois qu'il a eu d'autres chèvres, mais je ne sais pas si elles sont allées dans la montagne.

Après avoir lu

A. **Vérifiez.** Est-ce que l'histoire que vous avez imaginée correspond au récit? Quels éléments de l'histoire vous ont surpris/e le plus?

B. **Compréhension du texte.** Répondez aux questions suivantes.

1. Où est-ce que M. Seguin a acheté Blanchette? Pourquoi est-ce qu'il l'a achetée?

2. Qu'est-ce que M. Seguin fait pour ne pas perdre Blanchette?

3. Pourquoi est-ce que la montagne intrigue Blanchette?

4. Qu'est-ce que Blanchette aime à la montagne?

5. Comment est-ce que Blanchette se défend contre le loup?

6. Qu'est-ce qui pousse Blanchette à se défendre toute la nuit?

C. **L'ordre chronologique.** Les phrases suivantes racontent ce qui se passe dans l'histoire de Blanchette. Mettez-les dans un ordre chronologique.

1. Blanchette se bat contre le loup jusqu'au lever du soleil.

2. Blanchette broute à la montagne.

3. Blanchette regrette de ne pas être rentrée chez M. Seguin.

4. M. Seguin va au marché.

5. Blanchette tire sur la corde.

6. Le loup mange Blanchette.

7. Blanchette parle de la montagne à M. Seguin.

8. M. Seguin achète Blanchette.

9. Blanchette joue avec les autres chèvres.

10. Blanchette s'échappe du jardin.

11. M. Seguin sonne le cor.

12. Blanchette voit les yeux du loup.

D. La morale. Les petits Français admirent Blanchette, mais ce n'est pas à cause de sa décision de partir à la montagne. Quelle est la raison de cette admiration, selon vous? En petits groupes, dégagez les leçons représentées dans l'histoire. Ensuite, comparez ces leçons aux leçons trouvées dans les histoires qu'on raconte aux enfants américains.

Compréhension auditive

Extrait de l'émission *La Nouvelle France*[1] (segment sur «La Nouvelle Famille»). Le divorce devient de plus en plus fréquent en France. Dans cette interview, la fille d'un couple divorcé va vous raconter un peu de son histoire.

Avant d'écouter

A. Désavantages … et avantages. Bien qu'on pense immédiatement aux difficultés dans la vie d'un enfant dont les parents sont divorcés, il pourrait y avoir des avantages aussi. Énumérez quelques désavantages et avantages de cette situation pour l'enfant.

B. Questions. Si vous étiez l'interviewer, quelles questions est-ce que vous aimeriez poser à cette jeune fille?

C. Devinez. Devinez la signification des mots en italique en vous basant sur le contexte donné.

1. Je passe mon mois de juillet avec ma mère, puis mon mois d'août avec mon père. Ce qui fait que je fais *plein* de voyages.

2. Mais parfois c'est un peu embêtant, parce qu'on peut pas faire plaisir aux deux en même temps. Quand on fait plaisir à l'un, il y a l'autre qui *ronchonne* un peu.

3. Mais si j'en gâte un plus que l'autre, ça ne va pas du tout. J'ai de véritables *scènes de ménage*.

---

[1] *La Nouvelle France*, une émission de l'INA, diffusée par Antenne 2.

D. Transitions. Quand on passe d'une pensée à une autre, on utilise des mots de transition. Ces mots pourraient avancer, raffiner, résumer ou même contredire ce que le locuteur vient d'énoncer. Lisez les phrases et indiquez le rôle des mots en italique.

1. Ils sont contents tous les deux comme ça. *Mais* si j'en gâte un plus que l'autre, ça ne va pas du tout. Et puis, moi, je dois dire que j'ai pas souffert du tout du divorce. *C'est-à-dire*, je trouve que c'est bien.

2. *Alors* là, c'est ma vraie chambre. *Bref*, là, c'est vraiment là où j'habite le plus souvent.

3. Je trouve pas que ce soit une situation horrible. *Au contraire*, je trouve que c'est bien.

Ecoutons

Avant d'écouter, lisez les questions qui suivent. Ensuite, écoutez l'interview une fois pour comprendre son sens global. Écoutez encore une fois et répondez aux questions.

Pratique et conversation

A. Détails. Répondez aux questions suivantes.

1. Comment s'appelle la jeune fille? Quel âge a-t-elle?
2. Comment s'appellent ses parents? Où habitent-ils en ce moment?
3. Nommez deux choses qu'elle a dans sa chambre.
4. Pourquoi est-ce qu'elle aime sa situation?
5. Pourquoi est-ce qu'elle ne souffre pas du divorce?

France: Un mariage civil à la mairie d'Aix-en-Provence

B. Opinions. Répondez aux questions suivantes. Justifiez votre réponse en citant l'interview.

1. Décrivez le rapport entre Claire et ses parents. Selon vous, qui est plus mûr, Claire ou ses parents?

2. Décrivez le caractère de Claire.

3. Est-ce que vous pensez que Claire va rester contente de sa situation en grandissant?

C. Suite de l'interview. Avec un/e partenaire, jouez le rôle de Claire et de son interviewer. L'interviewer va lui poser les questions formulées dans l'exercice B de la partie *Avant d'écouter* (ou d'autres questions). Claire répondra en essayant de suivre l'attitude et le ton révélés dans l'interview que vous avez écoutée.

Activités

A. A table en France. C'est non seulement votre première invitation à dîner en France, mais c'est une occasion spéciale: vous allez rencontrer les parents de votre fiancé/e français/e! Vous êtes tout/e nerveux/euse, alors pour être certain/e que la soirée se passera sans histoires, vous demandez a votre fiancé/e de répéter comment on se comporte à table, ce qu'il faut dire, etc.

B. Un arbre généalogique. Faites un arbre généalogique fantaisiste en découpant des photos amusantes, bizarres ou séduisantes dans des magazines et des journaux. Ensuite, présentez votre "famille" aux autres en inventant des histoires.

C. A la Caisse d'allocations familiales. Vous attendez un enfant. Vous allez à la Caisse d'allocations familiales avec votre époux/épouse pour vous renseigner de vos droits. Vous posez des questions à l'employé/e à la Caisse qui vous explique vos droits et vos obligations.

D. Un divorce difficile. Vous êtes un enfant de 15 ans et vos parents viennent de divorcer. Vous êtes traumatisé/e par le divorce et vous allez chez le psychologue pour parler de vos difficultés. Jouez les rôles avec un/e partenaire.

Passage vers la communication
Perspectives interculturelles

Introduction

*When we encounter the members of another culture, we come into
contact with many differences in eating, dress, and entertainment
habits. But, since each culture creates its own particular view of the
world, we also find ourselves confronting different sets of values and
different outlooks on life. In this chapter, we will be examining
American views of the French and French views of Americans
in an attempt to see what such comparisons may teach us about
cultural values — both our own and those of the
French-speaking people of the world.*

Première approche

Regardez ces deux images publicitaires. Ce sont des reproductions de brochures touristiques publiées par des agences qui organisent des voyages (A) en France pour les Américains et (B) aux Etats-Unis pour les Français.

1. L'image destinée aux Américains propose une "France beyond clichés". Quels sont les clichés que nous avons sur les vacances en France?
2. Quelle image de la France est présentée ici? Pourquoi?
3. Quelle sorte de vacances imaginez-vous, d'après la photo?
4. Quels aspects de la France risquent de ne pas intéresser les touristes américains? Pourquoi?
5. Qu'est-ce qui intéresse les Français dans notre pays, d'après la photo (B)? Pourquoi?
6. Quelles sortes de vacances sont proposées par cette agence aux Français qui voyagent aux USA, à votre avis?
7. Quelles sont les légendes mentionnées dans la publicité?
8. Comment les Français connaissent-ils les USA et ces légendes, à votre avis?

Pour aller plus loin

Regardez le dessin. C'est une œuvre de Sempé, un des plus grands dessinateurs de la France actuelle. Ici, il recrée une scène de la vie américaine.

Sempé, PAR AVION, © by Editions Denoël

1. Qu'est-ce qu'on voit sur l'image? Que font les Américains du dessin? Notez tous les éléments que le dessinateur a choisi de représenter.

2. Qu'est-ce qui a frappé le dessinateur aux Etats-Unis, d'après cette image?

3. Quelle semble être l'attitude du dessinateur? Est-il critique? amusé? horrifié? surpris?

4. Essayez d'expliquer cette attitude. Qu'est-ce qui est peut-être différent en France?

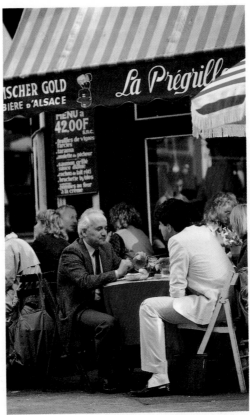

France: le déjeuner dans un café parisien

Interaction I

Vive la différence!

JIM Avec du ketchup, de la moutarde et beaucoup de choucroute, s'il vous plaît.

LE SERVEUR Tout ça sur un hotdog? C'est impossible, Monsieur.

JIM Vous n'avez pas de choucroute?

LE SERVEUR Mais si, mais ça ne se fait pas, les Français n'en mettent
jamais sur les hotdogs. Si vous en voulez, vous n'avez qu'à
passer au restaurant. Justement, la choucroute garnie,
c'est notre plat du jour et là, vous aurez une saucisse de
Strasbourg et autant de choucroute que vous voudrez.

Perspectives

1. Qu'est-ce que le serveur veut dire quand il répond «C'est impossible,
Monsieur?»
2. Est-ce que le serveur est impoli? Expliquez son attitude.

Autrement dit

Les expressions de quantité

La plupart des (*Most*)
La grande majorité des
    (*The great majority of*) } Américains aiment les hotdogs.
Bien des (*Many*)
Certains (*Some*)

Pour comparer les quantités

Il a **plus** (*more*)
    autant (*as much*) } de choucroute que moi.
    moins (*less*)

Pour parler des repas

   Les Américains préfèrent la viande **bien cuite** (*well done*) ou cuite **à point** (*medium*), tandis que les Français aiment la viande **saignante** (*rare*). Dans un restaurant **trois étoiles** (*a superior rating*), le **cadre** (le décor) peut être simple ou élégant, mais les plats sont toujours frais et bien **assaisonnés** (*seasoned*); la cuisine est **raffinée** (*sophisticated*) et les spécialités du chef sont souvent originales et innovatrices. La viande est tendre, les desserts sont **légers** (*light*) et jamais trop **sucrés** (*sweet*). Vous seriez tenté d'abuser des plaisirs de la table, mais attention: la **gourmandise** (*overindulgence*) provoque des **crises de foie** (*indigestion*).

   Par contre, si par malheur vous vous trouvez dans un restaurant douteux, la soupe sera trop **salée** (*salty*) ou servie **tiède** (ni chaud ni froid); les sauces seront **fades** (sans goût); la viande sera **dure comme de la semelle** (*tough as shoe leather*), **brûlée** (*burned*) ou même **carbonisée** (*charred*). Le dessert sera sans doute **lourd** (*heavy*). Vous serez peut-être obligé de **renvoyer** (*send back*) le plat. Après le repas, vous aurez **mal au cœur** (*to be nauseated*) et vous devrez prendre une **tisane** (*herb tea*) ou sortir prendre l'air.

France: le déjeuner à la maison au Pays Basque

Les spécialités régionales et ethniques et leurs ingrédients

le couscous (spécialité nord-africaine):	de la **semoule** (*semolina wheat*), des **courgettes** (*zucchini*, *f.*), des carottes (*f.*), des **navets** (*turnips*, *m.*), des merguez
La côte de veau à la crème (Normandie):	du veau, des champignons (*m.*), des pommes (*f.*), des œufs (*m.*), de la crème, du beurre
La carbonnade flamande (Flandre):	du bœuf, du sel, du poivre, des carottes, des oignons (*m.*), de la bière
La choucroute garnie (Alsace):	de la choucroute, des oignons, des carottes, du vin blanc, du bouillon de poulet; La garniture: des saucisses (*f.*), des côtelettes (*f.*) de porc, des pommes de terre (*f.*), du jambon
La tourtière (Québec):	du **porc mincé** (*ground pork*), de la purée de pommes de terre, de la **pâte** (*pie crust*), des **épices** (*spices*)
Le matété de crabes (Guadeloupe):	des crabes (*m.*), du riz, du beurre, des oignons (*m.*), des tomates (*f.*), du **piment** (*red pepper*), de l'ail

Les boissons

Se boivent avant le repas: les apéritifs
un **kir**   *white wine with blackcurrant syrup*
un **martini**   *vermouth (not an American "martini")*
un whisky
un sherry
un cocktail

Se boivent avec le repas
le vin rouge/blanc/rosé
du bordeaux/bourgogne/beaujolais/champagne
un vin fort/léger/**mœlleux** (*mellow*)/sec
une bière brune/blonde
une eau minérale (Evian, Perrier …)

Se boivent après le repas: les digestifs
une liqueur (bénédictine, chartreuse, poire William …)
un alcool (cognac, armagnac, eau-de-vie …)

Les boissons chaudes
une tisane
un café

Pratique et conversation

A. Content/e ou mécontent/e? Seriez-vous content/e ou mécontent/e si on vous servait …

1. un bifteck carbonisé
2. une sauce fade
3. un dessert lourd
4. un poulet tendre
5. une soupe trop salée
6. un plat bien assaisonné
7. un poisson frais
8. un repas tiède

B. Interview. Demandez à votre partenaire …

1. comment il/elle aime sa viande.
2. quelle cuisine régionale/ethnique il/elle préfère.
3. quelle est sa recette préférée et quels en sont les ingrédients.
4. quel est le meilleur restaurant de la ville.
5. s'il/si elle préfère recevoir à la maison ou aller au restaurant avec ses amis.
6. quelle boisson il/elle préfère avant/avec/après son dîner.

C. Plus ou moins? Répondez aux questions suivantes.

1. Qui a le plus d'argent, vous ou vos parents?
2. Qui a le moins d'ennuis, vous ou vos parents?
3. Qui a le plus de patience, vous ou votre professeur?
4. Qui a le moins de responsabilités, vous ou votre professeur?
5. Qui a autant de travail que vous?
6. Qui a plus de tact que vous?

Québec: un restaurant qui sert des spécialités québécoises

D. Sondage. Votre professeur va vous poser des questions sur vos goûts et préférences culinaires. Il/Elle mettra les résultats au tableau. Ensuite, vous analyserez les préférences de la classe en utilisant les expressions de quantité telles que **beaucoup de, la plupart des, peu de,** etc.

MODÈLE [25 étudiants sur 30 n'aiment pas les escargots.]
La plupart des étudiants n'aiment pas les escargots.

1. Est-ce que vous préférez le pain français ou le pain américain?
2. A quelle heure est-ce que vous dînez? Entre 18h00 et 19h00? 19h00 et 20h00? 20h00 et 21h00?
3. Qu'est-ce que vous buvez avec votre dîner?
4. Comment aimez-vous votre viande? bien cuite? à point? saignante?
5. Quelle cuisine ethnique est-ce que vous préférez? mexicaine? italienne? chinoise? nord-africaine? vietnamienne?

E. Descriptions. En deux ou trois phrases, décrivez à votre partenaire …

1. le meilleur repas que vous avez jamais eu.
2. un restaurant que vous aimez beaucoup.
3. un repas ou un plat que vous avez dû renvoyer.

F. Jeu de rôle. Vous n'êtes pas du tout content/e du repas que vous avez commandé. Expliquez le/les problème/s au serveur (joué/e par votre partenaire). Essayez de résoudre la situation.

Etude de vocabulaire

Le préfixe dé-/dés-

Le préfixe **dé-** (**dés-** devant une voyelle) transforme souvent un verbe en son contraire. Comparez les paires de mots suivants:

faire	*to do*	**défaire**	*to undo*
engager	*to engage, insert*	**désengager**	*to disengage, withdraw*
boutonner	*to button*	**déboutonner**	*to unbutton*
servir	*to serve*	**desservir**	*to clear (the table)*

Pratique et conversation

Définitions. Que veulent dire les mots suivants?

1. désodoriser
2. déranger
3. déplacer
4. désinfecter
5. démaquiller

Le préfixe re-, ré-, r-

Etudiez les mots suivants. Quel est le sens du préfixe **re-** (**ré-, r-**)?

chauffer	*to heat*	**réchauffer**	*to reheat*
charger	*to load*	**recharger**	*to reload*
amener	*to lead, take*	**ramener**	*to lead, take back*
lire	*to read*	**relire**	*to reread, proofread*

Pratique et conversation

Encore des définitions. Que veulent dire les mots suivants?

1. refaire
2. réaffirmer
3. refermer
4. retourner
5. retrouver

Grammaire de base

1.1 Review the forms of the definite article:

	SINGULIER		PLURIEL	
masculin	le stylo	*the pen*	les stylos	*the pens*
	l'étudiant	*the student*	les étudiants	*the students*
féminin	la table	*the table*	les tables	*the tables*
	l'étudiante	*the student*	les étudiantes	*the students*

1.2 You have already learned how to express nonspecific quantities using the indefinite or partitive noun marker. Review this material using the chart below:

LES QUANTITÉS INDÉFINIES		
count nouns	indefinite noun marker	Tu as **un** disque. Elle a **des** stylos.
non-count nouns	partitive noun marker	Vous prenez **du** café. Il prend **de la** crème. Je prends **de l'**eau.
negative expressions	de	Tu n'as pas **de** disque. Elle n'a pas **de** stylos. Vous ne prenez pas **de** café. Je ne prends pas **d'**eau.
	(except after **être**)	Ce n'est pas **un** architecte. Ce ne sont pas **des** étudiants.

2.1 To form the plural of most nouns in French, add **-s** to the singular:

le restaurant → les restaurants;   le client → les clients

2.2 Some nouns form their plurals in other ways:
  - if a noun ends in an **-s, -x,** or **-z,** no change is made to form the plural:

    le cours → les cours;   le gaz → les gaz
  - if a noun ends in **-eu, -au,** or **-eau,** the plural is formed by adding an **-x:**

    l'eau → les eaux   le tuyau → les tuyaux
  - nouns ending in **-ail** or **-al** change to **-aux** in the plural:

    l'animal → les animaux   le journal → les journaux
  - note the following irregular plurals:

    un œil → des yeux

    monsieur, madame, mademoiselle → messieurs, mesdames, mesdemoiselles

3.1 Review the following expressions of quantity:

A ce restaurant, il y a toujours **tellement** (*so many*)

beaucoup (*a lot of*)

très peu (*very few*) ⎫ de monde.

trop (*too many, too much*)

assez (*enough*)

Au marché, j'ai acheté   500 grammes **de** farine.

un litre   **de** lait.

deux kilos   **de** sucre.

3.2 Recall that **en** may replace objects preceded by expressions of quantity (the indefinite and partitive noun markers, a number or a quantifier containing the preposition **de**). The complement may be a person or a thing. Note that in the last three examples, the quantifier remains:

J'ai des amis.   → J'**en** ai.

Il commande deux bières.   → Il **en** commande deux.

Nous avons beaucoup d'argent.   → Nous **en** avons beaucoup.

J'ai très peu de choucroute.   → J'**en** ai très peu.

4.1 You have already learned the following negations:

ne ... pas	(simple negation)
ne ... rien	*nothing*
ne ... jamais	*never*
ne ... ni ... ni	*neither ... nor*
ne ... pas encore	*not yet*
ne ... personne	*no one*

5.1 Note the position of each term of the negation in the simple tenses:

	ne	(pronouns)	verb	second term of negation
		NEGATION: SIMPLE TENSES		
Je	ne		sais	pas.
Nous	n'	en	avons	plus.
Elle	ne	m'	invite	jamais.
Ils	n'		ont	rien.
Tu	ne		vois	personne.

6.1 Review the following two irregular verbs:

BOIRE, *to drink*		PRENDRE, *to take, to eat [a meal], to drink [a beverage]*	
je bois	nous buvons	je prends	nous prenons
tu bois	vous buvez	tu prends	vous prenez
elle boit	ils boivent	il prend	elles prennent

Structure I

Désigner et généraliser: l'emploi de l'article défini
(Grammaire de base 1.1 → 2.2)

a. The definite article is used to identify or designate a specific person or object. Compare this to the use of the indefinite article, which is used before a noun that has not yet been identified or specified. Read the following brief paragraph and study the uses of the definite and indefinite article.

J'ai vu **un** touriste à la terrasse d'**un** café. **Un** serveur est venu prendre sa commande. [indefinite article: the story opens with unidentified, non-specific characters and locales].

Le touriste [definite article: the tourist has now been identified in context] a commandé **un** hotdog avec **une** bière. [indefinite article: non-specific object].

Le serveur lui a apporté **la** bière d'abord, et **le** hotdog après. [definite article: the waiter, hotdog and beer have now also been identified in context].

b. The definite article is also used when making generalizations. Study the following examples:

Les touristes sont souvent fatigués à la fin de la journée.

Les Français pensent que **les** digestifs aident **la** digestion.

c. In the same way, the definite article is used to express likes, dislikes and preferences with such verbs as **aimer, adorer, préférer, détester,** and **plaire.**

> J'adore **la** choucroute garnie.
>
> Tu n'aimes pas **le** couscous? C'est délicieux!

d. Note the use of the definite article in such expressions as: aller **au** restaurant/**à l'**église/**au** cinéma:

> Ce soir, on va **au** restaurant et après, **au** cinéma.

e. Note also the frequent use of the definite article with abstract nouns:

> Il vaut mieux éviter **la** gourmandise.
>
> **La** culture française accorde beaucoup d'importance à **la** bonne table.

f. The definite article is used before names of languages, except after the verb **parler** or the preposition **en:**

> Au lycée, j'étudie **le** latin et l'anglais; **le** latin est difficile, mais l'anglais est facile.
>
> Notre professeur parle anglais, mais il nous parle **en** français.

Pratique et conversation

A. Une soirée inoubliable. Remplissez le blanc avec l'article défini, indéfini ou partitif. Justifiez votre choix.

Hier soir, je voulais aller _____ restaurant. D'abord,

je suis allé Chez Jenny, mais c'est fermé le lundi. Alors, j'ai essayé

_____ nouveau restaurant du quartier, «Au signe du coq

électrique.» Ce restaurant est connu pour sa cuisine originale. Quel

mauvais repas et quelle mauvaise soirée! D'abord, j'ai commandé

_____ soupe aux reins de giraffe, mais le serveur m'a dit

qu'il n'y en avait pas. J'ai demandé quelles soupes ils avaient, et il m'a

répondu qu'on n'avait plus _____ soupes. Alors, j'ai

commandé _____ pâté de sauterelle. Comme viande,

je voulais _____ filet d'hippopotame, mais je ne savais

pas quel vin commander. Le serveur m'a dit, «_____

vin rouge va très bien avec _____ hippopotame.»

Alors, j'ai commandé une bouteille _____ vin rouge.

Il était imbuvable. Et l'hippopotame était dur comme de la semelle.

Comme dessert, j'ai pris _____ mousse au cactus, qui

ressemblait à _____ eau salée. Et _____

service était mauvais! J'étais furieux et j'ai dit au serveur: «Je vois que

_____ efficacité et _____ rapidité n'ont

pas beaucoup d'importance dans votre établissement.» Quand il n'a pas

répondu, j'ai continué: «Vous ne comprenez pas _____

français? Apportez-moi _____ addition!»

B. Proverbes. Mettez la forme correcte de l'article correct dans le blanc. Justifiez votre choix.

1. _____ familiarité engendre _____ mépris.
   Familiarity breeds contempt.
2. Touchons _____ bois.
   Knock on wood.
3. Pas _____ nouvelles, bonnes nouvelles.
   No news is good news.
4. Il boit comme _____ trou.
   He drinks like a fish.
5. _____ argent est cause de tous _____ maux.
   Money is the root of all evil.

C. Généralisations. Quelles généralisations est-ce qu'on emploie pour caractériser les Français? Et les Américains? Formulez-en cinq et ensuite, dites si vous êtes d'accord ou pas d'accord.

MODÈLE Les Français aiment la bonne cuisine.

Les Américains préfèrent le fast-food.

Structure II

Nier et limiter: la négation
(Grammaire de base 4.1 → 5.1)

a. In addition to the simple negations presented in the *Grammaire de base*, the second part of a negation may contain several terms. In the simple tenses, the **ne** precedes the verb, and the remaining elements of the negation follow it. Study the following examples:

Elle est au régime. Elle **ne** mangera **jamais plus/plus jamais** de desserts.	*She will **never again** eat desserts.*
Je **ne** sais **pas encore.**	*I do **not** know **yet.***
On nous a volé! Nous **n'**avons **plus rien!**	*We were robbed! We don't have **anything anymore!***
Il **ne** regarde **jamais personne.**	*He **never** looks at **anyone.***
Il **n'**y a **plus personne** à cette addresse.	*There is **no longer anyone** at that address.*

b. In the compound tenses, **ne** will precede the auxiliary, and the remaining elements of the negation will follow, with the exception of **personne,** which comes after the past participle:

Elle **n'**a **pas encore** répondu.	*She hasn't answered **yet.***

Je **n'**ai **jamais** vu **personne** dans ce magasin.	*I have **never** seen **anyone** in that store.*

c. The expression **ne ... que** means *only*. In both simple and compound tenses, **ne** precedes the verb, whereas **que** precedes the expression that is being restricted:

Nous **n'**avons **que** des billets de cinq cents francs.	*We **only** have 500 franc notes.*
Il **ne** veut acheter **qu'**une bouteille de vin.	*He wants to buy **only** a bottle of wine.*
Quand tu étais à Paris, tu **n'**as vu **que** la Tour Eiffel? C'est incroyable!	*When you were in Paris, you saw **only** the Eiffel Tower? That's incredible!*

Pratique et conversation

A. Un cas pathologique. Un psychologue parle d'un de ses patients qui a des problèmes sérieux. Complétez la description en ajoutant la négation entre parenthèses.

1. Je sais quel est son problème. (ne...pas encore)
2. Il parle. (ne... jamais... personne)
3. Il dit. (ne...plus rien)
4. Il fait des grimaces. (ne...que)
5. On a décrit un tel cas. (personne ne...jamais)

B. Interview. Posez les questions suivantes à votre partenaire, qui répondra en utilisant la négation entre parenthèses. Demandez-lui si . . .

1. il/elle va parler anglais en cours. (ne...plus jamais)
2. il/elle a jamais acheté quelque chose à la boutique «Cardin». (ne...jamais rien)
3. il/elle va commander un hotdog avec de la choucroute en France. (ne...jamais plus)
4. il/elle sait quels cours il/elle va suivre l'année prochaine. (ne...pas encore)
5. il/elle a plus d'une mère et d'un père. (ne...que)

C. Répondez. Répondez aux questions suivantes.

1. Qu'est-ce que vous ne ferez jamais plus?
2. Est-ce que vous avez jamais caché quelque chose à votre meilleur/e ami/e?
3. Est-ce que vous savez déjà ce que vous ferez dans dix ans?
4. Avez-vous jamais **nui** (*harmed*) à quelqu'un?
5. Est-ce que quelqu'un vous a jamais pris pour un/e Français/e?

D. Qu'est-ce qui manque? Vous êtes au restaurant avec trois amis. Regardez le dessin et dites à votre serveur ce qui manque à votre table. Employez l'expression **ne ... que.**

MODÈLE Monsieur, il n'y a qu'une fourchette sur la table.

Lecture I

Le texte que vous allez lire est composé d'extraits d'un guide touristique écrit pour les Français qui veulent visiter les États-Unis. Les passages choisis identifient certains plats et boissons trouvés aux États-Unis; les auteurs conservent certaines expressions américaines dans le texte.

Avant de lire

A. Prédictions. Avant de lire le texte, essayez d'imaginer un peu son contenu en répondant aux questions suivantes.

1. Essayez de prévoir quelles sortes de renseignements vous trouverez dans cet extrait. En général, quelles sortes de conseil est-ce que les guides touristiques donnent?

2. Donnez deux exemples de contrastes entre le petit déjeuner français et le petit déjeuner américain.

3. Qu'est-ce que les Français aiment boire? Quand? Quelles différences existent entre la boisson en France et aux États-Unis? Est-ce que la consommation de boissons alcoolisées est contrôlée en France?

4. Est-ce que vous pensez que le ton de ce texte sera critique ou favorable? Pourquoi?

B. **Lecture sommaire.** Lisez le texte rapidement en cherchant la réponse aux questions suivantes.

1. Regardez rapidement le texte pour déterminer si le ton est plutôt critique ou plutôt favorable. Donnez quelques expressions de jugement qu'on trouve dans le texte.

2. Lisez rapidement pour trouver au moins deux boissons et deux plats mentionnés dans le texte.

C. **Les mots apparentés.** Employez votre connaissance des mots apparentés soulignés pour répondre aux questions.

1. «Vous serez frappé à New York par le nombre de gens cachant leur canette de bière dans des <u>sachets</u> en papier.» Qu'est-ce que ce mot veut dire en anglais? et en français?

2. «…on peut <u>s'attaquer</u> à un *T-bone*…» Quel verbe anglais est-ce que vous voyez dans le verbe **s'attaquer**? Est-ce qu'il a un sens littéral ou figuratif dans le texte?

3. «Si vous achetez du *pop-corn*, <u>précisez</u> si vous le voulez avec du sucre…» A quel mot anglais est-ce que ce verbe français vous fait penser? Quel verbe anglais est-ce que vous pouvez employer pour en donner le sens?

D. **Le contexte.** Regardez le contexte pour déterminer le sens des mots soulignés.

1. «…pour éviter que <u>le jaune</u> de votre œuf ne soit trop cuit, demandez-le *easy over* (légèrement)…»

2. «On peut aussi demander du pop-corn avec du beurre <u>fondu</u>.»

3. <u>Les petits restes</u>: «demandez un sachet plastique pour emporter le reste de vos plats.» (N.B.: **Reste** est un nom dérivé du verbe **rester**.)

E. **Les suffixes et les préfixes.** Lisez la section, *Etude de vocabulaire* à la page 48 et essayez de deviner le sens des mots suivants.

1. bouteilles décapsulées (capsulés = *capped off, closed*)

2. déconseillé (conseillé = *advised*)

3. déconcerté (concerté = *well-planned, certain, clear*)

4. renouveler (nouveau/nouvelle = *new*)

Le Guide du Routard: Etats-Unis

La nourriture

Si vous commandez un œuf, la serveuse vous demandera comment vous le désirez. Brouillé (*scrambled*) ou sur le plat (*fried*). Sur le plat, il peut être ordinaire (*up*) ou retourné et **cuit** des deux côtés comme une crêpe (*over*). Dans ce cas, pour **éviter** que le jaune ne soit trop cuit,

participe passé du verbe cuire: to cook/to avoid

demandez-le *easy over* (légèrement). On peut aussi y **ajouter** du jambon, du bacon, des saucisses, beaucoup de ketchup, quelques *buttered toasts*, des *French fried* (sic) (frites françaises!)

     La viande de bœuf est **de premier ordre.** Comme les animaux sont de plus petite **taille** que les **nivernais** ou les **charolais,** on peut s'attaquer à un *T-bone*, c'est-à-dire la double **entrecôte** avec l'os en «T». Quand on **souhaite** un steak «bien cuit», on le demande *well done*. Par contre *medium* signifie normal, et saignant se dit *rare*. Enfin, ça c'est la traduction littérale car, en fait, les Américains **cuisent** beaucoup plus la viande que les Français: souvent *well done* signifie carbonisé et rare très cuit. Si vous aimez la viande saignante, insistez lourdement sur *rare*, ou mieux encore, demandez l'animal vivant [...] On trouve du pain qui a la consistance du marshmallow, mais on peut acheter du pain d'orge, complet, ou de seigle [...] Choisir son pain quand on vous propose un sandwich est du domaine du possible. Les *submarines* sont des sandwiches un peu plus élaborés que les autres [...] Si vous achetez du *pop-corn*, précisez si vous le voulez avec du sucre, sinon ils vous le serviront salé. On peut aussi le demander avec du beurre fondu. Enfin, dernière spécialité américaine: le *peanut butter*, beurre de cacahuètes. Le **Nutella** des petits Américains, des grands aussi [...]

Les petits restes

     Si dans un restaurant vos yeux ont vu plus grand que votre estomac, **n'ayez pas de scrupule** à demander un sachet plastique pour **emporter** le reste de vos plats. **Jadis** on disait pudiquement «c'est pour mon chien», et il était alors question de *doggy-bag*. Aujourd'hui n'hésitez pas à demander: «Would you wrap this up for me?» [...]

La boisson

     D'abord, il est strictement **interdit** de boire de l'alcool (de la bière en particulier) dans la rue. Vous serez frappé à New York par le nombre de gens cachant leur canette de bière dans des sachets en papier. Fortement déconseillé d'avoir des bouteilles décapsulées en voiture en cas de contrôle par les flics. Dans les bars, on ne vous servira pas d'alcool si vous n'êtes pas **majeur.** Le *drinking age* est 21 ans. Mais il suffit que vous ne compreniez pas très bien lorsqu'on vous demande votre âge et on vous servira normalement. Certains bistrots **exigeront** votre carte d'identité [...] Si vous voulez faire une expérience intéressante, goûtez de la *root-beer*, vous verrez qu'il y a moyen de faire pas mal de choses avec un goût de chewing-gum. Oui, c'est une expérience culturelle à ne pas manquer, à condition de ne pas la renouveler souvent. Ce sinistre breuvage est adoré des *kids* américains. Exercez-vous longtemps pour prononcer le mot (dire bien «rout bir»), sinon le visage profondément déconcerté de la serveuse vous fera **reporter votre choix sur** un *coke* banal [...] bon, si vous voulez prendre un Coca (*Coke*), demandez-le sans glace. En effet, il est servi **à la pression**: il sera tout aussi frais et il y en aura plus.

to add

of the highest quality
size/types of cattle typical
of Europe/a meat chop
désirer

cook

a hazlenut and chocolate
spread popular with children

don't be embarrassed/to take
out/formerly

forbidden

of legal age

demand, insist

change your selection to

on tap, from a fountain

Après avoir lu

A. Vrai ou faux? En vous basant sur le texte, dites si les phrases suivantes sont vraies ou fausses.

1. Les Américains aiment la viande plus cuite que les Français.
2. Le guide conseille aux Français de ne pas demander d'emporter les restes.
3. Le guide conseille aux Français de faire semblant de ne pas comprendre l'anglais dans certaines situations.
4. Selon le guide, puisque le coca est servi à la pression, il faut demander de la glace.

B. Jugements. Quelle est l'opinion de l'auteur sur les choses suivantes? Est-elle plutôt favorable, défavorable ou neutre? Quelles expressions sont utilisées pour communiquer ces attitudes?

1. le bœuf
2. les œufs
3. le pain
4. la *rootbeer*
5. le coca

C. Lecture critique. Donnez votre opinion en répondant aux questions suivantes.

1. Qu'est-ce qu'il y a dans le texte qui vous a surpris?
2. Quelles observations du texte sont justes, à votre avis? Est-ce qu'il y a des erreurs?
3. Breuvage: Dans le français de France, ce terme désigne une boisson d'une composition spéciale ou ayant une vertu particulière. Pourquoi est-ce qu'on emploie **breuvage** et non pas **boisson** pour décrire la *rootbeer*?

D. La culture. En petits groupes, trouvez trois différences culturelles entre les Français et les Américains impliquées dans le texte. Ensuite, présentez votre liste à la classe et discutez des différences que vous avez trouvées.

Interaction II

Mésententes cordiales

JEAN-LUC D'une part, vous avez la réputation d'être de grands enfants et d'autre part, on vous accuse d'être matérialistes.

BILL On se trompe, nous ne sommes pas matérialistes, mais travailleurs. La preuve: nous avons moins de congés payés que les Français, nous n'abandonnons pas nos emplois au mois d'août comme le font les Français, nous ne fermons pas le magasin entre midi et deux heures pour le déjeuner et il y a moins de fêtes par an.

JEAN-LUC Mais c'est justement ce que je veux dire! Vous êtes trop pratiques! Efficacité, rentabilité, «le temps, c'est de l'argent.» Tu n'envies pas ces deux amoureux assis sur ce banc public?

BILL Ah, vous les Français, vous ramenez tout à l'amour!

Autrement dit

Pour décrire les personnes

De quelle couleur sont vos cheveux?
Moi, j'ai les cheveux blonds.
bruns (*dark brown*).
noirs.
châtains (*light brown*).
roux (*red*).
gris.
blancs.

Ils sont **frisés** (*curly*).
longs.
courts.

Et vos yeux?
J'ai les yeux bleus.
noirs.
marron (*brown*).
noisette (*hazel*).

J'ai le teint olivâtre.
basané (*swarthy*).
pâle.
clair.

L'homme { moustachu/aux [grandes] (*moustaches*)
barbu/à la barbe [blanche]
aux cheveux gris } est français.

La { petite
grande
grosse } { femme
dame
fille } { **mince** (*slim*)
imposante } est américaine.

Pour décrire le caractère

Vous, les Américains, on vous accuse d'être matérialistes (≠ ascètes).
extrovertis (≠ introvertis).
naïfs (≠ malins).
travailleurs (≠ paresseux).
efficaces (≠ inefficaces).
hypocrites (≠ sincères).
pratiques (≠ théoriques).

Et vous, les Français, on vous accuse d'être sentimentaux (≠ terre à terre).
aggressifs (≠ timides).
snob (≠ naturels).
arrogants (≠ humbles).
froids (≠ chaleureux).
intellectuels (≠ bornés).
égoïstes (≠ désintéressés).

Pratique et conversation

A. **Sorcières et fantômes.** Selon vous, comment est …

1. le diable?
2. la sorcière des contes de fées?
3. un fantôme?
4. un vampire?
5. un **loup-garou** (*werewolf*)?
6. la belle-mère de Cendrillon?

B. **La perfection.** Décrivez:

1. l'ami/e idéal/e.
2. l'époux/épouse idéal/e.
3. l'homme/la femme de vos rêves.
4. le professeur idéal.

C. **Mal assortis (*mismatched*).** Pour chaque personne ci-dessous, décrivez quelqu'un qui aurait des traits complètement opposés.

1. homme snob
2. femme timide
3. femme travailleuse
4. homme égoïste
5. femme pratique

D. **Encore des stéréotypes.** A l'intérieur des pays, il y a aussi des stéréotypes régionaux, qui sont également faux. Quels sont les stéréotypes des régions suivantes aux Etats-Unis et en France?

1. les sudistes aux Etats-Unis
2. les Parisiens
3. les New-Yorkais
4. les Californiens
5. les sudistes en France

Etude de vocabulaire

Adjectif → substantif: le suffixe -ité

Certains adjectifs peuvent se transformer en substantifs en ajoutant le suffixe **-ité** (parfois avec un léger changement d'orthographe). Ces substantifs sont toujours féminins. Etudiez les exemples suivants:

humain	*human*	→	**humanité**	*humanity*
curieux	*curious*	→	**curiosité**	*curiosity*
responsable	*responsible*	→	**responsabilité**	*responsibility*

Pratique et conversation

Donnez le substantif. Quel substantif correspond aux adjectifs suivants?
Vérifiez vos réponses à l'aide d'un dictionnaire.

1. réciproque
2. régulier
3. sincère

4. vrai
5. timide
6. sûr

Les adjectifs nominalisés

Un adjectif peut être nominalisé[1] en supprimant le substantif modi-
fié. Étudiez les exemples suivants:

la femme blonde	*the blond woman*	→	la blonde	*the blond (one)*
l'homme barbu	*the bearded man*	→	le barbu	*the bearded (one)*

Pratique et conversation

Que veut dire …? Traduisez les phrases suivantes.

1. C'est qui son mari? Le roux ou le blond?
2. La brune s'est transformée en blonde.
3. Cette pauvre femme. Elle passe toute sa journée à s'occuper de ses petites.
4. Mes deux filles? La grande est sérieuse, mais la petite est une coquette.
5. Ce malheureux dort sur un banc public.

Grammaire de base

7.1 Adjectives change form depending on the gender and number of the persons or things being described.

7.2 Adjectives may be classified according to the sound and spelling of the masculine and the feminine singular forms:

Group I: masculine and feminine sound alike and are spelled alike.

MASCULIN	FÉMININ
sympathique	sympathique

Similar to **sympathique** are: **sociable, mince, agréable, aimable, responsable, difficile, facile, timide, jeune, riche.**

Group II: masculine and feminine sound alike but have different spellings. The feminine is formed by adding an **-e** to the masculine.

MASCULIN	FÉMININ
joli	jolie

---

[1] = transformé en substantif

Similar to **joli** are: **poli, impoli, fatigué.**

Group III: masculine and feminine sound different and have different spellings. The feminine is formed by adding an **-e** to the masculine sometimes involving a shift of the final consonant. The final written consonant is pronounced only in the feminine.

MASCULIN	FÉMININ
grand	grande
heureux	heureuse

Similar to **grand** are: **blond, laid, court, content, charmant, froid, patient, intéressant, intelligent, gros** (*f.*: **grosse**), **gentil** (*f.*: **gentille**), **long** (*f.*: **longue**). Similar to **heureux** are: **curieux, mystérieux, généreux, malheureux.**

7.3 To form the plural of adjectives, add an **-s** to the singular, except where the singular already ends in an **-s** or **-x**. The plural **-s** is only pronounced in liaison:

GROUPE	MASC. SG.	FÉM. SG.	MASC. PLU.	FÉM. PLU.
I	sympathique	sympathique	sympathiques	sympathiques
II	poli	polie	polis	polies
III	grand	grande	grands	grandes
	gros	grosse	gros	grosses
	heureux	heureuse	heureux	heureuses

7.4 The adjectives **beau** and **bon** are unlike the adjectives above:

	SINGULIER	PLURIEL
MASCULIN	beau	beaux
FÉMININ	belle	belles
MASCULIN	bon	bons
FÉMININ	bonne	bonnes

7.5 The question **Comment est … ?/Comment sont … ?** asks for a description:

Comment est le professeur de français?

Elle est patiente, intelligente, belle …

7.6 Most adjectives follow the noun they describe. Exceptions are discussed later in the chapter.

7.7 To compare adjectives, use the following expressions:

Ce restaurant est $\left\{ \begin{array}{l} \text{plus} \\ \text{aussi} \\ \text{moins} \end{array} \right\}$ cher que Chez Jenny.

Note the irregular comparative of **bon:**

Ce restaurant est $\left\{ \begin{array}{l} \text{meilleur} \\ \text{aussi bon} \\ \text{moins bon} \end{array} \right\}$ que Chez Jenny.[2]

7.8 To indicate the superlative, add the definite noun marker to the comparative. Note that the group or context which you are using as your framework for comparison is introduced by the preposition **de.**

Ce restaurant est le $\left\{ \begin{array}{l} \text{plus} \\ \text{moins} \end{array} \right\}$ cher de la ville.

Ce restaurant et le meilleur de la ville.

Structure III

Pour décrire: la forme des adjectifs (Grammaire de base 7.1 → 7.8)

a. In French, most adjectives change in spelling and pronunciation according to the number and gender of the noun they modify. Refer to the *Grammaire de base* to review the formation of adjectives.

b. Here are some other classes of adjectives:

M.SG.	F.SG.	M.PL.	F.PL.	OTHER EXAMPLES
premier	première	premiers	premières	dernier
actif	active	actifs	actives	naïf, sportif
intérieur	intérieure	intérieurs	intérieures	supérieur, extérieur, inférieur
public	publique	publics	publiques	turc
blanc	blanche	blancs	blanches	franc

c. Note that **premier** and **dernier** precede the noun they modify:

As-tu vu le **dernier** film d'Almodóvar?
Son **premier** film ne vaut pas la peine d'être vu.

d. A few adjectives are invariable: they have only one form for masculine and feminine, singular and plural. These include **chic, sympa, snob, bon marché** and **cochon:**

Ses enfants sont vraiment **cochon** (dirty, filthy)!
Je n'aime pas cette femme: elle est très **snob.**

[2] After **que,** the following transformations take place in comparisons:
je → moi; tu → toi; il → lui; ils → eux.
Je suis plus intelligent que toi. Nous sommes plus heureux qu'eux.

e. Color adjectives that are derived from names of fruits and gems are invariable. The most common of these are **orange, marron** and **émeraude:**

>   La femme aux yeux **marron** porte des chaussures **orange.**

f. When color adjectives are modified by **clair** (*light*) or **foncé** (*dark*), they become invariable:

>   Il porte une cravate **bleu foncé.**

Pratique et conversation

A. Conseiller/ère de mode. En mettant l'adjectif à la forme correcte, dites si les couleurs et les motifs iraient bien ensemble ou **jureraient** (*clash*).

MODÈLE   un pantalon (gris)/une veste (bleu marine)

>   Vous   Un pantalon gris irait très bien avec une veste bleu marine.

1. des chaussettes (orange)/des chaussures (rouge foncé)
2. une cravate (vert)/une chemise (blanc)
3. une jupe (noir)/une blouse (rose)
4. une veste (bleu clair)/une chemise (violet)

B. Le courrier du cœur. Complétez les paragraphes suivants en mettant la forme correcte de l'adjectif entre parenthèses.

Chère Mimi,

J'ai un grand problème. Toutes les filles de mon âge sont très

_____ (snob) et se moquent de moi, parce que je ne suis

pas très _____ (beau) ni très _____

(chic). Elles disent aussi que je suis _____ (naïf).

Qu'est-ce que je pourrais faire pour devenir plus _____

(attirant) et _____ (élégant)?

Claudie, 13 ans.

Chère Claudie,

N'écoute pas tes _____ (petit) copines

_____ (méchant). Cultive tes qualités

_____ (intérieur) et ta beauté _____

(extérieur) suivra.

C. Interview. Demandez à votre partenaire…

1. si les Américains sont naïfs en général.
2. s'il/si elle était naïf/naïve quand il/elle a commencé ses études.
3. s'il/si elle est sportif/sportive.
4. qui est plus cochon, lui/elle ou ses parents.

D. Jeu de rôle. Vous voulez vous marier et vous avez essayé tous les moyens. Finalement, vous allez à l'agence matrimoniale «Mariage-Éclair». L'employé/e, joué/e par votre partenaire, vous pose des questions sur votre personnalité, vos préférences dans un homme/femme, etc. Jouez la scène.

Structure IV

Pour décrire: la forme et la position des adjectifs [suite]
(Grammaire de base 7.1 → 7.8)

a. In French, most adjectives follow the noun they modify:

> Un touriste **américain** est assis dans un café **parisien.**
> Il porte un Tee-shirt **ridicule.** Il commande un thé **glacé.**

b. A small group of adjectives precede the noun. These adjectives include:

petit	grand
jeune	vieux
bon	mauvais
nouveau	joli
autre	beau

> Regarde cette **jolie** femme assise sur un banc.
> Je viens d'acheter un **nouveau** guide touristique.
> Les Américains ont la réputation d'être de **grands** enfants.[3]

c. **Nouveau, beau,** and **vieux** have special forms that are only used before a masculine singular noun which begins with a vowel:

> Son **nouvel** appartement n'est pas très grand.
> Ce **vieil** artiste ne travaille plus.
> C'est un **bel** homme.

d. Some adjectives may precede or follow the noun. Their meaning is different depending on their position:

	PRECEDING	FOLLOWING
ancien	un **ancien** collègue a **former** colleague	un bâtiment **ancien** an **ancient** building
cher	un **cher** ami a **dear** friend	un restaurant **cher** an **expensive** restaurant
dernier	le **dernier** train the **last** train (in a series)	l'année **dernière** **last** year (which precedes)
même	la **même** chose the **same** thing	la chose **même** the **very** thing

---

[3] Note that **des** usually becomes **de** before a plural adjective which precedes the noun.

pauvre	le **pauvre** enfant *the **unfortunate**,* *(**poor**) child*	la femme **pauvre** *the **poor** (≠ rich)* *woman*
propre	ma **propre** voiture *my **own** car*	ma voiture **propre** *my **clean** car*
prochain	le **prochain** avion *the **next** plane* *(in a series)*	l'année **prochaine** ***next** year* *(following)*
seul	la **seule** chose *the **only** thing*	l'homme **seul** *the **lonely** man*

Pratique et conversation

A. **Une publicité.** Mettez l'adjectif entre parenthèses devant ou après le substantif, selon le sens de la phrase.

_____ amis _____ (cher)! Le

_____ insecticide _____ (nouveau) «Débarra-

Cafard», c'est le _____ produit _____ (seul)

anti-cafard destiné aux _____ bâtiments _____

(anciens) où les cafards sont difficiles à tuer. Vous pouvez passer

toute la journée à nettoyer et vous ne vous débarrasserez pas de

ces _____ bêtes _____ (petit). Même les

_____ appartements _____ (le plus propre)

peuvent en être infestés. Les _____ insecticides

_____ (autre) sont lents à agir. «Débarra-Cafard» tue en un

clin d'œil! La _____ famille _____ (pauvre) qui

n'aura pas découvert «Débarra-Cafard»! Madame, la _____

fois _____ (prochain) que vous irez au magasin, demandez

«Débarra-Cafard!»

B. **Interview.** Demandez à votre partenaire si …
1. il/elle préfère les bâtiments anciens ou modernes.
2. il/elle reste en contact avec ses anciens amis.
3. la musique «nouvelle vague» lui plaît.
4. il/elle va voyager l'été prochain.
5. il/elle a sa propre voiture.

C. **Regrets.** Racontez la dernière fois que vous avez fait quelque chose que vous regrettez. Qu'est-ce que vous ferez la prochaine fois pour éviter ces conséquences malheureuses?

Lecture II

Vous allez lire quelques passages tirés des Journaux de voyage *d'Albert Camus qui décrivent ses premières impressions de New York pendant sa visite en 1946. Camus, l'auteur de* L'Étranger *et de* La Peste, *a passé son enfance en Algérie. En 1939, il est allé à Paris comme journaliste. Après avoir reçu le Prix Nobel en 1957, il est mort d'un accident en 1960 à l'âge de 47 ans.*

Avant de lire

A. Associations. Réfléchissez à l'association entre les mots soulignés pour choisir la définition correcte du deuxième mot.

1. «Ma grippe revient. Et c'est les jambes flageolantes que je reçois le premier coup de New York.»

   la grippe = *the flu*   **flageolantes** = *feverish/shaky*

2. «…la circulation est disciplinée, sans intervention d'agents aux carrefours…»

   circulation = *traffic*   **aux carrefours** = *in uniform/*
   at intersections

3. «…un G.I. bouche grande ouverte laisse échapper d'énormes bouffées de vraie fumée.»

   fumée = *smoke*   **bouffées** = *puffs/fire*

4. «Les esssuie-glaces rapides et monotones balaient une eau sans cesse renaissante.»

   essuie-glaces = *windshield wipers*   **balayer** = *to wipe/to sweep*

B. Familles de mots. Employez votre connaissance du mot racine pour deviner le sens des mots soulignés.

1. «Le soir, traversant Broadway en taxi, fatigué et fiévreux…»

   fiévreux [**la fièvre** = *fever*]

2. «J'admire les femmes dans les rues, les coloris des robes, ceux des taxis qui ont tous l'air d'insectes endimanchés; rouges, jaunes, verts.»

   endimanchés [**dimanche** = *Sunday*]

3. «Grande campagne propre et aérée avec les petites et grandes maisons à colonnes blanches…»

   aérée [pensez aux mots comme aéroport et aérogramme]

4. «Bizarre sentiment d'éloignement dans le taxi dont les essuie-glaces rapides et monotones balaient une eau sans cesse renaissante.»

   éloignement [**loin** = *far away*]

C. Faites un plan. Lisez rapidement les douze paragraphes et choisissez un sujet approprié pour chacun. (Il y aura peut-être des réponses multiples et/ou des répétitions.)

a. la mort
b. la générosité
c. le temps
d. l'abondance
e. la nourriture

f. une arrivée
g. les préjugés
h. les premières impressions
i. la nature
j. la tristesse

D. Lecture sommaire. Lisez les paragraphes 2, 9 et 11. Faites une liste des adjectifs que vous trouvez. Classez les adjectifs comme négatifs, positifs or neutres. Selon les adjectifs que vous avez trouvés, est-ce que vous pensez que ces paragraphes sont plutôt favorables ou critiques?

Albert Camus, *Journaux de voyage*

the prior evening or night   Lundi. Coucher très tard la **veille.** Lever très tôt. Nous remontons le port de New York. Spectacle formidable malgré ou à cause de la *fog* **brume.** L'ordre, la puissance, la force économique est là. Le cœur tremble devant tant d'admirable inhumanité […]

Fatigué. Ma grippe revient. Et c'est les jambes flageolantes que je reçois le premier coup de New York. Au premier regard, hideuse ville inhumaine. Mais je sais qu'on change d'avis. Ce sont des détails qui me *traffic* frappent: que les ramasseurs d'ordures portent des gants, que la **circulation** est disciplinée, sans intervention d'agents aux carrefours, etc., que *small change* personne n'a jamais de **monnaie** dans ce pays et que tout le monde a l'air de sortir d'un film de série. Le soir, traversant Broadway en taxi, fatigué *dazed* et fiévreux, je suis littéralement **abasourdi** par la foire lumineuse. Je sors de cinq ans de nuit et cette orgie de lumières violentes me donne pour la première fois l'impression d'un nouveau continent (une énorme enseigne de 15 m pour les Camel: un G.I. bouche grande ouverte laisse échapper *smoke* d'énormes bouffées de *vraie* **fumée.**) Le tout est jaune et rouge.

Mardi […] Je remarque que je n'ai pas remarqué les *sky-scrapers*, ils m'ont paru naturels. C'est une question de proportions générales. Et puis aussi on ne peut pas toujours vivre la tête levée. On n'a donc dans le champ de sa vue qu'une proportion raisonnable d'étages. Magnifiques *burst* boutiques d'alimentation. De quoi faire **crever** toute l'Europe. J'admire les femmes dans les rues, les coloris des robes, ceux des taxis qui ont tous l'air d'insectes endimanchés; rouges, jaunes, verts. Quant aux magasins de cravates, il faut les voir pour les croire. Tant de mauvais goût **paraît à** *hardly seems possible* **peine imaginable** […]

Mercredi […] Une des façons de connaître un pays, c'est de savoir comment on y meurt. Ici tout est **prévu.** «*You die and we do the rest*», di-*taken care of, arranged* sent les affiches publicitaires. Les cimetières sont des propriétés privées: *reserve* «Dépêchez-vous de **retenir** votre place.» Tout se passe dans le magasin, transport, cérémonies, etc. Un homme mort est un homme fini […]

a person from the island of Question nègre. Nous avons envoyé un **Martiniquais** en mission *Martinique* ici. On l'a logé à Harlem. Vis-à-vis de ses collègues français, il aperçoit pour la première fois qu'il n'est pas de la même race.

Observation contraire: dans le bus, un Américain moyen se lève devant moi pour céder sa place à une vieille dame nègre.

Jeudi [...] La journée passée à dicter ma conférence. Le soir un peu de **trac,** mais j'y vais tout de suite et le public **a «collé».** Mais pendant que je parle on **barbote** la caisse dont le produit est destiné aux enfants français. O'Brien annonce la chose à la fin et un spectateur se lève pour proposer que chacun redonne à la sortie la même somme qu'il a donnée à l'entrée. A la sortie, tout le monde donne beaucoup plus et la **recette** est considérable. Typique de la générosité américaine. Leur hospitalité, leur cordialité est du même goût, immédiate et **sans apprêt**. Ce qu'il y a de meilleur en eux.

stage fright /was enthusiastic/to rob or steal

revenues

spontaneous

Vendredi [...] Nous allons à Tryon Park au-dessus de Harlem d'où nous dominons le Bronx d'un côté, l'Hudson de l'autre. Des magnolias éclatent un peu partout. Je digère un nouvel exemplaire de ces *ice-cream* qui font ma joie. Encore un bon moment [...]

Grande campagne propre et aérée avec les petites et grandes maisons à colonnes blanches et les grands arbres bien bâtis et les **pelouses** qui ne sont jamais séparées par des barrières si bien que c'est une seule pelouse qui appartient à tout le monde et où de beaux enfants et des adolescents **souples** rient à une vie remplie de bonnes choses et de crèmes riches. La nature ici contribue au beau conte de fées américain [...]

lawns

supple, agile

Pluie sur New York. Elle coule **inlassablement** entre les hauts cubes de ciment. Bizarre sentiment d'éloignement dans le taxi dont les essuie-glaces rapides et monotones balaient une eau sans cesse renaissante. Impression d'être **pris au piège** de cette ville et que je pourrais me délivrer des blocs qui m'entourent et courir pendant des heures sans rien retrouver que de nouvelles prisons de ciment, sans l'espoir d'une colline, d'un arbre vrai ou d'un visage bouleversé [...]

steadily

trapped

Pluies de New York. Incessantes, balayant tout. Et dans la brume grise les gratte-ciel se dressent **blanchâtres** comme les immenses **sépulcres** de cette ville habitée par les morts. A travers la pluie, on voit les sépulcres vaciller sur leur base.

rain

whitish/tombs

Terrible sentiment d'abandon. Quand même je **serrerais** contre moi tous les êtres du monde, je ne serais défendu contre rien.

from serrer, to hug, to hold tightly

Albert CAMUS, *Journaux de voyage,* © Editions GALLIMARD

Après avoir lu

A. Compréhension du texte. Répondez aux questions suivantes.

1. Quelle est la première impression que Camus a de la ville de New York?
2. Qu'est-ce qui l'a frappé tout d'abord? Citez des exemples précis.
3. Quelle est son impression des gratte-ciel?
4. Pourquoi est-ce que Camus parle des cimetières? Qu'est-ce qu'ils révèlent?
5. Comment est-ce que Camus décrit la relation entre les races aux Etats-Unis?
6. Quelle qualité est-ce que Camus admire chez les Américains?
7. Quel effet est-ce que la pluie produit chez Camus?

B. **Jugements.** Qu'est-ce que Camus dit sur les choses suivantes? Est-ce que son opinion est favorable, défavorable ou neutre? Quelles expressions est-ce qu'il emploie pour communiquer son point de vue?

1. sa première impression de la ville de New York
2. les gratte-ciel
3. les magasins d'alimentation
4. les magasins de cravates
5. les glaces américaines
6. son impression finale de la ville de New York

C. **Point de vue.** Est-ce que vous pensez que la description de Camus est juste ou trop sévère? Est-ce que ses observations sont toujours justes ou est-ce qu'elles sont toutes datées?

D. **Lecture critique.** En petits groupes, discutez des questions suivantes.

1. Dans le deuxième paragraphe, Camus parle de la «foire lumineuse». Dans les phrases qui suivent, quels mots et expressions est-ce qu'il utilise pour évoquer la lumière, le mouvement et l'immensité de la ville?
2. Trouvez des exemples où les phénomènes de la nature reflètent l'état d'esprit de l'auteur et/ou le caractère de la ville.
3. Le ton des trois derniers paragraphes est plutôt triste. Comment est-ce que Camus évoque ce ton de tristesse?
4. Quelles descriptions vous frappent le plus? Pourquoi?

E. **Impressions.** Décrivez vos premières impressions d'une grande ville que vous avez visitée.

F. **Réactions.** Quelles seraient les premières impressions d'un Français s'il visitait votre ville/région? Qu'est-ce qui le frapperait le plus?

 # Compréhension auditive

L'Amérique, qu'est-ce que c'est?

Qu'est-ce que l'Amérique représente pour les Français? Dans les interviews suivantes, on a demandé à deux Français d'exprimer leurs opinions sur les États-Unis.

Texte I: Extrait d'une interview: Une femme, la cinquantaine, habitant Paris, de famille bourgeoise provinciale, sans profession.

Avant d'écouter

A. **Impressions.** Même les Français qui n'ont jamais visité les États-Unis ont une image particulière de notre pays. Selon vous, d'où viennent ces impressions? D'après les dessins et les lectures de ce chapitre, quelles sont les impressions les plus courantes? Sont-elles plutôt justes ou fausses?

France: une agence de voyages sur les Champs-Elysées (Paris)

B. Pour ou contre? Classez les expressions suivantes selon qu'elles indiquent une opinion positive ou une opinion négative.
je suis révolté / ce qui m'agace / j'adore ça / je suis contre / ça ne me plaît pas du tout / je suis pour / ça m'horripile / ça me plaît énormément

OPINION POSITIVE   OPINION NÉGATIVE

_____   _____

_____   _____

_____   _____

_____   _____

C. Vocabulaire. Que veulent dire les mots suivants? A l'aide d'un dictionnaire, donnez une définition ou un synonyme en français.

1. méli-mélo
2. bouffer
3. abruti
4. mitron
5. usine

D. Conseils pratiques. Le Français familier supprime très souvent le *ne* de la négation. Par conséquent, l'expression [**ne**] … **plus** pourrait être ambiguë. Le contexte vous aidera à déterminer s'il s'agit d'une expression négative ou positive.

Ecoutons

A. En général. Écoutez la première interview une fois. En écoutant, essayez de dégager le sens global de l'interview: est-ce que la locutrice a une opinion positive ou négative? Quelle est cette opinion? Quels exemples est-ce qu'elle donne?

B. Le contexte. En écoutant une conversation en français, vous allez sans doute entendre des mots que vous ne comprendrez pas. Parfois, la signification précise du mot n'est pas importante; ce qui compte, c'est le sens général, qui sera déterminé par le contexte. Voici une petite liste de mots que vous ne connaissez pas. Après avoir écouté l'interview une deuxième fois, dites si ce sont des termes positifs ou négatifs, en vous basant sur le contexte.

	POSITIF	NÉGATIF
1. ogre	_____	_____
2. crapaud	_____	_____
3. infâme	_____	_____

Est-ce que la locutrice est contente ou en colère quand elle dit:

1. ça me met hors de moi	_____	_____
2. j'ai cette hargne contre l'Amérique	_____	_____

C. En écoutant. Pendant que vous écoutez, essayez de relever les expressions qu'elle emploie pour présenter et justifier ses opinions.

D. Les détails. Maintenant, écoutez l'interview une deuxième fois en essayant de saisir les détails.

Pratique et conversation

A. Questions. Répondez aux questions suivantes.

1. Est-ce que la femme a jamais visité les Etats-Unis? Si oui, quand?
2. Quels sentiments est-ce qu'elle exprime d'abord sur les Etats-Unis? Est-ce que ces sentiments sont positifs ou négatifs?
3. Qu'est-ce qu'elle reproche aux Etats-Unis?
4. Comment est-ce qu'elle s'est informée sur l'éducation des enfants américains?
5. Selon elle, pourquoi est-ce que les enfants américains sont mal élevés?
6. Expliquez pourquoi elle est contre les usines à pain.

B. Réfléchissons. Réfléchissez bien avant de répondre aux questions suivantes.

1. Cette critique des Etats-Unis est aussi une critique des Français. Comment?
2. Qu'est-ce que vous pourriez dire sur l'éducation des enfants français, en vous basant sur sa critique des enfants américains?
3. Pourquoi est-ce qu'elle a choisi les usines à pain comme exemple de l'influence américaine sur la culture française? Quelle est l'importance du pain pour les Français?

4. Quelles valeurs culturelles américaines est-ce que McDonald's pourrait représenter pour un Français? En quoi est-ce que ces valeurs pourraient **aller à l'encontre** (*to go against*) des valeurs françaises?

5. Selon vous, est-ce que l'âge de cette femme influence ses jugements?

Texte II: Extrait d'une interview: Un homme, 23 ans, habitant la province, de famille modeste. Profession: serveur de restaurant.

Avant d'écouter

A. Vocabulaire. Que veulent dire les mots suivants? A l'aide d'un dictionnaire si nécessaire, donnez un synonyme ou une définition en français.

1. un bouquin
2. économiser
3. le paysage
4. une tour
5. les alentours

B. Conseils pratiques. Dans la conversation naturelle, on répète très souvent la même idée en utilisant des expressions synonymes, des explications, des descriptions, etc. Même si vous ne comprenez pas la signification d'une expression, continuez à écouter. Le texte qui suit peut rendre le sens plus clair.

Ecoutons

A. En général. Ecoutez la première interview une fois. En écoutant, essayez de dégager le sens global de l'interview: est-ce que le locuteur a une opinion positive ou négative? Quelle est cette opinion? Quels exemples est-ce qu'il donne?

B. Répétition. En écoutant une autre fois, trouvez les expressions qui répètent ou expliquent les idées suivantes:

1. c'est une vie qui me plaît
2. ça revient cher
3. le paysage c'est beau
4. c'est des tours

C. En écoutant. Pendant que vous écoutez une troisième fois, essayez de relever les expressions qu'il emploie pour présenter et justifier ses opinions.

Pratique et conversation

A. Questions. Répondez aux questions suivantes.

1. Comment est-ce que le locuteur s'est informé sur les Etats-Unis?
2. Est-ce qu'il a jamais visité les Etats-Unis? Si oui, quand? Si non, pourquoi pas?
3. Qu'est-ce qui l'a impressionné le plus dans les livres qu'il a lus sur les Etats-Unis?

B. Réfléchissons. Quelle est votre opinion?

1. Est-ce que vous pensez que ce jeune homme réagirait de la même façon que la femme de la première interview en parlant des usines à pain et de McDonald's? Pourquoi ou pourquoi pas?

2. Que pensez-vous des impressions du locuteur sur les Etats-Unis? Sont-elles réalistes? superficielles? bien réfléchies?

Activités

A. A vous la parole. On vous demande de faire partie d'une discussion des différences culturelles entre les Américains et les Français, qui sera diffusée par Antenne 2! Parmi les participants, il y a un/e Français/e qui est très critique des Américains. Essayez de répondre à ses critiques en soulignant les différences culturelles.

B. Gaffes. Avez-vous jamais fait une gaffe culturelle? Racontez l'histoire à la classe.

C. Une recette. Quel est votre plat ethnique favori? Racontez la recette à la classe, ou mieux, faites-en une démonstration.

D. Difficultés. Vous vous disputez constamment avec votre mari/femme: questions de goûts, personnalités, habitudes … Finalement, vous décidez d'aller chez un/e conseiller/ère matrimonial/e. Expliquez-lui le/s problème/s et il/elle vous conseillera.

E. Un touriste américain. Vous êtes en France, et vous allez au café pour prendre votre petit déjeuner. Vous commandez un bifteck et des œufs. Le serveur résiste. Jouez le rôle.

3

Accès à la formation de l'esprit

L'enseignement

Introduction

The role of formal education varies from country to country in the French-speaking world. Some educational programs are designed to produce an elite group of cultured and technologically sophisticated citizens. Others aim to provide a broad range of training possibilities for the entire population. Most systems combine these goals in one way or another. In this chapter, we will see how the concept of education in French-speaking cultures can differ from traditional American conceptions.

Première approche

Dans l'enseignement en France et dans la plupart des pays «francophones» d'Afrique, tout le travail scolaire doit être conservé sous forme de cahier. L'élève apprend très jeune à «bien tenir son cahier». Voici deux pages du cahier d'une élève de 5 ans.

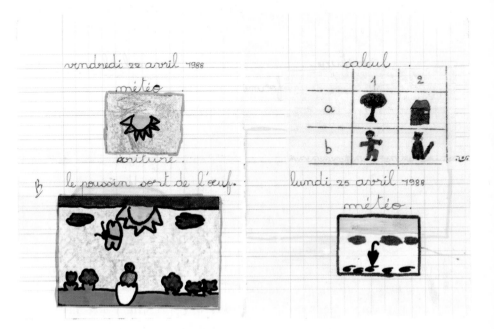

1. Quelles sont les trois activités de la leçon du 22 avril?

2. Qu'est-ce que les dessins représentent?

3. Comparez l'écriture à celle des petits élèves américains. L'élève ne sait pas encore lire, mais elle apprend à **copier** l'écriture de la maîtresse. Pourquoi a-t-on adopté cette méthode, à votre avis?

4. En montrant aux enfants comment tenir ce cahier, qu'est-ce que la maîtresse veut apprendre à ses élèves?

5. Existe-t-il une relation entre les principes de l'enseignement illustrés par ce cahier et les principes que la famille essaie d'apprendre à l'enfant à la maison (chapitre 1)?

6. Que pensez-vous de la méthode illustrée par ce cahier?

Pour aller plus loin

A la fin de l'école secondaire, les élèves de beaucoup de pays francophones passent l'examen du baccalauréat. *Il faut avoir réussi au «bac» pour faire des études à l'université. Certains employeurs le demandent aussi. La partie écrite du bac dure une semaine à peu près. L'épreuve d'histoire/géographie, par exemple, pourrait consister en une «dissertation» de quatre heures sur un des sujets suivants:*

- Les politiques démographiques dans les pays du Tiers-Monde.
- Comparer l'agriculture américaine et l'agriculture russe.
- Les fluctuations du marché du pétrole.
- La puissance économique japonaise dans le Pacifique: une prépondérance menacée?

1. Ce sont des sujets que les élèves ont étudiés pendant l'année. Qu'est-ce que le programme de géographie essaie d'apporter aux élèves?
2. Quelles sortes de connaissances faut-il pour faire les dissertations indiquées?
3. Pourriez-vous faire ce genre de travail (sans notes) sur un grand sujet que vous avez étudié au lycée?
4. Que pensez-vous de cette épreuve?
5. Qu'est-ce que le dessin de Plantu (ci-dessous) révèle des émotions causées par l'arrivée du bac?

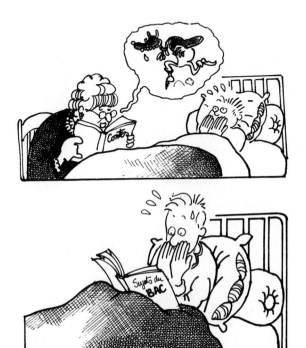

France: l'amphithéâtre de l'Université de Paris VI

Interaction I

Le fameux bac

A la fin de l'année scolaire, trois lycéens, Jean-Pierre, Georges et Nicole, se sont réunis chez Thomas pour réviser une dernière fois ensemble, avant de se présenter aux épreuves du baccalauréat.

JEAN-PIERRE   Si j'échoue, ma vie est ratée. Tiens, passe-moi le café, s'il te plaît, Thomas.

THOMAS   Allons, tu ne vas pas échouer. Tu es trop pessimiste. Tu as très bien travaillé pendant toute l'année. Tu vas réussir, c'est sûr.

JEAN-PIERRE   Malheureusement, ça ne compte pas. Tout ce qui compte, c'est cette petite semaine en juin. Finalement, c'est une question de chance.

GEORGES   Pas vraiment. Regarde ce qui est arrivé à mon cousin Robert, l'année dernière. Il m'a dit qu'il avait travaillé, mais ce n'était pas vrai du tout. Il sortait tout le temps. Résultat: il s'est fait coller.

He wasn't allowed to retake it?

NICOLE   **Il n'a même pas été représentable?**

GEORGES   Même pas! Il redouble!

THOMAS   Je le plains, mais il l'a un peu mérité, non? Il n'a rien fait pendant toute l'année.

JEAN-PIERRE   Tu me passes le café, oui ou non?

THOMAS   Oh oui, pardon. Voilà …

GEORGES   Bon. Où en étions-nous?

NICOLE   Page 394. Vas-y, Georges, pose-nous une autre question.

Perspectives

1. Expliquez l'attitude de Jean-Pierre envers le bac.
2. Est-ce que les lycéens américains montrent la même émotion devant un examen?

France: le restaurant universitaire de l'Université d'Orléans

Autrement dit

Pour parler des études

Tu $\left\{\begin{array}{l}\text{vas à}\\\text{fréquentes}\\\text{fais tes études à}\end{array}\right\}$ quelle université?

Tu es en quelle année à   *What year are you in?*
l'université?

Tu te spécialises en quoi? $\Big\}$ *What do you major in?*
Quelle est ta spécialisation?

Tu suis quels cours?   *What courses are you taking?*

Ce sont des cours obligatoires?   *Are they required or elective*
facultatifs?   *courses?*

Quel est ton programme d'études?
Quelle matière/discipline est-ce que tu préfères?
Tu aimes ton prof?
Quand vas-tu obtenir ton diplôme?

France: la bibliothèque de la Sorbonne (Paris)

La vie des étudiants

Aujourd'hui, je dois	rendre	un devoir.	
		un mémoire.	*a paper*
	faire	un exposé oral.	
		une communication.	*an oral presentation*
		une présentation.	
	assister à	**une conférence.**	*attend a lecture*

Hier, j'avais trop de travail.
Alors, j'ai décidé de **sécher** / **manquer** } (*skip*) mon cours d'anglais.

Les facultés et les matières

A la Faculté des Lettres et Sciences Humaines, on étudie …
l'histoire, la géographie (◊ la géo), la littérature, les langues étrangères,
la philosophie (◊ la philo) et la sociologie.

A la Faculté des Sciences, on étudie …
la biologie, la chimie, la géologie, les mathématiques (◊ les maths) et
la physique.

A la Faculté de Droit et Sciences Economiques, on étudie …
le droit (*law*), les relations internationales, les sciences économiques et
les sciences politiques (◊ sciences po).

A l'Ecole de Commerce, on étudie …
l'administration des affaires, le commerce, la **gestion** (*management*),
le marketing et la publicité.

Le campus

Pour parler des épreuves

| Quand vas-tu | **(re)passer** (*to (re)take*) | l'examen? |
| | te présenter | au **concours** (*competition*)? |

Mon cousin m'a dit qu'il
avait vraiment

{
travaillé
préparé
tout appris **par cœur** (*memorized*)
tout connu **sur le bout des doigts**
(*at his fingertips*)
révisé
{ ◊ **bûché** } (*studied hard*)
{ ◊ **bossé** }
}

... mais quand même,   il a échoué.
il n'a pas été reçu.   } (*even so, he failed*)
il s'est fait coller.
il a été collé.

Allons, tu ne vas pas échouer,
tu vas

{
réussir.
être reçu/e. } (*to pass*)
recevoir/obtenir de bonnes notes.
(*to get good grades*)
gagner le premier prix.
(*to win first prize*)
}

Les expressions temporelles

Aujourd'hui, c'est le 5 août.
Par rapport à aujourd'hui, le 4 août, c'est **hier.**
le 6 août, c'est **demain.**

Hier, c'était le 14 janvier.
Par rapport à hier, le 13 janvier, c'est **la veille.**
le 15 janvier, c'est **le lendemain.**

C'est la semaine du 21 octobre.
La semaine du 28 octobre, c'est **la semaine prochaine.**
La semaine du 14 octobre, c'est **la semaine dernière.**
Quels cours est-ce que vous allez suivre **l'année prochaine
(l'an prochain)?**
Quels cours avez-vous suivis **l'année dernière (l'an dernier)?**

*France:
un laboratoire
universitaire
à Paris*

France: la cité universitaire à Orléans

Pratique et conversation

A. Complétez. Complétez la phrase d'une façon logique.

1. A la Faculté de Commerce, on étudie _____ et

   _____ .

2. — Je suis vraiment nerveuse; demain, je _____ mon examen
   de chimie.

3. — Ne sois pas nerveuse! Tu vas sûrement _____ ton examen.

4. Moi, je me spécialise en histoire. Et toi, quelle est ta _____ ?

5. A la Faculté des Lettres, on étudie _____ et

   _____ .

6. Est-ce que le français est un cours obligatoire ou un cours

   _____ ?

7. On assiste à une conférence dans _____ .

8. A la bibliothèque, je _____ et je _____ .

B. Le jeu des signatures. Votre professeur distribuera une feuille qui ressemblera à celle qui suit. Pour chaque qualité ou caractéristique recherchée, circulez dans la classe et posez une question à vos camarades pour trouver la personne qui pourra répondre à l'affirmatif. Quand vous trouverez cette personne, elle signera dans la deuxième colonne. Faites la même chose pour les questions qui suivent. Celui/celle qui aura toutes les cinq signatures gagnera.

TROUVEZ UNE PERSONNE QUI …   SIGNATURE

1. se spécialise en biologie.
2. est en troisième année.
3. préfère le français.
4. aime son professeur.
5. a séché un cours hier.

C. Interview. Demandez à un/une partenaire …

1. quand il/elle va obtenir son diplôme.

2. quelle est sa spécialisation.

3. où il/elle étudie.

4. quand il/elle va passer un examen.

5. s'il/si elle va réussir à cet examen.

D. Jeu de rôle. Votre ami/e manque de confiance. Il/Elle est certain/e qu'il/elle va échouer à son examen de sciences politiques. Ecoutez ses inquiétudes et ses doutes, posez-lui des questions et essayez de le/la rassurer. Vous pourriez peut-être lui raconter l'exemple d'une connaissance qui souffrait de la même anxiété mais qui a quand même réussi.

Etude de vocabulaire

Pour parler du temps: la distinction entre matin/matinée; soir/soirée; jour/journée; an/année.

a. Les mots **matin, soir, jour** et **an** représentent des unités temporelles (*units of time*). Ils font référence à un moment précis et peuvent être comptés:

Je l'ai rencontré il y a deux jours.	*I met him two days ago.*
Ce soir, je vais bûcher.	*I'm going to study this evening.*
Elle a passé cinq ans à finir ses études universitaires.	*It took her five years to finish her studies at the university.*

b. Pour souligner la durée d'une action, on emploie les mots **matinée, soirée, journée** et **année.** Ces mots sont souvent précédés par l'adjectif **tout,** les nombres ordinaux (**première, deuxième** …) ou des expressions indéfinies telles que **quelques:**

J'ai passé toute la journée à réviser.	*I spent the whole day reviewing.*
Elle est dans sa troisième année à l'université.	*She's in her third year (a junior) at the university.*

Il y a quelques années, le bac était beaucoup plus difficile.	*Several years ago, the bac was a lot more difficult.*

Pratique et conversation

A. Complétez. Complétez la phrase en choisissant l'expression qui convient.

1. Je viens de passer **un jour/une journée** atroce! J'étais tellement occupé que je n'ai même pas eu le temps de déjeuner.
2. Le paresseux! Il a regardé la télé **tout le jour/toute la journée**.
3. **Ce matin/cette matinée**, j'ai révisé avec des amis.
4. Il étudie la philosophie depuis **trois ans/trois années**.
5. Qu'est-ce que vous allez faire **ce soir/cette soirée**?

B. Interview. Demandez à un/une partenaire …

1. comment il/elle va passer la soirée.
2. comment il/elle a passé la matinée hier.
3. depuis combien de temps il/elle étudie le français.
4. ce qu'il/elle aime faire le samedi matin.
5. quels cours il/elle va suivre l'année prochaine.

C. Traduisez. Traduisez les phrases suivantes.

1. I'm going to spend all day reviewing for my exams.
2. Last year, he failed the **bac.**
3. He has spent several years traveling around (**autour**) the world.
4. I'm in my first year at the university.
5. She'll be in her office all day.

Grammaire de base

1.1 Review the forms of the following irregular verbs in the present tense.

LIRE, *to read*		ÉCRIRE, *to write*	
je lis	nous lisons	j'écris	nous écrivons
tu lis	vous lisez	tu écris	vous écrivez
il lit	ils lisent	elle écrit	elles écrivent

METTRE, *to place, put*		RECEVOIR, *to receive*	
je mets	nous mettons	je reçois	nous recevons
tu mets	vous mettez	tu reçois	vous recevez
elle met	elles mettent	il reçoit	ils reçoivent

1.2 The verb **s'inscrire (à/pour)** is conjugated like **écrire.**

2.1 The passé composé has two parts: an auxiliary verb and a past participle.

2.2 For most verbs, the auxiliary is the present tense of the verb **avoir.**

2.3 The following verbs use the present tense of the verb **être** as their auxiliary when they are not followed by a direct object:

aller   rentrer
arriver   rester
descendre   retourner
devenir   revenir
entrer   sortir
monter   tomber
mourir[1]   partir
naître[2]   venir

2.4 The past participle of regular verbs is formed according to the model below:

fermer → fermé   finir → fini   répondre → répondu

2.5 Review the following irregular past participles:

INFINITIVE	PAST PARTICIPLE
boire	bu
connaître	connu
découvrir	découvert
écrire	écrit
faire	fait
lire	lu
mettre	mis
pouvoir	pu
offrir	offert
ouvrir	ouvert
prendre	pris
recevoir	reçu
venir	venu
vouloir	voulu

2.6 If a verb does not appear in the list above, you may assume that its past participle is regular.

3.1 Review the position of the negative elements in compound tenses:

NEGATION: COMPOUND TENSES			
	NE	AUXILIARY	SECOND TERM OF NEGATION	PAST PARTICIPLE
Je	n'	ai	rien	mangé.
Il	n'	a	pas encore	commandé son repas.

---

[1] The full conjugation of the verb **mourir** is presented in the appendix.
[2] The full conjugation of the verb **naître** is presented in the appendix.

3.2 The second part of **ne ... personne** follows the past participle, taking the place of the noun object.

> Je **n'**ai vu **personne.**
>
> Nous **n'**avons parlé à **personne.**

3.3 In the negation **ne ... ni ... ni, ni** follows the past participle, and precedes the noun objects it qualifies.

> Vous **n'**êtes allés **ni** au restaurant **ni** au cinéma?
>
> Je **n'**ai parlé **ni** au serveur **ni** au gérant.

3.4 **Rien** and **personne** may serve as the subjects of a verb; **ni ... ni** may qualify a subject. Note that **ne** still precedes the verb.

> **Personne n'**est venu.
>
> **Rien ne** s'est passé.
>
> **Ni** Madeleine **ni** Anne **n'**est sortie samedi soir.

3.5 When used without **ne, jamais** means *ever*:

> Avez-vous **jamais** goûté   *Have you **ever** tasted couscous?*
> le couscous?

Structure I

Pour narrer au passé: l'emploi du passé composé
(Grammaire de base: 2.1 → 3.5)

a. Use the **passé composé** to state what happened in the past, that is to say, to talk about a completed past event:

> Regarde ce qui **est arrivé** à mon   *Look what **happened** to my cousin*
> cousin Robert l'année dernière.   *Robert last year.*
> Il **s'est fait coller.**   *He **failed.***
> Il **n'a rien fait** pendant toute   *He **didn't do anything** all year.*
> l'année.

b. As the first and third examples above illustrate, with time expressions that define the beginning and/or end of an action, the **passé composé** must be used to indicate a completed past action. Here are other examples:

> **Hier,** il a révisé et **ce matin,** il a passé son bac.

c. In a narration, a series of events are reported in the **passé composé,** advancing the story by telling what happened next:

> Il **a commencé** ses études universitaires à l'âge de 18 ans. Après quatre ans, il **a reçu** son diplôme. Il **a décidé** de voyager un peu avant de commencer à chercher du travail. Il **est allé** partout en Europe, puis il **est retourné** aux Etats-Unis ...

d. To express the idea of time gone by, use the structure **il y a** + time expression + verb in the **passé composé.** This is translated *ago:*

Il **a commencé** à étudier la philosophie **il y a trois ans.**	He **began** to study philosophy **three years ago.**
J'**ai passé** mon examen **il y a deux jours.**	I **took** my exam **two days ago.**

e. You have learned that the verbs **sortir, monter,** and **descendre** are used without an object and are conjugated with the auxiliary **être** in the **passé composé.** These verbs may be followed by a direct object, with a resultant change in meaning. They are then conjugated with **avoir** in the **passé composé.**

PRÉSENT	PASSÉ COMPOSÉ
Je sors ce soir.	Hier soir, je suis sorti.
I'm going out tonight.	*Last night, I went out.*
Je sors la poubelle.	J'ai sorti la poubelle.
I'm taking out the garbage [can].	*I took out the garbage [can].*
Tu montes?	Tu es monté?
Are you going up?	*Did you go up?*
Est-ce que tu pourrais monter ma valise?	Est-ce que tu as monté ma valise?
Could you take up my suitcase?	*Did you take up my suitcase?*
Je descends.	Je suis descendu.
I'm coming down.	*I came down.*
Tu descends l'escalier?	Tu as descendu l'escalier?
Are you coming down the stairs?	*Did you come down the stairs?*

f. The following rules govern the agreement of the past participle in compound tenses:

VERBS CONJUGATED WITH AVOIR

The past participle agrees with a preceding direct object:

<u>Quelles robes</u> as-tu <u>achetées</u>?
d. o. (f. pl.)   f. pl.

Je <u>les</u> ai <u>vus</u> au cinéma.
d.o. (m.pl) m.pl.

<u>Les photos</u> qu'il a <u>faites</u> sont très réussies.
d.o. (f.pl.)   f.pl.

VERBS CONJUGATED WITH ÊTRE

The past participle agrees with the subject of the sentence:

<u>Elles</u> sont <u>venues</u> en retard.
f. pl.   f.pl.

<u>Nous</u> sommes <u>sortis</u> vers neuf heures.
m.pl.   m.pl.

Pratique et conversation

A. Préparatifs. Transformez les verbes en italique au passé composé.

1. Deux mois en avance, *je téléphone* à l'hôtel pour réserver.
2. Ma femme *écrit* au syndicat d'initiative pour demander un plan de la ville et une liste des monuments importants.
3. Nous *regardons* le plan et nous *établissons* notre itinéraire.
4. Nous *étudions* la carte et nous *décidons* d'éviter les autoroutes.
5. Quelques jours avant notre départ, ma femme *va* à la banque acheter des chèques de voyage.
6. La veille, *je vérifie* la voiture: les freins, les pneus, l'huile, etc.
7. Le jour du départ, je *descends* toutes nos affaires.
8. Juste avant le voyage, ma femme *sort* la poubelle.
9. Deux semaines après, nous *rentrons*, prêts à repartir tout de suite.

B. L'Inspecteur Maigret. On a découvert le corps d'une femme morte. On n'a trouvé aucune trace du meurtrier sur les lieux, sauf des empreintes **digitales** (*fingerprints*) sur un verre. Complétez l'histoire suivante en mettant les verbes entre parenthèses au passé composé.

L'INSPECTEUR   Racontez vos actions le jour du crime.

LE SUSPECT   Je ne me souviens pas très bien …

L'INSPECTEUR   Allons, un peu d'effort …

LE SUSPECT   Ah, je me rappelle maintenant. Voici ce qui

_____ (arriver). Je _____ (décider) de rendre visite à ma copine, et on _____ (aller) au café du coin. On _____ (prendre) un cognac … non, je me trompe, nous _____ (boire) un petit rouge et puis nous _____ (monter) chez elle …

L'INSPECTEUR   Vous _____ (passer) la nuit chez elle?

LE SUSPECT   Monsieur, vous me posez une question très indiscrète.

L'INSPECTEUR   La vérité est plus importante que la discrétion. Continuez …

LE SUSPECT   Elle m' _____ (embrasser) et je _____ (partir).

L'INSPECTEUR   C'est tout?

LE SUSPECT   Non, je _____ (oublier) un détail.

Avant de partir, elle m'_____ (offrir)
un verre d'eau ...

L'Inspecteur Arrêtez cet homme tout de suite.

C. **Un voyage.** Racontez un voyage que vous avez fait récemment. Dites ...

1. avec qui vous êtes parti/e en voyage.

2. où vous êtes allé/es.

3. trois choses que vous avez faites tout au début de votre voyage.

4. une chose que vous avez faite que vous avez beaucoup aimée/pas du tout aimée.

5. deux choses que vous avez faites juste avant de partir.

D. **Qu'est-ce qui s'est passé?** Prenez le rôle de la personne interpellée et expliquez ce qui s'est passé.

1. «Sylvie, qu'est-ce que tu as fait dans ma cuisine? Il y a de l'eau partout!»

2. «Chéri, quelle est cette **tache** (*stain*) rouge sur le col de ta chemise?»

3. «Philippe, ta mère m'a dit que tu es rentré à trois heures du matin. Qu'est-ce qui s'est passé? On t'a bien dit de rentrer avant minuit.»

4. «Catherine, tu n'as pas rappelé. Pourquoi? Je voulais aller au cinéma avec toi hier soir.»

5. «Dupont, tu m'a promis ce rapport avant midi. Il est où?»

E. **Préparatifs.** Quelles questions est-ce que vous poseriez aux personnes suivantes pour vérifier leur préparation pour certaines tâches?

Modèle Un pilote avant un vol.

Est-ce que vous avez vérifié les instruments?
Est-ce que vous avez déjà fait ce voyage?
Est-ce que les mécaniciens ont fait leur travail?
Est-ce qu'on a inspecté l'avion? etc.

1. Un athlète avant une compétition.

2. Un étudiant avant un examen.

3. Un médecin avant une intervention chirurgicale.

4. Un acteur avant une pièce.

F. **Ma semaine.** Posez une question à votre partenaire, qui répondra en utilisant *il y a* + le passé composé. Demandez-lui ...

1. quand il/elle est allé/e au labo.

2. quand il/elle a téléphoné à son/sa meilleur/e ami/e.

3. quand il/elle a révisé les verbes irréguliers au passé composé.

4. quand il/elle a fait un voyage.

5. quand il/elle est rentré chez lui/elle.

Structure II

Pour narrer au passé: le plus-que-parfait

a. The **plus-que-parfait** is formed by conjugating the auxiliary verb (**avoir** or **être**) in the imperfect, and adding the past participle:

j'avais fini	nous avions fini	j'étais allé/e	nous étions allé/e/s
tu avais fini	vous aviez fini	tu étais allé/e	vous étiez allé/e/s
il avait fini	ils avaient fini	il était allé	elles étaient allées

b. The **plus-que-parfait** is used to relate a past event that occurred before another past event:

Quand il est arrivé, le film **avait** déjà **commencé.**
*When he arrived, the film **had** already **begun.***

Avant de passer son bac, il **avait** très bien **bûché.**
*Before taking the bac, he [**had**] **studied** very hard.*

Il m'a dit qu'il **avait travaillé,** mais ce n'était pas vrai du tout.
*He told me that he [**had**] **worked,** but it wasn't at all true.*

c. Although the **plus-que-parfait** may be translated by the past tense in English, you must use the **plus-que-parfait** in French whenever you are relating an action that occurs before another past action.

d. The same rules that you have learned for the **passé composé** regarding past participle agreement, negation, and placement of adverbs apply to the **plus-que-parfait** as well:

Quand Thomas a téléphoné, nous *étions* déjà *sortis.*
Deux jours avant de partir, il n'*avait* pas encore *réservé.*

Pratique et conversation

A. Quelle organisation! Vous êtes très bien organisé/e. Avant de faire les activités suivantes, vous aviez déjà fait vos préparatifs. **Lesquels** (*which ones*)? Suivez le modèle.

MODÈLE Avant de partir en vacances …

Vous Avant de partir en vacances, j'étais déjà allé/e à la banque, j'avais déjà réservé …

1. Avant de passer l'examen de français …
2. Avant de rendre visite à un ami malade …
3. Avant de **recevoir** (*entertain*) mes amis chez moi …
4. Avant d'acheter un cadeau pour mon cousin …
5. Avant de sortir ce matin …

B. Seule à Paris. Complétez l'histoire suivante en mettant les verbes entre parenthèses au passé composé ou au plus-que-parfait.

Avant mon départ, on m' _____ (dire) de me méfier

(*suspect*) de tout. On _____ (conseiller) de ne pas sortir

le soir, de ne pas prendre le métro, d'éviter certains quartiers. Quand je _____ (arriver) à Paris, je _____ (découvrir) qu'il fallait être prudente, comme dans toutes les grandes villes, mais que les conseils qu'on m'_____ (donner) étaient exagérés. Un soir, cependant, je _____ (rentrer) à mon appartement assez tard. En descendant le couloir, je _____ (remarquer) une lumière dans mon appartement. Est-ce que je _____ (oublier) d'éteindre la lampe avant de partir? Est-ce que quelqu'un _____ (entrer) pendant mon absence? Peut-être qu'on m' _____ bien (conseiller) après tout! Je **n'aurais jamais dû** (*should never have*) quitter mon appartement! Et tout d'un coup, je _____ (entendre) des **pas** (*footsteps*). On a _____ (ouvrir) la porte … et j'_____ (reconnaître) mon voisin, à qui j'_____ (donner) une clé, en lui demandant d'allumer une lumière chez moi si je _____ (ne … pas rentrer) avant dix heures.

C. **Interview.** Demandez à votre partenaire …

1. s'il/si elle avait bien révisé avant le dernier examen.
2. s'il/si elle avait préparé la leçon avant de venir en classe aujourd'hui.
3. s'il/si elle est allé/e en France récemment, et s'il/si elle y était déjà allé/e.
4. s'il/si elle avait déjà étudié le français à l'université avant de suivre ce cours.
5. s'il/si elle avait **prévenu** (*notified*) le professeur avant sa dernière absence.

D. **Traduisez.** Translate the following sentences.

1. She told me that she had never seen him before in her life (**de sa vie**).
2. Had you looked at many cars before you bought that one?
3. We had spent all our money before we arrived in Paris.
4. I had already seen that movie, so we went to a restaurant.

Lecture I

    Le texte suivant est tiré d'un guide pour les parents qui ont des enfants à l'école ou au lycée. Parmi beaucoup d'autres conseils pratiques, Le Guide alphabétique *explique l'interprétation des notes et des bulletins trimestriels* (report cards), *le sujet de cet extrait.*

Avant de lire

A. Le système d'enseignement en France. Le tableau suivant **ébauche** (*outlines*) le système d'enseignement français. Etudiez-le bien et mettez le terme qui représente l'équivalent approximatif du système américain en dessous de la description française.

Système français			
Non-obligatoire	L'Education obligatoire de 6 ans à 16 ans		
L'Ecole maternelle: de 2 ans à 6 ans	L'Ecole primaire		
	Cours préparatoire 6–7 ans	Cours élémentaire 1ère année 7–8 ans	Cours élémentaire 2ème année 8–9 ans
	Cours moyen 1ère année 9 ans	Cours moyen 2ème année 10 ans	
C.E.S. (Collège d'Enseignement Secondaire)			
Sixième 11-12 ans	Cinquième 12-13 ans	Quatrième 13-14 ans	Troisième 14-15 ans
	Lycée		
Seconde 15-16 ans	Première 16-17 ans		Terminale 17-18 ans

B. Prédictions. Avant de lire le texte, essayez d'imaginer un peu son contenu en répondant aux questions suivantes.

1. Quelles sortes de rubriques et de renseignements est-ce qu'on trouverait dans un bulletin d'élève?

Saint-Martin (Antilles): la sortie de l'école

2. Quelles suggestions est-ce qu'on pourrait offrir aux parents pour mieux comprendre ou «interpréter» les notes de leurs enfants?

3. Quelles matières est-ce qu'on étudie dans les écoles et les lycées en France?

4. Quelles disciplines sont les plus difficiles? les plus faciles?

5. Dans votre expérience, quels professeurs ont été les plus **exigeants** (*demanding*)? les moins exigeants?

C. **Les mots apparentés.** Les mots français ressemblent souvent à leur équivalent en anglais. Regardez les mots soulignés tirés du texte et essayez de deviner leur sens.

1. …toujours difficile de porter un jugement <u>péremptoire</u> sur le sérieux des jeunes…

2. …ce qui semble <u>indiquer</u> que le <u>risque</u> n'était pas bien grand à l'admettre en seconde.

3. …elles expriment une maîtrise <u>insuffisante</u> de la langue maternelle.

4. Les <u>résultats</u> de composition française (expression écrite, rédaction) <u>dépendent</u> <u>largement</u> des exigences des maîtres.

5. On n'acceptera jamais cependant de <u>stagner</u> indéfiniment aux **alentours** (*around*) de **cinq sur vingt** (*5/20, une note faible*).

6. Le prof d'espagnol ou d'italien a presque toujours, face à son carnet de notes, cet esprit ensoleillé… qui en fait rarement un <u>adversaire</u> dangereux.

D. **Mot apparenté ou faux ami?** Basé sur le contexte, dites si le mot souligné est un **mot apparenté** (*cognate*) ou un **faux ami** (*false cognate*).
S'il s'agit d'un faux ami, essayez de déterminer le sens d'après le contexte.

1. Stéphanie <u>achève</u> sa troisième.

2. Il ne paraît pas douteux qu'elle puisse, un jour, devenir <u>bachelière</u>.

3. Le prof <u>note</u> dans trois situations: la <u>récitation</u> des leçons, <u>l'application</u> des leçons apprises et la <u>résolution</u> des problèmes.

4. On devra, si nécessaire, <u>supporter</u> stoïquement des notes médiocres.

5. Les notes qui descendent régulièrement en dessous de **la moyenne** (*average*) sont <u>graves</u>.

E. **Parcourez.** Lisez rapidement le texte pour trouver les choses suivantes.

1. Une matière où la note de Stéphanie est supérieure à la moyenne de la classe.

2. Une matière où la note de Stéphanie est inférieure à la moyenne de la classe.

3. Un compliment que le maître fait à Stéphanie.

4. Une réserve que le maître fait à l'égard de Stéphanie.

5. Une interprétation positive concernant le cas de Stéphanie. Une interprétation hésitante ou négative à l'égard de Stéphanie.

6. Une suggestion que le maître fait à Stéphanie.

7. La classe avec la meilleure moyenne; la classe avec la plus mauvaise moyenne.

8. La partie du texte qui parle des professeurs d'allemand.

Jean-Pierre Berland, *Guide alphabétique de la scolarité de l'école au lycée*

report card

Lire un **bulletin**, ça s'apprend!

achever: to finish/voir la grille à la page 92 qui possède le bac voir la grille à la page 92

grades

Stéphanie **achève** sa **troisième.** On la dit intelligente et elle semble avoir du caractère. Ses résultats ne sont pas mauvais sans être vraiment bons. Il ne paraît pas douteux qu'elle puisse, un jour, devenir **bachelière** mais doit-elle entrer en **seconde** cette année ou seulement l'an prochain?

Voici quelques extraits de son bulletin du troisième trimestre et, surtout, ce que l'on peut y lire entre les **notes**[3] et les observations.

premier compliment
deuxième compliment
première réserve
deuxième réserve

Disciplines	Notes de l'élève	Moyennes de la classe	Observations
Orthographe	13,8	13	Bien: bons résultats écrits.
Grammaire	17,5	15,5	Mais attention ne vous **fiez**
Comp. française	13	10,4	pas toujours à votre **facilité**
Explic. de textes[4]	10,8	12,2	et travaillez **davantage!**

se fier à: to trust in, rely on

natural ability

more

moyenne de Stéphanie: 13,77 dans une classe **dont** la moyenne est de 12,77 c'est-à-dire dans une bonne classe

tout point d'exclamation peut exprimer la joie, la surprise, la **douleur** …

whose

disappointment, sadness

tout le monde peut toujours travailler davantage …

Histoire-Géo	6,5	9	trop peu de travail encore? Il faut absolument prendre au sérieux votre vie scolaire.

moyenne faible, vraiment faible

the worst

la plus mauvaise moyenne de cette bonne classe

un point d'interrogation suggère souvent **le pire**

toujours difficile de porter un jugement péremptoire sur le sérieux des jeunes…

[3]In France, students are usually graded on a scale of 0-20. A grade of 8 and above is considered passing. 19 and 20 are rarely given.

[4]**Explication de textes:** a formal textual analysis commonly assigned in France.

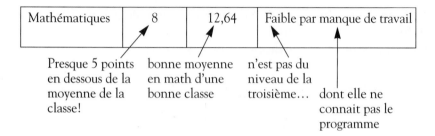

Mathématiques	8	12,64	Faible par manque de travail

Presque 5 points en dessous de la moyenne de la classe!

bonne moyenne en math d'une bonne classe

n'est pas du niveau de la troisième…

dont elle ne connait pas le programme

Que conclure?

D'abord, que Stéphanie doit redoubler pour **combler les lacunes que,** par négligence, **elle a laissé se creuser.**

to fill in the gaps she let occur

Ensuite, que si Stéphanie se décide à travailler et à «prendre la vie scolaire au sérieux», elle peut tout aussi bien réussir une première seconde qu'une seconde troisième.

Alors? Le conseil de classe[5] a proposé le redoublement, les parents l'ont accepté, donc Stéphanie redoublera … avec **le Brevet auquel elle a réussi,** ce qui semble indiquer que le risque n'était pas bien grand à l'admettre en seconde.

the Certificate she has earned (at the end of la troisième)

Le langage secret des notes

En français

- Les notes d'orthographe et de grammaire qui descendent régulièrement en dessous de la moyenne sont graves: elles **expriment** une **maîtrise** insuffisante de la langue maternelle. Handicap qui **conduira** le prof de math à dire: «Comment pourrait-il réussir un problème, il ne sait même pas lire un **énoncé**!»

exprimer: to express, indicate/mastery/conduire: to lead
sentence

- Les résultats de composition française (expression écrite, **rédaction**) dépendent largement des **exigences** des **maîtres**. S'il s'agit de produire un récit linéaire simple (raconter une histoire), obtenir la moyenne est **la moindre** des choses. S'il s'agit de commenter, de **faire preuve** d'imagination, la «moyenne» s'établit alors à 8 ou 9. Il faudra cependant, dans cet exercice parfois délicat, dépasser de temps en temps dix sur vingt, **sinon,** par quel miracle ne perdrait-on pas de points le jour du bac?

composition
demands/ school teachers

the least/to show, display

otherwise, if not

En mathématiques

Le prof note dans trois situations:

- la récitation des leçons (définitions, théorèmes, etc.), art actuellement mineur mais qui **reprend du poil de la bête,**

is becoming more important

- l'application directe des leçons apprises, c'est-à-dire l'exercice,

- l'aventure, l'**errance sous l'aile du génie** de la mathématique, c'est-à-dire la résolution des problèmes.

traveling on the wings of genius

---

[5]A council made up of administrators, teachers, students and parents that meets once at the end of every trimester to evaluate a student's academic progress and to make academic recommendations.

Dans les deux premières situations, d'excellentes notes sont la moindre des choses. Dans la dernière on devra, si nécessaire, supporter stoïquement des notes médiocres voire détestables en attendent des jours meilleurs.

around, in the range of
refer back to

On n'acceptera jamais cependant de stagner indéfiniment **aux alentours de** cinq sur vingt (**se reporter** alors à la rubrique *Mathématiques*).

En langues vivantes

budding

- Le professeur d'allemand est rarement un tendre, heureux de distribuer à longueur de cours des notes brillantes. Les germanistes **en herbe** sont généralement choisis parmi les meilleurs élèves et, tout aussi généralement, leurs notes en allemand sont plus faibles que celles de leurs camarades en anglais ou en espagnol.

formerly
of which
swing of the pendulum
ruins

- **Jadis**, en anglais, on obtenait de bonnes notes en reproduisant mal des sons **dont**, en principe, on comprenait le sens. Aujourd'hui, ce serait plutôt le contraire … jusqu'au lycée, où le **retour de la manivelle brise net** bien des vocations d'interprète.

good-willed

- Le prof d'espagnol ou d'italien a presque toujours, face à son carnet de notes, cet esprit ensoleillé, **bienveillant**, parfois même débonnaire qui en fait rarement un adversaire dangereux.

Après avoir lu

A. Compréhension du texte.

1. Combien de fois par an est-ce qu'un élève français reçoit son bulletin?

2. A peu près quel âge a Stéphanie?

3. Quelle est la matière où Stéphanie a les meilleurs résultats? les moins bons?

4. Quelle est la matière où la moyenne de la classe est la plus élevée? la moins élevée?

5. Est-ce que Stéphanie a reçu ce bulletin plutôt vers le début de l'année scolaire ou plutôt vers la fin?

6. Est-ce que les conclusions de l'auteur vis-à-vis de Stéphanie sont plutôt encourageantes ou décourageantes?

7. Quelles matières est-ce que l'auteur considère les plus fondamentales?

8. Selon l'auteur, quelle langue est considérée la plus difficile?

9. Est-ce que les professeurs de langue étrangère au lycée insistent sur la prononciation?

B. Vérifiez et comparez. Répondez aux questions suivantes.

1. Quelles différences est-ce que vous voyez entre les bulletins trimestriels en France et les *report cards* aux Etats-Unis?

2. Quel système, à votre avis, est le plus sévère?

3. Est-ce qu'il y a une différence entre les matières qu'on étudie en France et aux États-Unis?

4. Est-ce que vous pensez qu'un *Guide alphabétique de la scolarité* serait utile pour les élèves et les étudiants américains? Pourquoi ou pourquoi pas?

C. Critique pédagogique. En petits groupes, faites une liste qui résume les différences entre les systèmes d'enseignement en France et aux Etats-Unis. Discutez des différences que vous voyez et faites une liste des avantages et des désavantages de chaque système. Ensuite, présentez vos conclusions à la classe.

D. Interprétations. Vous trouverez ci-dessous deux bulletins trimestriels. Complétez les observations et puis écrivez des commentaires pour donner vos conseils aux parents de Mélanie et de Pascal.

Mélanie

Disciplines	Notes de l'élève	Moyennes de la classe	Observations
Orthographe	9	10	
Grammaire	8	11	
Comp. française	10	9,7	
Explic. de textes	11	12,3	
Allemand	7	10,4	
Anglais	10	12	
Histoire-Géo	9	6,7	

Pascal

Disciplines	Notes de l'élève	Moyennes de la classe	Observations
Orthographe	10,2	9	
Grammaire	10,5	8,7	
Comp. française	12	10,4	
Explic. de textes	8,6	6	
Histoire-Géo	8,9	8	
Mathématiques	12	10,3	

E. Jeu de rôle. Avec un/e partenaire, jouez le rôle des parents de Mélanie (dont le bulletin se trouve dans l'exercice précédent). Ses notes en grammaire et en allemand vous inquiètent, et vous ne comprenez pas les observations des professeurs. Vous allez voir ses professeurs, qui vous expliquent leurs commentaires et vous donnent des conseils.

Interaction II

Ah, les beaux jours ...

Scène deux: C'est la rentrée. Jean-Pierre, Nicole, Georges et Thomas, ayant été reçus au bac, commencent leurs études universitaires. Mais ils se heurtent contre un obstacle peut-être plus difficile que le bac ...

JEAN-PIERRE Pour moi, rien n'a été plus horrible que la préparation pour l'examen du bac, en juin dernier.

Burkina Faso: un cours de journalisme à l'Université d'Ouagadougou

THOMAS   Georges ne serait pas d'accord. Savez-vous ce qui lui est
           arrivé? Il voulait s'inscrire à la Sorbonne. Il m'a dit qu'il
           avait fait le nécessaire. Il croyait donc être inscrit. Et bien,
           pas du tout! Il ne figurait sur aucune liste de la Sorbonne.
           Il avait pourtant fait toutes les démarches. Et on lui avait
           même confirmé son inscription! Le pauvre. Il ne sait tou-
           jours pas ce qui s'est passé!

JEAN-PIERRE   Alors, qu'est-ce qu'il a fait?

THOMAS   Il n'a pas pu s'inscrire pour ce qu'il voulait. Il n'y avait plus
           de place. Il a dû choisir d'autres cours, je ne sais pas
           lesquels …

NICOLE   Moi aussi, j'ai dû me battre avec l'administration de la Fac,
           leur paperasserie, le Minitel[6] … Je préférerais repasser le
           bac avant de refaire tout ça.

JEAN-PIERRE   Ah, les beaux jours … du lycée!

Perspectives

1. D'après le dialogue, quelle est votre impression de la bureaucratie universitaire en France?
2. Est-ce pareil aux Etats-Unis?

---

[6] French national on-line information system.

Autrement dit

La bureaucratie

Pour m'inscrire,
j'ai dû me battre avec
$\left\{\begin{array}{l}\textbf{la paperasserie} \textit{ (paperwork)} \\ \textbf{les règlements} \textit{ (regulations)} \\ \text{la bureaucratie} \\ \text{les formalités}\end{array}\right\}$ de l'Administration.

remplir des formulaires (*to fill out forms*).
payer les frais d'inscription (*to pay registration fees*).
me faire prendre une photo pour obtenir une carte d'identité
(*have a picture taken in order to get an identification card*).

Pour montrer l'impatience

Mais ◊ **qu'est-ce qui se passe?**   *But, what's going on?*
　　　 ◊ qu'est-ce qu'il y a?

Vous ne pourriez pas vous   *Could you please hurry up?*
dépêcher, Monsieur/Madame?

Je suis pressé(e).   *I'm in a hurry.*
C'est [extrêmement] important/
urgent.

Ça ne peut pas attendre.   *It can't wait.*

Pour exprimer l'exaspération

C'est
$\left.\begin{array}{l} \\ \\ \\ \\ \\ \end{array}\right\}$
insupportable (*unbearable*).
inadmissible.
inacceptable.
incroyable (*unbelievable*).
scandaleux.

Ce n'est pas
$\left.\begin{array}{l} \\ \end{array}\right\}$
vrai.
croyable.

Pratique et conversation

A. Questions. Répondez aux questions suivantes.

1. Qu'est-ce qu'il faut faire pour s'inscrire aux cours à votre université?
2. D'habitude, est-ce que vous pouvez vous inscrire aux cours qui vous intéressent?
3. Regrettez-vous vos années au lycée? Pourquoi ou pourquoi pas?
4. Est-ce que vous avez jamais dû vous battre avec l'Administration? Racontez l'histoire.
5. Quelles démarches faut-il faire pour obtenir une carte d'identité à votre université?

B. Complétez. Complétez les phrases suivantes avec une expression appropriée de l'*Autrement dit*. (Choisissez une expression différente pour chaque phrase.)

1. Quand je suis impatient/e, je dis _____.

2. Quand je suis exaspéré/e, je dis _____.

3. Dans la bureaucratie, il y a beaucoup de _____.

4. Pour s'inscrire à l'université, on doit _____.

C. Situations. Quelle expression de l'*Autrement dit* emploieriez-vous dans les situations suivantes?

1. Vous **faites la queue** (*stand in line*) depuis une demi-heure pour vous faire prendre une photo pour votre carte d'identité. Vous avez rendez-vous dans cinq minutes. Qu'est-ce que vous dites au photographe?

2. On annonce au dernier moment que l'université va augmenter ses frais d'inscription de 30%.

3. Vous venez de passer quarante-cinq minutes à remplir des formulaires. Puis, l'employé vous dit qu'il vous avait donné ceux de l'année dernière, et vous passe cinq nouveaux formulaires à remplir.

4. L'Administration a perdu le **relevé de notes** (*transcript*) de votre ami. Il ne sait pas s'il pourra obtenir son diplôme en juin.

D. Jeu de rôle. Vous avez besoin d'un seul cours pour obtenir votre diplôme. Malheureusement, ce cours est fermé; il n'y a plus de place. Vous allez parler au professeur et essayer de le persuader de vous ouvrir le cours.

Grammaire de base

4.1 Review the forms of the following irregular verbs:

CROIRE, *to believe*	
je crois	nous croyons
tu crois	vous croyez
elle croit	elles croient
Past participle: cru	

DEVOIR, *must, to have to; to owe*	
je dois	nous devons
tu dois	vous devez
il doit	ils doivent
Past participle: dû	

SAVOIR, *to know a fact, to know how to do something*	
je sais	nous savons
tu sais	vous savez
il sait	ils savent
Past participle: su	

SUIVRE, *to follow; to take a course*	
je suis	nous suivons
tu suis	vous suivez
elle suit	elles suivent
Past participle: suivi	

4.2 In its meaning of *to have to* or *must*, the **passé composé** of the verb **devoir** can be translated as either *had to* or *must have*, depending on context:

Il a dû choisir d'autres cours.	*He had to choose other courses.*
	He must have chosen other courses.
J'ai dû laisser mon devoir à la maison.	*I must have left my assignment at home.*
	I had to leave my assignment at home.

4.3 Contrast the meaning of **savoir** with that of **connaître,**[7] *to be acquainted with* (a person, a place):

Je ne connais pas bien ce quartier, mais je sais qu'il habite tout près d'ici.	*I don't know (am not acquainted with) this neighborhood very well, but I know he lives close by.*
Tu connais Elizabeth? Elle sait faire le bon pain français.	*Do you know (are you acquainted with) Elizabeth? She knows how to make a good French bread.*

5.1 A question with the interrogative adjective **quel** asks for one item selected from a larger group of similar items. Review the forms of **quel:**

Quel cours est-ce que tu préfères?

Tu es en **quelle** année à l'université?

Quels cours vas-tu suivre l'année prochaine?

Quelles matières est-ce que tu trouves les plus difficiles?

5.2 As the above examples indicate, questions with **quel** follow the same patterns as other questions you have learned.

5.3 **Quel/s est/sont** corresponds to the English question *What is/are …?* In this question, **quel** agrees in gender and number with the noun following **être:**

Quelle est ta spécialisation?

Quelles sont les dates de l'inscription?

5.4 If a verb introduces its object with a preposition, that preposition will begin a question with **quel:**

(s'inscrire à/pour):	Pour quels cours est-ce que tu t'inscris?
(penser à):	A quelle conférence penses-tu?

[7] Presented in Chapter 1.

Structure III

Pour lier les éléments de la phrase: verbe + infinitif

a. The verb form following a conjugated verb will always be the infinitive. For many verbs, this infinitive will follow the conjugated verb directly:

> Je **préférerais repasser** le bac avant de refaire tout ça.
> J'ai **dû assister** à une conférence.

b. Some verbs introduce a following infinitive with the preposition **à:**

> Elle a hésité **à** continuer ses études.
> Est-ce que vous avez réussi **à** trouver un autre cours?

c. Other verbs introduce a following infinitive with the preposition **de:**

> J'ai décidé **de** suivre un cours d'informatique.
> Il a essayé **de** s'inscrire sans succès.

d. The chart below classifies verbs according to how a following infinitive is introduced. The only way to learn to use these verbs correctly is through practice and memorization.

VERBS THAT DO NOT USE A PREPOSITION BEFORE AN INFINITIVE

aimer	devoir	penser
aller	écouter	pouvoir
croire	espérer	préférer
désirer	faire	savoir
détester	falloir (il faut)	vouloir

VERBS THAT INTRODUCE AN INFINITIVE WITH THE PREPOSITION À

aider à	encourager à	inviter à
commencer à	hésiter à	réussir à
continuer à		

VERBS THAT INTRODUCE AN INFINITIVE WITH THE PREPOSITION DE

avoir besoin de	décider de	oublier de
avoir envie de	**empêcher de**	parler de
avoir l'intention de	(*to prevent*)	refuser de
avoir peur de	essayer de	regretter de
choisir de	finir de	

Pratique et conversation

A. Formulez une phrase. Formulez des phrases en utilisant les éléments ci-dessous.

Je	détester	faire mes devoirs
Elle	réussir	obtenir mon diplôme
Vous	oublier	s'inscrire au cours de français

essayer	trouver un emploi d'été
hésiter	téléphoner à ses parents
avoir besoin	payer les **factures** (*bills*)

B. Une histoire. Remplissez le blanc avec la préposition qui convient.

Hier, j'ai essayé _____ m'inscrire à l'université. Quel

cauchemar! D'abord, j'avais oublié _____ remplir un for-

mulaire. J'avais l'intention _____ le faire, mais puisque je

déteste _____ remplir les formulaires, je l'avais mis de côté.

Ensuite, j'ai dû _____ payer mes frais d'inscription, alors, il

fallait _____ aller chez l'intendant. Mais l'employé a oublié

_____ me donner un **reçu** (*receipt*) et quand je me suis pré-

senté pour m'inscrire, on a refusé _____ accepter mon expli-

cation et j'ai dû _____ retourner chez l'intendant chercher

un reçu. L'employé m'a dit qu'il regrettait vraiment _____

m'avoir causé tous ces problèmes. Avec le reçu, j'ai pu _____

m'inscrire, et j'ai même réussi _____ obtenir tous les cours

que je voulais _____ suivre.

C. Interview. Posez des questions à votre partenaire. Demandez-lui …
1. s'il/si elle va réussir à obtenir son diplôme.
2. s'il/si elle a envie de continuer ses études après son diplôme.
3. ce qu'il/elle a besoin de faire pendant le week-end.
4. quand il/elle a commencé à étudier le français.
5. ce qu'il/elle doit faire aujourd'hui.

D. Vérité ou mensonge. Préparez des questions à poser à votre professeur en employant les verbes présentés ci-dessus. Votre professeur répondra avec la vérité ou un mensonge. Après sa réponse, vous déciderez si c'est une réponse vraie ou fausse. Si le professeur réussit à tromper la classe, il/elle aura un point. Si la classe devine bien, elle aura le point. Qui est le plus fin, le professeur ou la classe? N.B. Le professeur aura automatiquement un point pour chaque question posée avec la mauvaise préposition.

E. Marions-les. Un/e célibataire va interviewer trois hommes/femmes pour trouver l'époux/épouse idéal/e. Il/Elle va lui poser des questions sur ses goûts et ses aspirations. Après cinq questions, le/la célibataire fera son choix.

Structure IV

Pour poser une question: le pronom interrogatif lequel
(Grammaire de base: 5.1 → 5.4)

a. Study the following sentences:

Il y a tant de cours de philosophie.   *There are so many philosophy courses.*
   Lequel vas-tu suivre?   **Which one** *are you going to take?*
   Lesquels vas-tu suivre?   **Which ones** *are you going to take?*

Il y a beaucoup d'universités   *There are many universities in the*
aux Etats-Unis.   *United States.*
   Laquelle est la meilleure?   **Which one** *is the best?*
   Lesquelles sont les meilleures?   **Which ones** *are the best?*

b. **Lequel** is an interrogative pronoun meaning *"which one/ones?"* It is used in the place of a noun modified by **quel** and agrees in gender and number with the noun to which it refers.

c. Use the question patterns you have already learned to form questions with **lequel.**

d. If a verb introduces its object with a preposition, that preposition will begin a **lequel** question. Note that **lequel** contracts with **à** and **de** in the same fashion as the definite article:

(parler à):   Elle parle à un de ces professeurs. **Auquel** est-ce
                qu'elle parle?

(avoir besoin de)   — Tu as **un feutre** (*felt-tip pen*)?
                — En voilà de toutes les couleurs. **Duquel** as-tu
                besoin?

Pratique et conversation

A. Recommandations personnelles. Vous allez visiter Paris et vous demandez des conseils à une amie. Elle vous fait des recommandations; ensuite, vous lui demandez de préciser. Suivez le modèle.

MODÈLE Il faut aller aux musées.

   Vous Auxquels?

1. Il faut aller aux marchés aux puces.

2. Il faut aller à la librairie universitaire.

3. Il y a un magasin que j'adore.

4. Il y a un quartier très intéressant qu'il faut visiter.

5. Il faut voir les monuments.

6. Il y a une petite rue charmante qu'il faut voir.

B. Dialogues. Remplissez les blancs avec la forme correcte du pronom interrogatif **lequel.**

1. — Tu te souviens de cette robe adorable qu'on a vue hier?

   — _____ ? La robe rouge qu'on a admirée chez Dior?

— Non, la robe jaune citron. Enfin, je l'ai achetée.

2. — Bonjour, Monsieur. J'ai besoin d'un **tourne-vis** (*screwdriver*)…

— _____ avez-vous besoin? Comme vous pouvez voir, nous avons beaucoup de modèles et de tailles.

— Euh, je ne sais pas.

3. — Tu veux dîner au restaurant ce soir? Moi, je pense à un petit restaurant intime qui se trouve dans le quartier St Germain-des-Prés …

— _____ penses-tu? Ce ne serait pas «Chez Jenny»?

— Oui!

— Je n'aime pas ce restaurant.

— _____ est-ce que tu préfères?

4. — Moi, je ne peux pas me décider entre la cravate rouge et la cravate bleue. _____ est-ce que tu aimes?

— Ni l'une ni l'autre.

5. — Tu vois ce type?

— _____ ?

— Le grand. Qu'il est beau!

C. Préférences. Votre ami est très snob. Il n'aime pas vos choix. Formulez une question selon le modèle.

MODÈLE Je n'aime pas ce vin.

Vous Alors, lequel aimes-tu?

1. Je déteste cette voiture.

2. Je ne veux pas ce plat.

3. Je n'aime pas ce parfum.

4. Je n'ai pas besoin de ces choses inutiles.

5. Je n'aime pas aller à ce magasin.

D. Trop de choix. Vous voulez acheter un pull (une chemise, des chaussures) mais il y a vraiment trop de choix. Vous essayez d'en choisir un en demandant au vendeur lequel il préfère. Il vous posera des questions sur vos goûts et vos besoins. Après beaucoup de questions et d'hésitation, vous prenez votre décision. Jouez la scène.

Lecture II

François Truffaut, mort en 1984, était un grand cinéaste français, un des fondateurs de «la Nouvelle Vague» dans le cinéma de la fin des années 50. Il s'est intéressé en particulier aux problèmes des enfants, et son film L'argent de poche *est devenu un classique sur ce sujet. Le texte que vous allez lire est tiré d'une adaptation en prose du film, faite par Truffaut lui-même.*

Avant de lire

A. Le titre. Que veut dire le titre du texte (Patrick lutte contre la montre) en anglais? En réfléchissant au titre, faites les exercices suivants.

1. Sans regarder le texte, essayez d'imaginer un peu le contenu de l'histoire selon les identités possibles de Patrick suggérées ci-dessous.

   a. Patrick est un agent de police.

   b. Patrick est un athlète aux Jeux Olympiques.

   c. Patrick est un élève à l'école.

   d. Patrick est un pilote pendant la Deuxième Guerre mondiale.

2. Maintenant, parcourez rapidement le texte pour confirmer la vraie identité de Patrick.

3. En regardant encore un peu le texte, essayez de déterminer de quoi il s'agit dans ce texte. Il s'agit d'un élève qui ...

   a. essaie de finir un examen.   c. attend anxieusement la fin du cours.

   b. arrive en retard au cours.

B. Un peu d'histoire. En parcourant le texte, cherchez l'événement, le lieu ou la date qui correspond aux descriptions ci-dessous.

1. L'assassinat d'un roi par un fanatique religieux.

2. L'accord qui a mis fin à la guerre de Sept Ans avec l'Angleterre.

3. Une déclaration de tolérance du protestantisme en France proclamée par Henri IV.

4. La date de la découverte de l'Amérique.

5. Une ville italienne où les Français ont remporté une victoire importante sur les Suisses.

6. L'accord qui a mis fin à la guerre de Trente Ans.

7. Exécution systématique d'environ 3 000 protestants sur l'ordre de Charles IX, à l'instigation de Catherine de Médicis.

8. La date du **traité** (*treaty*) de Paris.

C. Les mots apparentés et les faux amis. Décidez si le mot en italique est un mot apparenté ou un faux ami et essayez de deviner le sens du mot.

1. «*Révision* des dates importantes du XVe au XVIIIe siècle» écrit-elle au tableau.

2. —1685
   — Louis XIV *révoque* L'Edit de Nantes.

3. En tout cas, quelqu'un a entendu la prière muette de Desmouceaux et ... la sonnerie de fin de classe le *délivre*.

4. Avec un air de *déception* hypocrite et une joie sincère, Patrick regarde Mlle Petit ...

5. [Patrick] part *en galopant* avec ses camarades loin de la classe, loin de tout ça.

D. Le contexte. Lisez les phrases suivantes et essayez de deviner le sens des mots en italique en répondant aux questions.

1. Patrick *retient sa respiration*.

   - Le mot «respiration» existe-t-il en anglais aussi?
   - Si on est nerveux, comment devient la respiration?
   - A quel mot anglais est-ce que le mot «retenir» ressemble?
   - Quel peut être le sens du mot «retenir» ici?

2. Patrick préfère rester assis et regarder vers l'horloge.
   — Desmouceaux, *debout* s'il te plaît.

   - Le mot «assis» est le contraire de «debout». Qu'est-ce que Mlle Petit veut que Patrick fasse?

3. Mais enfin, Desmouceaux, tu es *sourd* ou quoi? Tu n'as pas entendu ma question?

   - Quelle explication <u>physique</u> est-ce qu'on pourrait donner pour une personne qui n'entend pas?

4. …la grande aiguille *s'élance* sur le milieu du cadran…

   - Quelle action est-ce qu'une aiguille fait quand une minute passe?
   - Quel mot anglais est-ce que vous voyez à l'intérieur du verbe *s'élancer*?

5. Patrick regarde Mlle Petit, lève les bras au ciel dans un geste *d'impuissance*…

   - Quelle sorte de geste est-ce qu'on ferait dans la situation de Patrick?
   - Que signifie le mot «puissance»?
   - Quel est le sens du préfixe *im-* (= *in-*)?

François Truffaut, *L'Argent de poche*
«Patrick **lutte** contre la montre»

Dans la classe des grands. C'est la fin de l'après-midi. Il ne reste plus que **dix minutes à tirer,** pense Patrick Desmouceaux **en lorgnant l'horloge** de la **cour** par la fenêtre ouverte.

Mais Mlle Petit est décidée à faire travailler ses grands jusqu'à la dernière minute.

«Révision des dates importantes du xve au xviiie siècle», **écrit-elle** au tableau.

— Phalippou: 1572?

— Massacre de Saint-Barthélemy.

— 1610?

— Mort de Henri IV.[8]

lutter: to struggle

10 minutes left/looking at closely/clock/courtyard

On fait l'inversion du sujet et du verbe après les citations.

---

[8] Roi de France (1589–1610). Un roi populaire qui a été obligé de conquérir son royaume à cause de son protestantisme. Il a abjuré en 1594 en disant «Paris vaut bien une messe.»

— 1648?

— Traité de Westphalie. L'Alsace⁹ devient française.

he pulls it off/hand of a **Il s'en tire bien,** Phalippou, et sur la grosse horloge **l'aiguille** est
clock/L'heure officielle passée à **16 heures 24.**
s'emploie pour les emplois
du temps et les horaires en Il y a un instant de suspense pour Patrick, avant que Mlle Petit
France./ enchaîner: **enchaîne.**
to continue
— Kéraghel! 1685?

— Louis XIV révoque l'Edit de Nantes.

— 1763?

—Traité de Paris, perte de l'Inde et du Canada.

La grande aiguille vient encore d'avancer d'une minute. Il est 16
to worry heures 26 à l'horloge, Patrick se demande s'il est le seul à **se faire du**
mauvais sang.

— Leclou!

he doesn't worry Eh bien, lui, **il ne s'en fait** pas. Il dort, tout simplement… Mais
Mlle Petit n'a pas l'air d'apprécier.

— Leclou! Excuse-moi de te réveiller. Tu as l'air complètement
hagard. Tu ne sais pas ce que ça veut dire, hagard?

En fait, il a surtout l'air de s'en moquer pas mal. Mais Mlle Petit va
to the end toujours **au bout** de sa pensée:
disoriented
— Avoir l'air hagard, c'est avoir l'air **égaré!** Exactement comme toi
en ce moment… Allez, passons à un autre…

La grosse horloge marque à présent 16 heures 28.

Ce serait trop bête de se faire piéger maintenant; Patrick retient se
respiration.

— Jalla! 1492?

Patrick reprend espoir.

— Euh… Christophe Colomb découvre l'Amérique.

— 1515?

sécher: to be unable to Il **sèche,** Jalla. Heureusement son voison lui **souffle:** «François Iᵉʳ
answer/souffler: *to whisper*/ vainqueur à Marignan», ce qui lui permet de se croire **tiré d'affaire…**
out of danger jusqu'à ce que Mlle Petit intervienne:

— Oui, c'est pas mal, mais on te l'a soufflé.

16 heures 29. Plus qu'une minute, tout va…

— Desmouceaux! 1685?

everything is lost/riveted, Voilà, **tout est foutu!** Patrick reste les yeux **rivés** sur l'horloge, bien
fixed on/to win décidé à **gagner** contre la montre.

— Eh bien, Desmouceaux, tu m'entends?

Patrick préfère rester assis et regarder vers l'horloge.

— Desmouceaux, debout s'il te plaît.

to stare at/damned Il se lève, mais sans cesser de **fixer** cette **fichue** aiguille qui ne veut
pas descendre.

—Desmouceaux, c'est par ici que ça se passe! Regarde-moi, tu comprends, regarde-moi.

⁹Région de l'est de la France qui a été gagnée par la France pendant la guerre de Trente Ans (en
1648) mais qui est devenue de nouveau allemande entre 1871 et 1918.

C'est pas possible que la demie n'arrive pas. Une minute ne fait, après tout, que soixante secondes. Il faut tenir encore un peu.

— Mais enfin, Desmouceaux, tu es sourd ou quoi? Tu n'as pas entendu ma question?

En tout cas, quelqu'un a entendu la prière muette de Desmouceaux, la grande aiguille s'élance sur le milieu du **cadran** et la **sonnerie** de fin de classe le délivre.   *clock face/bell*

Avec un air de déception hypocrite et une joie sincère, Patrick regarde Mlle Petit, lève les bras au ciel dans un **geste** d'impuissance et part en galopant avec ses camarades loin de la classe, loin de tout ça.   *gesture*

François Truffant, *L'Argent de poche,* Flammarion.

Après avoir lu

A. Compréhension du texte. Répondez aux questions suivantes.

1. Quel élève répond le mieux?
2. Quels élèves ne savent pas la leçon?
3. Pourquoi est-ce que Patrick regarde l'horloge?
4. Quel élève dort?
5. Selon vous, qui a eu la question la plus facile?
6. Est-ce que vous savez la réponse à la question de Patrick?

B. Appréciation. Répondez aux questions suivantes.

1. Quels mots et quelles actions **révèlent** (*reveal*) l'anxiété de Patrick?
2. A quels moments est-ce que Patrick se croit délivré?
3. Selon vous, pourquoi est-ce que l'auteur marque le passage de chaque minute? Quelle émotion est-ce que le passage du temps suscite chez Patrick? chez le lecteur?
4. Selon vous, est-ce que la classe passe vite ou lentement pour Patrick?
5. Quel est le ton du professeur en interrogeant les élèves?
6. Selon vous, qu'est-ce qui arriverait à un élève qui ne saurait pas la réponse correcte?

C. Critique pédagogique. Selon vous, est-ce que Mlle Petit est un bon ou un mauvais professeur? Justifiez votre réponse. Est-ce que vous avez des conseils à lui donner?

D. «Poursuite Triviale». Chaque étudiant préparera une question concernant l'histoire, la géographie ou la culture française. Le professeur divisera la classe en deux équipes. Un étudiant de l'équipe «A» posera une question à l'équipe «B». L'équipe «B» aura 20 secondes pour répondre. Ensuite, le tour passera à l'équipe «B», qui posera la question à l'équipe «A» et ainsi de suite. L'équipe qui aura répondu le mieux après dix essais gagnera.

Compréhension auditive

Texte I: Interview avec Mlle Fourtier, âgée de cinq ans.

Avant l'âge de la scolarité obligatoire (six ans en France), l'enfant peut aller dans une école maternelle. Dans cette école facultative, les enfants de deux à six ans font des activités «d'éveil» qui les préparent à l'école primaire. Dans cette interview, Mlle Fourtier va parler de son école.

Avant d'écouter

La vie d'enfant. Décrivez les dessins suivants. Qui est sur le dessin? Où est-on? Qu'est-ce qu'on fait?

Ecoutons

Ecoutez l'interview une fois. Ensuite, regardez les questions dans la partie A (**Précisions**) ci-dessous. Ensuite, écoutez l'interview encore une fois pour trouver les réponses.

Pratique et conversation

A. Précisions. Répondez aux questions suivantes.

1. Quel est le nom de l'école de Mlle Fourtier?
2. Dans quelle classe est-elle?
3. Qui est Benjamin?
4. Comment est-ce qu'on l'appelle? Pourquoi?
5. Qu'est-ce qu'il fait bien?
6. Qui est Renan?

B. Dessins. Regardez de nouveau les dessins dans la partie A ci-dessus. Utilisez-les pour raconter ce que Mlle Fourtier fait à l'école.

C. **Le poème.** Qu'est-ce que vous avez compris du poème? En voici son texte:

> Je sais enfin pourquoi ma poupée est malade.
> Chaque nuit en cachette
> Elle fait sa toilette
> Et court au bal masqué
> Où les **Pierrots** et les **Polichinelles** (*puppet characters*)
> Ne dansent qu'avec elle.
> C'est un chat du quartier
> Qui me l'a raconté.
> C'est bien, ma demoiselle,
> Avec une **ficelle** (*string*)
> Je vous lierai la nuit
> Au pied de votre lit.

Après avoir lu le texte, expliquez pourquoi la poupée est malade, et la solution proposée pour la «guérir». Est-ce qu'une telle solution serait acceptable dans un poème pour enfants aux Etats-Unis?

Texte II: Interview avec Mlle Chambon (seize ans).

Dans cette interview, une lycéenne va parler du système universitaire français.

Avant d'écouter

Que savez-vous? Que savez-vous déjà du système universitaire en France? Répondez aux questions suivantes.

1. Qu'est-ce qu'il faut faire pour aller à l'université en France? Faut-il passer un examen? Envoyer des lettres? Etre interviewée?
2. Quelles sortes de cours existe-t-il?
3. Est-ce qu'on est obligé d'aller en cours?
4. Comment sont les rapports entre professeur et étudiant? Chaleureux? Distants?
5. Quelles sortes de contrôles existe-t-il?

Ecoutons

Regardez les questions dans la partie A ci-dessous pour vous donner une idée générale du contenu du texte. Ensuite, écoutez l'interview.

Pratique et conversation

A. **Précisions.** Répondez aux questions suivantes.

1. Quels jugements est-ce que Mlle Chambon fait sur les universités françaises?
2. Comparez les Grandes Ecoles aux universités.
3. Comment est-ce qu'on choisit une Grande Ecole?
4. Avant d'aller aux Grandes Ecoles, quel cours est-ce qu'on suit?

B. **Comparaisons.** En réfléchissant à l'interview, répondez aux questions suivantes.

1. Mlle Chambon fait la distinction entre les universités, qui à son avis «ne sont pas bien» et les Grandes Ecoles, qui sont plus «intéressantes». Est-ce qu'on a un système hiérarchique pareil aux Etats-Unis?

2. Est-ce que l'université américaine prépare bien l'étudiant à un métier?

3. Dans une université américaine, il y a souvent des cours dits «cours de rattrapage». Est-ce qu'on devrait avoir des cours préparatoires obligatoires avant d'aller à l'université pour assurer un bon niveau parmi tous les étudiants?

C. **Interview.** Interviewez un étudiant qui a étudié à l'étranger. Quelles différences est-ce qu'il a remarquées? Quel système est-ce qu'il préfère?

D. **Souvenirs.** Quel était votre meilleur cours à l'université? Qui était votre meilleur professeur? Faites une description/portrait et expliquez votre jugement.

VARIATION: Décrivez le plus mauvais cours/professeur que vous avez jamais eu.

E. **Critiques.** Faites une critique du système universitaire américain. Quels sont ses points forts/faibles?

Activités

A. **A l'inscription.** Vous essayez de vous inscrire pour un cours de philosophie. Les autres membres du groupe jouent le rôle des fonctionnaires qui vous posent des obstacles (des formulaires à remplir, une photo à prendre, etc.) et vous envoient à un autre endroit. Vous vous impatientez, vous exprimez votre exaspération, et vous vous plaignez de la bureaucratie.

B. **Le conseil de classe.** Vous et vos partenaires êtes le conseil de classe. Chaque membre du conseil fait un rapport sur un/e élève imaginaire. Indiquez quels cours il/elle a suivis et quels résultats il/elle a obtenus. Enfin, vous faites vos recommandations.

C. **Un tour du campus.** Vous faites un tour de votre campus avec un groupe de lycéens qui vont y étudier en automne. Indiquez les bâtiments principaux et où se trouvent les différentes facultés. Les étudiants vous posent des questions sur vos études, sur le campus et vous demandent ce que vous pensez de l'université.

D. **La semaine dernière.** Racontez à votre partenaire ce que vous avez fait dans vos cours la semaine dernière. Indiquez quels devoirs vous avez rendus, quels examens vous avez passés, etc. Votre partenaire vous posera des questions et ensuite vous décrira sa semaine.

4

Perspectives sur l'exil
L'immigration et l'assimilation

Introduction

*Immigration to developed countries like Canada, France, Belgium,
and the United States is a phenomenon of massive proportions.
In general, those who have immigrated to these countries have
eventually become assimilated into the mainstream population.
However, in periods when one group has arrived in very large numbers,
its existence has often been seen as a danger to the established order
of the host society. This chapter will explore questions related to
mass immigration and the anxieties it provokes.*

Première approche

*Les deux documents ci-dessous montrent l'inquiétude qui existe
(A) chez les Américains et (B) chez les Français à cause de l'existence
de certains groupes d'immigrés particulièrement nombreux.*

(A)

The Latinization of America

WHAT DOES IT MEAN
when you walk the streets
of your own country
and you don't understand a
word of the language?

(B)

1. D'où viennent les immigrés qui inquiètent les Américains? D'où viennent ceux qui inquiètent les Français?

2. D'après les documents, quel aspect des immigrés trouble le plus les Américains? les Français?

3. La première image représente le début d'un article qui a paru dans *Esquire*. Quel effet l'auteur américain essaie-t-il de créer avec le titre et le sous-titre de cet article?

4. *Minute* est un journal d'extrême droite en France. Quelle impression les éditeurs veulent-ils créer chez le lecteur avec cette couverture?

5. Quels sont les facteurs dans les deux situations qui pourraient rendre difficile l'assimilation de ces immigrés?

6. A votre avis, ces deux groupes vont-ils un jour s'assimiler à la population? Pourquoi ou pourquoi pas?

Pour aller plus loin

Regardez l'œuvre de Plantu ci-dessous.

1. Dans la première image, qu'est-ce que le professeur enseigne à ses élèves?
2. Cette leçon est-elle bien apprise par les élèves? Comment le savez-vous?
3. Dans la troisième image, pourquoi l'agent de police demande-t-il au parent de montrer ses papiers?
4. Pourquoi emploie-t-il *toi* et *tes* avec cette personne au lieu de *vous* et *vos*?
5. Qu'est-ce que l'ensemble de ce dessin suggère sur les relations entre les Français et les immigrés arabes?

Interaction I

Où va la France?

— La France aux Français! Les étrangers dehors!

— Mais, vous êtes complètement fou, vous. Qu'est-ce que ça veut dire, la France aux Français?

— Ça veut dire qu'il y a trop d'immigrés en France. Toi, par exemple, tu n'es pas français.

— Moi, je vis en France, je paie des impôts en France, j'ai le français comme langue maternelle. Vous voulez me mettre dehors simplement parce que mes parents sont d'origine étrangère? Ça ne va pas! Vous êtes tous racistes!

— Je trouve que **vous avez du culot** de critiquer les Français quand vous profitez de tout ce que la France vous offre. Vous avez votre patrie et moi, j'ai la mienne. Vous n'avez qu'à rentrer chez vous.   *you've got a lot of nerve*

— Mais je suis chez moi. Je n'ai jamais connu d'autre pays que la France. Quand mes parents sont venus ici, la France comptait sur l'immigration pour faire marcher ses usines. Maintenant que vous n'en avez plus besoin, vous préférez oublier.

Perspectives

1. Décrivez les deux personnes qui parlent (âge, attitudes, espoirs, etc.).
2. Est-ce qu'il existe des groupes ethniques aux Etats-Unis qui sont sujets aux mêmes attitudes?

Autrement dit

Pour dire que l'autre a raison

Je suis [tout à fait] d'accord.   *I agree completely.*
C'est vrai/exact.
C'est ça.

Je $\begin{Bmatrix} \text{crois} \\ \text{pense} \\ \text{trouve} \end{Bmatrix}$ que vous avez [tout à fait] raison.

Pour dire que l'autre a tort

Je ne suis pas d'accord.
Ce n'est pas vrai.
Je n'en suis pas convaincu.

Je $\begin{Bmatrix} \text{pense} \\ \text{crois} \\ \text{trouve} \end{Bmatrix}$ que $\begin{Bmatrix} \text{vous vous trompez.} \\ \text{vous avez tort.} \\ \textbf{vous êtes complètement fou/folle } (\textit{you're crazy}). \end{Bmatrix}$

Les principaux partis politiques en France

GAUCHE	CENTRE	DROITE
le Parti communiste (le P.C.)		le Front national (le F.N.)
	le Parti socialiste (le P.S.)	le Rassemblement pour la République (le R.P.R.)
	l'Union pour la Démocratie française (L'U.D.F.)	

Un peu en dehors des classements traditionnels:
Les Verts (= écologistes, ◊ écolos)

Les programmes politiques de ces partis

LA QUESTION SOCIALE	LE PARTI	LE PROGRAMME POLITIQUE
Immigration:	F.N.	limitation des droits, expulsion
	R.P.R.	contrôle, limitation de l'immigration
	U.D.F.	assimilation progressive
	P.S., P.C.	extension des droits des immigrés
Rôle de l'état dans l'économie:	F.N., R.P.R.	réduction du rôle de l'Etat, privatisations
	U.D.F., P.S. (en partie)	maintien de la situation actuelle
	P.C., P.S. (en partie)	extension du rôle de l'Etat, nationalisations
Sécurité sociale:	F.N., R.P.R. (en partie)	réductions
	R.P.R. (en partie)	maintien de la situation actuelle
	U.D.F., P.S., P.C.	extensions (plus ou moins grandes)
La Communauté européenne:	F.N., R.P.R.	priorité à l'indépendance nationale
	U.D.F., P.S.	accélération de la construction de l'Europe
	P.C.	rejet de l'Europe capitaliste
Relations avec les Etats-Unis:	F.N., R.P.R.	**méfiance** (*mistrust*), accent sur l'indépendance nationale
	U.D.F., P.S.	coopération
	P.C.	rejet de la collaboration avec le capitalisme

D'autres problèmes sociaux

La question des immigrés est un problème social parmi d'autres qui concernent les gens de notre époque. En voici les plus importants:

le crime	un/e criminel/elle
l'**aggression** (*mugging*)	un **aggresseur** (*mugger*)
le **vol** (*theft*)	un **voleur** (*thief*)
le meurtre	un/e meurtrier/ière
la **toxicomanie** (*drug addiction*)	un/une toxicomane
la drogue	un/une drogué/e
le racisme	un/une raciste
la délinquance	un/une délinquant/e
la pauvreté	un/une pauvre
	un/une sans-abri
le **chômage** (*unemployment*)	un/e chômeur/euse
l'alcoolisme	un/e alcoolique
l'**ivresse au volant** (*drunk driving*)	
l'ivresse publique	
la pollution	un pollueur
de l'eau, de l'air, de l'environnement	
la maladie (le **SIDA** [*AIDS*], la tuberculose, le cancer, les épidémies)	

Les minorités en France

MINORITÉ		PAYS D'ORIGINE
les Algériens	}	l'Algérie
les Marocains	} les Maghrébins	le Maroc
les Tunisiens	}	la Tunisie
les Espagnols		l'Espagne
les Portugais		le Portugal
les Ivoiriens		la Côte-d'Ivoire
les Zaïriens		le Zaïre
les Sénégalais		le Sénégal
les Vietnamiens		le Viêt-nam

Pratique et conversation

A. Quelle tendance? D'après la description des personnes suivantes, dites quelle est leur tendance politique (de droite, de gauche ou centriste).

1. M. S.: Il est pour le maintien de la structure économique actuelle.

2. Mme B.: Elle aimerait accorder plus d'influence à l'Etat. Elle est pour la nationalisation et elle aimerait voir aussi une Europe unifiée.

3. M. et Mme N.: Ils sont contre tout ce qui est capitaliste; ils sont surtout contre une collaboration avec les Etats-Unis.

4. Mlle T.: Son souci principal est pour l'environnement.

5. M. O.: Il aimerait voir l'expulsion de tous les immigrés; il est pour une réduction dans la Sécurité sociale.

B. Et vous? Où est-ce que vous vous situeriez dans la gamme politique? Pourquoi?

C. Quel est le problème? D'après la description des personnes et des situations suivantes, dites quel est le problème.

1. Cette personne se drogue tous les jours.
2. L'air et l'eau ne sont pas propres.
3. C'est la haine contre les gens d'une autre race.
4. Cette personne boit trop.
5. C'est une personne sans travail.

D. Statistiques. Répondez aux questions suivantes après avoir analysé le tableau ci-dessous.

Crimes et délits en France

	Nombre en 1989	Evolution 88–89	Evolution 79–89
Ports d'armes	14.653	+1,9%	−57,8%
Coups, blessures	47.037	+10,6%	+52,6%
Drogues	50.680	+6,0%	+385,9%
Escroqueries	548.354	−3,6%	+58,7%
Violences familiales	29.192	+6,2%	−7,7%
Homicides	1.331	+5,5%	−26,7%
Prises d'otage	1.107	−35,0%	+275,0%
Viols	4.342	+15,0%	+156,0%
Vols	2.126.973	+5,5%	+33,6%

Source: *Francoscopie 1991* (Larousse)

1. Quel est le crime le plus souvent commis?
2. Le **taux** (*rate*) de quel crime a augmenté le plus depuis 1988? depuis 1979?
3. Le taux de quel crime a baissé le plus depuis 1979?
4. En général, est-ce que le taux des crimes violents a augmenté ou a baissé depuis 1988?
5. Quelles grandes tendances est-ce que vous remarquez dans ce tableau?

E. Pourquoi sont-ils en France? Pourquoi est-ce que les nationalités suivantes se trouvent en France? Choisissez parmi les raisons données et ajoutez des détails basés sur vos connaissances historiques/politiques.

1. les Maghrébins
2. les Vietnamiens
3. les Portugais
4. les Ivoiriens
5. les Espagnols

a. réfugiés/habitants des anciennes colonies françaises
b. conditions économiques difficiles dans le pays d'origine
c. guerre civile dans le pays d'origine
d. discrimination dans le pays d'origine

IMMIGRÉS

2 % des Français trouvent qu'il n'y a pas assez d'immigrés dans notre pays. *(7)*

10 % des Français estiment que les immigrés ne bénéficient pas suffisamment de la solidarité des Français. *(2)*

20 % des Français jugent qu'il y a « juste ce qu'il faut » d'immigrés en France. *(7)*

30 % des immigrés ont déjà été pris à partie, en paroles, par des Français, sans raison apparente. *(12)*

32 % des immigrés aimeraient avoir la nationalité française. *(12)*

37 % des Français sont contre les mariages entre Français et immigrés. *(2)*

57 % des immigrés trouvent les Français... beaux. *(12)*

58 % des Français pensent qu'il y aurait moins de chômeurs s'il y avait moins d'immigrés. *(7)*

69 % des immigrés, si c'était à refaire, reviendraient travailler en France. *(12)*

Pour **71 %** des Français, il y a trop d'immigrés chez nous. *(7)*

71 % des immigrés trouvent les Français honnêtes. *(12)*

72 % des immigrés accepteraient d'épouser un(e) Français(e). *(12)*

74 % des Français sont opposés au droit de vote pour les immigrés. *(12)*

78 % des Français estiment que les immigrés sont racistes vis-à-vis des Français. *(12)*

On estime à **300 000** le nombre des immigrés clandestins en France.

Jerome DUHAMEL, *Vous les français*, Editions Albin Michel

F. Un sondage. Regardez le tableau ci-dessus et dites si les commentaires suivants sont vrais ou faux.

1. Plus de 50% des Français pensent que les immigrés contribuent au chômage.
2. La plupart des Français sont contre les mariages entre Français et immigrés.
3. Très peu de Français accusent les immigrés de racisme envers eux.
4. La plupart des Français pensent qu'il y a trop d'immigrés en France.
5. A peu près le tiers des immigrés aimeraient avoir la nationalité française.

G. Et votre famille? Quand et pourquoi est-ce que votre famille (vos parents, vos grands-parents) est venue aux Etats-Unis?

H. Raison ou tort? Donnez vos réactions aux commentaires suivants en utilisant une expression de l'Autrement dit.

1. La toxicomanie est un problème important en France.
2. Les conducteurs en état d'ivresse devraient être emprisonnés.
3. Le racisme n'existe pas aux Etats-Unis.
4. Le SIDA représente un grave problème médical et social.
5. On fait tout ce qu'on peut pour lutter contre la pollution.
6. Il y a plus de crime en temps de grand chômage.

Etude de vocabulaire

Les sigles (*initials*)

Les sigles s'emploient beaucoup en français. Ils sont formés de la première lettre de chaque mot de l'expression: le P̲arti c̲ommuniste = le P.C.; le F̲ront n̲ational = le F.N. Parfois, le sigle se prononce comme un mot: le SIDA = le S̲yndrôme I̲mmunodéficitaire A̲cquis. Notez qu'en général, le genre du sigle dépend du genre du premier mot de l'expression.

Pratique et conversation

Sigles. A l'aide d'un bon dictionnaire, trouvez la signification des sigles suivants.

1. la R.A.T.P.
2. un P.D.G.
3. la S.N.C.F.
4. l'O.N.U.
5. la C.E.E.
6. un H.L.M.

Grammaire de base

Verbe + préposition

1.1 You have learned that some verbs introduce their object by means of a preposition. Review the table below.

VERBS THAT INTRODUCE AN OBJECT WITH THE PREPOSITION À

téléphoner à qqn[1]:	Je téléphone à mes parents le week-end.
obéir à	Nous obéissons à notre professeur.
penser à qqn/qqch[1]:	Elle pense souvent à son pays.
dire	
donner	
expliquer } qqch à qqn	Le professeur donne des devoirs aux
raconter	étudiants.
rendre	
servir	

[1] *qqn* signifie quelqu'un; *qqch* signifie quelque chose.

VERBS THAT INTRODUCE AN OBJECT WITH THE PREPOSITION DE

avoir besoin		Je travaille parce que j'ai besoin d'argent.
avoir peur	de	Il a peur des **araignées** (*spiders*).
être amoureux		Cet homme est très amoureux de sa femme.
parler		Est-ce que tu parles de ton voisin?

VERBS THAT INTRODUCE AN OBJECT WITH OTHER PREPOSITIONS

compter sur		Je compte sur mon professeur pour réussir.
travailler sur, avec		Est-ce que vous travaillez sur un rapport?
danser	avec	Il veut danser avec sa petite amie.
se marier		Elle va se marier avec son fiancé.

VERBS THAT TAKE A DIRECT OBJECT IN FRENCH
BUT WHOSE ENGLISH EQUIVALENT MAY REQUIRE A PREPOSITION

regarder		J'ai payé la facture.
écouter	qqch	*I paid the bill.*
chercher		J'ai payé les billets.
payer		*I paid for the tickets.*

1.2 Direct object pronouns replace direct object nouns that refer to people or things. The direct object pronoun precedes the verb of which it is the object. The negation surrounds the object pronoun and the verb. Study the examples below:

DIRECT OBJECT PRONOUNS

Il **me** regarde.	Tu **nous** aimes.
Je ne **t'**aime pas.	Elle **vous** cherche.
Je **le** vois.	Il ne **les** achète pas.
Je **la** vois.	

1.3 Indirect object pronouns replace the phrase **à** + noun when the noun refers to a person. Study the forms of the indirect object pronouns:

INDIRECT OBJECT PRONOUNS

Il **me** parle.	Tu **nous** rends le livre.
Je **te** dis la vérité.	Elle **vous** explique la leçon.
Je ne **lui** fais pas confiance.	Il **leur** achète un cadeau.

1.4 In compound tenses, the object pronoun precedes the auxiliary. The negation **ne ... pas** surrounds the object pronoun and auxiliary:

Il **m'**a servi un bon repas.
Nous ne **l'**avons pas trouvé.

1.5 In compound tenses, the past participle agrees in gender and number with a preceding direct object pronoun:

J'ai acheté la lampe. Je l'ai <u>achetée</u>.
            f.s.   f.s.

The relative pronouns qui and que

2.1 Two statements may be combined into a single, complex sentence by means of a relative pronoun.

> Mon voisin est d'origine algérienne.
> Mon voisin se plaint du racisme des partis d'extrême droite.
> Mon voisin, qui est d'origine algérienne, se plaint du racisme des partis d'extrême droite.

2.2 Relative pronouns link the relative clause to the main clause. The relative pronoun has two roles: it refers back to a word in the main clause, and it fills a grammatical slot in the relative clause.

> Les minorités qui vivent en France ont souvent du mal à s'intégrer dans la société.
>
>   subject in relative clause, refers back to **minorités**

> Le discours que cet homme vient de faire est incendiaire.
>
>   object in relative clause, refers back to **discours**

2.3 The relative pronoun **qui** is used for the subject of a relative clause. The relative pronoun **que** is used for the direct object of a relative clause. Both **qui** and **que** are used for referring back to either people or things.

	RELATIVE PRONOUNS	
	SUBJECT	OBJECT
People	qui	que
Things	qui	que

2.4 **Que** becomes **qu'** before another word beginning with a vowel. **Qui** does not change.

2.5 The past participle will agree with a preceding direct object represented by the pronoun **que:**

> La solution que vous avez proposée n'est pas pratique.

> f.s.   f.s.

2.6 Whereas **qui** and **que** refer to specific nouns which precede, the forms **ce qui** and **ce que** refer back to previously stated ideas, sentences or situations. **Ce qui** is used as the subject of the relative clause, **ce que** as the object:

> Il ne sait pas ce qui est important!   *He doesn't know*
>   [subject]   *what is important.*

> Il a acheté un bibelot. Ce qu'il a acheté est inutile. *What he bought is*
>   [object]   *useless.*

2.7 **Ce qui** and **ce que** may also be used to anticipate elements in a sentence. This construction adds emphasis. The element to be emphasized is introduced by **c'est:**

Ce qui est essentiel, c'est l'harmonie entre les races.	*What is [really] important is racial harmony.*
Ce que tu dois dire, c'est la vérité.	*What you have to say is the truth.*

2.8 These expressions are often used in indirect questions. The following transformations take place:

DIRECT QUESTION	→	INDIRECT QUESTION
qu'est-ce qui	becomes	ce qui
que, qu'est-ce que	become	ce que

Qu'est-ce qui est important? Il demande **ce qui** est important.

Qu'est-ce que tu veux?
Que veux-tu? } Elle demande **ce que** tu veux.

Structure I

Pour faire référence à un élément du discours déjà mentionné: les pronoms y, en; les pronoms toniques après les prépositions (Grammaire de base 1.1)

a. Use the pronoun **y** to replace **à** + noun when the noun refers to a thing:

Elle a répondu **à la question.** → Elle **y** a répondu.
Nous obéissons **aux lois.** → Nous **y** obéissons.

b. Use the pronoun **en** to replace **de** + noun, when the noun refers to a thing:

Nous avons besoin **d'un nouvel appartement.** → Nous **en** avons besoin.
Vous parlez **de votre maison.** → Vous **en** parlez.

c. Review the forms of the stressed pronouns:

je	→	moi	nous	→	nous
tu	→	toi	vous	→	vous
il	→	lui	ils	→	eux
elle	→	elle	elles	→	elles

d. These stressed pronouns are used to replace a noun that refers to a person after **de** and all prepositions other than **à**. Remember that **à** + person is usually replaced by an indirect object pronoun.

J'ai besoin de **mon père.** → J'ai besoin de **lui.**
Nous comptons sur **nos collègues.** → Nous comptons sur **eux.**
Tu danses avec **Anick**? → Tu danses avec **elle**?

Pratique et conversation

A. Les immigrés. Que savez-vous de la vie des immigrés? Répondez aux questions suivantes en employant un pronom.

1. Est-ce que les immigrés ont besoin de logement?
2. Est-ce qu'ils obéissent à leurs traditions?
3. Est-ce qu'ils ont peur du racisme?
4. Est-ce qu'ils comptent beaucoup sur leurs compatriotes?
5. Est-ce qu'ils ont besoin d'emploi?

B. Et vous? Répondez aux questions suivantes en employant un pronom.

1. Est-ce que vous avez besoin de vos amis?
2. Est-ce que vous pensez souvent à l'avenir?
3. Est-ce que vous répondez toujours à toutes les lettres que vous recevez?
4. Est-ce que vous étudiez avec vos camarades de classe?
5. Est-ce que vous obéissez aux règlements de l'université?

C. Hier. Qu'est-ce que vous avez fait hier? Répondez aux questions suivantes en utilisant le passé composé.

1. Est-ce que vous avez téléphoné à vos parents?
2. Est-ce que vous avez regardé la télé?
3. Est-ce que vous avez fait vos devoirs?
4. Est-ce que vous avez parlé de vos études?
5. Est-ce que vous avez pensé à votre cours de français?

D. Mes amis. Décrivez vos amis: comment sont-ils physiquement? Quelles qualités est-ce que vous appréciez chez eux? Est-ce que vous êtes constamment en contact avec eux? Quelles activités est-ce que vous aimez faire avec eux?

E. Le bonheur. De quoi/de qui est-ce que vous avez besoin pour être heureux/heureuse? Comparez votre réponse à celle de votre partenaire. Êtes-vous d'accord tous les deux? Sur quels points est-ce que vous n'êtes pas d'accord?

Structure II

Pour faire référence à un élément du discours déjà mentionné: les pronoms relatifs après les prépositions (Grammaire de base 1.1, 2.1 → 2.8)

a. When the relative pronoun functions as the object of a preposition in the relative clause and refers to a person, use **qui** after the preposition:

> La personnalité politique **à qui** je parle représente l'extrême droite.
> Un Algérien **avec qui** je travaille accuse le chef de racisme.

b. When the relative pronoun functions as the object of a preposition in the relative clause and refers to a thing, use **lequel** (m.s.), **laquelle** (f.s.), **lesquels** (m.pl.), **lesquelles** (f.pl.) after the preposition. In the examples below, note that these forms contract with the preposition **à:**

> L'aide **sur laquelle** je comptais ne s'est pas produite.
> Le groupe **auquel** il s'adresse ne s'intéresse pas à son message.

c. If the relative pronoun is the object of the preposition **de,** use **dont** for both persons and things. Note the translation of **dont** in the examples below:

L'homme **dont** il parle est d'origine portugaise.	*The man **of/about whom** he is speaking is of Portuguese origin.*
Mon père va m'envoyer l'argent **dont** j'ai besoin.	*My father is going to send me the money [**that**] I need.*
La femme **dont** je suis amoureux ne me parle plus!	*The woman **with whom** I'm in love (**whom** I'm in love **with**) doesn't speak to me any longer.*
La pièce, **dont** la porte est ouverte, bureau de M. Ahmed.	*The room, **whose** door is open, is Mr. Ahmed's office.*

d. **Ce dont** is used similarly to **ce qui** and **ce que** (*Grammaire de base* 2.6, 7, 8), in cases where the verb in the relative clause introduces its object with the preposition **de:**

> Je ne sais pas **ce dont** j'ai besoin!   *I don't know **what** I need.*
> Le crime violent? C'est **ce dont** j'ai peur!
> **Ce dont** nous avons besoin, c'est de nouvelles personnalités politiques.

e. After expressions that indicate time or place, use the relative pronoun **où.** Such expressions include: **le moment, le jour, le pays, la maison,** etc. With expressions of time, **où** may be translated as *when:*

> J'étais très heureux le jour **où** je suis arrivé en France.   *I was very happy the day [**when**] I arrived in France.*
> Le pays **où** je suis né a beaucoup de problèmes économiques.   *The country **where** I was born has a lot of economic problems.*

Pratique et conversation

A. Une photo. Décrivez le dessin ci-dessous en complétant les phrases suivantes.

    1. La femme qui …

    2. L'enfant que …

    3. La salle dans laquelle …

    4. L'homme avec qui …

    5. Ce dont ils ont besoin …

    6. Ce qui est bizarre …

B. Histoire de secrétaire. Remplissez le blanc avec la forme correcte du pronom relatif.

— Ah! Voilà la secrétaire avec _____ mon mari travaille!

— Laquelle?

— La jolie blonde _____ est assise à côté du patron.

— Celle _____ tu m'as parlé?

— Oui. _____ me trouble, c'est qu'elle est complètement incompétente, et mon mari refuse de la mettre à la porte! Les lettres

_____ elle écrit sont toujours pleines de fautes. Et je

n'oublierai jamais le jour _____ je suis allée au bureau.

La petite salle dans _____ elle travaillait sentait le parfum et le whisky.

— Quelle horreur!

— Je ne sais pas _____ je dois faire. A _____ est-ce que je peux parler?

C. Réclamations au syndicat. Remplissez le tiret avec la forme correcte du pronom relatif.

LE DÉLÉGUÉ Oui, M. Bou. Quel est le problème?
SYNDICAL

M. Bou Voilà: l'équipement _____ nous nous servons n'est pas bien entretenu. Vous vous souvenez de l'accident

_____ est arrivé l'année dernière?

LE DÉLÉGUÉ Vous voulez dire l'explosion _____ a blessé DuPont?

M. Bou Oui. L'extincteur _____ Colbert a utilisé

n'était qu'à moitié plein. Et la salle _____

il se trouvait était fermée à clé. Mais _____ a causé cet accident, c'était un manque d'entretien. Mojeret,

_____ est chargé de huiler les machines, est négligent.

LE DÉLÉGUÉ Mojeret? Mais c'est un homme en _____ j'ai toute confiance.

M. Bou Mais vous avez tort. C'est un homme sur _____ on ne peut pas compter.

Le délégué Bon, je vais parler à Mojeret.

M. Bou Très bien, monsieur. _____ on a besoin dans cette usine, c'est d'un sens des responsabilités.

D. Mauvais souvenirs. Vous êtes revenu/e d'un voyage à l'étranger avec beaucoup de mauvais souvenirs. Rien ne vous a plu! Racontez votre voyage en parlant des sujets suivants. Utilisez des pronoms relatifs si possible.

Modèle Les monuments que j'ai vus n'étaient pas impressionnants.

1. les habitants
2. les repas
3. les guides
4. les sites historiques
5. l'hôtel

E. Mauvais souvenirs (suite). Vous continuez à vous plaindre. En utilisant **ce qui, ce que** et **ce dont,** élaborez vos plaintes.

Modèle (embêter) Ce qui m'a embêté, c'était les serveurs.
(ne … pas plaire) Ce qui ne m'a pas plu, c'était l'hôtel.

1. avoir envie
2. énerver
3. ne … pas comprendre
4. avoir besoin
5. mystifier

France: une pâtisserie arabe à Paris

Lecture I

L'interview suivante raconte l'histoire de la réussite de Layla Adouchi dans le monde des affaires en France.

Avant de lire

A. Hypothèses. En regardant les questions posées par la revue, dites quel sera le sujet de l'article.

B. L'histoire d'une réussite. Cet article raconte la réussite de Layla Adouchi dans le monde des affaires. Selon vous, quels sujets seraient traités dans l'article? Choisissez des sujets probables de la liste suivante, et ajoutez vos propres idées.

1. la formation de Layla
2. l'histoire du Maroc
3. les souvenirs de Layla
4. des conseils aux jeunes qui cherchent un emploi
5. ???

C. Le contexte. Lisez les phrases suivantes et choisissez la signification probable du mot en italique en utilisant le contexte.

1. C'est à force de volonté, de courage et d'engagement renouvelé que cette femme *est parvenue à* détruire tous les obstacles.
   est parvenue à =   a réussi à / a eu du mal à

2. Layla Adouchi se situe dans la lignée des femmes africaines *issues de* l'émancipation.
   issues de =   opposées à / sorties de

3. Aujourd'hui, tous ces efforts *déployés* durant ces années sont récompensés.
   déployés =   perdus / faits

4. Ma mère m'a fortement impressionnée et j'organise ma propre existence en évitant de la *décevoir*.
   décevoir =   désappointer / comprendre

D. Encore du vocabulaire. Devinez la signification des mots en italique:

1. Grâce à l'affection de ma mère, j'ai pu *combler le vide* créé par la défection de papa.
2. C'est à l'âge de 12 ans que j'ai ouvert mes yeux sur la triste réalité de ma condition. La solitude *s'est* alors *emparée* de mon cœur.
3. J'ai commencé à faire des *démarches* pour venir continuer mes études en France.
4. Chaque jour je *sillonnais* la ville de Mons pour me trouver un logement.

E. Lecture sommaire. Lisez rapidement les passages indiqués et répondez aux questions qui suivent.

1. Lisez rapidement la réponse de Layla à la première question et dites qui était la personne la plus importante pendant sa jeunesse.

2. Lisez rapidement la réponse à la deuxième question et dites où Layla a fait ses études.

3. En lisant rapidement la réponse à la deuxiéme question, dites en quelle année Layla a commencé ses études universitaires.

Layla Adouchi
Chef d'entreprise

A 27 ans, Layla Adouchi se retrouve à la tête d'une entreprise prospère à Paris, au coeur de l'Europe de l'Ouest. Pourtant, née dans une famille modeste à Agadir au Maroc, rien ne prédisposait cette jeune femme à une ascension sociale aussi **fulgurante** et confortable. *mouvementée*

C'est à force de volonté, de courage et d'engagement renouvelé que la belle **"berbère"** est parvenue à détruire les nombreux obstacles qui se dressaient sur le chemin de l'avenir. *un peuple de l'Afrique du Nord*

L'histoire de Layla est intéressante à nos yeux pour deux raisons: d'abord Layla Adouchi se situe dans la lignée des femmes africaines issues de l'émancipation et dont l'évolution doit être observée avec soin par le continent.

Ensuite, **délaissant** la facilité, cette femme-là a choisi d'entrer dans un milieu professionnel où les choses sont en grande partie basées sur la confiance, puis la crédibilité! *abandonnant*

Pour toutes ces raisons nous lui avons demandé de témoigner.

NEWS ACTION: *Racontez-nous votre enfance.*

Layla ADOUCHI: Je suis née à Agadir au Maroc dans une famille très modeste. Chez nous, ça n'était pas la misère mais la vie était très dure. Mes parents se sont séparés quand j'étais encore enfant, si bien que je n'ai presque pas connu mon père. C'est ma mère qui m'a élevée. Le fait d'être une fille et d'avoir eu ma mère m'a aidée je crois, à vivre sans drame l'absence de mon père.

J'ai passé toute mon enfance et mon adolescence à Agadir. J'ai vécu à Agadir jusqu'à l'âge de 22 ans. Agadir est une belle cité à proximité de la mer, avec 25 kilomètres de plages d'une beauté magique.

J'ai passé mon enfance d'abord comme tous les autres enfants à courir dans les champs et à travers bois. Ma mère **s'est battue** pour me protéger, pour m'offrir une enfance heureuse malgré les difficultés de la vie. *se battre: to struggle*

Je me sentais plus âgée moralement que les autres gamins de mon âge, j'écoutais les propos des adultes espérant en retenir l'enseignement qui m'éclairerait sur le chemin de ma propre vie. Je **me rendais** au bord de la mer vers le milieu de l'après-midi pour m'asseoir sur la plage et retourner dans ma petite tête une foule de questions. *se rendre: to go*

Le coucher du soleil au lointain sur la mer me rendait davantage mélancholique, mais je ne trouvais pas de réponse. La mer était devenue ma passion et l'élément indispensable pour la méditation.

N.A.: *C'est donc votre mère qui vous a transmis la rage de vaincre qui vous caractérise aujourd'hui?*

L.A.: Quand on a pour mère une femme d'aussi grand courage on ne peut voir les choses qu'au travers de son point de vue. Ma mère m'a fortement impressionnée et j'organise ma propre existence en évitant de la décevoir.

lounge chairs

tackle, face

J'ai fait l'école primaire, le lycée et le bac à Agadir. Pendant les deux dernières années du lycée, j'ai travaillé chaque été, soit comme hôtesse d'accueil dans un grand hôtel ou à louer des **transats** aux touristes sur la plage. Cela me permettait d'économiser une petite somme d'argent pour **aborder** la rentrée scolaire dans de bonnes conditions. Après le baccalauréat en 1982, je m'étais inscrite à l'Université de Marrakech en faculté de biologie et de géologie. Mais durant cette année là, l'Université de Marrakech fut pratiquement paralysée par les grèves d'étudiants. C'était une année **blanche** qui coûta de l'argent pour rien à ma mère, car, si je bénéficiais d'une bourse d'Etat pour les **frais** universitaires, c'était maman qui réglait **mensuellement** les charges de mon loyer et de tous mes autres besoins.

wasted

expense

monthly

Revenue à Agadir, j'ai repris le travail saisonnier et parallèlement, j'ai commencé à faire des démarches pour venir continuer mes études en Europe.

J'ai formulé des demandes tant en France qu'en Belgique. C'est à Mons, en Belgique que je fus admise dans une école privée d'informatique. Ma mère était opposée à mon départ du pays, mais j'ai réussi à la convaincre de me laisser partir.

N.A.: *Connaissiez-vous quelqu'un en Belgique, y aviez-vous de la famille?*

L.A.: Je ne connaissais personne en Belgique, j'ai débarqué là-bas comme tous les étudiants étrangers, à l'aventure. J'ai d'abord loué une chambre d'hôtel pour quelques jours, et chaque jour je sillonnais la ville de Mons pour me trouver un logement. Par chance j'ai trouvé à me loger dans une famille qui m'a complètement adoptée.

degree granted after two years of study/training

J'ai suivi mes études en Belgique où j'ai obtenu l'équivalent du **DEUG** en informatique. Ensuite, je suis venue en France pour faire un **stage** de fin d'études pour trois mois. Je comptais continuer l'informatique pour devenir chef de projets. C'est pendant la période de stage en France que j'ai retrouvé, à Paris, un ami français dont j'avais fait la connaissance au Maroc l'année de mon départ pour la Belgique. Ce dernier venait de créer une **société de courtage** en finances et m'a proposé de travailler avec lui au développement de l'affaire. J'ai hésité un moment avant d'accepter, car c'était un domaine auquel je n'étais vraiment pas formée. Au début, nous n'étions que trois personnes.

brokerage house

Je me suis donc investie complètement dans CREDITA, j'y ai mis toute ma volonté et ma motivation. Le prix du travail, voyez-vous, c'est la première obsession de ma vie.

Aujourd'hui, tous ces efforts déployés durant des années sont récompensés.

dispersion of people abroad/

formule

N.A.: *Née au Maroc, vous voilà devenue une des valeurs africaines dans la **diaspora** en France. Est-ce qu'il existe une **recette** qui permet de se faire une place dans ce pays?*

L.A.: Ne jamais compter sur les autres, chercher les lumières de sa vie dans sa propre volonté. Je crois aussi que l'intégration nécessite des concessions. Sans renoncer à ce que l'on est, il faut chercher à comprendre les autres. Puis surtout, ne pas perdre de vue que la meilleure façon d'avoir de l'argent c'est de le gagner par le travail. Cependant j'ai conscience que les choses ne sont pas simples, elles sont même parfois dramatiques pour certaines de nos compatriotes en France n'est-ce pas?...

Après avoir lu

A. Vérifiez. Après avoir lu l'interview, vérifiez les prédictions que vous avez faites dans l'exercice B à la page 130. Avez-vous bien anticipé les éléments de l'histoire que Layla a racontée?

B. Compréhension. Répondez aux questions suivantes.

1. Quel âge a Layla actuellement?
2. Où est-ce qu'elle habite?
3. Quelle est sa profession?
4. Quelles difficultés est-ce qu'elle a eues pendant son enfance?
5. Décrivez sa mère.
6. A quel âge est-ce qu'elle a quitté sa ville natale?
7. Où est-ce qu'elle est allée? Pourquoi?
8. Racontez sa vie après qu'elle a quitté sa ville natale.

C. Lecture critique. Répondez aux questions suivantes.

1. Quelle sorte d'enfant est-ce que Layla était? Selon vous, est-ce que son caractère a contribué à sa réussite?
2. Que pensez-vous des conseils que Layla donne aux jeunes?
3. Quelle est l'attitude de Layla envers la vie dans la diaspora, c'est-à-dire envers le contact entre deux cultures?

D. Comparaisons. Est-ce que vous pensez qu'un immigré aux Etats-Unis pourrait faire la même chose que Layla a faite? Existe-t-il des obstacles dans notre société qui empêcheraient sa réussite? Expliquez.

E. Un prix. Quelques années plus tard, un groupe de chefs d'entreprise décide de **décerner** (*bestow*) un prix à Layla pour reconnaître toutes ses contributions au développement économique du pays. On vous demande de la présenter. Vous racontez sa vie et ses accomplissements.

Interaction II

Les immigrés quelques générations plus tard

Le père   Au début, cet HLM nous plaisait beaucoup. On était content d'avoir cet appartement. C'est là où vous avez grandi, ton frère et toi. C'était beaucoup mieux que ce qu'on avait en Afrique du point de vue logement, tu sais.

LE FILS   Je sais que c'était suffisant pour ta génération, papa, mais pour la mienne, ça ne l'est plus. Les temps ont changé, et cet HLM aussi! Aujourd'hui, c'est devenue une sorte de prison pour nous. On n'arrive plus à en sortir. Moi, qui cherche un emploi en ce moment, j'ai même honte de donner mon adresse.

LE PÈRE   Allons, mon fils, tu exagères.

LE FILS   Non, papa, c'est toi qui te fais des illusions. De toute façon, avec ma tête et avec mon nom, on va toujours me fermer la porte au nez!

Perspectives

1. Comment est-ce que l'attitude du père diffère de celle de son fils?
2. Selon vous, qui est le plus réaliste des deux?

France: la clientèle multiculturelle d'un marché parisien

Autrement dit

Pour parler de l'excès

Notre premier appartement était	+	−
	fabuleux	lamentable
	extraordinaire	épouvantable
	fantastique	affreux
	merveilleux	vilain
	◊ extra	◊ minable
	◊ super	◊ moche

Les logements

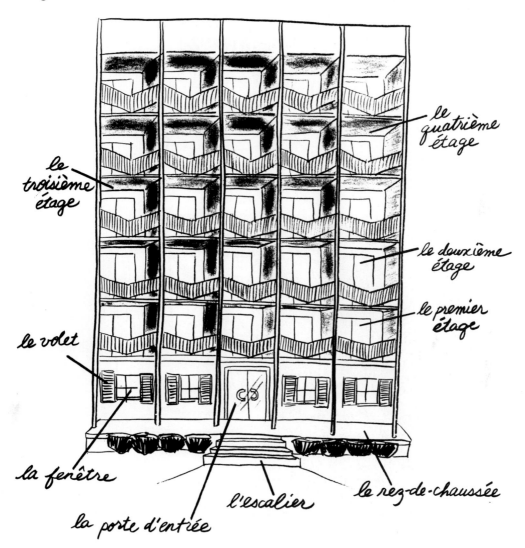

le quatrième étage

le troisième étage

le deuxième étage

le premier étage

le volet

la fenêtre

la porte d'entrée

l'escalier

le rez-de-chaussée

Pour décrire le logement

QUALITÉS POSITIVES	QUALITÉS NÉGATIVES
bien situé	mal situé
calme	bruyant
grand	petit
spacieux	étroit
clair	sombre
propre	sale

Pratique et conversation

A. Deux appartements bien différents. Décrivez les appartements suivants.
Lequel (*which one*) préféreriez-vous louer?

B. Un appartement à louer. Vous serez en vacances pendant l'été, et vous voulez louer votre appartement. Décrivez-le à un/une partenaire, qui vous posera des questions.

C. Le palais de Buckingham. Comment est le palais de Buckingham? Fabuleux? Moche? Faites-en une description détaillée, même si c'est une description imaginaire.

Etude de vocabulaire

Sortir, partir, quitter et laisser

Les quatre verbes **sortir, partir, quitter** et **laisser** signifient en général *to leave*, mais ils s'emploient d'une façon différente:

a. Le verbe **sortir** signifie *to go out from*. C'est le contraire du verbe **entrer dans**. Il s'emploie seul, ou accompagné d'une préposition.

Il **sort** de son appartement.
Si seulement je pouvais **sortir** de cette prison!
Tu **sors?** Ferme la porte derrière toi!

b. Le verbe **sortir (avec)** signifie aussi *to go out socially, on a date:*

Où vas-tu, Nicole? Je **sors** avec Henri ce soir.
«Tu es **sorti/e** hier soir?» «Oui, je suis allé/e au restaurant.»[2]

c. Le verbe **partir** signifie *to leave (from, for).* Il s'emploie seul ou suivi de la préposition **de** ou **pour.** Le contraire de **partir de** est **arriver à;** le contraire de **partir pour** est **arriver de.**

Tu **pars** maintenant? Attends, je t'accompagne.
Le train **part** à douze heures trente.
Je **pars** pour New York. (≠ J'arrive de New York.)
Nous sommes **partis** de Paris.[2] (≠ Nous sommes arrivés à Paris.)

d. Le verbe **quitter,** *to leave a person or a place* s'emploie toujours avec un complément d'objet direct:

Elle **quitte** son mari.
J'ai **quitté** l'appartement à trois heures de l'après-midi.[2]
Je **quitte** Paris pour Lyon.

e. Le verbe **laisser** signifie *to leave behind:*

J'ai **laissé** mes affaires à la maison.

Pratique et conversation

Remplissez le blanc avec le verbe **sortir, partir, quitter** ou **laisser.** Attention: parfois, il y a plus d'une réponse correcte.

1. Philippe vient d'appeler. On va _____ ce soir.

2. «Où est le patron?» «Il est déjà _____ .»

3. A quelle heure _____ l'avion pour Chicago?

4. Il a _____ son poste d'administrateur pour devenir professeur.

5. La pauvre! Son mari l'a _____ pour une autre femme.

6. Elle est _____ de son bureau vers 17h00.

7. Je n'ai pas du tout aimé le film, alors, je suis _____ .

8. Tu n'a pas ton parapluie? Où l'as-tu _____ ?

Grammaire de base

3.1 To form the imperfect of any verb except **être,** drop the *-ons* of the *nous* form in the present tense, and add the imperfect endings:

---

[2] Les verbes **sortir** et **partir** se conjuguent avec **être** aux temps composés; les verbes **quitter** et **laisser** se conjuguent avec **avoir.**

				STEM +	ENDING
THE IMPERFECT					
J'	avais	l'air timide.		av	ais
Tu	avais	peur.		av	ais
Il	avait	besoin de conseils.		av	ait
Nous	avions	soif.		av	ions
Vous	aviez	l'air relax.		av	iez
Elles	avaient	chaud.		av	aient

3.2 Note the forms of stem-changing verbs in the imperfect:

Je préférais …
Je payais …
J'achetais …

3.3 **Etre** has an irregular stem in the imperfect, **ét-,** to which the regular imperfect endings are added: **j'étais, tu étais,** etc.

3.4 In the conjugations of **manger** and **commencer,** the final consonant of the stem is modified before endings that begin with **a:**

Je mangeais …   Tu commençais …
Ils mangeaient …   Elle commençait …
but:
Nous mangions …   Nous commencions …
Vous mangiez …   Vous commenciez …

4.1 Review the forms of the possessive adjective:

POSSESSOR			
JE	{	mon livre	*my book*
		ma table	*my table*
		mes livres	*my books*
		mes tables	*my tables*
TU	{	ton livre	*your book*
		ta table	*your table*
		tes livres	*your books*
		tes tables	*your tables*
IL ELLE ON	{	son livre	*his/her book*
		sa table	*his/her table*
		ses livres	*his/her books*
		ses tables	*his/her tables*
NOUS	{	notre livre	*our book*
		notre table	*our table*
		nos livres	*our books*
		nos tables	*our tables*

VOUS	votre livre	*your book*
	votre table	*your table*
	vos livres	*your books*
	vos tables	*your tables*
ILS	leur livre	*their book*
ELLES	leur table	*their table*
	leurs livres	*their books*
	leurs tables	*their tables*

4.2 The possessive adjective refers to the owner/possessor: **je** → **mon, ma, mes; il, elle, on** → **son, sa, ses; ils, elles** → **leur, leurs,** etc. The particular form chosen will depend on the gender and number of the noun referring to the object/person possessed: masculine singular: **son bureau;** feminine singular: **sa télévision;** masculine and feminine plural: **ses idées,** etc.

4.3 The adjectives **son/sa/ses** can each mean *his/her/its.* The context will clarify the meaning.

4.4 The forms **mon, ton** and **son** are used before a feminine singular noun which begins with a vowel sound: **mon amie,** *my friend (f).*

Structure III

Pour décrire au passé: l'imparfait (Grammaire de base 3.1 → 3.4)

a. The imperfect is used to describe people and places in the past:

Au début, cet HLM nous **semblait** pourtant très beau.

*At the beginning, this HLM **seemed** very nice to us.*

Il **était** spacieux et propre.

*It **was** spacious and clean.*

b. Not only is the imperfect used for physical descriptions, but it is used also to describe states of mind in the past:

Nous **étions** heureux d'avoir cet appartement où tes frères et toi avez grandi.

*We **were** happy to have this apartment where you and your brothers grew up.*

Nous **avions** raison d'immigrer en France.

*We **were** right to immigrate to France.*

c. Another use of the imperfect is to tell how things used to be, or what you used to do in the past:

C'était beaucoup mieux que ce qu'on **avait** en Afrique du point de vue logement, tu sais.

*It was a lot better than that which we **used to have** as lodging in Africa, you know.*

En Afrique, nous **payions** beaucoup   *In Africa, we **used to pay** a lot*
pour un appartement minable.   *for a crummy apartment.*

d. The imperfect is frequently used with adverbs which suggest habitual
past action, such as **autrefois, toujours, souvent, tout le temps,** and
fréquemment:

Autrefois, cet HLM **répondait**   *In the past (formerly), this HLM*
parfaitement à nos besoins.   ***used to meet** our needs perfectly.*

Pratique et conversation

A. Interview. Demandez à votre partenaire …

1. s'il/si elle était heureux/euse à l'âge de deux ans.

2. ce qu'il/elle aimait faire quand il/elle était au lycée.

3. s'il/si elle avait beaucoup d'ennuis pendant son adolescence.

4. si ses parents étaient très sévères avec lui/elle quand il/elle avait
seize ans.

5. s'il/si elle était plus actif/ive quand il/elle avait dix ans.

B. Les temps ont changé. Comment était le monde d'autrefois? Décrivez
les choses suivantes au passé, et ensuite dites comment elles sont
actuellement (*at this time*).

MODÈLE les étudiants

Autrefois, les étudiants étaient plus sérieux, ils travaillaient plus et ils
faisaient toujours ce qu'on leur demandait de faire. Aujourd'hui, les étudiants regardent la télé tout le temps et ne viennent pas en cours.

1. l'environnement   4. les villes

2. la société   5. les voitures

3. les parents

C. Ma jeunesse. Décrivez votre jeunesse. Comment était votre maison? Vos
amis? Votre école? Vos instituteurs/institutrices? Décrivez aussi vos
activités et préférences.

D. Souvenirs. Prenez le rôle d'un immigré et dites comment votre vie était
dans votre pays d'origine, et comment elle est actuellement. A-t-elle
changé pour le mieux?

Structure IV

Pour exprimer la possession: les pronoms possessifs

a. Possessive pronouns replace a possessive adjective and the noun it
modifies.

Je sais que cet HLM était suffisant pour ta génération, papa, mais il ne l'est plus pour **la mienne** (= pour ma génération).	*I know that this HLM was sufficient for your generation, papa, but it is no longer [sufficient] for **mine**.*

b. Study the forms of the possessive pronoun:

POSSESSOR		
JE	le mien la mienne les miens les miennes	*mine*
TU	le tien la tienne les tiens les tiennes	*yours*
IL ELLE ON	le sien la sienne les siens les siennes	*his/hers/one's*
NOUS	le nôtre la nôtre les nôtres	*ours*
VOUS	le vôtre la vôtre les vôtres	*yours*
ILS ELLES	le leur la leur les leurs	*theirs*

c. Choose the form of the possessive pronoun according to the gender and number of the noun which is referred to:

Mon appartement est très spacieux. Est-ce que **le tien** [= ton appartement: m.s.] est spacieux aussi?
Ma famille est d'origine marocaine. **La sienne** [= sa famille] est d'origine espagnole.

d. The first element of the masculine and the plural forms will contract with the prepositions **de** and **à:**

Je n'ai pas mon stylo. Avez-vous besoin **du** vôtre?
Je vais répondre à ses commentaires, et **aux** tiens aussi.

Pratique et conversation

A. **Camarades de chambre.** Vous avez un nouveau/une nouvelle camarade de chambre, et vous lui parlez de ses responsabilités. Remplacez le mot souligné par un pronom possessif.

MODÈLE Tu nourris ton chat et je nourris <u>mon chat</u>.
Tu nourris ton chat et je nourris le mien.

1. Tu fais ton lit et je fais <u>mon lit</u>.

2. J'arrose mes plantes et tu arroses <u>tes plantes</u>.

3. Les voisins sont en vacances. Quand tu nourris ton chat, est-ce que tu pourrais nourrir <u>le chat des voisins</u> aussi?

4. Si tu laves ma voiture cette semaine, je laverai <u>ta voiture</u> la semaine prochaine.

5. Je répondrai à ton téléphone si tu réponds à <u>mon téléphone</u>.

B. Les immigrés. Remplacez le mot souligné par un pronom possessif.

1. Mon père a immigré d'Algérie; <u>son père</u> a immigré de Tunisie.

2. Cet HLM ne répond plus à mes besoins; il ne répond pas à <u>vos besoins</u> non plus.

3. Ma génération n'a pas confiance en l'avenir; <u>leur génération</u> avait plus de confiance en l'avenir.

4. Je ne réussis pas dans mes études; tu ne réussis pas dans <u>tes études</u> non plus.

5. Vous obéissez à vos traditions; nous obéissons à <u>nos traditions</u>.

6. Tu as besoin de mon aide; j'ai besoin de <u>ton aide</u> aussi.

C. Opinions. Donnez votre opinion en employant un pronom possessif.

MODÈLE Est-ce que votre maison est plus grande que la maison de vos voisins?

La mienne est plus grande que *la leur*. (ou: *La leur* est plus grande que *la mienne*.)

1. Est-ce que votre voiture est plus chère que la voiture de votre professeur?

2. Est-ce que votre travail est plus dur que le travail de votre professeur?

3. Est-ce que vos notes sont meilleures que les notes de vos amis?

4. Est-ce que notre génération est plus altruiste que la génération de nos parents?

5. Est-ce que vos goûts sont plus raffinés que les goûts de vos amis?

Lecture II

Entre les années 1830 et 1962, l'Algérie a été administrée par la France. Le nombre de colons européens (surtout d'origine espagnole et française) dépasse un million à la fin de cette époque. Les années cinquante ont vu la rébellion armée de la population musulmane, conflit qui a abouti à l'indépendance du pays, accordée le 3 juillet 1962. Vers la fin de la guerre, la plupart des habitants d'origine européenne, dont beaucoup étaient nés en Algérie, sont partis pour la France. Avec eux, des soldats musulmans qui faisaient partie de *l'armée française (appelés* harkis) *ont quitté le pays aussi. Ce roman raconte l'histoire d'Azzedine, un* harki, *sa femme Meriem, ainsi que leur fils Sélim et leur fille Saliha. Vous lirez deux extraits du roman: le départ du* harki *et des Pieds-Noirs (d'origine européenne) d'Oran, un des ports principaux de l'Algérie; et un événement dans la vie de leurs enfants quelques années plus tard.*

Avant de lire

A. Hypothèses. Avant de lire le texte, essayez d'imaginer un peu son contenu en répondant aux questions suivantes.

1. Quelles sortes d'émotions est-ce que les harkis et les Pieds-Noirs auraient au moment de leur départ d'Algérie? et au moment de leur arrivée en France?

2. Quelle sorte d'attitude est-ce que les Français en France auraient envers les harkis et les Pieds-Noirs nouvellement arrivés d'Algérie?

3. Quelles différences existent entre la culture française et la culture musulmane en ce qui concerne le rôle de la femme? le régime alimentaire? le rôle du destin?

4. Quelles difficultés est-ce que les enfants d'un harki auraient à l'école en France?

B. Les temps littéraires. Dans la langue écrite et littéraire, le passé composé est souvent remplacé par *le passé simple*. Les formes de ce temps sont présentées dans l'*Appendice*. Etudiez-les avant de faire la lecture.

C. Lecture sommaire.

1. Lisez rapidement les lignes 1–15. Quelle couleur domine la description? Qu'est-ce que cette couleur signifie?

2. Lisez rapidement les lignes 1–31 et classez les expressions que vous trouvez selon les catégories suivantes:

   le voyage en bateau   l'incendie   le militaire

3. Lisez rapidement les lignes 1–60 et faites une liste des expressions d'émotion. Ensuite, divisez ces expressions en deux groupes: émotions positives et émotions négatives. Quelles conclusions est-ce que vous pouvez tirer de cette étude de vocabulaire?

Mehdi Charef, Le Harki de Meriem

Le Départ d'Algérie

   Jamais le **pavé** du port d'Oran n'avait été **foulé** par tant de monde. L'indépendance chassait les Français de cette Algérie, où la plupart étaient nés. Ça **grouillait** de partout. Noirs les quais, les visages, les habits. **Endeuillés.** Pas un ne pouvait parler sans des larmes
5 dans la voix. Aucun ne se retournait, ils ne voyaient qu'une chose: atteindre la **passerelle** du premier bateau, puis **se replier sur** leur malheur. D'épais nuages de fumée s'élevaient tout autour du port:

*pavement/*fouler: *to tread, trample*

teemed

mourning

gangway/withdraw into

Algérie: les Pieds-Noirs se préparent à quitter Oran en 1962

les colons venus en voiture ou en camion y avaient mis le feu, pour
ne pas les laisser aux Arabes. Mais ça les amusait plutôt, les Arabes,
cette **mesquinerie.** En attendant, les pompiers ne savaient **où donner du tuyau.** Des valises sur la tête, des **baluchons** en bandoulière,
des sacs sur le dos, des enfants sur les épaules, **ça se bousculait
terrible!** Ça s'en allait, sans trop savoir où. Une dame dans les
cinquante ans tout en noir, des pieds à la tête, avait préféré s'asseoir
sur sa valise pour pleurer tout son **saoul.** Elle répétait:

— Où qu'on va, où qu'on va, mon Dieu? . . .

La troupe de Masson se sépara sur les quais.

Les harkis mariés eurent le droit de prendre le bateau des
civils pour rester avec leur famille. Au pied du camion, Azzedine se
retourna vers ses copains de régiment qui emprunteraient un autre
bateau. Il les salua au **garde-à-vous.**

A Saint-Mandé… S'il t'arrive quoi que ce soit, je suis au Fort
de Saint-Mandé, lui dit Masson.

Et pour la première fois, Azzedine serra la main de son supérieur. Dans le regard de Masson il y avait une gêne, un sentiment
incertain pour son harki, comme s'il se reprochait de l'avoir mené
vers un idéal qui ne pouvait être le sien. Et, ne pouvant supporter
le regard triste d'Azzedine, il tourna vite les talons pour regagner sa
troupe qui l'attendait en rang, au bout du quai.

— Ne vous inquiétez pas, la France ne vous laissera pas tomber, l'armée française est désormais votre mère, elle vous couvrira.

Les harkis s'étaient dépêchés de croire Masson quand celui-ci,

petty action/put their hose   10
bundles
there was terrible pushing
and shoving

fill   15

attention (military term)

20

30

35

un peu auparavant, leur avait tenu ce discours. Ils étaient tellement
désemparés! Meriem ne pleurait pas. Elle prit le bras de son mari *confused, lost*
40 avec la certitude qu'une vie plus belle les attendait, réservée à eux
seuls, à eux deux. Elle se sentait légère et prête à affronter ce nouveau monde qui faisait pleurer les autres. Elle avait tant souffert,
avec ses parents, avec sa belle-mère, avec la guerre, qu'il lui semblait,
qu'à présent, rien de pire ne pouvait lui arriver. Elle se sentait plutôt
45 **soulagée.** *relieved*

Sur le pont du bateau elle **se tint** face à Azzedine et écartant *s'est tenue*
son voile, lui montra ses yeux pleins d'espérance. Ils se fixèrent
longuement, puis il répondit par un sourire.

— Je serais presque heureuse si autour de nous il n'y avait tant
50 de larmes, lui murmurait-elle à l'oreille.

Ils s'assirent à côté de leurs bagages. Azzedine comprit la joie
de sa femme. Elle avait eu peur, elle avait eu faim, et sans sa rencontre avec lui, elle serait, à son âge, vingt-trois ans, comme répudiée à
vie, puisque divorcée de son premier mari. Elle n'aurait plus qu'à
55 mourir vieille fille, après n'avoir été, toute sa vie, qu'une domestique
pour ses frères et sœurs: celle qu'on n'habille pas, celle qui se tait.

C'est donc avec courage qu'elle partait pour la France et c'est
toute cette force qu'elle voulait insuffler à son mari. Lui restait
pensif, les yeux caressant la mer. **Bondé,** rempli jusqu'aux **cales,** le *full or packed/cargo hold*
60 bateau était prêt au départ. La sirène déchira les cœurs et des cris
de désespoir montèrent au ciel. Comme si le bateau coulait.

Aussi bien les Français que les harkis ne savaient s'il fallait
baisser le front pour cacher sa peine, ou garder la tête haute pour
voir une dernière fois Oran qui s'éloignait.

L'Arrivée en France

65 Port-Vendres. France.

Ils étaient foule, les curieux qui attendaient les bateaux en
provenance d'Algérie. Des Français se montraient d'un air **rigolard** *insolent and amused*
d'autres Français qui descendaient la passerelle: des «pieds-noirs». Ils
les suivaient des yeux comme s'ils débarquaient de la planète Mars.

70 Des enfants collaient aux pas des exilés pour voir s'ils ne laissaient pas de trace noires sur le pavé et leurs parents disaient: «Ils
n'ont que ce qu'ils méritent après avoir tant amassé de **pognon** sur ◊ *fric, argent*
le dos de l'indigène. Maintenant ils vont voir ce que c'est de vivre
à la dure sans **la Fatma de ménage et le Messaoud de service,** bien *typical Arab names for*
75 fait pour eux! C'est tous des juifs! Espérons seulement qu'ils ne *household servants*
s'attardent pas ici, allez zou, à la gare!»

Quelques années plus tard, installés en France

— Sélim, c'est quoi un harki? demanda le même jour Saliha à
son frère.

Il était plongé dans ses devoirs, elle finissait les siens.

80 — J'ai demandé à Maman, mais je n'ai pas compris ce qu'elle

a dit, en tout cas elle est fière qu'on soit harki!

— Fière, non, dit Sélim, de quatre ans son aîné. Elle n'a pas honte d'être femme de harki, c'est différent!

— Mais c'est quoi un harki?

85 — C'est un Arabe qui, pendant la guerre entre les Français et les Algériens, s'est battu contre les Arabes.

— Contre nous! pourquoi?

Elle avait eu un choc. Elle revoyait le graffiti sur le mur de l'école: «Les Arabes dehors.»

90 — Peut-être parce qu'il pensait que pour son pays un gouvernement français c'était peut-être mieux! supposa Sélim.

— Alors Papa n'aimait pas les Arabes?

Elle pensa à son institutrice: «Les Arabes ce n'est que des problèmes. Ils n'arrivent pas à suivre et du coup ils **freinent** les autres

95 élèves.» C'était ce que Mademoiselle Le Goff avait dit un jour en classe. Saliha s'était sentie **visée**, et elle pensa que son père avait peut-être les mêmes raisons d'**en vouloir** aux Arabes: ne voulait-il pas qu'elle soit la première?

— Mais si, Papa aime les Arabes, puisque nous le sommes! Je

100 pense que ce qu'il voulait, c'était que les Français restent en Algérie avec les Arabes, pour travailler ensemble.

— Alors pourquoi à l'école Zahia et Nourredine ne veulent plus jouer avec moi?

— Parce qu'ils sont jaloux que tu partes en **colo** et pas eux!

105 Ce que Sélim savait des harkis, c'est son maître de l'école coranique, Si Ali, qui le lui avait appris. Azzedine avait inscrit son fils en cours du soir en vue de lui donner aussi une éducation musulmane. Là ses petits copains le surnommaient «le Français» et, pendant la pause, les coups de poing étaient fréquents.

110 — Ould harki! fils de harki, si tu veux jouer au foot avec nous tu seras dans les buts. Devant y'a pas de place pour toi.

Et Sélim **retroussait** ses manches, crachait dans ses **pognes**. L'intégriste de maître les séparait.

— Si Ali, c'est quoi un harki?

115 Le maître lui avait répondu:

— T'occupe pas d'eux, ce sont des idiots, applique-toi à ton travail, je connais ton père, c'est un brave homme.

Marginal glosses

freiner: *to hold back*

targeted
blâmer

summer camp

rolled up/hands

Après avoir lu

A. Compréhension du texte. Répondez aux questions suivantes.

1. Décrivez le port d'Oran au moment du départ des Pieds-Noirs.

2. Décrivez l'émotion des émigrants.

3. Au moment de leur départ, comment sont les rapports entre Azzedine et son supérieur, Masson? Quelle promesse est-ce que Masson lui fait?

4. Pourquoi est-ce que les sentiments de Meriem sont différents de ceux des autres qui partent? Donnez deux raisons pour lesquelles sa vie en Algérie a été malheureuse.

5. Décrivez l'accueil que les Français donnent aux Pieds-Noirs.

6. Qu'est-ce que les autres enfants disent pour tourmenter Sélim?

7. Comment est-ce que Sélim répond aux injures de ses camarades de classe?

B. Quel est le sujet? Choisissez le meilleur titre pour chaque partie indiquée du texte.

1. 7–11
   l'incompétence des pompiers
   la rancune des colons

2. 18–31
   le régiment d'Azzedine va à Saint-Mandé
   un adieu gêné entre Azzedine et son supérieur

3. 35–44
   l'histoire de la vie de Meriem
   la tristesse de Meriem

4. 101–113
   les copains français se moquent de Sélim
   les copains arabes se moquent de Sélim

C. Parcourez. Trouvez le passage où …

1. l'auteur parle du courage et de l'espoir de Meriem.

2. une femme s'abandonne à sa tristesse.

3. Saliha pense que sa mère est fière d'être harkia.

4. Sélim essaie d'expliquer à Saliha pourquoi leur père s'est battu contre les Arabes.

5. les Français détruisent leurs biens pour ne pas les laisser aux Algériens.

6. Masson rassure Azzedine.

7. Azzedine se sépare de son régiment.

8. Sélim se bat avec ses copains à l'école coranique.

D. Analyse littéraire. Réfléchissez et répondez aux questions suivantes.

1. Dans la première partie, quel ton est-ce que l'auteur essaie d'évoquer? Quelle/s technique/s est-ce qu'il emploie pour évoquer ce ton? Citez des passages.

2. Quelles phrases dans le premier paragraphe évoquent l'idée de mouvement? Quelles phrases évoquent la foule?

3. D'après la description de Meriem et de Sélim, est-ce qu'ils veulent garder une identité arabe, s'assimiler à la société française ou créer leur propre identité?

E. Une interprétation. Imaginez que vous êtes Sélim. Ecrivez un paragraphe dans votre journal personnel qui décrit une journée difficile à l'école.

F. **Le point de vue de Meriem.** Maintenant, prenez le rôle de Meriem. Décrivez votre réaction en entendant la question de votre fille, et expliquez comment vous y avez répondu et pourquoi.

 # *Compréhension auditive*

Texte I: les immigrés en France — extrait d'une interview avec M. Olivier.

Quelles sont les attitudes des Français envers les étrangers? Dans cette interview, vous allez entendre un point de vue.

Avant d'écouter

A. **Les immigrés et le travail.** Quelles sortes de problèmes est-ce qu'un immigré rencontrerait en cherchant du travail? Quelle sorte de travail est-ce que les immigrés cherchent en général? Est-ce que tout le monde serait d'accord pour embaucher un immigré? Pourquoi ou pourquoi pas?

B. **Vocabulaire.** Essayez de deviner la signification des expressions soulignés en faisant bien attention au contexte.

1. Les fabricants japonais de voitures <u>sont en concurrence</u> avec les fabricants américains, et la compétition est intense.

2. Il veut trouver un emploi comme ingénieur? Ah non, c'est impossible, il <u>n'a pas le grade</u>.

3. Pendant qu'on était **en grève** (*on strike*), on a embauché des remplaçants qui nous ont <u>piqué le boulot</u>.

4. Est-ce que c'est vrai que les immigrés qui travaillent <u>prennent la place</u> d'un Français?

5. Il est de <u>souche</u> arabe: ses parents viennent d'Algérie.

C. **Conseils pratiques.** Le rôle d'un intervieweur est de poser des questions précises et pénétrantes, pour que l'interviewé élabore et raffine son point de vue. Par conséquent, les opinions exprimées au début pourraient être modifiées ou rejetées à la fin. Ecoutez toute l'interview avant de répondre aux questions.

Ecoutons

Avant d'écouter l'interview, regardez les questions qui suivent. Ensuite, écoutez l'interview en essayant de saisir le sens global. Ecoutez une deuxième fois pour comprendre les détails.

Pratique et conversation

A. **Vrai ou faux?** Après avoir écouté l'interview, indiquez si les phrases suivantes sont vraies ou fausses.
Selon M. Olivier …

1. les immigrés représentent un problème pour les Français.

2. les immigrés sont mal payés.

3. les immigrés prennent la place des autres Français.

4. les immigrés ne sont pas de bons travailleurs.

5. les enfants des immigrés sont toujours des immigrés.

6. il y a trop d'immigrés en France.

B. **Que pensez-vous?** En tout, quelle est l'attitude de M. Olivier envers les immigrés? Est-il hostile, accueillant ou ambivalent? Justifiez votre opinion en vous basant sur ses réponses aux questions de l'intervieweur.

C. **Autres questions.** Quelles autres questions est-ce que vous aimeriez poser à M. Olivier? Quelles seraient ses réponses, d'après vous?

Texte II: extrait d'interview avec une Franco-Américaine, la quarantaine, élevée dans le quartier «français» de Salem, Massachusetts, pendant les années 50.

Avant d'écouter

A. **La question linguistique.** Connaissez-vous des immigrés ou des enfants d'immigrés? D'habitude, où et à qui est-ce qu'on parle sa langue maternelle? A la maison? En dehors de la maison? Avec les amis?

B. **Ecole ou Eglise?** Avec quelle institution, l'école ou l'Eglise, est-ce que vous associez les mots suivants?

1. le curé

2. la cour de récréation

3. la paroisse

4. une messe

5. les maths

6. un prix religieux

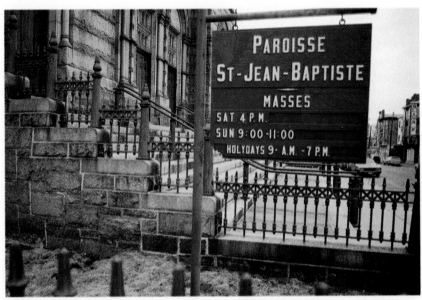

USA: *Une église de l'ancien quartier «français» de Lowell, Massachusetts*

C. Conseils pratiques. Très souvent, dans la conversation normale, on répète la même idée plusieurs fois et de plusieurs façons. Si vous ne comprenez pas un mot ou une idée, continuez à écouter: vous comprendrez mieux par la suite.

Ecoutons

Regardez les questions dans la partie *Pratique et conversation* pour avoir une idée générale de l'interview. Ensuite, écoutez l'interview et répondez aux questions.

Pratique et conversation

A. Questionnaire. Répondez aux questions suivantes.

1. Comment est-ce que cette femme a appris l'anglais?
2. Combien de messes y avait-il en français? en anglais?
3. Quelles matières étaient enseignées en français à l'école? en anglais?
4. Expliquez le système des jetons.
5. Décrivez le curé de sa paroisse.

B. Anglais ou français? Dans lesquelles des situations suivantes est-ce qu'elle parlait français? et anglais? Elaborez votre réponse, si nécessaire.

1. à la maison
2. avec les enfants de son âge, en dehors de la maison
3. à l'église
4. à l'école

C. Interview. Interviewez votre professeur en lui demandant quand et comment il a appris le français (ou l'anglais, s'il est francophone). Demandez-lui aussi de raconter des anecdotes sur ses expériences en apprenant une langue étrangère.

Activités

A. Un agent immobilier (*a real-estate agent*). Vous êtes agent immobilier et vous parlez à un/une client/e. Il/elle vous décrit le genre de logement qu'il/elle cherche, et vous lui montrez deux ou trois possibilités. Il/elle est très exigeant/e et vous pose beaucoup de questions.

B. Un service d'accueil. Vous travaillez dans un service d'accueil pour les immigrés haïtiens qui viennent d'arriver aux Etats-Unis. Ils vous posent des questions sur les possibilités de logement et de travail. Ils vous posent aussi des questions sur la vie aux Etats-Unis. Vous y répondez de votre mieux!

C. Un homme politique. Choisissez une personnalité politique et décrivez sa position sur les questions sociales et politiques qui sont importantes actuellement. Etes-vous pour ou contre cette personne?

D. Souvenirs de jeunesse. Connaissez-vous quelqu'un qui a passé sa jeunesse dans un pays étranger? Demandez-lui de vous raconter sa jeunesse et parlez-en à la classe.

CHAPITRE

5

Révélations audiovisuelles
Les médias et les valeurs

Introduction

*Over the past half-century, the mass media have dramatically
transformed communication among the cultures of the world.
As we will see in this chapter, the power of the media seems to signal
the gradual uniformization of cultures, but, at the same time,
it is generating new and influential forms of cultural expression
in all parts of the world.*

Première approche

Programme de la première chaîne de la télévision française.

1. Cherchez les émissions qui ont été achetées à la télévision américaine. Quels en sont les titres en anglais? Quelle émission semble être la version française d'un jeu américain?

2. A quelle heure sont les informations? Pourquoi?

3. Quelle est la différence entre **un feuilleton** et **une série?**

4. Combien d'émissions américaines y a-t-il, ce mercredi le 14 août? Pourquoi y en a-t-il tant?

5. D'après vous, quel effet ce contact intensif avec la culture américaine va-t-il avoir sur la société française?

Pour aller plus loin

Regardez les petits textes qui suivent. Quelles influences culturelles sont importantes dans les médias de ces pays?

A. LE CONGO
(Amina)

Jeune Congolaise âgée de 18 ans dé-sire correspondre avec jeunes filles et garçons du monde entier pour échanges d'idées. Aimant musique, cinéma, sport et adorant Elsa, Va-nessa Paradis et Madonna.Réponse assurée.**Mle MAYOUYA Véro-Blan-che, 167, rue Lénine, OUENZE/BRAZ-ZAVILLE, CONGO.**

B. LA BELGIQUE
(Télé-Moustique)

SIMPLES/MAXIS

1. **CRYSTAL WATERS** : « Gipsy Woman »
2. **ZUCCHERO** : « Senza una donna »
3. **PAGANELLI** : « Dance Computer 5 »
4. **KLF** : « Last Train to... »
5. **CHER** : « The Shoop Shoop Song »
6. **JULIE MASSE** : « C'est zéro »
7. **MYLENE FARMER** : « Désenchantée »
8. **LES INCONNUS** : « Auteuil Neuilly Passy »
9. **WAMBLEE** : « Anitouni »
10. **GRAY/BARBELIVIEN** : « E vado via »

C. L'ALGERIE
(Pif)

● **Cher Pif ! Je lis ton journal depuis longtemps et je le trouve génial ! J'aimerais que tu m'en-voies quelques documents sur Madonna ainsi que des photos et des pos-ters. Merci d'avance et gros bisous ! Boudoukha Lazhar, Sétif, Algérie.**

D. LE QUEBEC
(Le Lundi)

Vive les "soaps"

Je viens de lire le reportage de Tonja Walker. Merci d'avoir pensé à ceux qui regardent les "soaps" l'après-midi. Moi, j'écoute toujours

Général Hôpital", car je travaille le soir... dans un hôpital. J'aime tous les person-nages de ce téléroman et j'espère que vous allez nous en présenter d'autres dans un avenir rapproché.
J. Melancon

Interaction I

Un choix difficile

Véronique, Delphine et Jean-Marc sont étudiants à la Faculté des Lettres de l'Université Paul-Valéry à Montpellier. Scène: la cité universitaire un samedi soir.

VÉRONIQUE   Qu'est-ce qu'on fait ce soir?

JEAN-MARC   Il paraît qu'il y a un film de Howard Hawks à l'ABC. Vous avez vu *Les hommes préfèrent les blondes?*

VÉRONIQUE   Je t'en prie! Si on va encore au cinéma, allons voir quelque chose de plus récent que ça. Il n'y a pas un nouveau film de Coppola qu'on pourrait voir?

JEAN-MARC   Ça m'étonnerait. En ce moment, les Américains ne nous envoient que des Tortues Ninja et des films d'horreur. De toute façon, un film de Coppola n'aurait pas Marilyn!

DELPHINE   Tu ne sais pas! Je crois que le Régent passe ce film chinois dont on a parlé dans *le Nouvel Obs*. Il paraît qu'il est très beau.

VÉRONIQUE   Ah non! L'anglais, ça va encore, mais je ne vais pas aller m'embêter à écouter du chinois et à lire des sous-titres.

DELPHINE   Moi, de toute façon, je ferais mieux de rester là et de travailler. Je dois absolument avoir cette **U.V.** (unité de valeur, *credit*) en littérature si je veux terminer la licence cette année.

JEAN-MARC   Tu n'es pas marrante, toi! Tu as encore trois mois avant les examens.

DELPHINE   Oui, mais je n'ai rien fait encore.

VÉRONIQUE   Ça n'a pas d'importance. Tu t'y mettras six semaines avant les examens et tu t'en sortiras très bien. Viens. On va prendre un pot. On décidera au café.

Perspectives

Commentez le choix de films disponibles. Est-ce qu'on aurait le même choix dans une ville américaine moyenne? Comment expliquez-vous cette variété?

Autrement dit

Pour rassurer quelqu'un

Ça n'a pas d'importance.
Ne t'inquiète/vous inquiétez pas. }
Ne t'en fais/vous en faites pas. }   *Don't worry about it*
N'aie/ayez pas peur.

Maroc: *publicités de films à Meknès*

N'hésite/hésitez pas.
Allez! Du courage!
  Un peu de courage!
Tout se passera bien. }
Tout ira bien. } *Everything will be fine.*
Ça ira!

Pour inviter

AVANT D'INVITER

Tu es libre ce soir?

Qu'est-ce que tu fais samedi?

Tu fais quelque chose de spécial
demain?

L'INVITATION

Tu veux dîner au restaurant
avec moi?
Ça te dirait d'aller au cinéma?
Would you like to go to the movies?
On va au cinéma?
Si on allait au cinéma?
Suppose we go to the movies?
Je t'invite à dîner.

POUR ACCEPTER

Oui, avec plaisir!
Oui, je veux bien.

C'est une bonne idée.
D'accord.

POUR REFUSER

Je regrette, mais je ne peux pas.
Je suis désolé/e, mais je ne suis
pas libre.
C'est gentil, mais j'ai du travail.
Merci, mais ce n'est pas possible.

*France: la chanteuse
Vanessa Paradis*

Pour parler des films

AVANT LE FILM

Qu'est-ce qu'on fait ce soir? Si on allait au cinéma?
Tu préfères quelle sorte/quel genre de film?
J'adore les films   d'aventure
d'amour
de science-fiction
d'épouvante
d'horreur
d'espionnage
catastrophes
historiques
policiers
Je n'aime pas les   drames (psychologiques)
comédies (dramatiques/musicales)
westerns
dessins animés
Je crois que le Régent passe un film chinois   sous-titré
avec sous-titres
en version originale (v.o.)
{ en version française (v.f.)/
doublé (*dubbed*)

Ça passe/C'est à quel cinéma?	*What movie theater is it at?*
Tu veux aller à quelle séance?	*What showing do you want to go to?*
C'est combien la place?	*How much are the tickets?*
Y a-t-il une réduction/un tarif	*Is there a discount*

réduit pour les étudiants/   *for students/the unemployed/*
chômeurs/plus de 65 ans?   *senior citizens?*
C'est interdit aux moins de 18 ans.   *Under the age of 18 are not allowed.*

POUR PARLER DU FILM

Dans ce film, **il s'agit d'** (*it's about*) un couple marié et de leurs pro-
    blèmes …
L'action **se déroule** (*takes place*) en 1972 à Chicago …
Plusieurs **scènes se passent** à Paris …
L'intrigue (*the plot*) était intéressante et **le dénouement** (*the end*) surtout
    était génial.

APRÈS LE FILM

J'ai adoré: c'était **marrant** ⎫
         ◊ **rigolo** ⎭ (*funny*)
        très bien fait/joué/interprété
C'est un film à ne pas manquer. *It's a film you don't want to miss.*
Je n'ai pas aimé du tout. C'était ennuyeux
                  embêtant
                  atroce
                  une catastrophe
                  un désastre
                  ◊ **un navet** (*a bomb*)

La mise en scène ⎫   magnifique   **mal conçu/e**
La cinématographie ⎮   splendide   (*poorly conceived*)
Le scénario   ⎬ était ⎨ super   mal fait/e
L'interprétation   ⎮   **génial/e** (*wonderful*)   médiocre
Le jeu (*the acting*) ⎭   passionant/e

Pratique et conversation

A. Situations. Qu'est-ce que vous diriez pour rassurer les personnes qui se
trouvent dans les situations suivantes?

1. Votre ami/e a peur de passer un examen en chimie.

2. Un/e camarade de classe veut passer l'été en Europe, mais il/elle hésite …
   il/elle a peur du terrorisme, il/elle ne connaîtra personne …

3. Pendant un dîner chez vous, un/e invité/e a renversé un verre de vin sur
   le canapé.

4. Votre ami/e veut une augmentation mais il/elle a peur d'en parler au
   patron.

5. Un/e camarade de classe refuse de parler français parce qu'il/qu'elle a
   peur de faire une erreur.

B. Invitations. Invitez votre partenaire à faire les activités suivantes. Il/Elle
acceptera ou refusera selon les indications. Invitez-le/-la à …

1. aller au cinéma. Il/Elle acceptera.

2. aller à la discothèque. Il/Elle refusera, en donnant de bonnes raisons.

3. aller au restaurant. Il/Elle hésitera, mais après beaucoup de persuasion,
   acceptera.

4. passer un week-end à Paris. Il/Elle est tenté/e, mais il/elle refuse finalement.

5. aller à un concert de musique algérienne. Il/Elle acceptera.

C. Interview. Demandez à votre partenaire …

1. quel genre de film il/elle préfère.

2. quel film il/elle a vu récemment.

3. si ce film lui a plu et pourquoi (pourquoi pas).

4. s'il/si elle aime les films étrangers.

5. s'il/si elle préfère les films doublés ou sous-titrés et pourquoi.

D. Invitation au cinéma. Votre ami/e vous invite au cinéma. Vous lui posez toutes sortes de questions sur le film qu'il/elle veut voir. Finalement, vous acceptez, et vous **convenez** (*agree upon*) de l'heure et du lieu de votre rendez-vous.

E. Après le film. Votre ami/e a adoré le film mais vous ne l'avez pas du tout aimé. Il/elle va donner ses réactions et vous donnerez une réaction.

Québec: la chanteuse Marjo

contraire. Est-ce que vous réussirez à convaincre votre ami/e de la justesse de votre opinion?

F. **Un compte-rendu** (*a review*). Faites un petit compte-rendu d'un film que vous avez vu récemment. Dites:

- le genre du film
- de quoi il s'agissait dans le film
- qui jouait les rôles principaux
- ce que vous avez pensé de l'intrigue/du jeu/de la cinématographie
- si vous recommanderiez ce film aux autres et pourquoi (pourquoi pas)

Grammaire de base

1.1 Review the conjugation of the following irregular verbs in the present indicative.

METTRE		OUVRIR	
je mets	nous mettons	j'ouvre	nous ouvrons
tu mets	vous mettez	tu ouvres	vous ouvrez
il met	elles mettent	elle ouvre	ils ouvrent
participe passé: mis		*participe passé:* ouvert	

TENIR	
je tiens	nous tenons
tu tiens	vous tenez
elle tient	elles tiennent
participe passé: tenu	

1.2 Compounds of these verbs are conjugated in the same way as the simple forms, with the addition of a prefix or an initial consonant. Learn the following compounds:

METTRE		OUVRIR	
admettre	*to admit*	couvrir	*to cover*
commettre	*to commit*	découvrir	*to discover*
omettre	*to omit*	souffrir[1]	*to suffer*
permettre	*to permit*		
promettre	*to promise*		

TENIR	
maintenir	*to maintain*
obtenir	*to get, obtain*
retenir	*to retain*
appartenir à	*to belong to*

[1] conjugated like **ouvrir**

2.1 Review the following time expressions:

TO EXPRESS HABITUALITY	TO EXPRESS A MOMENT IN THE PAST	TO NARRATE A SEQUENCE OF EVENTS
d'habitude	hier (matin,	d'abord
fréquemment	après-midi, soir)	au début
toujours	la semaine dernière/	pour commencer
souvent	l'an dernier	puis
tout le temps	ce matin-là/	alors
	cette nuit-là	ensuite
	à ce moment-là	tout de suite après
		en même temps
		enfin
		finalement
		à la fin

Structure I

Pour narrer au passé: l'imparfait (suite)

a. In Chapter 4, you learned that the imperfect is used for descriptions in past time as well as to express habitual past action:

> Le film n'**était** pas du tout marrant. Autrefois, les Américains nous **envoyaient** des films vraiment passionnants.

b. The imperfect is also used to talk about actions in progress in past time, that is to say, what was happening:

Je l'attendais devant le cinéma pendant tout ce temps.	I was waiting for him in front of the movie theater the whole time.
Où est-ce que tu allais à toute vitesse ce matin?	Where were you going so quickly this morning?

c. The imperfect is often used in conjunction with the **passé composé** to describe how things were or to relate an action that was in progress (the imperfect) when another action interrupted it (the passé composé). In other words, the imperfect sets the scene, whereas the passé composé advances the action of the narration:

Nous faisions la queue pour entrer quand il est arrivé.	We were standing in line to go in (on-going past action: what was happening) when he arrived (event: what happened).
Elle finissait son travail quand il est passé.	She was finishing up her work when he stopped by.

d. **Depuis** + time expression + verb in the imperfect expresses an action that had been going on for a period of time before another action interrupted it:

Elle s'inquiétait depuis des semaines   *She had been worrying for weeks*
quand finalement la lettre est arrivée. *when the letter finally came.*

Il y travaillait depuis des années quand on l'a viré.	*He had been working there for years when they fired him.*

Pratique et conversation

A. **Interruptions.** Qu'est-ce que vous faisiez quand les choses suivantes sont arrivées? Inventez un début de phrase en mettant le verbe à l'imparfait. Employez votre imagination!

MODÈLE … quand un ami est passé.

VOUS Je lisais un roman policier quand un ami est passé.

1. … quand mon chien a commencé à aboyer (*bark*).
2. … quand un agent de police a frappé à la porte.
3. … quand soudain, j'ai entendu un bruit.
4. … quand finalement, elle a téléphoné.
5. … quand il a commencé à pleuvoir.

B. **Encore des interruptions.** Hier soir, vous avez essayé d'accomplir beaucoup de choses, mais vous n'avez pas réussi à cause de toutes les interruptions. Formulez des phrases à partir des éléments donnés ci-dessous.

MODÈLE faire/mes devoirs/quand …

VOUS Je faisais mes devoirs quand mon ami m'a appelé/e.

1. faire/le linge/quand …
2. payer/les **factures** (*the bills*) /quand …
3. sortir/la **poubelle** (*the garbage can*) /quand
4. faire/mon lit/quand …
5. préparer/le dîner/quand …

C. **Une histoire.** Complétez l'histoire suivante en mettant le verbe entre parenthèses au temps convenable.

Le docteur Frankenstein: Je voulais créer un homme mais j'ai créé un monstre! Voilà ce qui s'est passé: je mesurais des produits chimiques

quand mon assistant _____ (venir) à la porte de mon laboratoire. J'ai demandé son aide et on s'est remis au travail. Il

_____ (mettre) le mélange dans une éprouvette quand j'ai remarqué qu'il avait oublié un ingrédient. Je l'ai ajouté. Je chauffais

le tout quand nous _____ (décider) d'ajouter un nouvel

ingrédent à ma formule. Je _____ (remuer) le mélange

quand soudain, un mouvement s'est produit. Nous _____ (attendre) de voir ce qui sortirait du mélange quand, avec une explosion et des flammes, un monstre a apparu devant nous.

D. **Répondez.** Répondez aux questions suivantes en employant **depuis** + l'imparfait.

1. Depuis combien de temps étiez-vous en classe quand le professeur est entré?

2. Depuis combien de temps étiez-vous à l'université quand vous êtes rentré chez vous pour la première fois?

3. Depuis combien de temps aviez-vous votre ancienne voiture quand vous avez décidé d'en acheter une autre?

4. Depuis combien de temps étudiiez-vous le français quand vous vous êtes inscrit/e dans ce cours?

5. Depuis combien de temps étiez-vous en cours quand le professeur vous a interrogé/e la première fois?

Structure II

Pour parler du temps: les prépositions
pour, pendant, dans, en + expression temporelle

a. **Pour** + time expression refers to time intended rather than time elapsed:

Je serai en France } pour deux ans. *I will be in France/*
Je suis allé en France   *I went to France for two years.*

In the examples above, **pour** expresses the amount of time the speaker intends/intended to spend in France.

b. **Pendant** expresses the duration of an action:

Pendant que vous dînez, je vais promener le chien.	*While you are having dinner, I'm going to walk the dog.*
Il a écouté des cassettes pendant deux heures.	*He listened to cassettes for two hours.*

Note that **pendant** + time expression is usually used with a verb in the passé composé to express the limits (i.e. beginning and end) of a completed past action.

c. **En** + time expression expresses how long it takes to perform an action.

Je peux le faire en un jour.	*I can do it in one day (It will take me one day to do it).*
Il a appris à réparer sa voiture en une semaine.	*He learned how to fix his car in one week (in the course of one week).*

d. **Dans** + time expression gives the ending point for an action:

Je vais sortir dans une heure.	*I'm going out in an hour (at the end of an hour).*
Dans combien de temps vas-tu finir?	*How soon (at the end of how much time) are you going to finish?*

Pratique et conversation

A. Complétez. Complétez les dialogues suivants avec **pour, pendant, en** ou **dans.**

(*Devant la loge du concierge*)

— Bonjour, Madame. Je serai absente _____ quelques
jours. Est-ce que vous pourriez surveiller mon appartement

_____ ce temps?
— Oui, d'accord. Pas de problème!

• • •

(*Au pressing*)
— Je viens de renverser un verre de vin sur ma veste et j'ai une réunion

_____ une heure! Est-ce que vous pourriez la nettoyer?
— Je suis désolée, Monsieur. On ne peut pas nettoyer à sec

_____ une heure.

• • •

(*A la bibliothèque*)
— Ah! C'est toi qui as le livre dont j'ai besoin. Tu l'auras

_____ combien de temps?

— Ne t'affole pas! Je te le passerai _____ deux ou trois
heures.

• • •

(*Conversation au téléphone*)

— Où étais-tu? Je t'ai attendu _____ deux heures au café
et finalement je suis parti!
— J'ai dû passer par l'agence de voyage pour récupérer mon billet
d'avion.

— Ce n'est pas possible! Tu pars? Quand? _____ combien
de temps?

— _____ toujours! Je vais m'installer dans un *ashram*,
en Inde.

— Quoi? Et _____ tout ce temps, tu m'as déclaré ton
amour. On allait se marier …

— Peut-être que _____ quelques années, tu comprendras.

B. Traduisez. Traduisez les phrases suivantes.

1. He is going on vacation for a few weeks.
2. It won't take long. I'll finish it in one or two hours.
3. She had been waiting for a phone call for days. He finally called to say
   he would visit her (*il lui rendrait visite*) in a few months.
4. He worked in a factory for five years and then he found a better job.
5. — I'll be ready in an hour. — You've been saying that for the last three
   hours.

Lecture I

Le Maroc à nu, *de Michel Van der Yeught, raconte les expériences d'un jeune Français qui a enseigné pendant cinq ans au Maroc. Ce passage, écrit à la première personne, décrit une visite au cinéma à Marrakech.*

Avant de lire

A. Comparaisons. Avant de lire le texte, essayez d'imaginer son contenu en faisant les exercices suivants.

1. Qu'est-ce que vous faites quand vous allez au cinéma? Composez une liste d'actions pour décrire une visite typique aux Etats-Unis.
   a. On arrive au cinéma.
   b. On laisse la voiture dans le parking.
   c. On … (etc.)

2. En regardant la liste suivante d'expressions tirées du texte, essayez d'imaginer comment une visite au cinéma au Maroc pouvait se comparer à une visite au cinéma aux Etats-Unis.

   la queue   **des billets au noir** (*black market tickets*)   enfumée
   le brouillard   des bonbons, des cacahuètes ou du Coca
   se redresser/se rasseoir   **un remue-ménage** (*restless movement*)

B. Les mots apparentés. Employez votre connaissance de l'anglais pour deviner le sens des mots en italique trouvés dans le texte.

1. Pourtant, bizarrement, la queue et la confusion *persistent*.

2. Ce n'est pas *exorbitant*.

3. Des *spectateurs* ne *cesseront* jamais vraiment de sortir.

4. Déjà qu'on n'y comprend pas grand-chose avec toutes les *agitations* de la salle.

5. Mais cette fois-ci, plus un pet de son. Enfin, un tout petit peu, quasi *imperceptible*.

C. Les mots clés. Lisez rapidement le texte et cherchez des mots et des expressions qui appartiennent aux catégories ci-dessous.

	ÉQUIPAGE DE CINÉMA	DESCRIPTION DES SPECTATEURS ET DE LA SALLE
MODÈLE	projecteur	l'obscurité
	_____	_____
	_____	_____
	_____	_____
	_____	_____

D. **Le contexte.** Le sens d'un mot familier pourrait changer selon le contexte. Que signifient les mots suivants dans le contexte du cinéma? Essayez d'en déterminer le sens en vous basant sur le sens du reste de la phrase.

1. «Nous choisissons le *Mabrouka*, **salle** populaire située dans une rue donnant sur Djemaa-el-Fna.»
   (**salle** = *room*) Dans cette phrase, **salle** veut dire:

2. «En plus, durant toute la **séance**, il y a ceux qui vont aux toilettes, ceux qui en reviennent,…»
   (**séance** = *session*) Dans cette phrase, **séance** veut dire:

3. «Pendant ce temps, le film **défile** tant bien que mal.»
   (**défiler** = *to parade, to march in single file*) Dans cette phrase, **défiler** veut dire:

4. «Pas de doute, ils se sont trompés dans l'ordre des **bobines**.»
   (**bobine** = *bobbin*) Dans cette phrase, **bobine** veut dire:

E. **Lecture sommaire.** Lisez le texte rapidement en cherchant la réponse aux questions suivantes.

1. Est-ce que la visite au cinéma a coûté cher?

2. Trouvez le nom d'un acteur anglophone qui joue dans le film.

3. Est-ce que les spectateurs font attention au film?

4. Est-ce que la visite au cinéma a été agréable?

Michel Van der Yeught, *Le Maroc à nu*

«Allons au ciné!» propose mon frère de visite à Marrakech. D'accord. Nous choisissons le *Mabrouka*, salle populaire située dans une rue donnant sur **Djemaa-el-Fna**.

Allons bon, il y a la queue à la caisse. Pourtant nous sommes en semaine et les deux films au programme, une histoire de commando à l'anglaise (avec **comme il se doit**, Richard Burton dans un de ses rôles inflexibles) et Mad Max I, ne paraissent pas attirer les **foules**. Pourtant, bizarrement, la queue et la confusion persistent. Bon, on a compris. Ça coûte un dirham de plus mais au moins on va plus vite. Le vendeur de **billets au noir** fait ses affaires pendant que par un **fait exprès**, la caisse ne se débloque pas. Il nous indique même obligeamment le prix officiel pour nous montrer que sa ristourne est des plus raisonnables. Ce n'est pas exorbitant. Même pas quatre dirhams.

Zut, c'est déjà commencé. **Ça se devine** plus par l'obscurité que par les premières images du film. La salle est déjà tellement enfumée et le projecteur est si **faiblichon** qu'on ne distingue presque rien à travers le **brouillard**. Nous pensions être les derniers, mais pas du tout. Des spectateurs ne cesseront jamais vraiment d'arriver pendant toute la durée du premier film. Et pendant tout le second, ils ne cesseront jamais vraiment de sortir. En plus, durant toute la séance, il y a ceux qui vont aux toilettes, ceux qui en reviennent, ceux qui se déplacent pour acheter des bonbons, des cacahuètes ou du Coca, ceux qui changent de fauteuil pour

a square in Marrakesh

as required
crowds

black market tickets/deliberate act

an expression of frustration/one can tell
dim
fog

to notice or find

restless movement

se rapprocher d'une bande de copains qu'ils viennent de **repérer**, etc. En bref, il règne dans cette salle un **remue-ménage** incessant. Il faut se lever, laisser passer, se faire marcher sur les pieds, se rasseoir, se pencher pour essayer d'y voir quelque chose, se redresser, se relever…

That's it

défriser: to annoy (◊)

I've had it

Pendant ce temps, le film défile tant bien que mal. Clac! **Ça y est.** Bien sûr, j'en ai l'habitude, mais ça me **défrise** toujours un peu. Le film a été coupé. Clac! Encore. **J'en ai marre.** Déjà qu'on n'y comprend pas grand-chose avec toutes les agitations de la salle. En fait, les spectateurs ne font pas que bouger. Ils s'expriment aussi librement. «Brahim! Oh Brahim!» s'écrit quelqu'un au **parterre**. «Mustapha!», lui répond-on d'en haut avant que s'ensuive un dialogue nourri qui couvre la timide

lower level/common Arab names

sound track/I can't follow it anymore

to stumble, lurch/jungle

bande-son. Alors là, **je ne suis plus du tout.** Les commandos étaient en plein entraînement pour se préparer à leur mission et les voilà soudain en train de **crapahuter** à travers la **brousse**, le visage noirci par le feu de l'action, en transportant péniblement leurs blessés. Pas de doute, ils se sont trompés dans l'ordre des bobines. J'ai déjà vu ça. Dans *Les aventuriers de l'arche perdue* au **Régent**. Ils avaient d'abord mis la première, puis

the name of another movie theatre

la deuxième, la quatrième et enfin la troisième. On passait tout soudain de l'intérieur de la pyramide au sous-marin allemand. De toute façon, c'est pas grave, personne ne s'est rendu compte de rien. Tiens? Là par contre ça réagit violemment. C'est que la pellicule s'est bloquée. C'est

to burn, get scorched/ turns brown/stunned

sûr, elle va **cramer**. Au moment où elle **vire au caramel**, lumière. Tout le monde se regarde, l'air **ahuri**, au milieu de cumulo-nimbus bleutés. Que des hommes. Deux filles, là-bas au coin. Accompagnées, bien sûr, mais tout le monde les a repérées. Bon, ça repart. Mais cette fois-ci, **plus**

not the slightest sound any more

sound effects

to jump/amplifiers

the fighting isn't just on the screen/a brand of soft drink

un pet de son. Enfin, un tout petit peu, quasi imperceptible. La salle fait **les bruitages.** Tout à coup, Pan! Boum! Tac-tac-tac-tac-tac-tac-tac! Les explosions de la bataille ont dû faire **sursauter** les **amplis**, le son est revenu en force. **On ne se bat pas que sur l'écran** d'ailleurs. Derrière nous, on vient de casser une bouteille de **Fanta** et dans l'escalier quelqu'un est en train de se disputer avec l'ouvreuse. Plusieurs personnes

rappliquer: to come back

angry scene

sortent. Mais au lieu de calmer l'affaire, tout le monde **rapplique** dans la salle. L'**algarade** s'envenime entrecoupée d'éclats de lampe-torche qui zigzaguent dans l'obscurité. Chacun y va de son petit commentaire. Le spectacle est parmi nous. Quand finalement **ça se tasse**, le commando a

things calm down, return to normal/as for us

circus

cinema

make it through

réussi sa mission et Burton repart vers de nouvelles aventures. **Quant à nous**, nous repartons vers la film suivant. La même **corrida** se poursuit mais tout devient très fatigant … il faut vraiment avoir le démon du **septième art** pour **tenir le coup**.

Un peu après minuit, tout se termine enfin. Après trois heures de nicotine, l'air frais de la rue fait l'effet d'une drogue dure. On se sent comme un petit sac en papier. On a l'impression d'avoir déjà vécu ça quelque part. Tiens, oui, voilà, ça me revient. On se sent aussi **clair** qu'après

weak, light-headed

small portable seat not known for its comfort

le dernier **Paris-Vintimille**[2] qu'on a passé de nuit sur un **strapontin**.

---

[2] a train that runs between Paris and the Italian border city of Ventimiglia (a distance of 700 miles).

Editions L'Harmattan

Après avoir lu

A. Vérifiez. Vérifiez vos hypothèses. Quels sont les aspects de la visite au cinéma au Maroc que vous avez bien prévus? que vous n'avez pas prévus?

B. Compréhension du texte. Répondez aux questions suivantes.

1. Comment s'appellent **les devises** (*currency*) marocaines?
2. Quel film est-ce que les deux cousins ont choisi?
3. Nommez au moins trois choses qu'on fait au lieu de regarder le film.
4. Nommez au moins trois difficultés qu'on rencontre au cinéma.

C. La culture. Composez une liste des différences que vous trouvez entre cette visite au cinéma et une visite au cinéma aux Etats-Unis. Ensuite, mettez-vous en petits groupes pour comparer vos listes et pour discuter des différences culturelles suggérées par votre liste.

D. Jeu de rôle. Vous avez un ami arabe qui vous rend visite aux Etats-Unis. Vous allez sortir ensemble au cinéma. Avant de partir, expliquez-lui comment il faut se comporter au cinéma: ce qu'il peut faire et ce qu'il ne devrait pas faire.

Interaction II

Chacun à son goût

A Paris. Philippe, 23 ans, a invité Julie, une amie québécoise, à la maison. Son frère Benjamin, 16 ans, écoute une cassette.

PHILIPPE   Mais qu'est-ce que c'est que cette musique de sauvages?

BENJAMIN   C'est le dernier disque de Hammer. C'est vachement bien.

PHILIPPE   On ne peut pas dire que tu sois chauvin. Tu n'écoutes que la musique anglaise ou américaine.

BENJAMIN   Parce que c'est mieux. Si tu veux des chanteurs français, regarde: Sylvie m'a prêté des cassettes de Patrick Bruel et de Vanessa Paradis.

PHILIPPE   Vanessa Paradis! Laisse-moi rire! Elle ne sait même pas chanter.

JULIE   C'est vrai qu'on se demande au Québec comment elle a fait pour réussir. Chez nous, avec la voix qu'elle a, elle ne passerait même pas dans les boîtes de Drummondville.

PHILIPPE   Elle a réussi parce qu'elle a des relations, comme on dit.

BENJAMIN   Mais tu n'as pas vu son clip? Elle est drôlement sexy.

JULIE   Sexy, peut-être, mais chez nous on préfère les chanteurs qui savent chanter. Je n'en reviens pas qu'ici on ne connaisse pas des gens comme Marjo, par exemple.

PHILIPPE   Personnellement, celui que je préfère, c'est Philippe
Lafontaine. Ce qu'il chante a un contenu, au moins. Ça te
fait réfléchir.

BENJAMIN   Mais c'est de la musique pour les vieux, ça! Je ne demande
pas à réfléchir, moi.

PHILIPPE   Allons, arrête tes bêtises.

JULIE   En tout cas, ce que j'ai découvert à Paris, c'est les musiciens
africains. J'aime beaucoup Salif Keïta du Mali.

PHILIPPE   C'est vrai. Nous sommes à Paris un des grandes centres de la
«World Music».

Perspectives

1. Quelles différences de goût trouvez-vous selon l'âge et la nationalité des
locuteurs?

2. Comment expliquez-vous l'influence de la musique anglo-américaine en
France?

Autrement dit

Exprimer son incrédulité

Laisse-moi rire!   *Don't make me laugh!*
Je n'en reviens pas.   *I can't get over it.*
Tu plaisantes?   *Are you kidding?*
Tu rigoles?
Tu te moques/◊ fiches de moi?
Ce n'est pas possible/croyable.
C'est incroyable.
C'est pas vrai!

Pour parler de la musique

Les **amateurs** de musique classique adorent les **concerts**, les **récitals**
et les **opéras**. Chacun a sa **diva**, son **compositeur** ou son **orchestre**
préféré. Certains artistes (surtout les **violonistes, pianistes, ténors** et
sopranos) ont un véritable culte d'admirateurs. Pour ceux qui aiment le
jazz, c'est l'**improvisation**, le **rythme** et la ligne des divers instruments
tels que le **saxophone**, la **clarinette** et le **clavier** qui les attirent. Le rock
a ses **enthousiastes**, surtout parmi les jeunes. Ses détracteurs critiquent
sa **monotonie**, les **paroles** insipides des chansons, le **volume** de la **batterie** (*drums*) et des **guitares** électriques … mais pour ses amateurs, le
rock exprime des sentiments (*feelings*) intenses, puissants et personnels.

Pratique et conversation

A. A la une. Vous parcourez les gros titres de *Ici-Paris*, un journal français qui
raconte souvent des scandales ou des histoires amusantes ou bizarres. Que
diriez-vous en lisant ces titres? Utilisez une expression de l'*Autrement dit*.

1. Elizabeth Taylor s'est mariée encore une fois.
2. Un OVNI (Objet Volant Non Indentifié, *a UFO*) aurait atterri sur la Tour Eiffel.
3. Femme donne naissance à un homme de cent ans.
4. **Loup-garou** (*werewolf*) repéré dans le métro.
5. Une fortune sera vôtre.

B. Interview. Demandez à votre partenaire …

1. quelle sorte de musique il/elle aime et pourquoi.
2. qui est son chanteur préféré et pourquoi.
3. s'il/si elle va souvent aux concerts.
4. s'il/si elle connaît des musiciens du Tiers-Monde.
5. quelle sorte de musique/quels artistes il/elle aimait quand il/elle était plus jeune.

C. Un concert. Décrivez un concert auquel vous avez assisté récemment.

Etude de vocabulaire

Les emprunts (*borrowings*)

Le français a emprunté beaucoup de mots à l'anglais, parfois avec un léger changement de sens. Vous avez vu deux exemples dans le dialogue:

Mais tu n'as pas vu son <u>clip</u>? Elle est drôlement <u>sexy</u>.

En connaissez-vous d'autres?

Pratique et conversation

Devinez. Devinez le sens du mot en italique en vous basant sur le contexte.

1. Elle nous a dit que ce sera une soirée habillée. Je vais porter ma robe noire, très chic, très élégante, et mon mari, son *smoking*.
2. C'est un écolo; tu n'as pas lu tous ses *badges*? Pour la Terre, pour les droits des animaux, contre la pollution …
3. Elle est allée chez le coiffeur pour une coupe et un *brushing*.
4. Mets ta voiture dans le *parking* près du *pressing* et monte vite.
5. A sa *surprise-party*, il va servir des *chips* et du *punch*.

Grammaire de base

3.1 Adverbs of frequency tell how often an action is performed. Some common adverbs of frequency are:

toujours	*always*
souvent	*often*
quelquefois ⎫	
parfois ⎬	*sometimes*
rarement	*rarely*

3.2 The adverbs **toujours, souvent** and **rarement** usually follow the verb directly. The others may also come at the beginning or the end of a sentence:

Il arrive toujours à l'heure.
Elle travaille rarement le samedi.
Quelquefois, il arrive en retard.
Je vais souvent au café.

3.3 Adverbs of manner modify a verb or another adverb, and tell how an action is performed. Most adverbs of manner are derived from adjectives by adding the ending **-ment** to the feminine singular form of the adjective:

sérieux → sérieuse → sérieusement
lent → lente → lentement
difficile → (difficile) → difficilement

3.4 If an adjective ends in **-i** or **-u** in the masculine singular, the adverb is derived from this form:

poli → poliment   vrai → vraiment
absolu → absolument   résolu → résolument

3.5 If an adjective ends in **-ant** or **-ent,** these endings are dropped, and **-amment** or **-emment** are added to form an adverb:

constant → constamment
patient → patiemment

3.6 Some adverbs are not derived from adjectives: **bien, mal, très, vite.**

3.7 Many adverbs of time are presented in the *Grammaire de base* (2.1).

3.8 You have also seen many adverbs of place: **ici, là-bas, près, loin, devant, derrière,** etc.

3.9 Adverbs are compared like adjectives (see page 63):

Bernard travaille $\begin{Bmatrix} \text{plus} \\ \text{aussi} \\ \text{moins} \end{Bmatrix}$ rapidement que Thomas.

The irregular comparative of **bien** is **mieux:**

Didier parle mieux anglais que Philippe.

3.10 The definite article **le** is always used in the superlative:

Nicole écoute $\begin{Bmatrix} \text{le moins} \\ \text{le plus} \end{Bmatrix}$ attentivement.

Structure III

Pour narrer au passé: les temps du passé (*résumé*)

a. You have now practiced three past tenses: the passé composé, the imperfect and the pluperfect. These tenses are all used for talking about past time, but each has different functions. The chart below summarizes these functions.

PLUS-QUE-PARFAIT	PASSÉ COMPOSÉ	IMPARFAIT
• Talking about an event that occurs before another event in past time: what had happened.	• Talking about a completed past event or series of events: what happened.	• Describing in past time: what was the state of affairs. • Talking about habitual past action: what used to happen. • Talking about on-going past action: what was happening.

b. Because the **passé composé** and the imperfect are used to talk about different aspects of past times, some verbs may be translated differently, depending on the tense used:

	IMPERFECT (state of affairs, state of mind)	PASSÉ COMPOSÉ (event)
avoir	J'avais = I had	J'ai eu = I got
devoir	Je devais = I was supposed to	J'ai dû = I had to, must have
pouvoir	Je pouvais = I could, was able to	J'ai pu = I succeeded in, I managed to
savoir	Je savais = I knew	J'ai su = I found out
vouloir	Je voulais = I wanted to	J'ai voulu = I tried to Je n'ai pas voulu = I refused to

Pratique et conversation

A. Anecdotes. Dans les anecdotes suivantes, mettez le verbe entre parenthèses au temps **du passé** convenable.

MARIUS «On me _____ (dire) que tu étais allée voir un

psychiatre. Ça te _____ (faire) du bien?»

OLIVE «Drôlement! Avant, quand le téléphone _____

(sonner), je _____ (avoir) peur de répondre.
Maintenant, je réponds même quand il ne sonne pas!»

• • •

Un prêtre arrive au paradis et **constate** (*notes*) qu'on lui

_____ (donner) une moins bonne place qu'à
un chauffeur de taxi.
«Je ne comprends pas, se plaint-il à saint Pierre.

Je _____ (sacrifier) toute ma vie à mes **ouailles**
(*flock, congregation*).»
—Nous avons pour règle de récompenser les résultats obtenus,
lui explique saint Pierre. Dites-moi, mon père, que se

_____ (se passer) -il à chacun de vos sermons?»

Le bon prêtre reconnaît qu'il y _____ (avoir) toujours

quelques personnes qui _____ (s'endormir).

«Exact, reprend saint Pierre. En revanche, quand les gens

_____ (monter) dans le taxi de ce chauffeur, non seulement

ils _____ (ne ... pas s'endormir), mais en plus, ils

_____ (faire) leurs prières.»

B. **Votre propre anecdote.** Racontez une anecdote à la classe. Voici des
possibilités: une soirée inoubliable (catastrophique, amusante …); un
accident; une journée de travail frustrante; **un quiproquo** (*a mix-up*), etc.

C. **Traduisez.** Traduisez les phrases suivantes. Faites bien attention au
temps du verbe!

1. I knew he had lived in France, but I didn't know he spent his entire
childhood there.

2. I asked her several times, but she refused to go out with me.

3. We had been trying to call him for weeks, but we could never reach
(**atteindre**) him at home.

4. Suddenly, I got a great idea.

5. He was supposed to come with us, but unfortunately, he had to
work late.

Structure IV

Pour narrer: Les adverbes

a. Some adverbs do not follow the rules of formation given in the
Grammaire de base. You will need to learn these forms:

ADJECTIF	ADVERBE
précis	précisément
profond	profondément

énorme	énormément
bon	bien
gentil	gentiment
mauvais	mal
meilleur	mieux
petit	peu

b. In the following expressions, an adjective is used as an adverb. Note that in this use, the adjective does not change form:

chanter faux	*to sing off key*
courir vite	*to run quickly*
coûter cher	*to be expensive, cost a lot*
sentir bon/mauvais	*to smell good/bad*
travailler dur	*to work hard*

Nous essayons de travailler dur dans le cours de français.	*We try to work hard in French class.*
Ils ont hué la soprano: elle a chanté faux pendant tout l'opéra.	*They booed the soprano: she sang off-key during the entire opera.*

c. Sometimes, an adverb in English is expressed by an adverbial phrase in French. Learn the following expressions:

en colère	*angrily*
avec confiance	*confidently*
avec hésitation	*hesitatingly, haltingly*
avec plaisir	*gladly*

— Veux-tu aller au cinéma avec moi ce soir?
— Avec plaisir!

d. The rules for adverb placement are not hard and fast. However, we can make the following generalizations:

- In simple tenses, adverbs generally follow the verb they modify:

  Tu apprendrais facilement si tu t'appliquais à la matière.
  Il chante bien s'il est bien reposé.

- Adverbs of time and place, as well as such adverbs as **heureusement, malheureusement** and **évidemment** may begin or end a sentence:

  Hier, nous sommes allés écouter un chanteur ivoirien.
  Elle va le faire tout de suite.
  Qu'est-ce qu'ils font là-bas?

- In compound tenses, common adjectives such as **bien, mal, trop, déjà, vraiment, certainement, probablement, presque** and **sûrement** are usually placed between the auxiliary and the past participle:

  Il est sûrement rentré avant minuit.
  J'ai mal compris.
  As-tu vraiment préparé la leçon?

- Other adverbs follow the past participle:

  Il a répondu sérieusement à la question.
  En attendant, elle a lu patiemment un journal.

- Common adverbs are also placed between a conjugated verb and a following infinitive:

  J'ai dû constamment corriger son travail.
  Elle peut sûrement venir avec nous.

Pratique et conversation

A. **Une publicité.** Transformez le mot entre parenthèses en adverbe (si possible), et ensuite, mettez-le à la place correcte dans la phrase.

1. Un groupe de chercheurs européens vient de découvrir une nouvelle méthode **amincissante** (*slimming*). (accidentel)

2. Voici les résultats des tests: «Le poids a diminué …» (net)

3. «… alors que les utilisateurs et utilisatrices n'avaient rien changé à leurs habitudes alimentaires.» (strict)

4. Cette nouvelle formule porte le nom de SVELTALIGNE et est disponible dans toutes les pharmacies. (actuel)

5. Elle permet à votre corps de brûler la graisse que vous avez accumulée et de supprimer l'absorption de calories. (déjà; immédiat)

6. Vous pouvez perdre jusqu'à 7 kilos dès la première semaine! (facile)

7. Si jamais, après vos 30 jours d'essai, vous n'étiez pas satisfait/e des résultats obtenus (total) …

8. … il vous suffirait de nous retourner votre formule amincissante SVELTALIGNE pour être remboursée. (immédiat)

B. **Interview.** Demandez à votre partenaire …

1. quelle activité il/elle fait régulièrement.

2. s'il/si elle va souvent aux concerts de musique vocale. Au dernier concert, est-ce qu'on a bien chanté ou est-ce qu'on a chanté faux?

3. s'il/si elle est déjà allé/e en Europe, et ce qu'il/elle a fait là-bas.

4. s'il/si elle a bien compris l'exercice précédent. Est-il/elle absolument certain/e de l'avoir compris?

5. s'il/si elle parle toujours gentiment à ses parents/amis.

6. si les repas à la cafétéria sentent plutôt bon ou mauvais?

C. **Je n'aime pas me plaindre …** Vous correspondez avec un ami qui se plaint constamment. Voici sa lettre. Ajoutez des adverbes pour la rendre encore plus plaintive! Voici quelques possibilités, mais vous êtes libre d'en ajouter d'autres: **patiemment, constamment, régulièrement, énormément, souvent, rarement, toujours, malheureusement, ici, presque, soudain, maintenant,** ???

Cher Marc,
Comment vas-tu? Je vais plutôt mal. Je suis malade et je dois aller chez le médecin. Il ne sait pas me guérir. Il me conseille de rester au lit, et de boire des liquides. Par conséquent, je ne sors que très peu, et je n'ai pas de visiteurs. Pour me distraire, je parle au téléphone et je lis. Quand est-

ce que j'aurai de tes nouvelles? Je n'aime pas me plaindre, mais autrefois tu m'écrivais toutes les deux semaines; je n'ai plus de lettres de ta part. J'attends.

D. Chez le médecin. Vous avez des symptômes de stress et vous allez chez le médecin pour des conseils. Il vous pose des questions. Répondez en employant un adverbe.

1. Comment dormez-vous?
2. Faites-vous de la gymnastique?
3. Buvez-vous?
4. Sortez-vous?
5. Êtes-vous content/e de votre vie conjugale?
6. Comment travaillez-vous?

Lecture II

L'extrait suivant de Sons d'Afrique, de François Bensignor, décrit la carrière de deux musiciens de pays francophones dont la musique devient de plus en plus populaire dans le monde entier. Leurs enregistrements sont en vente dans les magasins américains fréquentés par les fanatiques de la «World Music».

Avant de lire

A. Hypothèses. En vous basant sur le titre et la courte description qui précède, essayez de deviner lesquels des sujets suivants seront traités dans le texte.

1. une description de l'enfance du musicien
2. la cuisine préférée du musicien
3. les instruments dont il joue
4. les concerts qu'il va donner ou qu'il a déjà donnés
5. une description de sa famille
6. ses opinions politiques
7. un portrait physique du musicien
8. les titres de ses chansons

B. Les emprunts. Le français a emprunté beaucoup de vocabulaire à l'anglais pour parler de la musique contemporaine, par exemple, «le rap», «le country» et «le rock». Lisez rapidement le texte pour trouver six mots empruntés à l'anglais.

C. Les mots apparentés. Employez votre connaissance de l'anglais pour deviner le sens des mots apparentés en italique ci-dessous. Parcourez le texte pour en trouver d'autres.

1. «…il a su *profiter* de la brèche ouverte par les *précurseurs* de la mode africaine…»
2. «…dans une Afrique *décolonisée*…»

3. «Quel père ne *craquerait* pas devant une *vocation* si *tenace*, surtout quand elle s'annonce très *lucrative?*»

4. «A vingt-deux ans, le jeune *prodige* est non seulement le leader du groupe, mais aussi le *propriétaire* de son club…»

5. «Qu'il s'agisse de *production* ou de *distribution*, il est souvent plus *pratique* aux Africains de tout *centraliser* à Paris. Les *studios* y sont *performants*…»

D. **Les familles de mots.** En vous basant sur votre connaissance de la racine du mot en italique, essayez d'en deviner le sens.

1. «La *suite* de sa carrière lui donnera raison.»

2. «Mory doit donc *batailler* durement, cora brandie, pour imposer son style.»

3. «En juin 1988, la musique de Mory Kanté, propulsée en tête des *ventes* en Hollande, Italie, Espagne, Brésil, Allemagne…»

4. «…le patron d'une entreprise de trente *salariés*.»

E. **Parcourez.** Lisez rapidement le texte pour trouver les détails.

1. Deux sortes de musique qui ont influencé la musique africaine pendant l'adolescence de Mory Kanté.

2. Les noms de trois instruments africains.

3. L'année où Mory Kanté est allé à Paris.

4. Les noms de deux musiciens africains qui ont introduit la musique africaine à Paris.

5. L'année de naissance de Youssou Ndour.

6. Le/s nom/s du groupe de Youssou Ndour.

Mory Kanté, le **griot**[3] électrique

achieved, won

L'extraodinaire succès **remporté** en Europe par Mory Kanté semble particulièrement symbolique de ce supra-pouvoir conféré aux griots. S'il

opening, crack
disseminate/accessible

a su profiter de la **brèche** ouverte par les précurseurs de la mode africaine, le «griot électrique» est parvenu à **propager**, de manière **abordable** pour toutes les oreilles la parole ancestrale, le message profond de toute une civilisation.

African percussion instrument consisting of a series of gourds struck with a mallet/ with, at the side of

Initié dès son enfance à l'art griotique, Mory Kanté chante et joue du **balafon** depuis l'âge de sept ans. Son instrument de prédilection devient vite la guitare. Entre onze et dix-sept ans il lui faut rester **auprès de** son père pour suivre son enseignement dans toutes les fêtes rituelles, familiales ou populaires. Mais dès qu'il peut voler de ses propres ailes, Mory Kanté s'intéresse à la musique moderne. C'est la période clé de la fin des années soixante, où le boum du Rythm & Blues, du Rock & Roll,

se répercuter: to reverberate

de la musique cubaine et de la pop occidentale **se répercute** dans une Afrique décolonisée.

---

[3] a person from an artistic social caste whose members are typically poets or musicians.

Youssou Ndour à Wembley Stadium

Cette folle période terminée, son approche musicale devient plus sérieuse: «J'ai opté pour les recherches sur le **son** des instruments traditionnels africains: le balafon, le violon, le bolon (une basse à trois cordes) et surtout **la cora**. Alors que tous les orchestres s'équipaient d'instruments modernes (guitares, claviers …), je pensais qu'il était dommage de laisser cette richesse de côté.»

La suite de sa carrière lui donnera raison. A trente-sept ans, Mory Kanté est un musicien moderne, d'autant plus respecté qu'il conserve son aura de griot dans les pays où il **séjourne**.

En 1984, lorsqu'il arrive à Paris, les portes du showbiz se sont déjà entre-ouvertes à la musique africaine grâce aux pionniers: Toure Kunda, Xalam, et ceux qui essayent de suivre leurs traces. Excepté dans la communauté africaine, personne n'a la moindre idée de l'influence du griot, ni du respect qui lui est dû. Mory doit donc batailler durement, cora **brandie**, pour imposer son style.

En juin 1988, la musique de Mory Kanté, propulsée en tête des ventes en Hollande, Italie, Espagne, Brésil, Allemagne, faisant craquer les marchés anglais, canadien et australien, prouvait qu'elle valait aussi de l'or. Le griot était devenu **alchimiste**.

sound

West African string instrument played by plucking

séjourner: to reside, to stay

brandir: to brandish (as if it were a weapon)

fictional scientist with the ability to turn ordinary substances into gold

Youssou Ndour, le prodige

the oldest
on his mother's side
gift/came to him
passionate
rater: to miss
But his father has other ideas

running away from home;
the usage here is elliptical for
«Il a fait une fugue.»

cartonner: to have great
success

available

center, capital
Whether it's a question of…

headaches, bothersome
obstacles/greasing of the
palm, i.e. bribes/levels/
customs/from/On the
other hand
flood

Né le premier octobre 1959, **l'aîné** d'une famille modeste de neuf enfants, Youssou Ndour **de par son ascendance maternelle**, est «gawlo» (griot), «Un état qui fait que le **don** de chanter **lui est parvenu** par le sang.» Toute son enfance est ainsi marquée par son attirance **forcenée** pour la musique. Il chante déjà divinement bien et ne **rate** aucune occasion de se produire sur scène. **Mais son père ne l'entend pas de cette oreille**. A deux reprises, son fils s'en va chanter avec le Diamono, à deux reprises il le fait ramener de force. Une **fugue** à treize ans, une autre à quinze, par amour pour la musique! Quel père ne craquerait pas devant une vocation si tenace, surtout quand elle s'annonce très lucrative? Youssou Ndour devient donc à quinze ans le chanteur du Star Band.

Deux ans plus tard, il forme l'Etoile de Dakar, qui **cartonne** et se transforme bientôt en Youssou Ndour et le Super Etoile de Dakar. A vingt deux ans, le jeune prodige est non seulement le leader du groupe, mais aussi le propriétaire de son club et le patron d'une entreprise de trente salariés. Le vaste monde lui tend les bras. Les rares disques de lui **disponibles** sont assez peu représentatifs de l'extraordinaire qualité de sa musique, sortie sur de nombreuses cassettes dans son pays. Mais maintenant qu'il est allé apprendre le langage des autres, ce jeune homme qui n'a pas trente ans devrait porter le message de sa terre natale aux quatre coins du monde.

Paris est devenue la **plaque tournante** de la musique africaine. Toutes les communautés francophones y sont représentées. **Qu'il s'agisse de** production ou de distribution, il est souvent plus pratique aux Africains de tout centraliser à Paris.

Les studios y sont performants et le distributeur évite bien des **tracasseries** administratives, ainsi que l'abondant **graissage de patte** nécessaire à tous les **niveaux** des services des **douanes**, s'il veut diffuser son produit **depuis** son propre pays dans d'autres pays d'Afrique. **En revanche**, ce qu'il est généralement incapable d'éviter, même en prenant des précautions, c'est le **flot** de cassettes pirates qui s'y déverse parfois même bien avant la diffusion du produit original sur disque.

Après avoir lu

A. Compréhension du texte. Répondez aux questions sur le texte.

1. Quand est-ce que Mory Kanté a décidé qu'il préférait la guitare?
2. Pourquoi est-ce que Mory Kanté est revenu aux instruments musicaux africains?
3. Comment est la famille de Youssou Ndour?
4. A quel âge est-ce que Youssou Ndour a formé l'*Etoile de Dakar*?
5. Quels sont les avantages pour les musiciens africains à Paris?
6. Quel problème n'est pas résolu par une production parisienne?

B. Quel chanteur? Indiquez si les expressions suivantes décrivent Mory Kanté, Youssou Ndour ou les deux.

1. Son père n'a pas voulu qu'il soit musicien.

2. Il chante et joue un mélange de musique traditionnelle et de musique moderne.

3. C'est la superstar de la musique sénégalaise.

4. Il est griot.

5. Sa réputation est déjà établie en Europe.

6. Il est difficile de trouver un disque de ce musicien.

7. Il est propriétaire d'un club.

C. La vie de Mory Kanté. Faites un résumé de la vie de Mory Kanté selon les dates indiquées.

1. à l'âge de sept ans

2. entre onze et dix-sept ans

3. à la fin des années soixante

4. vingt ans plus tard

5. en 1984

6. en 1988

D. Jeu de rôle. Imaginez que vous avez organisé un concert de Mory Kanté ou de Youssou Ndour à Paris. Qu'est-ce que vous diriez pour les présenter aux spectateurs? Est-ce que vous pourriez faire une présentation de votre musicien préféré? Qu'est-ce que vous diriez?

Compréhension auditive

Texte I: Extrait de la télévision française—première partie

Maguy était la première «série» française, dans le genre des *sitcoms* américains. Dans la scène suivante, Maguy et son mari Georges se préparent pour aller au lit. Elle décrit la maison de campagne dont elle rêve. Georges ne sait pas que, dans l'espoir de devenir riche très vite, elle vient de placer toutes ses économies dans une compagnie d'assurances japonaise.

Avant d'écouter

A. Hypothèses. En vous basant sur le petit résumé ci-dessus, qu'est-ce qui pourrait se passer dans cet épisode?

B. Une maison de campagne idéale. Qu'est-ce qui serait pour vous la maison de campagne idéale? Décrivez votre maison: est-ce que ce serait une petite **chaumière** (*cottage*)? Un grand château comme ceux de Fontainebleau ou de Chenonceau? Combien de pièces aurait-elle? Comment serait-elle meublée?

C. Identifiez. A l'aide du vocabulaire suivant, identifiez les parties de la maison indiquées sur le dessin ci-dessous:

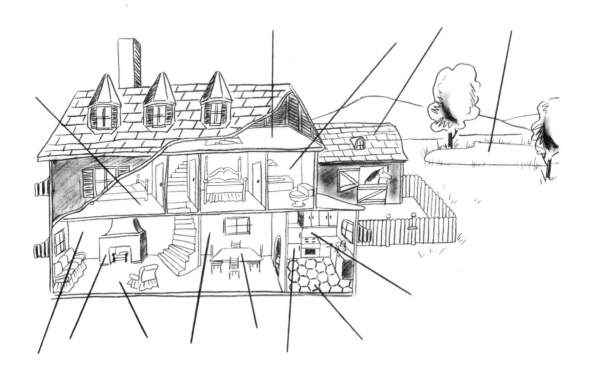

le rez-de-chaussée; les combles; une cheminée; les appareils ménagers; les chambres; la salle de séjour; la salle à manger; la cuisine; les tomettes; la table; l'étang; la salle de bains; l'écurie.

D. Termes d'affection. Etudiez la liste de termes d'affection suivante:

EXPRESSIONS MASCULINES	EXPRESSIONS FÉMININES
mon chéri	ma chérie
mon minou	ma biche
mon nounours	ma bibiche
mon trésor	ma poulette
mon petit chou	ma coquette
	ma minette
	ma petite

Quelle catégorie de mots est-ce que vous reconnaissez? Est-ce que les mêmes catégories existent en anglais?

Ecoutons

Vous allez entendre la description de la maison de campagne idéale de Maguy. Etudiez bien le dessin ci-dessus; ensuite, écoutez en essayant d'imaginer le plan général de sa maison. Ecoutez encore une fois pour saisir les détails.

Pratique et conversation

Le plan de la maison. Lesquelles des choses suivantes est-ce que Maguy a énumérées dans sa description? Cochez les mots.

- la cuisine
- la salle de séjour
- les combles
- les chambres

- le tapis
- les rideaux
- les appareils ménagers
- le rez-de-chaussée

Texte II: la suite du drame —
Georges annonce des nouvelles financières à sa femme

Avant d'écouter

La finance. Quelle définition dans la colonne II correspond au mot ou à l'expression dans la colonne I?

I	II
1. un agent de change	a. spendthrift
2. une action	b. the stockmarket
3. la bourse	c. to fall in value
4. dépensière	d. to be broke
5. chuter en valeur	e. stockbroker
6. investir	f. stock
7. être à sec	g. to invest

Ecoutons

Regardez la liste de vocabulaire ci-dessus. Selon vous, quelle sorte d'histoire serait racontée dans la deuxième partie?

Pratique et conversation

A. **Une catastrophe.** A la fin de cet épisode, Maguy tombe par terre. Pourquoi cette réaction après que Georges lui a lu l'article du journal? Qu'est-ce qu'elle a dû faire?

B. **Le portrait de Maguy.** Quelle impression de Maguy est-ce que cet épisode donne? Citez des exemples pour justifier votre réponse.

C. **Dictée.** Un/e étudiant/e dictera une description de sa maison idéale à son/sa partenaire qui essaiera de la dessiner. Le/la partenaire fera de même. Ensuite, les groupes échangeront leurs dessins et écriront une description des dessins qu'ils viennent de recevoir. Est-ce que la description écrite correspond bien à ce qui a été dicté?

D. **Pour devenir riche rapidement.** Connaissez-vous quelqu'un qui a pensé avoir trouvé un système pour devenir riche très vite? Quel système est-ce que cette personne a essayé? A-t-elle réussi? Qu'est-ce que vous tenteriez vous-même pour devenir riche rapidement?

E. **Comparaisons.** Est-ce que l'émission *Maguy* ressemble à certaines séries américaines que vous connaissez? Quelles différences y trouvez-vous?

Activités

A. **Goûts et préférences.** Quelles sortes de musique/films préférez-vous? Qu'est-ce que vous n'aimez pas du tout comme musique/film? Parlez-en à la classe en expliquant vos préférences.

B. **Une surprise.** Avez-vous jamais organisé une surprise-party pour un/e ami/e? Racontez les préparatifs à la classe: qui avez-vous invité? qu'est-ce que vous avez préparé comme rafraîchissements? Quelle a été la réaction de votre ami/e? Comment est-ce que la soirée s'est passée?

C. **Un/e clairvoyant/e.** Prenez le rôle d'un/e clairvoyant/e et essayez de prévoir l'avenir de vos camarades de classe et de votre professeur en vous inspirant de leurs intérêts, leurs activités, etc. Qu'est-ce qu'il/elle aura accompli avant l'âge de vingt-cinq ans? quarante ans? la retraite?

D. **Un événement de jeunesse.** Racontez une expérience de votre jeunesse qui vous a beaucoup marqué: un événement qui a changé la direction de votre vie, une personne qui a exercé une influence importante sur vous, une révélation, etc.

Clés de la vie politique
Identités ethniques et nationales

Introduction

In most cultures people feel strong attachments to groups that are larger than the local community, groups that may or may not correspond to nations as defined by today's political boundaries. For Americans, patriotism is usually an attachment to the political and economic system of the United States of America. This kind of nationalism, however, is not common around the world. In this chapter, we will be examining some of the group loyalties that motivate people in the French-speaking world.

A.

Première approche

*Les deux photographies représentent des manifestations
politiques (A) aux Etats-Unis et (B) au Québec.*

1. Décrivez les gens qui participent à ces deux manifestations.

2. A quoi les Américains pensent-ils, à votre avis? Qu'est-ce que le drapeau
   représente pour eux?

3. A quoi les Québécois pensent-ils, à votre avis? Quel est le drapeau qu'on
   voit dans la photographie? Que représente-t-il?

4. Comment peut-on résumer la différence entre les émotions qui sont
   exprimées dans ces deux manifestations?

5. Pourquoi, d'une manière générale, choisit-on de montrer un drapeau
   dans ce genre de manifestation? A votre avis, qu'est-ce qui arrive quand
   un groupe qui n'a pas de drapeau veut exprimer son identité?

B.

Pour aller plus loin

Le dessin suivant a paru dans une revue publiée dans le sud-ouest de la France. Le texte est en occitan gascon, une des langues minoritaires de la France. Sa traduction: «Le pauvre! **A force de** (as a result of) *voir des séparatistes partout, il fait une psychose d'encerclement!»*

1. **Une cible** (*target*) est dessinée sur la carte de France. Que représente-t-elle?

2. Que représente l'homme qui montre la cible du doigt? Imaginez ce qu'il est en train de dire.

3. Qu'est-ce que les personnages assis sur les frontières semblent représenter? De quels côtés regardent-ils? Pourquoi?

4. Quelles différences voyez-vous entre le personnage au centre et ceux qui restent sur les frontières? Regardez la façon dont ils sont habillés et l'expression de leurs visages.

5. Qu'est-ce que ce dessin nous apprend sur les minorités ethniques en France?

Interaction I
Petit débat sur l'orgueil national

L'AMÉRICAIN   La bonne cuisine, le savoir-vivre, l'esprit critique! Les Français ne parlent que de ça!

LE FRANÇAIS   Et vous, c'est la «poursuite du bonheur», la liberté d'expression, la démocratie. Nous aussi, nous avons eu notre révolution. Nous nous considérons tout aussi libres et démocratiques que les Américains! Mais ce n'est pas par ces choses-là que nous aimons nous définir.

L'AMÉRICAIN   C'est quand même plus valable que la cuisine …

LE FRANÇAIS   Je ne dis pas le contraire. Mais franchement, la démocratie, la liberté … Il y a tant de pays qui partagent déjà ces idées, ça manque d'originalité. Alors que la cuisine française, elle est UNIQUE!

L'AMÉRICAIN   Peut-être. Mais pas mal de gens lui préfèrent … la pizza!

Autrement dit

Pour parler des affaires mondiales

Les changements de gouvernement pourraient s'effectuer d'une façon **paisible** (**non-violente**) par des **élections**, où un candidat, **nommé** par son parti, est **élu** (*elected*) par une majorité ou une pluralité. A la suite d'une **démission** (*resignation*), un **remplaçant** pourrait être **désigné**.

Dans une **monarchie**, c'est le **roi** ou la **reine** qui détient le pouvoir. Pourtant, le roi a parfois un rôle purement symbolique. C'est le **président** ou le **premier ministre** qui **prend les décisions**, aidé par le **cabinet**, le **sénat** ou un autre **corps législatif**.

Par contre, le gouvernement pourrait être **renversé** à la suite d'une **rébellion**. Un gouvernement **démocratique** serait ainsi transformé en **dictature** ou en état **totalitaire**.

Pour dire qu'on n'est pas sûr

Peut-être.

Peut-être $\begin{cases} \text{que vous avez raison.} \\ \text{avez-vous raison.} \end{cases}$

Vous avez peut-être raison.

Je doute
Je ne suis pas sûr/certain $\Big\}$ que vous ayez raison.
Il est possible

J'en doute.   *I doubt it*

Je n'en suis pas sûr/certain.

Pratique et conversation

A. Quelle forme de gouvernement? Nommez un pays qui est gouverné par

1. un roi
2. une reine
3. un président
4. un dictateur
5. un premier ministre

B. Expliquez. Donnez une définition en français des mots suivants.

1. une rébellion
2. une élection
3. un remplaçant
4. une dictature
5. un corps législatif

C. Réactions. Répondez aux jugements suivants, en utilisant une expression pour indiquer votre incertitude, ou pour exprimer que l'autre a raison ou tort (Chapitre 4).

1. Les Américains préfèrent la cuisine française à la cuisine italienne.
2. Les Américains se définissent par leur Constitution.
3. Les Français ne parlent que de leur esprit critique.
4. La Révolution française a eu plus d'influence que la Révolution américaine.
5. La liberté d'expression n'a pas autant d'importance pour les Français que pour les Américains.

D. Points de vue. Selon vous, par quelles institutions et par quels idéaux est-ce que les Américains se définissent? Et les Français? Voyez-vous des ressemblances? des différences irréconciliables?

Etude de vocabulaire

Le genre des substantifs

Parfois, la terminaison d'un mot indique son genre grammatical. Etudiez le tableau ci-dessous.

SI LE MOT SE TERMINE EN …	IL EST …	EXEMPLES
- eau	masculin	le tableau[1]
- age	masculin	le potage[2]
- isme	masculin	le socialisme
- ment	masculin	le gouvernement
- tion	féminin	une élection
- té	féminin	la liberté[3]
- ie	féminin	la monarchie
- ance/ence	féminin	la ressemblance

[1] Exception: **l'eau, la peau** (féminin)
[2] Exception: **la page, l'image, la cage, la plage** (féminin)
[3] Exception: **l'été** (masculin)

Pratique et conversation

Le genre. Donnez le genre des substantifs suivants.

1. croyance
2. oppression
3. technologie
4. suffrage
5. château

6. égalité
7. racisme
8. expérience
9. élément
10. démocratie

Le verbe manquer

Le verbe **manquer** signifie *to miss*. Il s'emploie de plusieurs façons différentes. Etudiez les exemples suivants:

- MANQUER + COMPLEMENT D'OBJET DIRECT = *to miss (an occasion), fail to meet a goal*

  J'ai manqué l'avion.   *I missed (failed to catch in time) the plane.*

  J'ai manqué le cours.   *I missed (failed to attend) the class.*

- MANQUER À = *to miss the presence, feel the absence of somebody/ something; to be missed by*

  La France me manque.   *I miss France.*
  Mes amis me manquent.   *I miss my friends.*

  Remarquez que dans ces exemples, l'objet direct en anglais devient le sujet en français et le sujet en anglais devient l'objet indirect en français.

- MANQUER DE = *to be short of something, lack something*

  Le professeur manque de patience.   *The teacher lacks patience.*

  Mon frère manque toujours d'argent.   *My brother is always short of money.*

Pratique et conversation

A. Traduisez. Traduisez les phrases suivantes en français.

1. Tomorrow, I'm going to miss the meeting.
2. When I'm at school, I miss my parents a lot.
3. He was late because he missed the train.
4. We are always short of time.
5. When I'm in France, I miss American food.
6. Are you missing (lacking) anything?

B. Manques. Qu'est-ce qui manque aux personnes suivantes?

1. aux prisonniers
2. aux pauvres
3. aux étudiants
4. aux Français qui viennent en visite aux Etats-Unis
5. aux Américains qui vont en France

C. Interview. Posez les questions suivantes à votre partenaire. Demandez-lui . . .

1. si ses parents lui manquent.
2. ce qui lui manque le plus à l'université.
3. quel cours il/elle a manqué récemment.
4. s'il/si elle manquera l'examen final.
5. s'il/si elle manque souvent d'argent/de temps.

Grammaire de base

1.1 Certain verbs that end in **-er-** have two different but predictable stems in the present tense. The usual **-er** verb endings are added to these stems. Study the following tables:

PRÉFÉRER	
je préfère	nous préférons
tu préfères	vous préférez
on préfère	ils préfèrent

[conjugated like **préférer** are **répéter** and **suggérer**]

ACHETER	
j'achète	nous achetons
tu achètes	vous achetez
elle achète	elles achètent

PAYER	
je paie	nous payons
tu paies	vous payez
il paie	ils paient

[conjugated like **payer** are **balayer** and **essayer**]

APPELER	
j'appelle	nous appelons
tu appelles	vous appelez
il appelle	ils appellent

[conjugated like **appeler** is **jeter**]

1.2 Note the **nous** form of verbs that end in **-cer** and **-ger:**

manger:	nous mangeons
partager:	nous partageons
commencer:	nous commençons

2.1 Review the following irregular verbs:

	DIRE	
PRÉSENT:	je dis	nous disons
	tu dis	vous dites
	on dit	elles disent
PASSÉ COMPOSÉ:	nous avons dit	
IMPARFAIT:	vous disiez	
FUTUR:	je dirai	
CONDITIONNEL:	ils diraient	

	OUVRIR	
PRÉSENT:	j'ouvre	nous ouvrons
	tu ouvres	vous ouvrez
	il ouvre	elles ouvrent
PASSÉ COMPOSÉ:	nous avons ouvert	
IMPARFAIT:	j'ouvrais	
FUTUR:	tu ouvriras	
CONDITIONNEL:	nous ouvririons	

[conjugated like **ouvrir** are **couvrir**, **découvrir**, **offrir** and **souffrir**]

3.1 Review the conjugation of pronominal verbs in the present indicative:

	SE SENTIR, *to feel*	
	reflexive pronoun	*verb*
je	me	sens
tu	te	sens
elle	se	sent
nous	nous	sentons
vous	vous	sentez
ils	se	sentent

3.2 Pronominal verbs are conjugated with the addition of a pronoun known as a reflexive pronoun. This pronoun refers to the subject of the verb and in many cases "reflects back" to it, indicating that the action is performed on the subject.

3.3 The English equivalent of a pronominal verb is not usually translated with a pronoun:

Je me lave.	*I wash, wash up.* (NOT: *I wash myself*)
Je m'habille.	*I get dressed.* (NOT: *I dress myself*)

3.4 You have learned the following pronominal verbs:

s'amuser	*to have a good time, to have fun*
s'appeler	*to be named*
se brosser (les dents)	*to brush (one's teeth)*
se coucher	*to go to bed*
se dépêcher	*to hurry*
s'endormir	*to fall asleep*
s'habiller	*to get dressed*
se laver	*to wash up*
se lever	*to get up* (conjugated like **acheter**)
se passer	*to happen*
se raser	*to shave*
se reposer	*to rest*
se réveiller	*to wake up*
se sentir	*to feel (well/ill, etc.)* (conjugated like **partir**)

3.5 In the affirmative imperative, the reflexive pronoun will follow the verb. Note that **te** becomes **toi:**

Dépêche-toi!
Dépêchons-nous!
Dépêchez-vous!

3.6 In the negative imperative, the reflexive pronoun is in its normal position before the verb:

Ne te dépêche pas.
Ne nous dépêchons pas
Ne vous dépêchez pas.

Structure I

Pour narrer au présent: les verbes pronominaux
(Grammaire de base 3.1 → 3.6)

a. Pronominal verbs may be defined as all verbs that are conjugated with a pronoun that refers back in some way to the subject. Yet, pronominal verbs fall into different classes, depending on their meaning.

b. With the *reflexive* class, the action "reflects back" to the subject. Most of the verbs given in the *Grammaire de base* are of the reflexive type:

Nous nous levons à 8h00.
Il se rase tous les jours.
Vous vous couchez tard.

c. In addition to those in the *Grammaire de base*, learn the following reflexive verbs:

s'arrêter	*to stop*
se demander	*to wonder*
se débrouiller	*to manage, get along*
se détendre	*to relax*
s'inquiéter de	*to worry about* (conjugated like **préférer**)
s'intéresser à	*to be interested in*
se moquer de	*to make fun of*

d. *Reciprocal* verbs describe an action that two or more people perform on or for each other. These verbs can only be used in the plural:

Nous nous considérons tout aussi libres et démocratiques que les Américains.	*We consider ourselves to be as free and as democratic as the Americans.*
Mais ce n'est pas par ces choses-là que nous aimons nous définir.	*But we don't like to define ourselves by those things.*
Les Français et les Américains ne se comprennent pas très souvent.	*The French and the Americans very often do not understand each other.*
Eux, ils s'écrivent et se téléphonent tous les jours.	*They write and call each other every day.*

e. Some verbs change meaning when they become pronominal. These are the idiomatic pronominal verbs. Study the following list:

NON-PRONOMINAL		PRONOMINAL	
aller	*to go*	**s'en aller**	*to go away*
douter	*to doubt*	**se douter de**	*to suspect*
ennuyer	*to bother*	**s'ennuyer**	*to become bored*
entendre	*to hear*	**s'entendre (avec)**	*to get along (with)*
mettre	*to put, place*	**se mettre à**	*to begin*
rendre	*to return*	**se rendre compte de**	*to realize*
servir	*to serve*	**se servir de**	*to use*
tromper	*to deceive*	**se tromper (de)**	*to be mistaken (about)*

f. Some verbs are *inherently* pronominal; they only exist in the pronominal form:

se souvenir de	*to remember*
se spécialiser en	*to major in*

Pratique et conversation

A. Synonymes. Remplacez le verbe en italique par un verbe pronominal.

1. Vous *faites erreur*. Je ne suis pas M. LeGrand.

2. J'*utilise* des cassettes pour apprendre le français.

3. Je dois *partir*. Je suis en retard.

4. Est-ce que tu *te rappelles* ce qu'il a dit?

5. Elle *commence* à travailler **dès que le lever du soleil** (*as soon as the sun rises*).

B. Complétez. Remplissez le blanc avec le verbe pronominal convenable, en vous basant sur le contexte.

1. Lui et son camarade de chambre, ils font beaucoup de choses ensemble.

   Ce sont de très bons amis et ne se disputent jamais. Ils _____ très bien.

2. Elle adore l'étude des langues. Après avoir suivi beaucoup de cours de

   littérature française, elle a finalement décidé de _____ en français.

3. Quand il est allé en France, il n'avait ni argent ni logement. Après deux jours, il a trouvé un job et un appartement super! Il sait

   _____ .

4. Son mari est parti à la guerre. Elle n'a pas de ses nouvelles depuis trois

   semaines. Elle _____ beaucoup.

5. «Qu'est-ce que tu vas faire à la plage?» «Je vais lire beaucoup de livres, je

   vais oublier mes soucis et surtout, je vais _____.»

C. Interview. Demandez à votre partenaire…

1. de qui il/elle se moque et pourquoi.
2. ce qu'il/elle fait quand il/elle veut se détendre.
3. s'il/si elle se souvient très bien de son enfance.
4. avec qui il/elle s'entend bien/mal et pourquoi.
5. en quoi il/elle se spécialise/va se spécialiser à l'université et pourquoi.

D. Chez le médecin. Vous travaillez trop, vous vous inquiétez beaucoup, vous n'avez jamais l'occasion de vous détendre … Alors, vous décidez d'aller chez le médecin. Vous lui expliquez le problème et il/elle vous pose des questions sur votre routine quotidienne. Finalement, il/elle vous donne des conseils que vous promettez de suivre. Jouez la scène.

E. Un mariage troublé. Vous ne trouvez plus de satisfaction dans votre mariage. Votre mari/femme se moque de vous, vous vous ennuyez, vous êtes très stressé/e. En plus, il y a des lettres et des coups de téléphone mystérieux. Vous soupçonnez une liaison. Expliquez vos ennuis à un/e bon/ne ami/e qui vous donnera des conseils.
VARIATION: Vous et votre mari/femme, vous allez chez un/e conseiller/-ère matrimonial/e qui vous conseille.

Structure II

Identifier et décrire: l'emploi de c'est et de il/elle est

a. You have already used **c'est** to identify people and objects:

Qui est-ce?	C'est le sénateur DuPont.
Qu'est-ce que c'est?	C'est le journal officiel du gouvernement.

b. You have also used **il/elle est** to describe a person or thing:

> Mme Caillaud? Elle est petite, brune …
> Le cours de français? Il est difficile!

c. When identifying a person's profession, the indefinite noun marker is not used after the verb **être.**[4] Study the following examples:

> —Vous êtes professeur?   *Are you a teacher?*
> —Non, je suis médecin.   *No, I'm a doctor.*

d. Two patterns are possible in the third person:

> Il est architecte./C'est un architecte.
> Elles sont journalistes./Ce sont des journalistes.

e. Note that the indefinite noun marker MUST be used when an adjective modifies the noun of profession. Note, too, that with a modifying adjective, only the **c'est/ce sont** pattern is possible in the third person:

> Vous êtes des journalistes très expérimentés.
> C'est un agent de voyages compétent.

f. These observations also apply to nouns indicating one's religion, nationality, political beliefs or family relationships:

> Il est déjà père à son âge? Oui, c'est un jeune père, mais un bon père.
> Elle n'est pas ivoirienne, elle est sénégalaise; et c'est une sénégalaise très fière de sa patrie.

g. With other nouns, the indefinite article must be used; thus, only the pattern **c'est un(e)/ce sont des** may be used in the third person:

> Non, je ne participe pas au match. Je suis un spectateur.
> Ce sont des francophiles.

h. **Il est** may also introduce an adjectival expression:

IL EST +	ADJECTIF +	*DE* +	INFINITIF
Il est	facile	de	bien manger en France.
Il est	conseillé	de	réserver à l'avance.
Il n'est pas	recommandé	d'	arriver en retard.

Note that in these impersonal expressions, the adjective is always masculine.

i. **C'est** may be used to refer back to an idea or topic that was just mentioned or discussed:

C'est +   adjectif   [+   à +   infinitif]

> Trouver un bon restaurant en France? C'est facile [à faire]!
> Réserver pour le jour même à la Tour d'Argent? C'est impossible [à faire]!
> Préparer une bonne choucroute garnie? Ce n'est pas difficile [à expliquer].

---

[4] Nor is it used after the verbs **devenir** and **rester**.

The essential difference between these two expressions is that of presenting versus referring back:

> Il est impossible de résister à une bonne mousse au chocolat. [What is impossible is presented in the remainder of the sentence.]

> Résister à une bonne mousse au chocolat? C'est impossible! [What is impossible refers back to or comments on the previously stated idea.]

Pratique et conversation

A. Profils. Lisez le profil et identifiez la profession, religion ou nationalité de la personne décrite. Ensuite, nuancez votre description en ajoutant un ou plusieurs adjectifs.

> MODÈLE   M. Chavasse enseigne des cours de littérature. Il adore ses étudiants et il prépare bien ses cours. Il passe beaucoup de temps à discuter avec ses étudiants après le cours.
>
> VOUS   M. Chavasse est professeur. C'est un professeur sérieux. (ou: C'est un très bon professeur, c'est un professeur dévoué, etc.)

1. M. Piotto travaille dans un restaurant où il sert des repas aux clients. Il est très maladroit; il laisse tomber des assiettes, il renverse des verres, il insulte la clientèle.

2. Mme Vigne va à la messe tous les jours. Elle ne mange jamais de viande le vendredi. Elle se fait confesser tous les dimanches.

3. Les films de M. Coste sont très connus. D'habitude, il joue le rôle du **jeune premier** (*leading man*). Il est très beau et talentueux.

4. Mlle Le Tendre est la fille du **feu** (*deceased*) roi Edgard II de Corsalis. Elle a hérité de son père et dispose de beaucoup d'argent. Elle est encore plus belle que sa mère, dont la beauté est légendaire.

5. M. Cocan gagne sa vie en faisant des tours de magie. Parfois, il est un peu négligeant. Par exemple, une fois, il a fait disparaître sa jolie assistante qui n'a jamais été retrouvée. Mais évidemment, son spectacle est convainquant.

B. Témoignages. Voici le texte de quelques publicités à la télévision, où des acheteurs satisfaits témoignent de la qualité extraordinaire de la lessive «Lav'tout». Complétez la phrase en remplissant les blancs avec l'expression correcte (**il/elle est/c'est un,** etc.).

Oui, j'adore «Lav'tout»! Mon mari, _____ garagiste, et je vous assure qu'il rentre très sale et couvert de **cambouis** (*axle grease*).

Mais avec «Lav'tout», j'ai confiance! _____ lessive puissante, mais _____ douce aussi.

***

«Lav'tout»? _____ excellent produit, je m'en sers tout le temps. J'ai deux fils. Robert, l'aîné, _____ joueur de foot, et

son frère, Jean-Philippe, _____ amateur de motos. Alors,
c'est la boue, les taches d'herbe, le cambouis … «Lav'tout» me sauve

la vie! _____ efficace, _____ économe.

_____ miracle!

C. Descriptions. Faites les descriptions suivantes:

1. Décrivez votre meilleur/e ami/e. Qui est-ce? Qu'est-ce qu'il/elle fait?
   Comment est-il/elle physiquement? Comment est sa personnalité?

2. Décrivez une personne que vous admirez. Qui est-ce? Qu'est-ce que cette
   personne fait? Pourquoi est-ce que vous l'admirez?

3. Décrivez une personne très influente dans la société ou dans le gouvernement. Identifiez-la. Pourquoi est-elle si influente?

D. Jugements. Formulez quatre phrases avec un élément de chaque liste
   pour donner des conseils à un touriste français aux Etats-Unis.

il est préférable de   se promener seul la nuit
il est facile de   avoir l'air américain
il est déconseillé de   voyager en train
il serait utile de   faire une réservation à l'hôtel
il est recommandé de   visiter la Floride en été
                                téléphoner en France

E. Réactions. En utilisant l'expression **c'est + adjectif [+ à + infinitif]**,
   complétez les phrases suivantes.

1. Trouver un bon emploi …

2. Bien manger en France …

3. Réparer une voiture …

4. Se brosser les dents après tous les repas …

5. Fumer dans la salle de classe …

F. Opinions. Qu'est-ce qu'il est conseillé ou déconseillé de faire quand on
   voyage dans un pays étranger? Qu'est-ce qui est permis/interdit? Donnez
   vos opinions à la classe.

G. Jeu. Faites le «Jeu des Professions». Un/e étudiant/e choisira une profession ou un métier. Les autres essaieront de deviner ce qu'il/elle fait en
   posant des questions auxquelles le/la candidat/e répondra par «oui» ou
   «non». Vous n'avez que dix essais pour deviner!

Lecture I

*Les pays du Maghreb (le Maroc, l'Algérie, la Tunisie), de culture arabe,
ont été colonisés par la France. Le passage à l'indépendance a été marqué par
des actes de violence et, dans le cas de l'Algérie, par une guerre sanglante.*

Vous allez lire un article qui a paru dans un journal marocain au moment de la guerre du Golfe (1990-91). Le Maroc a été un des premiers pays arabes à condamner l'invasion du Koweït par l'Iraq, mais la guerre a posé aux Marocains des problèmes de loyauté très difficiles.

Avant de lire

A. Réfléchissez. Lisez et répondez aux questions suivantes.

Le nationalisme poussé à l'extrême peut devenir le chauvinisme et même la xénophobie. Avez-vous jamais entendu des slogans tels que «*Let's make America great again*», «*I'm proud to be in America, where at least I know I'm free*» ou «*America: Love it or leave it*»? En connaissez-vous d'autres? Quels facteurs culturels, historiques, économiques, etc. auraient pu inspirer de tels sentiments? Choisissez parmi la liste suivante et ajoutez-en d'autres:

1. la Révolution americaine
2. l'esprit pionnier
3. les deux guerres mondiales
4. les flots d'immigration
5. la guerre au Viêt-Nam
6. la concurrence économique entre le Japon et les Etats-Unis
7. ???

B. Prédictions et comparaisons. Lisez les passages suivants et répondez aux questions.

La France

«Je pense que la France pour moi c'est tout, parce qu'il y a tous les climats, toutes les fleurs, toutes les végétations, tous les types de **demeures** (*dwellings*). Bon c'est vrai, je suis fière d'être française, je pense à cause de la culture de notre pays... J'aurais été incapable de vivre **ailleurs** (*elsewhere*).»

Femme, c. 50 ans, 1990

La Belgique

«Sire, il n'y a pas de Belges.»
Jules Destrée, homme d'Etat belge, dans une lettre au roi Albert Ier, 1912

«Personnellement, moi ça ne me fait ni chaud ni froid d'être belge. Je considère la Belgique, historiquement d'ailleurs, c'est vrai, comme un état tout à fait artificiel et qui a une culture artificielle aussi.»

Homme, c. 40 ans, 1990

Les Cajuns (Louisiane)

Je disais à ma mère: «Mame, tu n'es pas française, tu es américaine!» Elle me répondait, un peu embarrassée et bougonnante: «Mais non, je parle français!» Alors moi: «Oui, tu parles français, mais tu n'es pas française, tu es américaine. C'est ta nationalité…» Elle faisait: «Hum! Hum!» Elle ne voulait pas comprendre et je sais que, **tout au fond d'elle** (*deep down*), Mame ne me croyait pas.

Jeanne Castille, *Moi, Jeanne Castille de Louisiane*

1. Quel est l'essentiel du sentiment nationaliste chez ces individus? Cochez les facteurs qui représentent le mieux l'essence du sentiment nationaliste des peuples ci-dessus. Justifiez votre réponse.

	la religion	la culture	la langue	l'histoire
a. Les Français	☐	☐	☐	☐
b. Les Belges	☐	☐	☐	☐
c. Les «Cajuns»	☐	☐	☐	☐

2. Est-ce que le sentiment nationaliste de ces individus est comparable au sentiment nationaliste des Américains?

3. Relisez l'introduction au texte que vous allez lire. Est-ce que vous pouvez imaginer en quoi consistera le sentiment nationaliste exprimé dans l'éditorial?

C. Les mots apparentés. Regardez les mots en italique pour déterminer leur sens dans le contexte. Utilisez les questions entre parenthèses pour raffiner vos hypothèses.

1. Devant les hordes de Gengiskhan et de Tamerlan qui ont essayé de *balayer* la patrie arabo-musulmane, les Arabes et les Musulmans ont résisté avec à leur tête leurs *dirigeants* et leurs ulémas. (Qu'est-ce que c'est qu'un **balai**? Que veut dire l'infinitif **diriger**?)

2. Devant la *poussée* colonialiste au Maroc, les Moujahidine, avec à leur tête les ulémas, ont combattu victorieusement l'*envahisseur*. (Que veulent dire les infinitifs **pousser** et **envahir**?)

3. Les Arabes ont-ils, aujourd'hui, perdu le sens de la dignité pour en arriver à applaudir les forces navales et aériennes étrangères qui *s'approprient* leur terre, leur ciel et leur eau? (Ce mot est apparenté à quel mot anglais?)

4. L'histoire du monde musulman est *jalonnée* de hauts faits et d'événements glorieux.

D. Les mots clés. En lisant rapidement le texte, cherchez …

1. des expressions qui indiquent que l'auteur donne son propre point de vue.

2. la nature sérieuse du problème.

3. les menaces à la patrie arabe.

4. l'expression du nationalisme arabe.

Algérie: une manifestation du Front Islamique du Salut à Alger

Editorial de *L'Opinion*, (Rabat) août 1990

Alors que la patrie arabe traverse une **épreuve pénible**, j'ai l'impression que nous avons bien besoin encore une fois de prendre conscience et de réapprendre certains concepts tels que national, arabe, islamique.

difficult time

J'ai l'impression que nous avons bien besoin de retrouver le sentiment communautaire, la cohésion musulmane et la fierté nationale [...]

[...] Le drame du monde arabe aujourd'hui **n'a pas son pareil**. Même aux heures les plus sombres de la décadence et du sous-développement, nous n'avons pas atteint un tel degré. Devant les hordes de **Gengiskhan** et de **Tamerlan**[5] qui ont essayé de balayer la patrie arabo-musulmane, les Arabes et les Musulmans ont résisté avec à leur tête leurs dirigeants et leurs **ulémas**. Devant la poussée colonialiste au Maroc, les **Moujahidine**, avec à leur tête les ulémas, ont combattu victorieusement l'envahisseur [...]

has no precedent

*muslim intellectuals/
Islamic resistance fighters*

[...] L'histoire du monde musulman est jalonnée de hauts faits et d'événements glorieux. Les Arabes ont-ils, aujourd'hui, perdu le sens de la dignité pour en arriver à applaudir les forces navales et aériennes étrangères qui s'approprient leur terre, leur ciel et leur eau?

Grand Dieu, quelle époque!

---

[5] Au Moyen Age, chefs militaires réputés pour leur cruauté, qui, depuis l'Asie centrale, ont ravagé les pays musulmans du Moyen Orient.

Après avoir lu

A. **Compréhension du texte.** Répondez aux questions suivantes.

1. Selon l'auteur, quels sont les grands besoins de la patrie arabe en ce moment?

2. A qui est-ce que l'auteur parle? A quels pays/peuples s'adresse-t-il? Qu'est-ce qui unit ces peuples?

3. De quels événements historiques est-ce que l'auteur parle? Pourquoi les cite-t-il?

4. Qu'est-ce que l'auteur critique dans le quatrième paragraphe?

B. **Lecture critique.** Citez le texte pour justifier vos réponses aux questions suivantes.

1. Quel est le ton des deux premiers paragraphes? Rationnel? Hystérique? Didactique? Moralisant? Donnez des mots/expressions pour justifier votre réponse.

2. Comment est-ce que l'auteur exprime l'urgence de la situation dans le troisième paragraphe?

3. Quel est le sens de la question posée à la fin de l'avant-dernier paragraphe? Est-ce vraiment une question?

4. Sur quel ton est-ce que l'auteur finit son éditorial?

5. En quoi consiste le sentiment qui unit le monde arabe?

C. **Différences.** En petits groupes, trouvez trois différences entre le sentiment nationaliste américain et celui des peuples représentés dans les extraits. Ensuite, présentez votre liste à la classe et discutez des différences que vous avez trouvées.

D. **Devises.** Inventez une devise qui représente un aspect du sentiment nationaliste pour les Français, les Belges, les Cajuns et les Arabes.

Interaction II

Il y a Canadiens ... et Canadiens!

JOHN Ecoute. Les Québécois ne veulent pas qu'on les prenne
(DE TORONTO) pour des Américains ou pour des Canadiens, mais ils n'aiment pas qu'on les assimile aux Français non plus. Au fond, j'ai l'impression que vous ne savez pas très bien ce que vous voulez.

MARC Attention. Tu ne vas quand même pas prétendre qu'il
(DE MONTRÉAL) n'y a pas de crise d'identité chez les Canadiens anglais?

JOHN Je n'ai jamais dit ça. Ce que je dis, c'est que le malaise canadien en général disparaîtrait si le Québec pouvait accepter le fait d'être canadien.

MARC C'est possible. Mais si reconnaître son côté canadien signifie l'assimilation dans un grand pays anglophone, nous ne l'accepterons jamais. D'ailleurs, c'est vous qui avez besoin de nous et pas le contraire.

JOHN Comment ça?

MARC Mais, sans le Québec et sa société distincte, que vous ne voulez pas trop reconnaître, le Canada ressemblerait drôlement aux Etats-Unis, tu ne trouves pas?

JOHN Mais tu es ridicule! Quand tu seras plus lucide, on pourra en discuter.

MARC Et quand on en aura discuté, ma conclusion restera la même. Reconnaissons une fois pour toutes nos différences et n'en parlons plus!

Autrement dit

Pour insister qu'on a raison/qu'on est sérieux

Mais je vous assure
      je vous jure (*I swear*) } que c'est comme ça.
      je vous garantis
      je vous dis
Ce n'est pas une plaisanterie.   *I'm not joking.*
Je ne plaisante pas.
C'est sérieux.

Pour insister sur une réponse négative

Non, je vous l'assure.
     je vous le jure.
     je vous le garantis.
Non, non et non.
J'ai déjà dit non.
Quand je dis «non», c'est non.
Jamais de la vie.   *Not on your life.*
Ce n'est pas la peine } d'insister.   *It's not worth insisting.*
Inutile

Pour exprimer le dégoût

Cette idée me dégoûte.
           m'écœure (*makes me sick*).
           me répugne.
C'est   dégoûtant.
           détestable.
           écœurant.
           répugnant.
           ◊ dégueulasse.

Quelques interjections négatives

Bah!	[exprime l'indifférence]
Peuh!	[exprime l'indifférence, le mépris]
Berk (beurk)!	[exprime le dégoût]
Pouah!	[exprime le dégoût]

Pratique et conversation

Réactions. En vous servant des expressions de l'*Autrement dit*, exprimez une réaction appropriée aux situations/opinions suivantes.

1. Sophie, tu es sûre que tu ne veux plus sortir avec moi?
2. Ce poisson, **ça sent le pourri** (*it smells spoiled*).
3. C'est pas vrai! Le type a dit que les Franco-Canadiens devraient se séparer du reste du pays?
4. Tu es sérieux? Tu le crois vraiment?
5. Regardez tout ce désordre!
6. —Qu'est-ce que c'est?
   —Mais c'est une salade aux anchois garnie de **pieuvre** (*octopus*). Tu n'aimes pas ma nouvelle création?
7. C'est la dernière fois que je vais te demander de me rendre ce service. Quelle est ta réponse?

Etude de vocabulaire

Le préfixe mal-

Etudiez les exemples suivants. Que signifie le préfixe **mal-**?

heureux	*happy*	**malheureux**	*unhappy*
honnête	*honest*	**malhonnête**	*dishonest*
adroit	*clever, agile*	**maladroit**	*awkward*

Pratique et conversation

Définitions. Que veulent dire les mots suivants?

1. malchanceux
2. malpropre
3. malveillant (≠ bienveillant)
4. malhabile
5. malsain

Les suffixes -able/-ible

Les suffixes **-able/-ible** correspondent aux mêmes suffixes en anglais:

souhaitable	*desirable*
préférable	*preferable*
lisible	*legible*

Pratique et conversation

Exercice de vocabulaire. Quel est le sens des mots suivants?

1. inadmissible
2. croyable
3. faisable
4. certifiable
5. compréhensible

Grammaire de base

4.1 The future tense is formed by adding a special set of endings to a stem, which is the infinitive in most cases. Note that for **-re** verbs, the final **e** of the infinitive is dropped before adding the future endings.

THE FUTURE TENSE

-ER VERBS		-IR VERBS		-RE VERBS	
stem +	*ending*	*stem +*	*ending*	*stem +*	*ending*
je parler	ai	je finir	ai	je répondr	ai
tu parler	as	tu finir	as	tu répondr	as
il parler	a	il finir	a	il répondr	a
nous parler	ons	nous finir	ons	nous répondr	ons
vous parler	ez	vous finir	ez	vous répondr	ez
elles parler	ont	elles finir	ont	elles répondr	ont

4.2 Below is a list of verbs which have irregular future stems. The endings, however, are regular. Note that many verbs which are irregular in the present are regular in the future. If a verb you have learned is not on the list below, you may assume that its future is regular.

aller	j'irai
avoir	j'aurai
envoyer	j'enverrai
être	je serai
faire	je ferai
pouvoir	je pourrai
recevoir	je recevrai
savoir	je saurai
venir	je viendrai
voir	je verrai
vouloir	je voudrai

4.3 While **acheter, payer** and **préférer** have two stems in the present, in the future, they have only one:

PRESENT	FUTURE
j'achète/nous achetons	j'achèterai/nous achèterons
je paie/nous payons	je paierai/nous paierons
je préfère/nous préférons	je préférerai/nous préférerons

4.4 The essential difference between the future tense and the immediate future (**aller** + infinitive) is like that between *be going to* and *will* in English. Thus, while **aller** + infinitive indicates intention or immediacy in relation to the moment of speaking, the future tense merely indicates the occurrence of an action sometime in the future:

Je **vais faire** mes devoirs maintenant.	*I am going to do my homework now.* (intention, immediacy)
Je **ferai** mes devoirs ce week-end.	*I will do my homework this weekend.* (a non-immediate future action)

The immediate future is gradually replacing the future, especially in spoken French.

5.1 To form the present conditional, add the endings you learned for the imperfect tense to the future stem of the verb.

THE PRESENT CONDITIONAL					
-ER VERBS		**-IR VERBS**		**-RE VERBS**	
stem +	*ending*	*stem +*	*ending*	*stem +*	*ending*
je parler	ais	je choisir	ais	je répondr	ais
tu parler	ais	tu choisir	ais	tu répondr	ais
elle parler	ait	elle choisir	ait	elle répondr	ait
nous parler	ions	nous choisir	ions	nous répondr	ions
vous parler	iez	vous choisir	iez	vous répondr	iez
ils parler	aient	ils choisir	aient	ils répondr	aient

5.2 Note that the same stem is used in the future and in the conditional. Thus, if the stem is irregular in the future, it will be similarly irregular in the conditional:

J'irai/j'irais, je serai/je serais, je verrai/je verrais, etc.

5.3 The conditional of **vouloir**, **pouvoir** and other verbs is used for making polite requests. You have already seen examples of this usage. In a store, for example, you might say:

Est-ce que vous pourriez m'aider?
Je voudrais essayer ce costume.
Est-ce que vous auriez la même chose en bleu?

5.4 The conditional is also used for expressing actions and states that are hypothetical, that is, that may or may not come true. It is often translated with *would* in English:

Les Canadiens français ne consentiraient jamais à une fédération. Ce serait désastreux.	*Franco-Canadians would never consent to a federation. It would be disastrous.*

5.5 The conditional of **devoir** is translated as *should:*

Quand même, ils devraient faire un effort pour s'intégrer à la société canadienne.	*Nonetheless, they should make an effort to integrate themselves into Canadian society.*

Structure III

Pour parler des conditions potentielles: les phrases avec si
(Grammaire de base 4.1 → 4.4, 5.1 → 5.5)

a. To tell what you *will* do if certain conditions or states are met, use the present in the "if" clause and the future in the "result" clause:

SI	PRESENT +	FUTURE
Si vous	allez à Montréal, vous	visiterez sans doute le vieux quartier.
Si nous	parlons français au Québec, nous	profiterons plus de notre séjour.

b. To tell what you *would* do if certain conditions or states were met, use the imperfect in the "if" clause, and the present conditional in the "result" clause:

SI	IMPERFECT +	CONDITIONAL
Si on	s'unissait, le malaise canadien en général	disparaîtrait.
Si nous	parlions tous la même langue, nous n'	aurions plus de problèmes.

c. Note that the order of the clauses may change, whereas the tense used within each clause does not:

Si une fédération canadienne existait, est-ce que les Franco-Canadiens seraient contents?

Est-ce que les Franco-Canadiens seraient contents si une fédération canadienne existait?

d. **Si** + the imperfect may be used to express an invitation or a suggestion:

Si on allait au cinéma.	*How about going to the movies?* *What if we went to the movies?*
Si on sortait ce soir?	*How about going out this evening?*

e. This same construction may also be used to express regret:

Si je n'avais pas tous ces devoirs!	*If only I didn't have all this homework!*
Si seulement j'étais riche!	*If only I were rich!*

Pratique et conversation

A. Rêves. Finissez les débuts des phrases suivantes.

1. Si je n'allais pas à l'université …
2. Ma vie serait parfaite si …
3. J'aurais plus de temps libre si …
4. Si mes parents me laissaient faire ce que je voulais …
5. Si je ne faisais pas cet exercice …

B. Gaffes sociales. Qu'est-ce que vous feriez dans les situations suivantes?

1. Vous arrivez deux heures en retard pour une réception en votre honneur.
2. Vous renversez un verre de vin rouge sur la robe de votre hôtesse.
3. Vous appelez la deuxième femme de votre ami par le nom de son ex-femme.
4. Vous invitez votre patron au restaurant, mais vous avez oublié votre portefeuille au bureau.
5. Vous oubliez l'anniversaire de votre petit/e ami/e.

C. Situations bizarres. Demandez à votre partenaire ce qu'il/elle ferait …

1. s'il y avait un éléphant dans sa chambre.
2. s'il/si elle découvrait qu'il/elle était invisible.
3. s'il/si elle voyait un OVNI (*UFO*).
4. s'il/si elle avait trois yeux.
5. s'il/si elle mesurait cinq mètres.

D. Situations. Qu'est-ce que vous diriez dans les situations suivantes? Employez une phrase avec *si* + l'imparfait.

> Modèle   Votre ami/e vous demande de sortir avec lui/elle ce soir. Mais vous avez un devoir à préparer et vous n'avez pas le temps.
>
> Vous   Si seulement je n'avais pas ce devoir à préparer! (OU: Si seulement j'avais le temps!)

1. Vous voulez inviter un/e ami/e au restaurant ce soir.
2. Vous voulez acheter une chemise, mais le prix est très élevé.
3. Vous voulez rendre visite à un/e ami/e mais il/elle habite très loin de chez vous et vous n'avez pas de voiture.
4. Vous proposez à un/e ami/e d'aller prendre un pot ensemble.
5. Vous proposez au professeur d'annuler l'examen final.

E. Toujours mécontent/e. On est toujours mécontent de sa situation … c'est la nature humaine. Si vous aviez la possibilité de changer trois choses dans votre vie, qu'est-ce que vous choisiriez? Comment est-ce que votre vie serait différente?

> Modèle   Si j'avais un avion personnel, je pourrais faire le tour du monde. Si je n'étais pas étudiant/e, je pourrais travailler et gagner de l'argent.

Structure IV

Pour parler du futur: le futur et le futur antérieur
(Grammaire de base 4.1 → 4.4)

a. The future perfect (**le futur antérieur**) is formed with the future tense of the auxiliary (either **être** or **avoir**) and the past participle:

	AUXILIARE +	PARTICIPE PASSE
j'	aurai	terminé
tu	auras	terminé
elle	aura	terminé
nous	aurons	terminé
vous	aurez	terminé
ils	auront	terminé
je	serai	parti(e)
tu	seras	parti(e)
elle	sera	partie
nous	serons	parti(e)s
vous	serez	parti(e)(s)
ils	seront	partis
je me	serai	couché(e)
tu te	seras	couché(e)
elle se	sera	couchée
nous nous	serons	couché(e)s
vous vous	serez	couché(e)(s)
ils se	seront	couchés

b. Use the future tense after **quand, lorsque** (*when*), **aussitôt que** (*as soon as*), **dès que** (*as soon as*) and **après que**, when a future action will take place at more or less the same time as another future action. Note that the verb in the second part of the sentence is either in the future or in the imperative:

QUAND +	FUTUR	FUTUR/IMPÉRATIF
Quand nous	serons à Québec, nous	ferons une promenade en **calèche** (*carriage*).
Quand tu	verras ta mère,	dis-lui bonjour de ma part.

c. Use the future perfect tense after **quand, lorsque, aussitôt que, dès que** and **après que** to refer to an event that will take place before another future event. The verb referring to that second future event will be in the future or in the imperative:

QUAND, ETC. +	FUTUR ANTÉRIEUR	FUTUR/IMPÉRATIF
Et quand on en	aura discuté, ma conclusion	restera la même.
Aussitôt qu'il	sera parti,	téléphone-moi.

Pratique et conversation

A. Un agenda. Aujourd'hui, c'est lundi, et M. Raymond a une semaine très chargée. Qu'est-ce qu'il aura fait avant le week-end? Regardez son agenda et formulez cinq phrases.

B. D'ici vingt ans. Demandez à votre partenaire s'il/si elle aura fait les choses suivantes, ou s'il/si elle ne les aura pas encore accomplies dans vingt ans.

1. faire fortune
2. prendre la retraite
3. payer ses dettes
4. obtenir un diplôme
5. maîtriser le français

C. Un parent anxieux. Votre fils/fille va passer l'été en France, seul/e. Vous êtes très anxieux/se. Exprimez vos inquiétudes en complétant les phrases suivantes.

1. Téléphone-moi dès que …
2. Si tu as des difficultés d'argent …
3. Quand tu auras trouvé du travail …
4. Si tu ne trouves pas d'hôtel …
5. Ecris-moi aussitôt que …
6. Si je n'ai pas de tes nouvelles après une semaine …
7. Je t'enverrai encore de l'argent quand …
8. Quand tu seras rentré/e …

Québec: une manifestation du Parti Québécois

Lecture II

Vous allez lire trois extraits de sources différentes, qui traitent tous de l'attitude des Franco-Canadiens envers le Canada et le Québec. Le premier article, Les Canadiens français a été publié par le ministère des Affaires extérieures du gouvernement fédéral. Le deuxième texte, La souveraineté: Pourquoi? Comment? est un tract politique distribué par Le Parti québécois en 1990. Finalement, vous allez lire un extrait de Réponse à un ami canadien, écrit par le Québécois Daniel Latouche en 1990.

Avant de lire

A. Réfléchissez. Quelles différences est-ce que vous vous attendez à trouver entre le sentiment nationaliste des Canadiens et celui des Américains? Avant de répondre, considérez les faits suivants: (1) le Canada a fait partie de l'empire britannique jusqu'au vingtième siècle; (2) il n'y a jamais eu de révolution pour mettre fin au gouvernement colonial; (3) le Canada est un pays bilingue; (4) le Canada subit actuellement une forte influence américaine.

B. Prédictions. Lisez les phrases ci-dessous et essayez de deviner de quel texte elles sont tirées, en réfléchissant à leurs titres et auteurs: *Les Canadiens français* (publié par le gouvernement fédéral); le tract politique *La souveraineté: Pourquoi? Comment?* (publié par le Parti québécois); ou la *Réponse à un ami canadien* de Daniel Latouche.

1. Comme Québécois et Québécoises, nous devons être maîtres chez nous, maîtres de notre destin.

2. Ce qui importe, c'est le maintien du français chez eux, dans leur

province, la terre où leurs pères et leurs mères ont travaillé à la sueur de leur front et ont affronté des difficultés énormes.

3. Tu nous reproches, avec raison, de ne pas nous intéresser beaucoup au Canada anglais.

4. Si d'autres ont su devenir souverains, pourquoi pas nous?

5. Pour toi et pour la majorité des Canadiens anglais, nous n'existons qu'en tant que «partie» du Canada.

D'après ces extraits, comment envisagez-vous le contenu et le ton de ces trois textes?

C. **Le contexte.** Essayez de deviner le sens des mots en italique en les associant à un mot anglais apparenté.

1. Pour de nombreux Canadiens français, la formation du Canada actuel a été le fruit d'un «mariage de *convenance*» qui leur permet de jouir d'une certaine *aisance matérielle* …

2. Ce qui importe c'est le *maintien du français* chez eux…

3. *Tout au long de* notre histoire…

4. Tu exiges souvent le *serment d'allégeance*…

D. **Les antécédents.** Les pronoms se réfèrent à des noms ou des pronoms déjà mentionés (appelés antécédents). Pour les pronoms relatifs (comme **qui** et **que**) l'antécédent se place d'habitude juste devant le pronom. Les pronoms démonstratifs (comme **celui** et **celle**) s'accordent toujours en genre et en nombre avec leur antécédent. Trouvez les antécédents pour les pronoms soulignés dans les phrases suivantes.

1. Les sentiments <u>qu</u>'éprouvent les Canadiens anglais et les Canadiens français à l'égard de l'entité politique <u>que</u> constitue le Canada diffèrent grandement.

2. L'attachement anglo-canadien semble plus émotif que <u>celui</u> des Canadiens français qui, surtout rationnel, fait penser à <u>celui</u> qu'on retrouve dans un mariage de convenance.

3. Pour de nombreux Canadiens français, la formation du Canada actuel a été le fruit d'un «mariage de convenance» <u>qui</u> leur permet de jouir d'une certaine aisance matérielle…

4. Pour ce faire, il nous faut briser le carcan d'un système fédéral <u>qui</u> nous sert mal, qui subordonnera toujours nos intérêts nationaux à <u>ceux</u> d'une autre majorité.

E. **Les idées principales.** Lisez rapidement le texte indiqué pour trouver les éléments suivants.

1. Dans le deuxième texte, le paragraphe qui explique <u>pourquoi</u> les Canadiens français devraient chercher la souveraineté.

2. Dans le deuxième texte, deux raisons pour lesquelles la vitalité de la langue française au Canada est menacée.

3. Dans le troisième texte, une raison pour laquelle les Canadiens français ne sont pas enthousiasmés par l'idée d'entrer dans un dialogue avec les Canadiens anglais.

Ministère des Affaires extérieures:
Les Canadiens français

Les sentiments qu'**éprouvent** les Canadiens anglais et les Canadiens français à l'égard de l'entité politique que constitue le Canada diffèrent grandement. L'attachement anglo-canadien semble plus émotif que celui des Canadiens français qui, surtout rationnel, fait penser à celui qu'on retrouve dans un «mariage de convenance»... *épouver: to feel an emotion*

Pour de nombreux Canadiens français, la formation du Canada actuel a été le fruit d'un mariage de convenance qui leur permet de **jouir** d'une certaine aisance matérielle: certes, on peut **faire valoir** que c'est à l'avantage du Québec de faire partie du Canada; et que tel mariage crée des liens. Mais pour eux, le sentiment d'avoir bâti une grande nation et le fait de penser que leur pays **s'étend** jusqu'aux Rocheuses, à 2000 miles du Québec, comptent peu. Ce qui importe c'est le maintien du français chez eux, dans leur province, la terre où leur pères et leurs mères ont travaillé à **la sueur de leur front** et ont **affronté** des difficultés énormes. *to enjoy, benefit from* / *to emphasize* / *s'étendre: to stretch* / *the sweat of their brow/ affronter: to face*

Parti québécois. *La souveraineté:*
Pourquoi? Comment?

Comme Québécois et Québécoises nous devons être maîtres chez nous, maîtres de notre destin. Nous devons nous donner tous les instruments pour devenir pleinement responsables de nos décisions face à nous-mêmes et face à la communauté des nations. Pour ce faire, il nous faut briser le **carcan** d'un système fédéral qui nous sert mal, qui subordonnera toujours nos intérêts nationaux à ceux d'une autre majorité. L'accession à la souveraineté, c'est un **cheminement** normal, **emprunté** par tous les peuples **ailleurs** dans le monde. Si d'autres ont su devenir souverains, pourquoi pas nous? Mais fondamentalement, pourquoi faire la souveraineté? *chains* / *progression/taken elsewhere*

La langue française est au cœur de notre identité. Tout au long de notre histoire, nous avons voulu la protéger et en promouvoir l'usage. Mais le français **demeure** toujours dans une position précaire, **compte tenu de** la présence marginale des francophones en Amérique du Nord, du faible **taux de natalité** et de la force d'attraction de l'anglais auprès des nouveaux arrivants. La menace est d'autant plus sérieuse que, dans le cadre du régime fédéral, le Québec n'a pas le plein contrôle de son **avenir** linguistique... *demeurer: to remain/ given* / *birth rate* / *future*

Daniel Latouche: *Réponse à un ami canadien*

[...] Quand donc vas-tu réaliser que la seule façon pour les Québécois et les Canadiens anglais d'avoir un dialogue constructif, c'est de ne pas insister pour lui donner une **allure** trop formelle? Tu nous reproches, *air, style*

nuire à: to be unfavorable to, to destroy/exiger: to require

avec raison, de ne pas nous intéresser beaucoup au Canada anglais. Il serait peut-être temps de constater que tu poses parfois des conditions inacceptables, qui **nuisent à** l'émergence d'un tel intérêt. Tu **exiges** souvent le serment d'allégeance et, avant même que nous ayons posé la première question, tu insistes pour que nous proclamions haut et fort (1) que nous sommes avant tout des Canadiens, (2) que notre statut de Québécois est subordonné à notre citoyenneté canadienne et que, (3) en

there is no other way/ exhausted

dehors du fédéralisme, **il n'y a point de salut**. Nous sommes **épuisés** avant même d'avoir commencé. Ne sois donc pas surpris que, dans un tel contexte, la conversation meure si rapidement [...]

When

Pour toi et pour la majorité des Canadiens anglais, nous n'existons qu'en tant que «partie» du Canada. **Lorsque** tu fais allusion à la place qu'occupe le Québec, tu penses nécessairement à sa «place-à-l'intérieur-de...» Nous avons toujours été, nous sommes et j'ai bien peur que nous serons toujours un instrument pour le reste du pays. Il y a quelques siècles, nous avons servi à repousser les révolutionnaires américains. Il n'y a pas si longtemps encore, nous servions essentiellement à vous distinguer

establishment

des Etats-Unis. Cette fois, tu voudrais nous voir «contribuer» à la **mise en place** au Canada d'une société moins capitaliste, plus communautaire et plus solidaire, valeurs qui comme tu le dis si bien, sont à la base même du nationalisme canadien. Quelle tristesse de constater que tu nous refuses le même privilège! Ce que tu voudrais, c'est nous voir «joindre nos efforts aux vôtres» ....

paths
under more promising circumstances

Quand donc verras-tu que nous ne pouvons marcher dans la même direction que si nos **chemins** sont parallèles et distincts l'un de l'autre?

Moi aussi, j'espère pouvoir reprendre cette conversation **sous des jours meilleurs**. Je ne vois cependant pas venir le beau temps du même horizon.

Mes amitiés aux montagnes Rocheuses!

Après avoir lu

A. Compréhension du texte. Répondez aux questions suivantes.

1. Selon le ministre des Affaires extérieures, lequel des deux groupes est le plus attaché au pays du Canada, les Canadiens anglais ou les Canadiens français?

2. Selon le premier document, quelle est la chose la plus importante pour les Franco-Canadiens?

3. Selon le tract, pourquoi est-ce que le Parti québécois considère le fédéralisme comme une menace?

4. Quelles sont les justifications de la souveraineté données par le Parti québécois?

5. Pourquoi est-ce que la langue française est en danger?

6. Qu'est-ce que les Canadiens anglais veulent que les Canadiens français fassent, selon Daniel Latouche?

7. En plus, qu'est-ce qu'il reproche aux Canadiens anglais?

B. Lecture critique. Ces trois textes sont écrits dans des styles différents. Essayez de trouver du vocabulaire, des expressions ou des phrases qui expriment les sentiments suivants:

1. le ton didactique et impartial du premier texte

2. le ton d'urgence dans le deuxième texte

3. le ton de **revendication** (*claiming as one's own*) dans le deuxième texte

4. l'impatience de Daniel Latouche envers les Canadiens anglais

C. Point de vue. Comparez les trois textes. Comment sont-ils différents? Est-ce qu'ils partagent quelques idées? Lesquelles?

D. La culture. En petits groupes, discutez les questions suivantes.

1. Qu'est-ce qui compte le plus pour les Canadiens français, leur identité comme Canadiens ou comme Québécois?

2. Comparez le sentiment nationaliste des Québécois au sentiment nationaliste des Américains. Comment est-ce que vous pouvez expliquer les différences? Est-ce qu'il existe des groupes aux Etats-Unis qui ont des sentiments semblables à ceux des Canadiens français? Qui sont-ils?

Compréhension auditive

Texte I: interview avec un Sénégalais de Dakar, la trentaine (première partie)

Avant d'écouter

A. Renseignez-vous. Renseignez-vous sur le Sénégal en regardant le **Répertoire géographique** et les cartes à la page 346. Ensuite, répondez aux questions suivantes.

1. Quels pays sont situés près du Sénégal?

2. Quelle est la capitale du pays?

3. Nommez deux autres grandes villes.

4. Quelles sont les dates de la colonisation française?

5. Quelles langues sont parlées au Sénégal?

B. Hypothèses. Réfléchissez aux questions suivantes avant d'écouter.

1. Après environ 80 ans en tant que colonie française, quels souvenirs de cette période est-ce que les Sénégalais auraient?

2. Est-ce que ces souvenirs seraient plus forts chez les jeunes ou chez les vieux?

3. Quels facteurs contribueraient à un sentiment d'unité nationale?

Ecoutons

Regardez les questions qui suivent. Ensuite, écoutez l'interview et répondez-y. Ecoutez une deuxième fois si nécessaire pour vérifier vos réponses.

Pratique et conversation

A. Le mot juste. En vous basant sur l'interview, complétez les phrases suivantes.

1. La génération plus âgée se sent encore _____ à la France.

2. Ceux qui étaient nés dans quatre communes particulières du Sénégal étaient considérés commes des _____ .

3. Les jeunes sont moins attachés à la France parce qu'ils n'ont pas connu _____ .

4. Le Sénégal est le pays africain où l'instinct national est le plus _____ .

B. Répondez. Répondez aux questions suivantes.

1. Quels liens unissent le Sénégal à la France?

2. A quelle génération est-ce que l'auteur appartient?

3. Pourquoi est-ce que les Sénégalais ont un instinct national très poussé?

Texte II: interview avec un Sénégalais de Dakar, la trentaine (deuxième partie)

Avant d'écouter

Identifications. Dans ce passage, le Sénégalais va faire allusion à Léopold Senghor, le célèbre président du Sénégal (1960–1980), qui est aussi poète et philosophe. Dans quel contexte est-ce qu'il est cité?

Ecoutons

Regardez les questions suivantes qui vous prépareront à l'écoute.

Sénégal: panorama sur Dakar

Pratique et conversation

A. Qu'est-ce que ça signifie d'être sénégalais? Répondez aux questions suivantes.

1. Donnez deux raisons pour expliquer pourquoi on considère les Sénégalais comme de grands intellectuels.

2. Donnez une définition pour les mots suivants en vous basant sur l'interview:

   la teraanga _____

   la kersa _____

   le jom _____

B. D'autres questions. Qu'est-ce que ça signifie pour vous d'être américain? Est-ce que vous pourriez le résumer en trois termes, comme l'a fait le Sénégalais? Posez la même question à quelqu'un d'une autre nationalité. En quoi est-ce que sa réponse est différente de la vôtre? Pourriez-vous expliquer cette différence en vous basant sur des facteurs historiques?

Activités

A. Le nationalisme. Dans ce chapitre, vous avez beaucoup lu et entendu sur le nationalisme. Faites une synthèse des idées dont on a parlé: quels sont les bons côtés du nationalisme? Quels buts utiles est-ce qu'il aide à réaliser? Quelles pourraient être les conséquences négatives d'un nationalisme exagéré?

B. Le chauvinisme. Pour le/la chauvin/e, son pays est le meilleur en toutes choses. Pas besoin de voyager, pas besoin d'apprendre une autre langue, il/elle a tout ce dont il/elle a besoin dans son propre pays. Jouez le rôle d'un/e chauvin/e extrême (américain/e, français/e, québécois/e …) et exprimez vos opinions sur la supériorité de votre pays/culture. Votre partenaire répondra en essayant de vous persuader d'être plus raisonnable et ouvert/e aux différences culturelles.

C. Chez la diseuse de bonne aventure (*fortune teller*). Vous allez chez la diseuse de bonne aventure pour apprendre ce qui va vous arriver dans les prochaines années et ce que vous deviendrez. Elle vous raconte de bonnes nouvelles, mais malheureusement, il y aura aussi de légères contrariétés. Elle vous donne des conseils pour que vous puissiez passer facilement par ces périodes difficiles; elle vous dit aussi ce qui se passera si vous ne suivez pas ses conseils.

D. Actualités. Actuellement, quelle région du monde est menacée par un mouvement nationaliste qui essaie de déstabiliser l'équilibre politique? Quel est le but de ce mouvement? Quelles seraient les conséquences s'il réussissait?

CHAPITRE

7

Regards sur la diversité
Conflits linguistiques et culturels

Introduction

In multilingual societies, problems of cultural demarcation and identity
tend to crystallize around the question of language choice. As a result,
social tensions are often expressed as language conflict. Since nearly all
the nations of the world are multilingual, language conflict is nearly
universal. In this chapter, we will investigate linguistic and cultural
tensions in a few French-speaking societies.

Première approche

A. BELGIQUE *(Bruxelles)*

B. USA *(Massachusetts)*

1. Quelles sont les deux langues qui paraissent sur chacune de ces publicités?
2. Pourquoi ces textes sont-ils bilingues?
3. Que savez-vous de la situation linguistique en Belgique? dans le Massachusetts?

C. FRANCE
   (Pays Basque)

1. Le basque est une langue qui n'a aucun lien avec les autres langues d'Europe. Reconnaissez-vous quand même quelques mots sur cette affiche?

2. L'affiche appelle à une manifestation dans deux villes différentes, l'une en France et l'autre en Espagne. Lesquelles? Regardez une carte.

3. La situation politique au pays basque est très **tendue** (*tense*). De quel côté de la frontière y a-t-il eu le plus de violence? Pourquoi?

Pour aller plus loin

La carte suivante représente les langues parlées en Côte-d'Ivoire.

1. Imaginez quelques difficultés concrètes qui se présentent en Côte d'Ivoire à cause de la multiplicité des langues.

2. Le français est la langue officielle de la Côte d'Ivoire. Pourquoi n'est-il pas indiqué sur la carte?

3. Quels avantages le français apporte-t-il à ce pays?

4. Quels sont les désavantages de l'utilisation du français comme langue officielle?

Interaction I

Français, langue universelle?

Samba et Mammadou, étudiants sénégalais à l'université de Dakar, continuent la discussion qui a commencé dans leur séminaire de linguistique.

SAMBA   Je ne te comprends pas. Tu trouves ça normal, un système scolaire où tout se fait dans une langue que les enfants ne parlent pas?

MAMMADOU   Ecoute, tant que le français sera langue officielle au Sénégal, il faudra bien qu'on l'apprenne, non?

SAMBA   Eh bien, à mon avis, le moment est venu de revoir le rôle du français chez nous. Est-ce que nous en avons vraiment besoin? Avec le wolof on se fait comprendre partout.

MAMMADOU   Pas du tout. Si je devais aller en Côte d'Ivoire ou au Zaïre pour les affaires, à quoi ça me servirait de parler wolof?

SAMBA   Et à quoi servira le français à celui qui espère être marchand de riz à Diourbel?

MAMMADOU   Mais nous ne pouvons pas refaire l'histoire. L'unification du Sénégal s'est faite par le biais de la langue française.

SAMBA   Le sous-développement aussi, peut-être.

MAMMADOU   Tu crois vraiment que la solution, c'est de nous refermer sur notre propre petite culture? Nous avons besoin d'une langue qui nous permette de communiquer avec le reste du monde.

SAMBA   Je ne le nie pas, et le français aura sans doute toujours un rôle à jouer chez nous, mais est-ce qu'il est vraiment possible de construire une société démocratique quand la majorité des citoyens n'arrive pas à maîtriser la langue du pouvoir?

Perspectives

1. Précisez les arguments des deux locuteurs.
2. Quel rapport est-ce que la question linguistique a avec la politique et l'économie d'un pays?
3. Est-ce que la question linguistique a de l'importance dans notre société?

Autrement dit

Demander une opinion

Qu'est-ce que tu penses de cette question?
Qu'est-ce que tu en penses?
Quel est ton avis?   *What's your opinion?*

Tu trouves qu'il a raison?	*Do you think he's right?*
Comment est-ce que tu trouves son raisonnement?	

Exprimer son opinion

Je $\begin{Bmatrix} \text{crois} \\ \text{pense} \\ \text{trouve} \end{Bmatrix}$ qu'il a raison.

$\begin{rcases} \text{A mon avis,} \\ \text{D'après moi,} \\ \text{Selon moi,} \\ \text{Pour moi,} \end{rcases}$ il a tort.   *In my opinion, he's wrong.*

$\begin{rcases} \text{J'ai l'impression} \\ \text{Il me semble} \end{rcases}$ que c'est vrai.

Dire qu'on est d'accord/on ne l'est pas

ACCORD TOTAL	ACCORD FAIBLE
Je suis d'accord.	C'est (bien) possible.
Vous avez tout à fait raison.	Peut-être.
Exactement.	**Ça se peut.** (*It's possible.*)
C'est vrai/certain/sûr.	

DÉSACCORD FAIBLE	DÉSACCORD TOTAL
Je ne suis pas tout à fait d'accord.	Je ne suis pas d'accord.
Je ne suis pas très convaincu/e.	Ce n'est pas vrai.
Je n'en suis pas sûr(e)/certain(e).	Absolument pas.
	Pas du tout.

La vie économique

Les pays du **Tiers-Monde** (*Third World*) ont une **économie sous-développée** ou en voie de développement. Pour **améliorer** (*improve*) leur situation économique, il s'agit de trouver un **marché** (*market*) pour leurs **exportations**, de **diversifier** leur production et d'**attirer** (*attract*) des investissements.

Pratique et conversation

A. Vocabulaire. Complétez les phrases suivantes en utilisant un mot ou une expression de l'*Autrement dit.*

1. Ce pays a beaucoup de problèmes économiques. Qu'est-ce qu'il faut faire pour _____ sa situation?

2. Il va être difficile de développer _____ pour ce nouveau produit.

3. — On dit que c'est un problème important. Vous êtes d'accord?

   — Non, _____ .

4. Ce pays se trouve dans une situation économique très sérieuse: il importe beaucoup, mais il ne trouve pas de marché pour ses _____ .

5. — Je trouve qu'il a raison.

— Moi aussi, _____ .

B. **Réactions.** Donnez vos réactions aux opinions suivantes.

1. On devrait donner de l'aide économique aux pays du Tiers-Monde.

2. Tout le monde devrait parler anglais.

3. Il n'y a pas de crise de l'énergie.

4. Une langue pourrait unir un pays.

5. Les effets de la pollution sont exagérés.

C. **Opinions.** En vous basant sur les sujets suivants, exprimez une opinion. Votre partenaire répondra en exprimant son accord ou désaccord. Essayez de développer votre argument.

> MODÈLE l'environnement
>
> VOUS On dit que dans quelques années, on aura détruit l'**ozonosphère** (*the ozone layer*). Qu'en penses-tu?
>
> VOTRE PARTENAIRE Je crois que c'est vrai. Il y a trop de pollution atmosphérique. On voit déjà l'**effet de serre** (*greenhouse effect*). C'est un problème sérieux. Vous êtes d'accord? …

1. l'anglais comme langue mondiale

2. les problèmes économiques des pays en voie de développement

3. l'énergie nucléaire

4. l'immigration

5. les études universitaires

Grammaire de base

1.1 The subjunctive mood occurs in a clause introduced by **que** after a limited number of expressions. In general, these expressions show that the speaker has a subjective attitude (doubt, emotion, opinion, volition) with regard to what s/he is saying.

1.2 To form the present subjunctive of regular verbs, drop the **-ons** of the **nous** form of the present indicative and add: **-e, -es, -e, -ions, -iez, -ent.** Study the conjugations below:

FERMER		FINIR	
je ferme	nous fermions	je finisse	nous finissions
que { tu fermes	vous fermiez	tu finisses	vous finissiez
elle ferme	ils ferment	on finisse	ils finissent

RÉPONDRE	
je réponde	nous répondions
que { tu répondes	vous répondiez
elle réponde	ils répondent

1.3 Some verbs that are irregular in the present indicative form their present subjunctive like regular verbs. Among these are: **connaître, dire, écrire, lire, mettre, ouvrir, plaire, suivre** and **-ir** verbs like **dormir.** See the Appendix for complete conjugations.

2.1 Review the formation and use of pronominal verbs in the present tense (p. 190).

3.1 Learn the conjugation of the following irregular verbs:

<table>
<tr><td colspan="3" align="center">CRAINDRE, to fear</td></tr>
<tr><td>Présent:</td><td>je crains</td><td>nous craignons</td></tr>
<tr><td></td><td>tu crains</td><td>vous craignez</td></tr>
<tr><td></td><td>on craint</td><td>elles craignent</td></tr>
<tr><td>Passé composé:</td><td>nous avons craint</td><td></td></tr>
<tr><td>Imparfait:</td><td>vous craigniez</td><td></td></tr>
<tr><td>Futur:</td><td>je craindrai</td><td></td></tr>
<tr><td>Conditionnel:</td><td>ils craindraient</td><td></td></tr>
<tr><td>Présent du subjonctif:</td><td>que je craigne</td><td></td></tr>
</table>

[conjugated like **craindre** is **peindre,** *to paint*]

<table>
<tr><td colspan="3" align="center">RIRE, to laugh</td></tr>
<tr><td>Présent:</td><td>je ris</td><td>nous rions</td></tr>
<tr><td></td><td>tu ris</td><td>vous riez</td></tr>
<tr><td></td><td>elle rit</td><td>ils rient</td></tr>
<tr><td>Passé composé:</td><td>vous avez ri</td><td></td></tr>
<tr><td>Imparfait:</td><td>nous riions</td><td></td></tr>
<tr><td>Futur:</td><td>tu riras</td><td></td></tr>
<tr><td>Conditionnel:</td><td>il rirait</td><td></td></tr>
<tr><td>Présent du subjonctif:</td><td>que je rie</td><td></td></tr>
</table>

[conjugated like **rire** is **sourire,** *to smile*]

Structure I

Pour exprimer un point de vue: l'infinitif et le présent du subjonctif après les expressions impersonnelles

a. Impersonal expressions can be used to indicate necessity, judgment, certainty or doubt. These expressions all contain an impersonal **il** (*it*) and are followed by either an infinitive or a clause introduced by **que.** Some impersonal expressions are listed below:

NECESSITY	JUDGMENT	CERTAINTY	DOUBT
il faut	il est important	il est certain	il n'est pas certain
il est nécessaire	il est essentiel	il est sûr	il n'est pas sûr

il est bon	il est évident	il n'est pas évident
il vaut mieux	il est probable	il est possible
	il est clair	il est douteux
		il se peut

b. Use an infinitive after impersonal expressions if the only subject in the sentence is the impersonal **il,** that is to say if the person doing the action is not specified. Note that with all expressions except for **il faut** and **il vaut mieux,** the infinitive is introduced by the preposition **de:**

Il est nécessaire
Il est important } de prévoir un nouveau rôle pour le français
Il est essentiel   } dans notre pays.

Est-il vraiment possible de construire une société démocratique dans ces circonstances?

Il faut
Il vaut mieux } introduire le wolof en tant que langue nationale.

c. When there are two subjects in the sentence, the second subject will be found in a clause introduced by **que.** The verb in that clause will be in the subjunctive after impersonal expressions indicating necessity, judgment and doubt:

Il faudra bien qu'on apprenne le français à l'école.

Il n'est pas sûr que nous accordions assez d'importance à cette question.

Il vaudrait mieux que vous finissiez votre discussion.

d. The verb in the clause introduced by **que** will be in the indicative after impersonal expressions indicating certainty:

Il est évident que le Sénégal aura toujours besoin d'une langue étrangère pour la communication internationale.

Il est probable que le développement économique sera difficile.

e. When impersonal expressions indicating certainty are in the negative or interrogative, however, the subjunctive is used:

Il n'est pas évident que Marie soit contente de son travail.

Est-il sûr qu'elle comprenne la question?

Pratique et conversation

A. Un poste vacant. Le directeur du personnel d'une grande société est en train d'évaluer le dossier des candidats qui ont répondu à l'annonce d'un poste vacant. Remplissez les blancs avec la forme correcte du verbe à l'indicatif, au subjonctif ou à l'infinitif.

1. Il est certain que nous _____ (devoir) examiner toutes les candidatures très soigneusement.

2. Il est clair que ce candidat _____ (ne ... pas être) qualifié.

3. Il est douteux que M. Untel _____ (avoir) l'expérience requise.

4. Il faut que Mlle Almaviva nous _____ (envoyer) son dossier complet.

5. Il serait bon de _____ (recevoir) son dossier aussitôt que possible.

6. Il est probable que nous _____ (trouver) un candidat.

7. Mais il n'est pas sûr que ce _____ (être) le candidat idéal.

8. Il ne sera pas possible de _____ (remplir) ce poste avant le nouvel an.

B. **Situations.** En employant les expressions suggérées, formulez une réponse à la question qui suit chaque situation.

1. M. Piotto a décidé de tenter le crime parfait! Quelles précautions devrait-il prendre?
   Il vaudrait mieux …
   Il faut que …
   Il est probable que …
   Il est douteux que …
   ???

2. M. Faure va finalement se mettre au régime. Quels conseils est-ce que vous pourriez lui donner?
   Il est nécessaire de …
   Il n'est pas sûr que …
   Il n'est pas possible de …
   ???

3. Un ami va faire un safari en Afrique. Qu'est-ce que vous pourriez lui suggérer?
   Il faut que …
   Il est clair que …
   Il est important de …
   ???

4. Une amie a des difficultés amoureuses. Vous essayez de la réconforter en disant …
   Il est essentiel que …
   Il est évident que …
   Il n'est pas possible de …
   ???

C. **Un nouvel étudiant.** Vous rencontrez un étudiant suisse qui vient d'arriver sur votre campus. Il a toutes sortes de questions sur ses études et la vie estudiantine dans une université américaine. Vous répondez à ses questions en essayant de le conseiller et de le rassurer. Jouez la scène.

Structure II

Pour narrer au passé: les temps composé des verbes pronominaux

a. Compound tenses of pronominal verbs are formed using the auxiliary **être**:

> L'unification du Sénégal s'est faite par le biais de la langue française.
> Nous nous sommes dépêchés pour partir à l'heure.
> Est-ce que vous vous êtes écrit pendant son absence?

b. The past participle will show agreement only if the reflexive pronoun functions as a direct object. In order to determine this, check first to see if the verb is followed by a direct object. If so, the reflexive pronoun is functioning as an indirect object and the past participle does not agree:

> Elle s'est lavé les mains.
> Je me suis cassé la jambe.

In both of these cases, the direct object follows the verb; the reflexive pronoun is thus functioning as an indirect object and no agreement is made.

c. If there is no direct object following the verb, determine what type of object the verb takes when it is not used reflexively. This will be the function of the reflexive pronoun when the verb is used reflexively.

> Nous nous sommes téléphoné tous les jours.

(The verb **téléphoner à** is followed by an INDIRECT object. Therefore, when it is used pronominally, the pronoun functions as an indirect object and no agreement is made.)

> Elles s'étaient vues plusieurs fois avant de parler.

(The verb **voir** is followed by a DIRECT object. When it is used pronominally, the pronoun functions as a direct object and agreement is made.)

d. Inherently pronominal verbs (p. 192) exist only in the pronominal form. The past participle always agrees with the subject in these cases:

> Elle ne s'est pas souvenue de son adresse.
> Nous nous sommes spécialisés en français.

Pratique et conversation

A. **Le retour des parents.** Vous gardez les enfants de la famille Charpentier pendant le week-end. Ils sont très anxieux car c'est la première fois qu'ils s'absentent depuis la naissance de leur deuxième enfant, et ils vous téléphonent pour s'assurer que tout va bien. Formulez leurs questions au passé composé en employant les éléments donnés.

1. A quelle heure / Chloë / se coucher?

2. Benjamin / se lever / tard?

3. Ils / s'amuser / hier?

4. Chloë / se brosser / les dents / avant de dîner?

5. Quoi? Ils / se disputer?

B. Une histoire heureuse. Mettez les verbes au passé composé en faisant bien attention à l'accord du participe passé.

Il y a deux ans, Jean et Marie _____ (se disputer) violemment. Depuis ce temps, ils _____ (ne … pas se parler), ils _____ (ne … pas s'écrire), ils _____ (ne … pas se voir). Un jour, Marie faisait la queue pour acheter une place au cinéma. Elle a entendu une voix familière et _____ (se retourner), pensant que c'était un collègue du bureau. Trop tard, elle _____ (se rendre compte) que c'était Jean. Ils _____ (se regarder); après un long moment, il _____ (se sourire) … et ils _____ (se marier) le lendemain.

C. Interview. Demandez à votre partenaire …

1. s'il/si elle s'est amusé/e pendant le week-end.
2. à quelle heure il/elle s'est couché/e samedi soir.
3. à quelle heure il/elle s'est réveillé/e dimanche matin.
4. s'il/si elle s'est jamais cassé le bras/la jambe. (Si oui, demandez-lui de vous raconter l'histoire!)
5. s'il/si elle s'est offert quelque chose récemment.

D. Vive les vacances! Êtes-vous parti/e en vacances récemment? Racontez-en les détails à votre partenaire: où êtes-vous allé/e? combien de temps est-ce que vous avez passé là-bas? Décrivez votre départ: à quelle heure vous étiez-vous couché/e la veille? à quelle heure est-ce que vous vous êtes levé/e le jour du départ? Vous êtes-vous dépêché/e pour partir à l'heure? Vous êtes-vous bien amusé/e pendant votre absence? Racontez tout!

Lecture I

Le livre Parler croquant, *de Claude Duneton, attaque le purisme dogmatique et autoritaire qui caractérise souvent l'enseignement de la langue française. Bien que le récit soit situé dans le sud de la France pendant les années quarante, le titre de l'extrait («Le dernier des Mohicans») est une allusion au célèbre roman de James Fenimore Cooper, dont un des thèmes est le déclin de la culture indienne en Amérique du Nord.*

Avant de lire

A. Réfléchissez. Réfléchissez au sujet du texte en répondant aux questions suivantes.

1. Quand un enfant va à l'école pour la première fois, qui l'accompagne? Quelles sont les premières activités ce jour-là?

France: une librairie et galerie d'art au Pays Basque

2. Quels sentiments est-ce qu'on éprouve? Comment est-ce que les enfants **se comportent** (se comporter: *to behave*)?

3. Qu'est-ce qui arrive à un enfant qui est différent des autres (qui s'habille d'une façon différente ou qui parle une autre langue)?

B. Les familles de mots. Employez le contexte et votre connaissance des mots entre parenthèses pour deviner le sens des mots en italique.

1. … nous avions nos tabliers neufs qui *se boutonnaient* par-derrière … (bouton)

2. Il était tout petit, vif, *rieur*, pas intimidé du tout par sa première visite … (rire)

3. J'avais donc par hasard appris à parler français en premier lieu et mes parents avaient continué sur cette *lancée*. (lancer)

4. … il était fréquent qu'un enfant arrive à l'école sans connaître autre chose que le patois—de plus en plus fréquent du reste à mesure qu'on *remontait* dans le temps… (monter)

5. … nous représentions symboliquement, et sans nous en douter, le *tournant* du siècle … (tourner)

C. **Les synonymes.** Choisissez le meilleur synonyme pour les mots en italique.

1. Sa mère l'a torché avec *une touffe* d'herbes …
   a. un type   b. un bouquet   c. une collection

2. Dans la cour de la petite école, ce fut le remue-ménage habituel avec *la gêne*, les présentations timides…
   a. l'embarras   b. le bruit   c. l'anxiété

3. Nous avions tous des sabots, des jambes nues, des têtes rondes, aux *crânes* plus ou moins rasés…
   a. cheveux   b. têtes   c. figures

4. Sa grande sœur *tâchait* de faire l'interprète.
   a. travaillait   b. refusait   c. essayait

5. Il venait d'un autre *hameau*, dans les bois…
   a. petit village   b. monde   c. voisinage

D. **Parcourez.** Lisez rapidement le texte et choisissez la caractéristique qui décrit les personnes ci-dessous.

1. Fernand
   a. difficile   b. nerveux   c. un clown

2. la mère de Fernand
   a. patiente   b. belle   c. énervée

3. l'institutrice
   a. sympathique   b. sévère   c. impatiente

4. Trois-Pommes
   a. confus   b. animé   c. timide

5. la sœur de Trois-Pommes
   a. patiente   b. confuse   c. embarrassée

Claude Duneton, *Parler croquant*
«Le dernier des Mohicans»

beginning of the school year

daisies

smocks, a kind of school uniform

serrer le ventre: to give you butterflies, to make you nervous/meadow

to wipe/buttocks

torcher: to wipe

noisy confusion

confier: to leave in the care of another person

Je suis allé à l'école pour la première fois un matin de printemps, à la **rentrée** de Pâques. Nous étions plusieurs à monter au village avec nos mères. Il faisait beau temps, il y avait des **pâquerettes** au bord de la route, nous avions nos **tabliers** neufs qui se boutonnaient par-derrière, nos cartables neufs… C'était l'aventure.

Ça **serre le ventre**, l'aventure; alors, soudain, Fernand a eu besoin de faire un petit caca. Il a fallu s'arrêter à mi-côte pour l'attendre pendant qu'il faisait son besoin dans le **pré**, avec sa mère qui criait parce qu'on allait tous être en retard à cause de lui, et qu'elle n'avait rien pour **l'essuyer**. Je regardais les petites **fesses** blanches de Fernand — ça commençait mal pour lui… Sa mère l'a **torché** avec une touffe d'herbes et on est reparti.

Dans la cour de la petite école, ce fut le **remue-ménage** habituel avec la gêne, les présentations timides: nos mères nous **confiaient**. Nous n'étions d'ailleurs que quatre ou cinq nouveaux; les autres étaient des grands et des grandes, j'en connaissais plusieurs… Nous avions tous des **sabots**, des jambes nues, des têtes rondes, aux crânes plus ou moins rasés, des visages plus ou moins **ahuris**… Mes copains. Au moment de **se mettre en rang** sous la cloche, un des nouveaux s'est fait remarquer. Il était tout petit, vif, rieur, pas intimidé du tout par sa première visite; l'institutrice l'a tout de suite appelé «Trois-Pommes». Nous étions tous rassemblés devant la classe, qu'il faisait encore le clown en dehors de la file. Il trouvait cela **cocasse** de voir tout le monde **agglutiné**, il n'avait pas saisi le sens du cérémonial. La demoiselle lui expliquait gentiment qu'il devait se mettre sur le rang comme les autres, mais il **se rebiffait**: «*Qué me vòl?*» répétait-il («Qu'est-ce qu'elle me veut?»). C'était le fou rire général sur le rang, parce que voilà: Trois-Pommes ne connaissait pas un seul mot de français. Sa grande sœur tâchait de faire l'interprète. Elle est allée le chercher, lui tirant le bras. Elle était rouge de honte dans son tablier à carreaux, qu'il fasse cet **esclandre**. Elle l'avait pourtant prévenu qu'il faudrait **être sage**, et tout!

Je regardais Trois-Pommes avec étonnement. Pour lui non plus ça ne commençait pas tellement bien. Nous avions six ans tous les deux. Il venait d'un autre hameau, dans les bois, et j'avais sûrement dû le voir à la messe, plusieurs fois, mais on ne nous avait jamais présentés.

Ce fut là mon premier étonnement sur le langage — j'en ai eu plusieurs depuis. Certes, nous parlions tous **patois**, les conversations sur la route ne s'étaient pas faites autrement. Moi un peu moins que les autres parce qu'à deux ans une maladie grave **m'avait valu** un long **séjour** dans un hôpital à Paris. J'avais donc par hasard appris à parler français **en premier lieu** et mes parents avaient continué sur cette lancée. Cependant, tous les enfants passaient automatiquement au français dès qu'ils étaient dans la cour de l'école—Trois-Pommes me paraissait bizarre de ne pas même comprendre «la langue **comme il faut**». Ce que je ne savais pas, c'est que la chose était naturelle à l'époque, qu'il était fréquent qu'un enfant arrive à l'école sans connaître autre chose que le patois — de plus en plus fréquent du reste à mesure qu'on remontait dans le temps: trente ans avant nous, c'était tous les enfants qui arrivaient ainsi pour leur premier matin de classe. Puis, de génération en génération, ils apprenaient un peu le langage entre cinq et six ans, surtout après la guerre de 14–18. En fait, Trois-Pommes et moi, nous représentions symboliquement, et sans nous en douter, le tournant du siècle: en ce matin d'avril 1941 j'étais là, devant la classe, le premier enfant de la commune à se présenter dont le français était le langue maternelle; il était, lui, le dernier qui arrivait à l'école sans en connaître un seul mot. Trois-Pommes, c'était un peu, en quelque sorte, le dernier des Mohicans…

Claude DUNETON, *Parler croquant*, Editions Stock

wooden shoes
frightened and confused/to
line up

funny/bunched together

se rebiffer: to refuse to conform

scene
to be well-behaved

the language spoken at home, but not taught in the schools (in this case, Occitan)/had earned me/ stay, visit/first

proper, acceptable to proper society

Après avoir lu

A. Compréhension du texte. Répondez aux questions suivantes.

1. En quelle saison est-ce que le narrateur a commencé l'école?

2. Comment les élèves sont-ils habillés?

3. Comment est Trois-Pommes?

4. Pourquoi est-ce que le narrateur parle français comme langue maternelle?

5. Pourquoi est-ce que le narrateur appelle Trois-Pommes «le dernier des Mohicans»?

B. Comparaisons. De quelle manière est-ce que votre premier jour à l'école était différent de celui des enfants dans l'histoire? Est-ce qu'il y avait un/e élève qui se distinguait des autres? Comment était-il/elle et comment est-ce qu'on l'a traité/e? Est-ce qu'on voit des élèves qui ne parlent pas anglais dans les écoles américaines aujourd'hui? Où est-ce que cela arrive? Comment une telle situation (aux Etats-Unis, à l'époque actuelle) est-elle différente du cas de Trois-Pommes (au sud de la France, dans les années quarante)?

C. Vos nouveaux élèves. Imaginez que vous êtes la maîtresse d'école de l'histoire. Vous parlez de votre première journée à un collègue. Décrivez-lui vos nouveaux élèves et racontez-lui ce qui s'est passé.

D. L'éducation bilingue. En petits groupes, discutez de la question de l'éducation bilingue. Est-ce qu'il vaut mieux que les élèves apprennent la langue «comme il faut» de leur culture ou devrait-on leur offrir des cours dans leur langue maternelle? Est-ce qu'on doit les aider à s'adapter sur le plan linguistique? Quels sont les avantages et les désavantages d'une éducation bilingue?

Interaction II

Vive la différence?

Philippe, un Parisien en vacances dans le Languedoc, demande des renseignements au gérant de son camping.

PHILIPPE   Bonjour, Monsieur. Est-ce que vous connaissez des gens du coin qui pourraient m'emmener à la pêche?

DOMINIQUE   [*ironique*] Aquò va estre malaisit! Los pescadors del canton son partits en vacanças a Paris.

PHILIPPE   Pardon?

DOMINIQUE   [*riant*] Vous n'avez pas l'air de comprendre la langue du pays!

PHILIPPE   Vous vous moquez de moi? Qu'est-ce que c'est que ces histoires?

DOMINIQUE   Je vous taquinais, mais c'est vrai que j'ai l'habitude de parler occitan avec les gens du coin.

PHILIPPE   Mais ces histoires d'occitan, c'est de la rigolade, non?

DOMINIQUE   Alors, là, c'est vous qui m'insultez! Je peux vous assurer que l'occitan se parle dans le Languedoc.

PHILIPPE   Ecoutez: moi, je viens ici tous les ans, et je vous dis que je
n'ai jamais entendu un seul mot d'occitan.

DOMINIQUE   Mais ça ne m'étonne pas du tout. Les gens sont encore un
peu gênés devant les étrangers. Ils ont peur de faire paysan.

PHILIPPE   Les étrangers! Il ne manquerait plus que ça! Je suis quand
même chez moi, en France, non?

DOMINIQUE   Oh, sans doute, mais ce n'est peut-être pas la France que
vous connaissez. Ma petite fille qui a cinq ans est dans une
«Calendreta», une école où on ne parle qu'en occitan.

PHILIPPE   Et vous trouvez ça bien, vous? L'occitan, ça va lui apporter
quoi dans la vie?

DOMINIQUE   Un sens des racines, peut-être, la fierté d'être autre chose
qu'un Français qui parle avec un accent.

PHILIPPE   Mais je trouve votre accent charmant.

DOMINIQUE   Justement.

Perspectives

1. Pourquoi pensez-vous que Dominique répond à la question de Philippe
en occitan?

2. Quelle est l'attitude de Philippe envers la langue régionale?

3. Quelle est l'attitude de certains habitants de la région envers leur
langue?

4. En quoi est-ce que l'emploi d'une langue régionale pourrait devenir un
acte symbolique ou politique?

France: un camping au lac d'Annecy (Haute-Savoie)

Autrement dit

Pour s'excuser

Excuse(z)-moi.
Je m'excuse.
Pardon.

Pour répondre

Ce n'est pas grave.
Ce n'est rien.
Il n'y a pas de mal.

Demander des renseignements, son chemin

Pardon, Monsieur, pourriez-vous m'indiquer où se trouve ⎫ le bureau
Excusez-moi, Madame, mais est-ce que vous savez où est ⎭ de poste?
Où est la gare, s'il vous plaît?
Il y a un pressing près d'ici?
Pierre, est-ce que tu sais ⎫ me dire ⎧ où est la cafétéria?
⠀⠀⠀⠀⠀⠀⠀⠀⠀⠀⠀ peux ⎭ m'indiquer ⎩

Oui, c'est tout près.
⠀⠀⠀ ce n'est pas loin.
Vous montez cette rue, puis vous tournez à gauche à la deuxième rue.
⠀⠀⠀ descendez ⠀⠀⠀⠀⠀⠀⠀⠀⠀⠀⠀⠀⠀⠀⠀⠀⠀⠀ droite
⠀⠀⠀ suivez
Ensuite, vous continuez **tout droit** ⎫ devant vous.
⠀⠀(*straight*) jusqu'au coin et c'est ⎭ sur votre gauche.
Ça se trouve ⎧ dans la rue de la République.
⠀⠀⠀⠀⠀⠀⠀⠀ ⎩ sur le boulevard Raspail.

Exprimer l'irritation

Tu te moques de moi?
Tu te fiches de moi?
Tu plaisantes?
Tu rigoles?

Quelques mots en occitan

EXPRESSION	PRONONCIATION	SIGNIFICATION
Adieu!	[adíw]	Bonjour, au revoir. (informal)
Bonjorn.	[bunjúr]	Bonjour. (formal, or to several people)
Adieu-siatz.	[adiwsyáts]	Au revoir. (formal, or to several people)
Parlatz occitan?	[parláts utsitá]	Parlez-vous occitan?
Oc, parli occitan.	[o, párli utsitá]	Oui, je parle occitan.
Non, parli pas occitan.	[nu, párli pas utsitá]	Non, je ne parle pas occitan.

Pratique et conversation

A. Un plan. En utilisant le plan de la ville de Québec ci-dessous, dites …

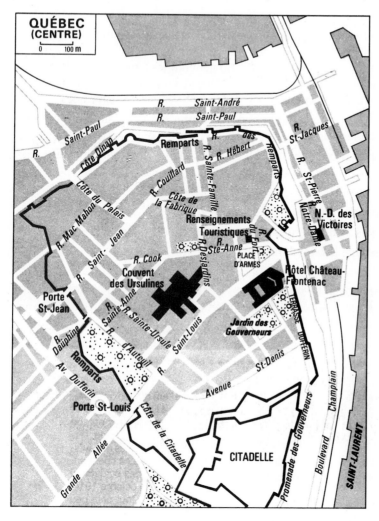

1. comment aller de la Citadelle au Couvent des Ursulines.
2. comment aller de la Place d'Armes à la Porte St-Jean.
3. comment aller du bureau des Renseignements Touristiques à la Côte du Palais.
4. comment aller de la Terrasse Dufferin à la rue Mac Mahon.

B. Le chemin. Vous êtes devant la Citadelle et vous arrêtez un passant pour lui demander où se trouve le bureau des Renseignements Touristiques. Il vous explique le chemin. Jouez la scène.

C. Perdu en Provence. Vous demandez des renseignements à un habitant de la petite ville où vous avez passé la nuit. Il répond en occitan ! Débrouillez-vous !

Etude de vocabulaire

Les emprunts

Quelques mots qui sont très courants en français ont été empruntés aux langues régionales (l'occitan, le breton, l'alsacien) ou aux langues des anciennes colonies françaises. En général, les langues considérées «prestigieuses» ont fourni des mots «élégants», tandis que les langues plutôt «rustiques» ont contribué des mots familiers ou argotiques.

Origines. Connaissez-vous les mots suivants? A l'aide d'un dictionnaire, cherchez-en les origines.

1. Je ne sais pas de quel petit *bled* il est sorti, mais il n'est certainement pas de Paris.
2. Il joue du *biniou*.
3. Ce n'est pas du français, c'est du *charabia*.
4. Il n'avait pas de billet, mais il a essayé de *resquiller* une place au cinéma.
5. Je me suis foulé la cheville et j'ai dû aller voir le *toubib*.

Grammaire de base

4.1 Irregular verbs in the present subjunctive may have one or two stems. With the exception of **être** and **avoir,** all use the endings you have learned for regular verbs.

4.2 The following are one-stem irregular verbs in the present subjunctive:

	FAIRE		POUVOIR	
que	je fasse	nous fassions	je puisse	nous puissions
	tu fasses	vous fassiez	tu puisses	vous puissiez
	il fasse	elles fassent	elle puisse	ils puissent

	SAVOIR	
que	je sache	nous sachions
	tu saches	vous sachiez
	on sache	ils sachent

4.3 Two-stem verbs in the present subjunctive take the third-person plural indicative stem for all forms except **nous** and **vous.** For **nous** and **vous,** use the first-person plural indicative stem. Study the following two-stem verbs:

	PRENDRE		BOIRE	
que	je prenne	nous prenions	je boive	nous buvions
	tu prennes	vous preniez	tu boives	vous buviez
	on prenne	ils prennent	elle boive	ils boivent

ENVOYER		VENIR	
j'envoie	nous envoyions	je vienne	nous venions
que { tu envoies	vous envoyiez	tu viennes	vous veniez
elle envoie	elles envoient	il vienne	elles viennent

VOIR	
je voie	nous voyions
que { tu voies	vous voyiez
on voie	ils voient

4.4 **Avoir, être, aller** and **vouloir** have irregular two-stem conjugations in the subjunctive:

ÊTRE		ALLER	
je sois	nous soyons	j'aille	nous allions
que { tu sois	vous soyez	tu ailles	vous alliez
il soit	elles soient	on aille	ils aillent

AVOIR		VOULOIR	
j'aie	nous ayons	je veuille	nous voulions
que { tu aies	vous ayez	tu veuilles	vous vouliez
elle ait	ils aient	il veuille	ils veuillent

Structure III

Pour exprimer la volonté et la préférence: la forme verbale après les expressions de volonté et de préférence

a. Learn the following expressions of will and preference:

WILL	PREFERENCE
demander	aimer mieux
désirer	préférer
exiger	
vouloir	
souhaiter	

b. When one subject is involved in the action, the infinitive is used after these verbs. Note that with the verbs **demander** and **exiger,** the infinitive is introduced by the preposition **de:**

> Tu préfères parler français ou occitan?
> J'aime mieux m'exprimer en occitan.
> Nous demandons/exigeons d'être indépendants.

c. When two subjects are involved, the subjunctive is used in the clause introduced by **que:**

> Tu préfères que nous parlions français ou occitan?
> J'aime mieux que vous parliez occitan.

Structure IV

Pour exprimer l'émotion et le doute: la forme verbale après les expressions d'émotion, de doute et de peur

a. Study the following list of verbs of emotion, doubt and fear:

EMOTION	DOUBT	FEAR
être triste/désolé(e)/ fâché(e)/furieux(-se)	douter	avoir peur
être content(e)/ heureux(-se)/ravi(e)	ne pas être sûr(e)/ certain(e)	craindre
être étonné(e)/ surpris(e)	ne pas penser/croire	

b. Use the infinitive after expressions of doubt, emotion and fear when only one subject is involved in the action. Note that the infinitive is introduced by the preposition **de,** except with the verbs **penser** and **croire:**

> Je ne suis pas sûr de pouvoir venir.
> Elle est contente de rester à la maison.
> Nous sommes surpris de recevoir une invitation.
> Il a peur de sortir tout seul la nuit.
> Je ne pense pas pouvoir venir ce soir.
> Elle ne croit pas avoir assez d'argent pour voyager.

c. The subjunctive is used in the clause introduced by **que** when there are two different subjects in the sentence:

> Je ne suis pas sûr que ce soit vrai.
> Elle est contente que tu puisses venir.
> Nous sommes surpris qu'elle nous envoie une invitation.
> Il a peur que nous (ne) sortions seuls la nuit.

As the previous example illustrates, **ne** may precede the verb in the clause introduced by **que** after the expressions **avoir peur** and **craindre.** This is not the negation **ne** and it is not translated. This usage is characteristic of more conservative French.

d. When the verbs **penser** and **croire** are in the interrogative or the negative, the subjunctive is often used to indicate uncertainty or doubt on the part of the speaker:

> Je ne crois pas que tu me dises la vérité.
> Vous pensez que ce soit vrai?

In the affirmative, these verbs are followed by the indicative:

> Je crois que tu me dis la vérité.
> Je pense que c'est vrai.

e. The indicative, often in the future or past tense, is used after the verb **espérer:**

> Il espère que nous pourrons lui rendre visite.
> J'espère que vous avez compris.

Pratique et conversation

A. Un paranoïaque. M. Lacrainte a peur de tout! Il va chez une diseuse de bonne aventure. Est-ce que ses prévisions vont le rassurer? Remplissez les blancs avec la forme correcte du verbe.

M. LACRAINTE   J'ai peur que ma femme ne me _____

(quitter). Je doute que mes enfants m' _____
(aimer). Je crains que mon patron ne me

_____ (mettre) à la porte. Pourriez-vous
m'aider?

LA DISEUSE   Bien sûr, Monsieur. Il est clair que vous

_____ (avoir) besoin de conseils!

M. LACRAINTE   Je suis content que vous me _____
(comprendre). Mon psychiatre, mon psychologue,
mon thérapeute, eux, ils ne m'ont pas pris au sérieux.
Ils m'ont dit que je suis paranoïaque! Qu'est-ce que

vous voulez que je _____ (faire) pour
commencer?

LA DISEUSE   Eh bien, tirez trois cartes. [*Il tire la première.*] La
dame de pique! Malheur! Je suis désolée de vous

_____ (dire) que votre femme va vous
quitter! [*Il tire la deuxième*]. L'as de cœur! Ciel! Le sort

ne veut pas que vous _____ (être) heureux!
Vos enfants ne vous aimeront jamais! [*Il tire la troisième.*]
O destin! Pourquoi est-ce que vous punissez cet homme?

Je suis triste de vous _____ (révéler) que
votre patron va vous renvoyer demain!

M. LACRAINTE   Je vous remercie infiniment, Madame!

LA DISEUSE   Après de si mauvaises prédictions, je suis surprise que

vous me _____ (remercier).

M. LACRAINTE   Au moins, maintenant, je sais que je ne suis pas
paranoïaque!

B. Opinions. Que pensez-vous des opinions exprimées ci-dessous? Donnez
votre réaction.

MODÈLE   La télévision est une influence **nuisible** (*harmful*) dans notre
société.

VOUS   Je ne pense pas que ce soit vrai (OU: Je ne pense pas que vous
ayez raison). Il y a des émissions qui sont très éducatives …

1. Un diplôme universitaire est indispensable pour réussir dans la vie.

2. L'anglais devrait être la langue officielle des Etats-Unis.

3. Il vaudrait mieux avoir un système de soins médicaux socialisé.

4. Le gouvernement fédéral devrait s'occuper davantage des problèmes sociaux.

5. L'étude d'une langue étrangère n'a aucune valeur, puisqu'on parle anglais partout dans le monde.

C. **Emotions.** Faites une phrase qui exprime vos propres sentiments en joignant une expression de la première colonne à une expression de la deuxième. Faites tous les changements nécessaires.

I	II
je suis content/e	les frais de **scolarité** (*tuition*) sont très élevés
je suis furieux/se	passer le week-end à la plage
je suis étonné/e	mes amis ne me téléphonent pas
je préfère	le subjonctif n'est pas difficile
je veux	nous n'avons pas de devoirs pour demain
j'espère	mon ami/e et moi, nous sortons ce soir
je ne pense pas	il fait du soleil demain
	le prochain examen est facile

D. **Interview.** Demandez à votre partenaire ce qu'il/elle …

1. espère faire dans la vie.

2. veut que le professeur fasse.

3. craint que le professeur ne fasse!

4. est sûr(e)/doute de pouvoir faire demain.

5. exige que vous fassiez.

E. **Mon meilleur ami/ma meilleure amie.** Nous avons tous un/e bon/ne ami/e, mais personne n'est sans défauts. Quelles qualités admirez-vous chez lui/elle? Quelles qualités souhaiteriez-vous changer/ajouter? Faites des phrases selon le modèle.

MODÈLE   Je suis content qu'il soit intelligent. Je voudrais qu'il soit plus ouvert. Je préfèrerais qu'il me parle plus ouvertement de ses émotions.

Structure V

Pour repérer: les prépositions avec les noms géographiques

a. In order to determine which preposition to use before a geographic noun, you must know the gender of the place name.

- countries and continents whose names end in **-e** are for the most part feminine:
  la France, la Belgique, l'Algérie, l'Afrique, l'Asie

- le **Mexique**, le **Cambodge** and le **Zaïre** are exceptions to the above rule

- all other countries are masculine:
  le Danemark, le Canada, le Japon

- most states ending in **-e** are feminine:
  la Floride, la Californie, la Virginie
  EXCEPTIONS: **le Maine, le Tennessee**

- the remaining states are masculine:
  le Michigan, le Texas, l'Ohio

b. To express "in" or "to a country or city," and "from a country or city," use the following rules:

IN OR TO A COUNTRY:	
MASCULINE SINGULAR:	**au** Canada
FEMININE SINGULAR:	**en** France
PLURAL:	**aux** Etats-Unis
IN OR TO A CITY:	
	à Paris
FROM A COUNTRY:	
MASCULINE SINGULAR:	**du** Canada
FEMININE SINGULAR:	**de** France
PLURAL:	**des** Etats-Unis
FROM A CITY:	
	de Paris, **d'**Honolulu

c. To express "in" or "to a state," and "from a state," use the following rules:

IN OR TO A STATE:	
MASCULINE:	**dans** le Michigan/**dans** l'Ohio
	dans l'état de Michigan/
	dans l'état d'Ohio[1]
FEMININE:	**en** Californie/**en** Virginie
FROM A STATE:	
MASCULINE:	**du** Michigan/**du** Nouveau-Mexique
	de l'Ohio/**de** l'Idaho
FEMININE:	**de** Californie/**de** Virginie

[1] Exceptions: **au Texas, au Nouveau-Mexique**; note that while usage for masculine states may vary, the rules and exceptions given here apply for all cases.

d. The preposition to use before the name of an island is determined by usage. Learn the following:

à/de Tahiti
à/d'Hawaï
à la/de la Guadeloupe
à la/de la Martinique
en/d'Haïti

e. Learn the preposition usage for the following regions of France:

TO/IN	FROM:
en Alsace	d'Alsace
en Bourgogne	de Bourgogne
en Champagne	de Champagne
en Lorraine	de Lorraine
en Provence	de Provence
en Ile-de-France	d'Ile-de-France
OU:	
dans l'Ile-de-France	de l'Ile-de-France

f. The pronoun **y** replaces the phrase **à/en/sur/dans** + place. It means *there.*

> J'aimerais aller au Mexique.
> J'aimerais y aller.
> Il fait toujours beau à la Martinique.
> Il y fait toujours beau.

g. Note that if a location is not explicitly expressed with the verb **aller,** the pronoun **y** must be used:

> Vous y allez en avion? Non, j'y vais en voiture.

h. The pronoun **en** may replace **de** + country name, meaning *from there:*

> Est-ce qu'il vient de France? → Oui, il en vient.

i. As with other object pronouns, both **y** and **en** precede the verbs they are the object of, except in the affirmative imperative:

> Allons en Provence. Allons-y.
> Va dans le Languedoc. Vas-y.[2]

j. The following U.S. states, Canadian provinces, and Canadian territory have different forms in French:

U.S.	CANADA
la Californie	la Colombie Britannique
la Caroline du Nord/Sud	l'Ile du Prince-Edouard
le Dakota du Nord/Sud	le Nouveau-Brunswick
la Floride	**la Nouvelle-Ecosse** (*Nova Scotia*)
la Géorgie	le Québec
la Louisiane	**Terre-Neuve** (*Newfoundland*)

---

[2] Note that the **-s** of the verb form is restored before **y** in the affirmative imperative of **-er** verbs.

l'état de New York   les Territoires du Nord-Ouest
le Nouveau-Mexique
la Pennsylvanie
la Virginie
la Virginie-Occidentale
(*West Virginia*)

Pratique et conversation

A. Un agent de voyages. Vous êtes agent de voyages. Complétez les phrases suivantes avec vos propres suggestions.

1. Paris n'est pas la France. Si vous voulez vous éloigner de la France touristique, allez _____ Alsace ou _____ Bourgogne.

2. Pour découvrir l'Afrique francophone, allez _____ Côte d'Ivoire ou _____ Sénégal.

3. Pauvre M. Fourny! En allant _____ Grèce _____ Yougoslavie, il s'est fait kidnapper!

4. Comment aller _____ Lausanne _____ Paris? C'est facile. Prenez le TGV.

5. Si vous voulez aller _____ New York à Tel-Aviv, il va falloir **faire escale** (*make a stop-over*) _____ Rome.

B. Le tour du monde. Vous venez d'hériter de plusieurs millions de dollars et vous décidez de faire le tour du monde. Où irez-vous? Citez au moins cinq destinations.

MODÈLE   Moi, j'irai en Grèce, en Afrique, à Tokyo, à Jérusalem et à Tahiti.

C. D'où vient cette personne? D'après la description, dites de quel pays la personne vient.

1. Ma langue maternelle, c'est le français. J'ai été élevé à Alger, mais à l'âge de seize ans, ma famille s'est installée à Marseille. Moi, je suis resté à Alger pour aller à l'université.

2. Oui, notre pays est bilingue, mais ma famille est exclusivement francophone. Nous habitons dans un petit village à une heure de Québec.

3. J'habite dans l'ancienne capitale, Abidjan. C'est une grande ville d'un million d'habitants et un port important.

4. Oui, notre pays est une ancienne colonie française. Après la chute de Saigon et l'installation du nouveau gouvernement, on a essayé d'effacer les traces de l'influence colonialiste.

5. Je vous assure qu'il y a plus dans notre pays que le chocolat et les montres! Nous avons notre propre culture.

D. Interview. Demandez à votre partenaire …

1. de quel/s pays sa famille vient à l'origine.

2. dans quels pays il/elle irait s'il/si elle voulait faire du ski/aller à la plage.

3. s'il/si elle connaît des étudiants internationaux à l'université, et de quels pays ils viennent.

4. s'il/si elle n'avait qu'une seule chance de voyager, dans quel pays il/elle irait.

5. de quel pays vient son fromage/sa voiture/son vin/sa bière préféré/e.

6. de quel état il/elle vient.

7. dans quel état il/elle aimerait aller pour faire du tourisme.

8. dans quels pays il existe de grands conflits linguistiques/culturels.

E. Encore des questions. Posez des questions à votre partenaire. Il/elle répondra en utilisant le pronom *y* ou *en*. Demandez-lui …

1. s'il/si elle aimerait aller à l'étranger cet été.

2. s'il/si elle préférerait aller en Europe en bateau ou en avion.

3. si ses parents ou grands-parents viennent d'Asie.

4. s'il/si elle a déjà voyagé en Afrique.

5. s'il/si elle va à l'université ce week-end.

Lecture II

Comme nous l'avons déjà vu, il existe en France des cultures régionales très variées. Dans la région d'Alsace, disputée depuis des siècles, les cultures germanique et française ont donné un mélange original. Le livre Les Tilleuls de Lautenbach, *du journaliste Jean Egen, est un récit de la vie alsacienne entre les deux guerres (1918–1939). L'auteur y raconte les joies et les inquiétudes d'une enfance passée entre deux cultures. Dans le passage que vous allez lire, le jeune garçon monte dans le clocher de l'église du village pour échapper à la triste pensée que sa grand-mère est en train de mourir. Arrivé en haut du clocher, il contemple son village et se souvient de ce que son père et son oncle lui ont raconté de la vie alsacienne.*

Avant de lire

A. Parcourez. Lisez rapidement le texte pour trouver le paragraphe où l'auteur parle des thèmes suivants.

1. le complexe d'infériorité chez les Alsaciens

2. l'histoire de l'Alsace

3. la cuisine alsacienne

4. la richesse culturelle des Alsaciens

5. la géographie de l'Alsace

6. le caractère ambigu des Alsaciens

France: architecture traditionnelle à Strasbourg (Alsace)

B. Les familles de mots. Employez votre connaissance des mots racines indiqués entre parenthèses pour deviner le sens des mots en italique.

1. «…les anges *accourent* de tous les coins du ciel…» (courir)

2. «…que seul un reste d'humilité et aussi de prudence m'empêche de gagner le rebord d'une fenêtre pour *m'envoler* dans l'azur.» (voler)

3. «Papa dit encore qu'en Alsace, tout *s'élance* vers le ciel, les bouteilles à long col, les cigognes aux grandes pattes…» (lancer)

4. «…le palais *s'enflamme* comme du phosphore, embrasant les sinus, la cervelle, on pleure des larmes de feu…» (flamme)

C. Quel synonyme? Choisissez le meilleur synonyme pour les mots en italique.

1. «…je me blottis près de la plus haute fenêtre, et *enroulé* dans un rayon de soleil, je contemple…»
   a. illuminé   b. enveloppé

2. «Papa raconte que, lorsque le Bon Dieu se penche sur la terre pour contempler *son œuvre*…»
   a. sa création   b. son idée

3. «…que seul un reste d'humilité et aussi de prudence m'*empêche* de gagner le rebord d'une fenêtre pour m'envoler dans l'azur.»
   a. retient   b. évite

4. «…oui, papa prétend que *l'habitant* de cette terre constamment menacée aurait tort de garder le plat du jour pour le lendemain…»
   a. la résidence   b. le peuple

5. «Mes *compatriotes* m'excuseront…»
   a. personnes qui aiment leur pays   b. personnes originaires
                                               du même pays

D. Quel est son nom? Cherchez le nom des choses suivantes dans le texte.

1. des chutes d'eau célèbres en Amérique du Nord
2. un sommet important dans les Alpes
3. des montagnes et un fleuve en Alsace
4. un petit pain brûlé qu'on mange le dimanche
5. une crudité piquante typique de l'Alsace
6. des nouilles alsaciennes
7. le nom d'une chanson folklorique alsacienne

E. Quel titre? Lisez les paragraphes indiqués et choisissez le titre qui représente le mieux leur contenu. Discutez de vos choix.

1. le troisième paragraphe
   a. le paradis terrestre
   b. l'amour du pays natal
   c. à la recherche du bonheur

2. les quatrième et cinquième paragraphes
   a. les plats alsaciens
   b. le dimanche en Alsace
   c. la cuisine et la tradition

3. le sixième paragraphe
   a. l'histoire turbulente de l'Alsace et ses conséquences pour le caractère alsacien
   b. «Il faut vivre pour aujourd'hui.»
   c. les guerres en Alsace

4. le dixième paragraphe
   a. l'admiration des Alsaciens pour les Français
   b. l'héritage germanique des Alsaciens
   c. le caractère ambigu des Alsaciens

Jean Egen, *Les Tilleuls de Lautenbach: mémoires d'Alsace*

steps/spread with 1   Les **marches** en sont raides et **semées de** périls mais le ciel est au bout de l'ascension. C'est là-haut, près de l'horloge et des cloches, qu'est *uppermost and most precious part/se blottir: to get into a secure spot* le **fleuron** de mon paradis. J'y monte aussi souvent que je le peux, je **me blottis** près de la plus haute fenêtre, et enroulé dans un rayon de soleil, je contemple, tout en bas, le royaume de la terre. D'abord la place, les *linden trees/hidden/umbrella* **tilleuls**, la fontaine, le village **tapi** sous l'étincelante **carapace des toits**. *formed by the rooftops/a* Puis la vallée qui s'ouvre vers le sud et déploie, comme l'**éventail d'un** *peacock's tailfeathers spread* **paon**, ses prés, ses jardins et ses vignes. **Encadrant** le tout, l'**échine** bleue *fan-like/framing/spine* des Vosges qui sont les montagnes les plus douces de la création…

se pencher: to lean towards 2   Papa raconte que, lorsque le Bon Dieu **se penche** sur la terre pour *or over* contempler son œuvre, ce n'est pas sur les chutes du Niagara ou le massif du Mont-Blanc que son regard se pose le plus volontiers, c'est sur Lautenbach. «Oui mon fils, sur notre humble village, alors il appelle ses anges, venez les petits, venez voir comme c'est beau, et les anges accourent de tous les coins du ciel et leurs yeux brillent comme des turquoises, c'est ce qui rend le firmament si bleu, tu comprends?»

3   Je comprends, je peux même dire que le phénomène a lieu chaque fois que je monte là-haut, comme si le Bon Dieu attendait que je sois dans le **clocher** pour s'installer à son balcon avec les **chœurs célestes**, car d'où viendrait la joie qui m'enveloppe, sinon de cette **ineffable** présence? Joie si intense que je me sens presque de la famille et que seul un reste d'humilité et aussi de prudence m'empêche de **gagner le rebord d'une fenêtre** pour m'envoler dans l'azur. Papa dit encore qu'en Alsace, tout s'élance vers le ciel, les bouteilles à long col, les **cigognes** aux grandes pattes, les **sapins** à profil de **fusée** et, de la cathédrale de Strasbourg à la **collégiale** de Lautenbach, toutes les **fleches des églises**, il appelle ça, papa, le **tropisme** de l'infini, il dit qu'étant **coincés** entre les Vosges et le Rhin, nous sommes naturellement enclins à **filer** vers l'azur, c'est ce phénomène-là, sans doute, qui m'invite à chercher le bonheur dans le clocher. Seulement, le bonheur, aujourd'hui, n'est pas au rendez-vous. [. . .]

bell tower/celestial chorus or bands of angels/inexpressible, sublime
to climb onto a window sill

storks
pine trees/missiles/church church spires, steeples/ natural reflex toward an outside stimulus/squeezed/ to flee

4   Mais qu'est-ce qui sent si bon soudain? Mon nez **s'émoustille**, on dirait que… Mais oui, ça vient d'en bas, ça vient du village, ça monte des cuisines, c'est dimanche **pardi** et le dimanche, l'Alsace tout entière honore le Seigneur, elle l'honore d'abord dans les églises et les temples, elle l'honore surtout dans les salles à manger car c'est jour de **festin**, un festin qui s'ouvre d'une façon très simple par un **pot-au-feu**, c'est la tradition, ce jour-là les **boulangers** font des *bangala*, des petits pains brûlés, presque noircis, qui, trempés dans le bouillon, lui donnent des reflets d'ambre. Le bœuf du pot-au-feu s'accompagne de **raifort**, c'est fantastique le raifort, **on a beau le délayer** dans la crème, le **palais** s'enflamme comme du phosphore, embrasant les sinus, la **cervelle**, on pleure des larmes de feu, c'est une sensation insupportable et délicieuse. Le raifort n'est que l'enfant terrible du **cortège** des salades qui sont l'indispensable escorte d'un honnête bœuf bouilli : radis roses, radis noirs, céleri, cresson, tomates, concombres et autres crudités qui émoustillent les glandes et les préparent à des combats plus sérieux.

s'émoustiller: to excite or to please
an exclamation, "of course"

feast
stew-like dish
bakers

horseradish
no matter if you dilute it/ palate/brain

procession

5   Les jours de grande fête, on attaque d'abord le pâté en croûte, la truite aux amandes ou le saumon du Rhin. Les dimanches ordinaires, on **affronte** simplement un second plat de viande, **volaille** ou rôti, ou, quand la **chasse** est ouverte, **civet de lièvre, de chevreuil ou de sanglier**. Ce second plat est généralement soutenu par des **nouilles,** mais pas des nouilles d'épicerie, des *salbschtg'machti*, des nouilles qu'on fait soi-même et dont la saveur est telle qu'il n'en reste jamais une seule dans le plat. . . .

affronter: to stand up to/ poultry/hunting season/stew of game meats (hare, buck, wild boar)/noodles

6   Papa **prétend** que sur cette terre ouverte à toutes les invasions — elle a été **piétinée** par les Huns, les Impériaux, les Pandoures, les Prussiens auxquels on vient de **casser les reins** mais qui déjà **redressent la tête** (il oublie les Français qui ne furent pas toujours des libérateurs bien-aimés, mais sauveurs ou ravageurs, les Français sont sacrés) — oui, papa prétend que l'habitant de cette terre constamment menacée aurait tort de garder le plat du jour pour le lendemain, *carpe diem*, dit-il à l'oncle Nicolas en remplissant son verre ou à l'oncle Edouard en lui montrant la demoiselle des postes, ce qui, je le sais bien, ne veut pas seulement dire mange ta

prétendre: to claim
stamped on
to defeat/redresser la tête: to reappear, to threaten once again

a Latin expression meaning "seize the day"

traduire: *to translate*

gather ye rosebuds while you may

to enjoy

carpe pendant qu'elle est chaude mais aussi bois ton vin pendant qu'il est frais ou fais des enfants à la demoiselle des postes pendant qu'elle est belle, je le sais parce que papa **traduit** son conseil sur la carpe par des sentences plus claires comme «saisis le bonheur qui passe et **cueille dès aujourd'hui les roses de la vie**…» Eh oui, en Alsace, on n'était jamais sûr de rien et dans ces années de l'entre-deux-guerres, les souvenirs du passé et les menaces de l'avenir incitaient plus d'un sage à **jouir** du présent. [. . .]

7   «Ah! Ce sont bien des Alsaciens, dit alors l'oncle Fouchs. Quand ils sont au chaud, ils réclament la fraîcheur, quand ils sont au frais, ils veulent se réchauffer.»

mosquitoes

être du cru: to be of authentic local stock

8   Ça c'est une allusion au *Hans im Schnockeloch* (*Jean du Trou de* ***Moustiques***) qui est la plus célèbre chanson du folklore alsacien. Mes compatriotes m'excuseront mais il faut présenter le Hans aux lecteurs qui **ne sont pas du cru**. La chanson commence ainsi:

> *Jean du Trou de Moustiques*
> *A tout ce qu'il veut*
> *Et ce qu'il a, il ne le veut pas*
> *Et ce qu'il veut, il ne l'a pas*
> *Jean du Trou de Moustiques*
> *A tout ce qu'il veut.*
>
> *Jean du Trou de Moustiques*
> *Dit tout ce qu'il veut*
> *Et ce qu'il dit, il ne le pense pas*
> *Et ce qu'il pense, il ne le dit pas*
> *Jean du Trou de Moustiques*
> *Dit tout ce qu'il veut.*

verses

guy

crazy/déboussoler: *to dis-orient, to confuse*/soul

refouler: *to repress, to deny*

an insignificant detail

with regard to

excess

9   Je ne vais pas recopier tous les **couplets**, il y en a plusieurs dizaines et on finirait par trouver bizarre ce **zigoto** qui ne sait pas ce qu'il a, ce qu'il veut, ce qu'il pense, ce qu'il cherche ou ce qu'il attend. Mais le *Hans im Schnockeloch*, tous les spécialistes le disent, c'est l'Alsacien. Ce ne sont pas les moustiques qui l'ont rendu **dingue**, c'est l'histoire qui l'a **déboussolé**. [. . .]

10   Dans son désir de posséder une **âme** cent pour cent française, l'Alsacien **refoule** ses tendances germaniques. Mais il a beau se persuader qu'il est un Français comme un autre, il suffit d'**un rien** — par exemple d'une réflexion sur son nom, son dialecte, son accent — pour lui rappeler qu'il est différent. Les sentiments qu'il éprouve **à l'égard des** «Français de l'intérieur» sont ceux de l'enfant adoptif vis-à-vis des enfants légitimes. Aussi compense-t-il son complexe d'infériorité par un **surcroît** de patriotisme. Refoulement et compensation ne font évidemment qu'exacerber des conflits dont le *Hans im Schnockeloch* est l'expression symbolique: Jean a des caractères germaniques et n'en veut pas, Jean veut une âme intégralement française et ne l'a pas… Naturellement, il suffirait que Jean veuille ce qu'il a, autrement dit qu'il accepte sa double nature, son «alsacianité», pour sortir enfin de ce trou de moustiques et de complexes et avoir ce qu'il veut: l'équilibre et la paix intérieure.

11   **Il y vient,** notez bien il y vient de plus en plus. Il commence à comprendre que ce qui le différencie des autres Français ne consiste pas en quelque chose de moins mais en quelque chose de plus. Une triple culture, ce n'est pas forcément plus riche qu'une culture unique mais c'est plus **chatoyant.** [. . .]

He is getting there

sparkling, shimmering

Jean EGEN, *Les Tilleuls de Lautenbach,* Editions Stock

Après avoir lu

A. Compréhension du texte. Répondez aux questions suivantes.

1. Quels aspects de Lautenbach et de l'Alsace est-ce que le narrateur aime?

2. Comment est le dîner du dimanche en Alsace?

3. Quel est un plat qu'on mange les jours de grande fête?

4. Quels pays ont envahi l'Alsace?

5. Qu'est-ce qui distingue les Alsaciens des «Français de l'intérieur»?

B. Le caractère alsacien. Indiquez quelles caractéristiques décrivent les Alsaciens selon le texte. Discutez de vos choix et soutenez votre opinion en vous basant sur le texte.

_____ économes   _____ religieux

_____ passionnants   _____ raffinés

_____ gourmands   _____ joyeux

_____ complexés   _____ craintifs

_____ fiers   _____ expressifs

C. Lecture analytique. En petits groupes, discutez des questions suivantes.

1. Quelle couleur domine la description de Lautenbach? Cherchez toutes les expressions qui représentent cette couleur dans les premier, deuxième et troisième paragraphes.

2. Dans les quatrième et cinquième paragraphes, le narrateur emploie une métaphore militaire pour décrire les traditions culinaires en Alsace. Cherchez toutes les expressions qui font partie de cette métaphore. Pourquoi est-ce qu'il se sert d'une telle métaphore? Quel est l'effet sur le texte?

3. Est-ce que le narrateur comprend bien l'expression «*carpe diem*» dans le sixième paragraphe? Pourquoi ou pourquoi pas? Expliquez le lien entre cette attitude et l'histoire de la région.

4. Cherchez des expressions allemandes ou d'autres indications de la tradition germanique en Alsace.

5. Pourquoi est-ce que le narrateur parle de la chanson *Jean du Trou de Moustiques*? Comment est-ce que la chanson représente le caractère alsacien?

D. Les cultures régionales. En petits groupes, discutez du rôle des cultures régionales aux Etats-Unis, comparées à l'identité régionale présentée dans le texte. Est-ce que les cultures régionales existent aux Etats-Unis?

Est-ce qu'elles sont aussi nombreuses ou prononcées? Quel est le rapport entre la culture américaine et les cultures régionales? Est-ce que leur rôle change? Venez-vous d'une région avec une culture locale très développée? Comment est-ce que votre région vous a influencé/e?

E. Jean du Trou de Moustiques. Regardez soigneusement les paroles de la chanson *Jean du Trou de Moustiques*; vous allez remarquer qu'elles suivent une formule. Etudiez cette formule et ensuite composez quelques couplets pour la chanson. Voici quelques suggestions pour commencer: *Jean du Trou de Moustiques sait tout ce qu'il a… Jean du Trou de Moustiques aime tout ce qu'il mange…*

Compréhension auditive

Interview avec Mme C. d'Haïti

Dans cette interview, Mme C. explique la situation linguistique dans son pays, Haïti.

Avant d'écouter

A. Que savez-vous déjà? Quelles langues sont parlées en Haïti? Est-ce que la plupart des Haïtiens sont bilingues? Quelle est l'origine du créole? Savez-vous ce que c'est qu'un patois?

Guadeloupe: la ville de Pointe-à-Pitre

B. Qui parle créole? Dans la société haïtienne, le français est considéré comme la langue de prestige, de l'enseignement et du gouvernement, tandis que le créole a un statut inférieur. Pour mieux vous familiariser avec la situation linguistique du français et du créole dans la société haïtienne, faites l'exercice suivant: cochez la case pour indiquer si les personnes décrites parleraient français ou créole.

	FRANÇAIS	CRÉOLE
un habitant d'un village à la campagne	☐	☐
une domestique	☐	☐
un juge	☐	☐
un membre de la bourgeoisie	☐	☐

C. Le contexte. En vous basant sur le contexte, essayez de deviner le sens des mots en italique.

1. Il y a eu une forte opposition, tout un *tollé* à propos du créole …

2. Aristide parle un créole vraiment très bien, très *châtié*.

3. Maintenant, si vous arrivez dans certains milieux et que vous parlez français, vraiment, quelqu'un va vous regarder *de travers*. Il va penser que vous êtes un réactionnaire.

4. On a toujours vu le créole comme un *patois*. Mais il faut montrer au peuple qu'il n'y a pas de langue supérieure à une autre.

Ecoutons

Ecoutez une fois pour saisir le sens global. Ensuite, écoutez en faisant bien attention aux sujets traités dans les exercices suivants.

Pratique et conversation

A. Créole ou français? En vous basant sur l'interview, dites si on parle français ou créole.

	FRANÇAIS	CRÉOLE
Madame C. à la maison	☐	☐
la domesticité	☐	☐
dans la rue	☐	☐
Le Père Aristide (le président du pays)	☐	☐
les fils de parents pauvres	☐	☐
les fils de bourgeois	☐	☐

B. Conflits linguistiques. Répondez aux questions suivantes.

1. Mme C. explique que si vous adressez la parole en créole à quelqu'un qui parle français, il va être insulté. Pourquoi?

2. Quelle évolution est-ce qu'on a vue à propos du rôle du créole dans la société haïtienne? Citez des exemples tirés de l'interview.

3. Pourquoi est-ce que les pauvres se sont opposés à la nouvelle importance accordée au créole?

C. **Façons de parler.** Dans notre société, est-ce qu'on juge une personne d'après sa façon de parler? Est-ce qu'un accent ou un dialecte empêche la mobilité sociale ou l'avancement professionnel?

Activités

A. **Après la fête.** Vous êtes parti/e d'une fête très tard le soir et votre hôte/hôtesse vous téléphone le lendemain pour s'assurer de votre bien-être. Répondez à ses questions en essayant de le/la rassurer. Il/elle est surtout curieux/se de savoir quand vous êtes rentré/e, à quelle heure vous vous êtes couché/e, comment vous vous sentiez quand vous vous êtes levé/e, etc.

B. **Orientation.** Un/e étudiant/e franco-canadien/ne passe l'année sur votre campus. Il/elle vous pose des questions pour s'orienter: où se trouve la bibliothèque, le restaurant universitaire, etc. Répondez à ses questions en lui indiquant le chemin.

C. **Chez l'agent de voyages.** Vous allez chez un agent de voyages pour arranger un voyage à l'étranger. Il vous pose des questions sur votre destination, le moyen de transport que vous préférez, combien de temps vous allez y passer, le logement, etc. Vous répondez et vous demandez aussi ses suggestions.

D. **Exigences.** Dans quelle situation êtes-vous très exigeant/e? Dites ce qui est absolument essentiel dans cette situation pour que vous soyez satisfait(e).

MODÈLE   Quand je suis dans un restaurant, j'exige que (il faut que/je veux que) la table soit propre, que le service soit rapide et que la cuisine soit excellente.

Avec qui dans la classe est-ce que vous partagez les mêmes sentiments?

8

Fenêtre ouverte sur les paysages
Villes et campagnes

Introduction

The city has always symbolized values, both positive and negative, that contrast with those of country life. Today, nearly all of the cultures that make up the French-speaking world are experiencing massive population movements from rural areas toward the cities. In this chapter, we will explore the urban–rural conflict and the differences in life styles and value systems that it expresses.

Première approche

Voici l'annonce de deux fêtes. La première aura lieu dans le petit village de Frasseto en Corse. La seconde se tiendra dans la ville de Bordeaux.

Ball-trap = *trapshooting*

FRASSETO
Samedi 18 août

FÊTE PATRONALE

Concours de boules
Ball-trap
Jeux d'enfants

Grand bal avec l'orchestre
SANT'ELISEO

**FEU D'ARTIFICE
A BORDEAUX !**
Offert par les chaussures Bally

Un spectacle
de son et lumière,
sur le thème
des «4 saisons de Vivaldi»
vous sera présenté demain,
*jeudi 1er mars 1990
à 18 heures précises,
au 18, cours de l'Intendance*
à l'occasion de l'inauguration
du magasin

BALLY *of Switzerland.*

---

1. Quelles sont les activités prévues pour la fête de Frasseto?
2. Qu'est-ce qui va se passer à Bordeaux?
3. Combien de temps dureront ces deux fêtes, à votre avis?
4. Quelle sorte de public assistera à chacune de ces fêtes? Qui n'y assistera pas?
5. Imaginez l'ambiance de chacune de ces fêtes. A laquelle des deux aimeriez-vous le mieux assister?

Pour aller plus loin

Au Québec, comme aux Etats-Unis, la banlieue (*suburbs*) représente un style de vie spécifique, différent de ceux de la ville et de la campagne. Dans la bande dessinée suivante, de quoi l'auteur se moque-t-il dans la vie en banlieue?

L'ÉPAIS DE BANLIEUE

PAR Garnotte

SI LA VILLE EST UNE JUNGLE, LA BANLIEUE EST UN ZOO... ET ON Y TROUVE DE DRÔLES DE SPÉCIMENS !..

L'ESPÈCE LA PLUS RÉPANDUE EST L'"ÉPAIS DE BANLIEUE"

"EPEISUS BANLIUSUS"

FACILE À RECONNAÎTRE, L'ÉPAIS DE BANLIEUE PASSE L'ÉTÉ À LAVER SON CHAR...

L'HIVER, IL PAYE UN CONTRACTEUR POUR DÉBLAYER SON ENTRÉE EN 2 MINUTES...

ENSUITE, IL PASSE 3 HEURES À GRATTER LES PETITS MOTTONS QUI RESTENT...

S'IL VOIT SON VOISIN ARRIVER AVEC UN CHAR NEUF, PAS DE PROBLÈME !

IL S'EN ACHÈTE UN PAREIL, MAIS AVEC UN TOIT OUVRANT!

MAIS Y A QUAND MÊME DE BONS MOMENTS À PASSER AVEC UN ÉPAIS DE BANLIEUE.

...COMME QUAND IL FAIT TRAITER SA PELOUSE POUR AVOIR LE "PREMIER GAZON VERT DE LA RUE"...

TES ENFANTS ARRIVENT CHEZ VOUS AVEC TROIS YEUX, MAIS C'EST PAS GRAVE! LE GAZON AVANT TOUT !

France: le quartier Antigone de Montpellier

Interaction I

Rat des villes et rat des champs

Deux amis se retrouvent Place de l'Opéra pour déjeuner ensemble, avant de reprendre le travail. Lui est comptable dans une compagnie d'assurances et elle, employée de banque.

L'EMPLOYÉE
DE BANQUE   Bonjour. Mais tu en fais une tête. Qu'est-ce qui cloche?

LE COMPTABLE   Ça y est. Ce que je craignais est arrivé. J'ai été muté en province.

L'EMPLOYÉE
DE BANQUE   Oh, non! Mes condoléances.

LE COMPTABLE   Tu peux le dire!

L'EMPLOYÉE
DE BANQUE   Allons, tu t'y habitueras.

LE COMPTABLE   Penses-tu! La province, tu ne sais pas comme c'est mortel! Et puis moi, j'ai toujours été rat des villes, jamais rat des champs.

L'EMPLOYÉE DE BANQUE	Où est-ce qu'on t'a transféré?
LE COMPTABLE	A Nantes. De toute façon, où qu'on soit, c'est la mort.
L'EMPLOYÉE DE BANQUE	Faut pas exagérer! Il y a quelques années, mon cousin avait été transféré à Rouen. Eh bien, il est encore vivant … enfin, j'espère.
LE COMPTABLE	Patrick?
L'EMPLOYÉE DE BANQUE	Oui. Ah, c'est vrai, tu l'as connu! Eh bien, d'après Patrick, ce n'était pas si mal que ça à Rouen. Bien sûr, je ne lui ai pas parlé dernièrement, mais la dernière fois qu'on s'est vus, il n'avait pas l'air si malheureux là-bas. Il m'a même dit qu'il s'y était adapté.
LE COMPTABLE	Il te l'a dit, hein? Ce n'est pas ce qu'il m'a dit à moi, quand je l'ai rencontré hier soir à la Gare Saint-Lazare.
L'EMPLOYÉE DE BANQUE	Patrick? A la Gare Saint-Lazare? Il est ici pour le week-end, c'est ça?
LE COMPTABLE	Non. Ton cher cousin a tout plaqué pour revenir à Paris. Il doit t'appeler ce soir, pour te l'expliquer. En un mot, il s'était peut-être adapté, comme tu dis, mais il n'a jamais pu s'habituer. Nuance.

Perspectives

1. Quelle image est-ce que les deux locuteurs ont de la campagne? Est-ce réaliste?
2. Nantes et Rouen sont de grandes villes. Pourquoi en parle-t-on comme si c'était la campagne?

Autrement dit

Pour parler du travail

Qu'est-ce que vous faites dans la vie? *What do you do for a living?*

Je suis **fonctionnaire** (*a civil servant*).
agent de police, **douanier/douanière** (*a customs agent*), administrateur, magistrat…

dans les affaires.
comptable (*an accountant*), directeur/directrice, cadre, secrétaire, employé/e de bureau…

dans l'industrie.
ouvrier/ouvrière, technicien/ne…

dans l'informatique.
informaticien/ne, analyste en informatique, programmeur/programmeuse…

dans les arts.
artiste, musicien/ne, acteur/actrice, sculpteur, danseur/danseuse, chanteur/chanteuse, cantatrice…

dans les professions libérales.
médecin, dentiste, avocat/e, architecte…

dans l'enseignement.
instituteur/institutrice, professeur (de lycée, d'université)…

Je tiens **une petite entreprise** (*a small business*).

Je suis **boucher/bouchère** (*a butcher*), **boulanger/boulangère** (*a baker*), **épicier/épicière** (*a grocer*), **marchand/e** (*a merchant*), vendeur/vendeuse…

Mon **métier** (*profession/job*)?
Je suis garagiste, mécanicien, dépanneur, plombier…

Le monde du travail

Philippe est **chômeur** (*unemployed*) depuis quelques mois. Bien qu'il reçoive des **allocations de chômage** (*unemployment compensation*), il est toujours difficile de **joindre les deux bouts** (*to make ends meet*). Malheureusement, la **recherche** d'un emploi est très difficile en ce moment. Tous les jours, il s'adresse au **service du personnel** d'une autre société, où il **remplit une demande d'emploi**, soumet son curriculum vitæ avec des lettres de référence, et parfois, **passe une interview** avec le chef du personnel. Finalement, à la fin de trois semaines, on **l'embauche** (*hires*).

Pour plaindre quelqu'un

— J'ai été muté en province!   *I've been transferred outside of Paris!*
— Mes condoléances!
Le/la pauvre!
Mon/ma pauvre!
Oh là là!
Mon Dieu!
Ce n'est pas drôle!
Ce n'est pas marrant◊!
C'est triste, ça!
Tu n'as vraiment pas de chance/veine!

Pratique et conversation

A. Vocabulaire. Remplissez le blanc avec le mot de vocabulaire qui convient.

1. Une personne qui ne travaille pas est _____ ; en France, cette personne est susceptible de recevoir des _____ .

2. Pour trouver un poste, il faut préparer _____ et passer _____ .

3. A la fin de plusieurs mois de chômage, Pierre a finalement été _____ .

4. Votre meilleur/e ami/e vous annonce qu'il/elle vient de perdre son emploi. Qu'est-ce que vous pourriez lui dire pour montrer que vous **compatissez** (*sympathize*) à sa situation?

B. **Classez.** Classez les professions suivantes selon les catégories données.

ARTS ENSEIGNEMENT MÉTIER MANUEL COMMERÇANT INFORMATIQUE AFFAIRES FONCTIONNAIRE

comptable
plombier
danseuse
boucher
douanière
programmeur
institutrice
épicier
directrice

C. **Encore un classement.** Classez les professions suivantes selon les catégories données.

DANGEREUX BIEN PAYÉ ENNUYEUX SANS AVENIR INTÉRESSANT MAL PAYÉ STIMULANT

professeur
boulangère
agent de police
garagiste
avocate
plombier
cadre
dentiste
comptable
programmeur

D. **Interview.** Demandez à votre partenaire…

1. ce qu'il/elle aimerait faire dans la vie.
2. à quel âge il/elle aimerait pouvoir **prendre sa retraite** (*to retire*).
3. s'il/si elle a déjà passé une interview pour un emploi.
4. à qui il/elle a demandé/va demander des lettres de référence.
5. s'il/si elle travaille actuellement; s'il/si elle travaille, demandez-lui où, si le travail est à mi-temps ou à plein temps, et comment sont les conditions de travail (bien payé, ennuyeux, etc.).
6. s'il/si elle accepterait un emploi en pleine campagne.

Grammaire de base

1.1 Review the summary of pronoun usage below. The page numbers in parentheses indicate where these topics are discussed earlier in the textbook.

TO REPLACE ...	USE ...
the direct object	direct object pronouns (p. 123)
de + person	**de** + stressed pronoun (p. 125)
de + thing	**en** (p. 125)
de + location	**en** (p. 240)
quantified nouns	**en** (p. 50)
the indirect object	indirect object pronouns (p. 123)
à + thing	**y** (p. 125)
à/en/sur/dans, etc. + location	**y** (p. 240)

1.2 Review the following rules for pronoun placement.

- In a sentence with a single verb, the pronoun comes before that verb.
  Je le ferai demain.

- In a sentence with a conjugated verb followed by an infinitive, the pronoun comes before the verb of which it is the object.
  Tu peux le faire demain? Je suis sûr de pouvoir le faire demain.

- In the **futur proche,** the pronoun is placed before the infinitive.
  Je vais le faire demain.

- In the compound tenses, the pronoun comes before the auxiliary.
  Il l'a fait hier.

2.1 Familiarize yourself with the conjugation of the verb **être** in all tenses and moods:

PRÉSENT	
je suis (*I am*)	nous sommes
tu es	vous êtes
il est	elles sont

PASSÉ COMPOSÉ	
j'ai été (*I was, have been*)	nous avons été
tu as été	vous avez été
elle a été	ils ont été

IMPARFAIT	
j'étais (*I was, I was ...ing*)	nous étions
tu étais	vous étiez
on était	elles étaient

PLUS-QUE-PARFAIT

j'avais été (*I had been*)	nous avions été
tu avais été	vous aviez été
il avait été	ils avaient été

FUTUR

je serai (*I will be*)	nous serons
tu seras	vous serez
elle sera	ils seront

FUTUR ANTÉRIEUR

j'aurai été (*I will have been*)	nous aurons été
tu auras été	vous aurez été
il aura été	ils auront été

CONDITIONNEL PRÉSENT

je serais (*I would be*)	nous serions
tu serais	vous seriez
on serait	elles seraient

PRÉSENT DU SUBJONCTIF

que je sois	que nous soyons
que tu sois	que vous soyez
qu'elle soit	qu'elles soient

3.1 Learn the conjugation of the following irregular verbs:

PRODUIRE, *to produce*

Présent:	je produis	nous produisons
	tu produis	vous produisez
	on produit	elles produisent
Passé composé:	nous avons produit	
Imparfait:	vous produisiez	
Futur:	je produirai	
Conditionnel:	ils produiraient	
Présent du subjonctif:	que je produise	

[conjugated like **produire** is **conduire,** *to drive*; **construire,** *to construct*; and **traduire,** *to translate*]

COURIR, *to run*

Présent:	je cours	nous courons
	tu cours	vous courez
	on court	elles courent

Passé composé:	vous avez couru
Imparfait:	nous courions
Futur:	tu courras
Conditionnel:	il courrait
Présent du subjonctif:	que je coure

Structure I

Pour faire référence à un élément du discours déjà mentionné: les pronoms multiples

a. The order of double object pronouns before the verb is:

me (m')	+	le (l')	+	lui	+ y + en + VERBE
te (t')		la (l')		leur	
se (s')		les			
nous					
vous					

Tu t'y habitueras.   *You will get used to it.*

Il te l'a dit, hein?   *He said it to you, did he?*

b. Remember that these pronouns precede the verb of which they are the object. If a verb is in a compound tense, the object pronoun(s) will precede the auxiliary. A negation (**ne ...pas, ne ... jamais,** etc.) will surround the pronoun(s) + verb phrase.

Ne t'en plains pas.   *Don't complain about it.*

Ne leur en parlons plus.   *Let's not speak to them about it any more.*

c. The order of double object pronouns in the affirmative imperative is:

VERBE +	le	+	lui	+	moi (m')	+ y + en
	la		leur		toi (t')	
	les				nous	
					vous	

Je ne comprends pas ton histoire. Explique-la-moi.

C'est mon portefeuille! Rends-le-moi!

Note that the combination pronoun + **y** in the affirmative imperative is avoided.

d. **Moi** and **toi** become **m'** and **t'** before **en.**

Donnez-m'en.   *Give me some (of it).*

Va-t'en.   *Go away!*

e. The following verbs frequently take double objects:

dire
donner
expliquer
montrer ⎫ quelque chose à quelqu'un
raconter
rendre
servir

Pratique et conversation

A. Un mauvais style. Un de vos camarades vous demande de relire une composition qu'il a faite pour son cours de français. Malheureusement, il y a beaucoup de répétitions dedans. Vous la refaites en remplaçant les répétitions inutiles (en italique) par des pronoms.

Composition: Un malentendu

Hier, le facteur nous a livré un paquet qui était adressé à notre voisine. Ma mère m'a demandé d'aller chez elle et de donner le paquet *à notre voisine.* Quand j'ai donné *le paquet à notre voisine,* elle a ouvert *le paquet,* puis, elle a fermé *le paquet* très vite en rougissant. Je suis rentré, et j'ai expliqué la situation à ma mère. «Quelle histoire bizarre», a-t-elle dit. Raconte *cette histoire* à ton père. Quand j'ai raconté *cette histoire à mon père,* il s'est vite levé. Il est revenu avec un autre paquet. «C'est le paquet que tu aurais dû donner à Mme LeTendre. Le paquet que tu as donné *à Mme Le Tendre,* c'était un cadeau pour ta mère.» Je suis retourné chez notre voisine pour expliquer le malentendu *à notre voisine* et pour donner le bon paquet *à notre voisine.* Quand j'ai expliqué le malentendu *à notre voisine,* elle a ri et elle m'a rendu le paquet. Quand j'en ai vu le contenu, j'ai compris sa réaction. A mon retour, j'ai donné le paquet à mon père, et il a donné *le paquet* à ma mère, en disant *à ma mère,* «Voilà ton cadeau d'anniversaire; je voulais te donner *ce cadeau d'anniversaire* demain, mais à cause de ce malentendu, ce n'est plus un secret.» Ma mère a ouvert le paquet et a commencé elle aussi à rire: dedans, il y avait une chemise de nuit en soie noire, bordée de dentelle.

B. Alexandre est têtu. Le petit Alexandre est très têtu. Il ne fait pas ce que sa maman lui demande de faire. Alors, elle est obligée de se répéter. Refaites ses phrases en remplaçant les mots soulignés par un/des pronom/s.

MODÈLE   Ramasse <u>tes jouets</u>!
         Ramasse-les!

1. Alexandre, donne <u>ton petit robot</u> <u>à ton frère</u>.
2. Ne mets pas <u>le téléphone</u> <u>dans la machine à laver</u>!
3. Rends-moi <u>mon sac</u>.
4. Ne donne pas <u>de vin</u> <u>au chien</u>!
5. Donne-moi <u>ce couteau</u>. Tu vas te couper <u>le doigt</u>.

C. **Avant le mariage.** Mme Tournier aide sa fille à organiser son mariage. Jouez le rôle de Mme Tournier et répondez aux questions de la fille, en suivant les indications entre parenthèses, et en remplaçant les mots soulignés par des pronoms.

1. Maman, tu as envoyé les invitations à l'imprimeur? (OUI)

2. Tu as commandé des fleurs au fleuriste? (NON)

3. Tu as réservé une salle au restaurant? (OUI)

4. Tu vas montrer ta robe à ma future belle-mère? (NON)

5. Tu vas acheter des petits cadeaux dans cette boutique, avenue Victor Hugo? (OUI)

Structure II

Pour parler de ce qui vous arrive: la voix passive

a. Most sentences you have seen up until this point have been in the active voice. In the active voice, the subject of the sentence performs the action, and the object receives the action:

L'employée de banque	**a vu**	**Patrick**	**à la Gare Saint-Lazare.**
sujet	verbe	objet	
The bank teller	*saw*	*Patrick*	*at the Gare Saint-Lazare.*

b. When a verb is in the passive voice, the subject is acted upon by the object. Thus, the subject becomes the object or agent, and the former object becomes the subject. Compare the sentence below with the one above:

Patrick	**a été vu**	**par l'employée de banque**	**à la Gare Saint-Lazare.**
sujet	verbe	agent	
Patrick	*was seen*	*by the bank teller*	*at the Gare Saint-Lazare.*

c. To form the passive voice, use a tense of the verb **être** and the past participle. The past participle must agree in gender and number with the subject of the verb **être:**

Anne a été mutée en province par son entreprise.	*Anne was transferred outside of Paris by her company.*
Il y a quelques années, mon cousin a été transféré à Rouen.	*Several years ago, my cousin was transferred to Rouen.*
Mes amies viennent d'être affectées au Canada, à Trois-Rivières.	*My friends were just tranferred to Canada, to Trois-Rivières.*

d. As the examples above show, an agent may not always be expressed. If one is mentioned, it is usually introduced by **par.** However, when the passive voice describes a state rather than an action, the "agent" is introduced by the preposition **de.** Verbs that often express a state in the passive voice are: **admirer, aimer, détester, couvrir, craindre, dévorer, entourer, respecter.**

Cette femme est admirée de tout le monde.

Quand elle est entrée, elle était couverte de **boue** (*mud*).

e. The passive voice is used far less in French than in English. There are a number of ways to avoid its use.

- You may use the active voice instead of the passive whenever an agent is mentioned; thus, the agent becomes the subject and the former subject becomes the object:

  Cet article a été écrit par un journaliste connu.

  Un journaliste connu a écrit cet article.

- If an agent is not expressed, but is understood to be a person, use the subject pronoun **on** and the active voice:

  Patrick a été transféré à Rouen.

  On a transféré Patrick à Rouen.

- Pronominal verbs can be used instead of the passive voice to express habitual actions, as long as the subject is inanimate. The most common pronominal verbs that may be used in this construction are:

  se boire, se dire, s'expliquer, se faire, se fermer, se manger, s'ouvrir, se parler, se trouver, se vendre and **se voir.**

Le vin rouge se boit chambré.	*Red wine is drunk at room temperature.*
Le français se parle partout à la Martinique.	*French is spoken everywhere in Martinique.*
Ça ne se dit/fait pas.	*That is not said/done.*

Pratique et conversation

A. Au musée. Vous faites une visite guidée du Musée de la Découverte. Mettez les commentaires du guide (en italique) à la voix passive.

1. Bienvenue au Musée de la Découverte! *Tous les experts en la matière admirent le travail soigné de nos conservateurs.*

2. Nous avons en ce moment une exposition spéciale sur le radium. *Marie et Pierre Curie ont découvert le radium en 1898.*

3. Vous êtes maintenant dans la salle consacrée à l'archéologie sumérienne. *Deux archéologues français ont trouvé ces fragments de poterie en Iran.*

4. *Les conservateurs fermeront cette salle d'exposition dans quelques jours pour travaux.*

5. Et dans cette salle, nous avons une exposition sur la formation des minéraux et des pierres précieuses. Par exemple, *l'action de la pression et de la chaleur sur le carbone forme les diamants.*

6. *Les volcans produisent l'obsidienne.*

7. Les minéraux ont souvent un emploi pratique. Par exemple, *on obtient le verre à partir du quartz.*

B. Une journée catastrophique. Refaites les verbes soulignés pour éviter l'emploi de la voix passive.

1. Quand je suis sorti hier matin, j'ai découvert que ma voiture <u>avait été cambriolée</u>.

2. Les vitres <u>avaient été brisées</u> et la radio <u>avait été volée</u>.

3. J'ai dû aller au commissariat de police, où un rapport <u>a été rempli</u> par un agent.

4. A cause de tout cela, j'ai manqué un jour de travail. Quand je suis arrivé ce matin, j'<u>ai été congédié</u> **sur le champ** (*immediately*) par ma patronne.

5. Oh là là! Qu'est-ce que je vais faire? Les emplois <u>sont perdus</u> facilement, mais ils <u>sont obtenus</u> avec difficulté.

6. Je suis rentré en me disant: « Courage! Ton problème <u>sera réglé</u> avec le temps. »

C. **Traduisez.** Traduisez les phrases suivantes. Donnez plusieurs traductions là où c'est possible.

1. Wine is not drunk in **Moslem** (*musulman*) countries.

2. He will be met by his friends at the airport.

3. When they finally came home, the children were covered with leaves and mud.

4. His book is selling well.

5. That man is hated by most people.

Lecture I

Beaucoup de Français quittent la ville le week-end ou pendant les vacances pour habiter une résidence secondaire, une maison à la campagne — souvent une ancienne ferme. Dans ce texte, l'humoriste Christian Lamaison imagine les réactions de Geoffroy Pédescaus (Pédescaus est un mot occitan qui signifie «pied nu»), jeune garçon du sud-ouest de la France, devant les Parisiens qui s'installent dans son village. L'auteur se moque de l'idée que les gens de la ville se font de la campagne.

Avant de lire

A. **Réfléchissez.** De quelles manières est-ce que les gens de la campagne sont différents des gens qui habitent la ville? Quelles sont leurs préférences en ce qui concerne les façons de parler, la nourriture, la profession ou la résidence? Quelles conceptions ont-ils de la nature et de la campagne?

B. **Les rustiques.** Cherchez des objets nommés dans le texte qu'on trouve d'habitude à la ferme. Par exemple, **le maïs**.

C. **Une résidence aménagée.** La famille de Lô a transformé une vieille ferme en résidence moderne. Lisez rapidement le texte pour identifier la nouvelle fonction de tous les objets ci-dessous trouvés dans leur maison.

1. le ratelier des vaches

2. la mangeoire

3. les souts

4. la brouette

D. Descriptions. Trouvez les passages où le narrateur parle de la famille Ochmiansky-Mallard. Ensuite, faites une petite description de chaque membre de la famille.

1. Lô
2. la mère de Lô
3. le père de Lô
4. la sœur de Lô

Christian Lamaison,
Le Carnet de Geoffroy Pédescaus
«Je suis invité»

Mon nouveau copain s'appelle Lô. Lô c'est son **petit nom** parce que sinon il s'appelle Lô Ochmiansky-Mallard. Il vient d'arriver à notre école cette année: avant il allait à l'école dans les **bois**, à **Montreuil-sous-Bois**[1], je crois.

Il est **rigolo** et je suis très **cop** avec lui.

Il parle bien, et pas comme nous qu'on parle comme on entend jamais à la télé. Lui, au début, ça le faisait rire quand on disait, par exemple, «comment?» alors que normalement on devrait dire «comon?» Mais ça il faut nous excuser, comme on est loin de Paris, on parle encore comme ça s'écrit, bientôt oui, on pourra parler **comme il faut**.

Le père de Lô, il est ingénieur in-for-ma-ti-cien mais il est venu à Castétarbe pour fabriquer des objets en cuir à la main, comme des **trucs** pour pas perdre les clefs.

Mercredi, j'ai été invité à aller chez Lô pour **goûter**.

La maison, elle est dans le **maïs** et pour y aller, il y a un chemin avec des **trous de la poule**. La maison, elle est vieille mais ils sont en train de **l'aménager** pour que dehors on **croye**[2] que c'est des paysans mais que dedans ça soit comme dans le catalogue.

La maman de Lô est très gentille mais elle a aucun cheveu **droit**, je sais pas comment elle fait pour se **coiffer**. Et puis elle s'est habillée avec des **rideaux** qui descendent jusqu'en bas. C'est elle qui m'a fait visiter la maison. C'est drôlement **chouette** surtout les **astuces**. Parce que, quand il faut aménager les vieilles maisons, il faut trouver des astuces. D'ailleurs, chez eux, ils ont plein de livres avec des photos d'**astuces**. L'astuce qu'ils ont chez eux, c'est le **ratelier** des vaches pour mettre les journaux et la **mangeoire** pour mettre la chaîne hi-fi.

Le papa de Lô est très grand, il est **barbu** et il a des petites lunettes rondes en fil de fer qu'il enlève pour y voir clair. Son **atelier**, c'est là où il y avait les **souts** avant. Là, il n'a pas eu encore le temps d'aménager mais il a quand même enlevé le **fumier**.

Son travail est très intéressant. Il fait des ceintures, des bracelets, des sacs à main, des gadgets avec du cuir d'animaux qu'il découpe à la main.

first name

woods

funny◊/copain, i.e. friend, pal

properly

things, gadgets

to have an afternoon snack
corn(field)
potholes
renovate

straight

curtains
neat◊/clever devices or ideas

feeding trough
manger

occitan word: pigsty
a mixture of straw and manure

[1] a modern Parisian suburb (very urban setting) with no wooded areas
[2] a spelling indicating a nonstandard pronunciation of the present subjunctive of the verb **croire,** normally written "croie"

bandage
made for this purpose

coller: to stick

that was none of my business
narrator's word for "macho"
laisser tomber: to leave
something alone, to give up
on something/well
twisted

to milk (an animal)
have a bull fight

pumpkin
curdled/an expression of
disgust similar to "yuk"

wheelbarrow
circular holes
comb case
nail file

Il n'a pas pu me montrer comment il faisait parce qu'il avait un gros **pansement** au doigt. Il s'était coupé avec le tranchet (c'est un couteau **exprès**).

La sœur de Lô, c'est Flo. Elle a huit ans mais je l'aime pas. Elle a un rideau comme sa mère et elle a le droit de se mettre du bleu sur les yeux. J'avais jamais vu ça. Je lui ai demandé si ça ne **collait** pas quand on avait les yeux ouverts, mais il paraît que non. Je lui ai demandé pourquoi on mettait du bleu au-dessus des yeux, elle m'a dit que **ça ne me regardait pas** et que j'étais un **matchiste**.

Alors Lô il m'a dit de **laisser béton** et de venir voir la chèvre.

On a été voir la chèvre.

Elle était attachée à un arbre avec la chaîne du **puits** et elle avait mangé un grand rond d'herbe. Mais la chaîne était **entortillée** et elle ne pouvait plus bouger. C'était mieux qu'en vacances, on a pu monter dessus, la **traire** et lui faire manger du papier. Après, on l'a détortillée pour **faire la corrida**.

Après, on a été goûter dans la salle à manger. Moi, j'ai mangé par politesse comme Maman m'a enseigné.

Le pain était marron, la confiture était de **citrouilles** et le fromage c'était du lait **caillé** et pour boire… **beurk!**… il y avait berk! berk! berk!… de l'**infusion froide**[3] (mais moi je pense que ça devait être de la **tisane**[4])…

Papa est venu me chercher quand ça été l'heure. Il a visité la maison et il a dit que c'était original, surtout le bar qui est une vraie **brouette** cirée avec des **ronds** tout le tour pour poser les verres. Pour faire plaisir au monsieur, il a acheté un **étui de peigne** avec la place exprès pour la **lime à ongles**.

Dans l'auto, Papa m'a demandé:

— Comment il s'appelle ce monsieur?

— M. Ochmiansky-Mallard, j'ai répondu.

— Ouh, alors, ça ne m'étonne pas…

Après avoir lu

A. Compréhension du texte. Répondez aux questions suivantes.

1. Quel âge a le narrateur (à peu près)?

2. Quel est le nom de son village?

3. Quelle était la profession de M. Ochmiansky-Mallard avant de venir à la campagne? et après y être arrivé?

4. A votre avis, de quelle origine est la famille Ochmiansky-Mallard?

5. Comment interprétez-vous la réaction du père du narrateur à la fin de l'histoire?

B. Le goût de la famille de Lô. En petits groupes, faites une liste des choses chez Lô que le narrateur trouve amusantes ou différentes. Qu'est-ce qu'il aime? Qu'est-ce qu'il n'aime pas?

---

[3] a way of making tea, but a term that the narrator does not understand

[4] herbal tea (the term that the narrator is familiar with)

C. **Lecture analytique.** L'humour de ce texte réside surtout dans les impressions naïves et honnêtes du narrateur, qui exprime une ironie dont il n'est pas conscient. Considérez ce qu'il dit sur les choses ci-dessous en expliquant ce qui est ironique ou amusant dans son commentaire.

1. Montreuil-sous-Bois

2. le dehors et le dedans de la maison de la famille Ochmiansky-Mallard

3. le fait que M. Ochmiansky-Mallard a changé de profession

4. sa description de la manière dont Mme Ochmiansky-Mallard et la sœur, Flo, sont habillées

5. les noms des membres de la famille Ochmiansky-Mallard

6. le pansement au doigt de M. Ochmiansky-Mallard

D. **Une expérience bizarre.** En petits groupes, racontez une expérience personnelle que vous avez trouvée bizarre: un dîner où on a servi des plats que vous ne connaissiez pas, une personne que vous avez vue habillée d'une manière excentrique, une visite dans un pays avec des coutumes différentes, etc.

Interaction II

La vie moderne

Jacques et Irène tiennent un magasin à Saint-Prosper, petit village québécois qui se trouve à 100 km au sud de la ville de Québec et à 43 km de la frontière avec le Maine. Ils parlent avec leur petit-fils Pierre, qui habite à Montréal.

IRÈNE   Ça fait longtemps que tu n'es pas revenu nous voir à Saint-Prosper. Je suppose que tu t'amuses beaucoup à la ville.

PIERRE   C'est pas ça, mémère. Pour venir depuis Montréal, c'est loin, tu sais. Il faut prévoir longtemps à l'avance.

JACQUES   Oh, ne l'écoute pas, Pierre! C'est elle qui s'ennuie un peu, maintenant que toute la famille est partie habiter en ville.

IRÈNE   Oui, ils sont tous partis. Hélène est allée vivre avec son chum à Montréal. Quelqu'un qu'elle avait rencontré pendant les vacances. Elle espère rentrer à la télévision. Elle suit des cours de diction et tout. Non, il n'y a plus personne. Et quand je pense qu'on était onze dans la famille!

JACQUES   Oh, j'ai oublié de te dire … Ton ami Serge est parti vivre à Québec. Tout d'un coup. Et c'était le temps des foins — tu sais, c'est un moment important pour **les habitants** (*cultivateurs*). Sa famille avait besoin de lui.

IRÈNE   De toute façon, ses parents ont décidé de vendre la vieille maison et d'habiter une maison mobile. Le chauffage coûtera moins cher.

PIERRE   Mais la population ne baisse pas à Saint-Prosper malgré tous ces gens qui partent.

JACQUES   Non, c'est vrai. Il y a toujours des garçons qui veulent faire marcher les fermes. C'est juste que, autrefois, les familles étaient tellement grandes que les maisons nous semblent vides maintenant.

Perspectives

1. Quels changements démographiques et sociaux sont illustrés dans ce dialogue? Comment s'expliquent-ils?

2. Quelle est l'attitude de ceux qui restent dans le village envers ceux qui sont partis?

Autrement dit

Pour parler de la ville, la banlieue et la campagne

La ville

Moi, j'adore la ville et tous ses attraits: les magasins, les **spectacles culturels**, les restaurants, les rues qui sont toujours pleines de vie. C'est vrai, il y a le crime, le **coût de la vie** est exorbitant, la **circulation**, le bruit et la pollution sont atroces. Mais je ne pourrais jamais l'abandonner pour l'ennui de la banlieue …

France: un citadin

France: des banlieusards

France: un agriculteur

La banlieue

La banlieue, ce n'est pas l'idéal: je suis loin de mon travail en ville, et je dois **faire la navette** (*to commute*) en voiture ou en **RER** (*Parisian mass transit network to the suburbs*). Pourtant, c'est plus tranquille, il y a plus d'espace, et j'ai un petit jardin. Mais il n'y a pas beaucoup de **distractions** pour les enfants, et ils s'ennuient beaucoup. Ma femme, elle aussi, préférerait habiter en ville où il y a plus à faire, mais on n'a pas les **moyens** (*means*).

La campagne

J'ai hérité de cette vieille **ferme** (*farm*) de mon père. Le travail d'un **agriculteur** n'est pas amusant; je me lève très tôt pour m'occuper des animaux; et surtout pendant la **moisson** (*harvest*), toute la famille travaille du lever jusqu'au coucher du soleil. C'est vrai qu'avec l'équipement moderne, la vie est plus facile qu'elle ne l'était au temps de mon père. Mais les fermes **rapportent** (*earn a profit*) de moins en moins, et plusieurs de mes voisins sont partis vivre en ville.

Pratique et conversation

A. Quel mot? Quel est le mot qui correspond aux définitions suivantes?

1. C'est le moment où on **recueille** (*gathers in*) la **récolte** (*crop*).

2. C'est la région qui entoure une ville.

3. C'est le **trajet** (*trip*) qu'on doit faire pour aller à son travail et pour en revenir.

4. C'est une expression qui signifie «avoir l'argent pour faire quelque chose».   *avoir moyen*

5. Quand les rues sont encombrées de voitures, on dit que la

   _____ est dense.

B. Interview. Demandez à votre partenaire …

1. s'il/si elle préférerait habiter la ville, la banlieue ou la campagne.

2. quels sont, selon lui/elle, les avantages et les désavantages de chaque situation.

3. s'il/si elle a les moyens pour faire tout ce qu'il/elle voudrait faire.

4. quelles sont ses distractions préférées.

5. s'il/si elle est content/e de son logement en ce moment.

Etude de vocabulaire

Des expressions québécoises familières et populaires

Le québécois a des expressions particulières. En vous basant sur le contexte, essayez de deviner le sens de ces expressions; ensuite, trouvez un équivalent en français «standard».

1. T'as laissé *ton char* dans le parking?

2. Marie, c'est donc *ta blonde*? Tu es *en amour* avec elle?

3. J'ai pas le temps de *jaser*. Je me dépêche. Passe-moi un coup de fil plus tard.   *bavarder, causer*

4. — T'as perdu ta *job*? J'en suis désolé. *C'est de valeur!*   *c'est dommage*

Structure III

Pour faire faire quelque chose: le *faire* causatif

a. To describe an action that you are having performed for you, rather than performing yourself, use a conjugated form of **faire** followed by the infinitive:

Il a **fait** réparer son tracteur par le mécanicien.	*He had his tractor repaired by the mechanic.*
Nous faisons faire les plans d'une nouvelle maison par un jeune architecte.	*We are having a new house designed by a young architect.*

Note that the name of the person whom you are having perform the action, that is, the agent, is usually introduced by the preposition **par.** It may also be expressed by an indirect object:

| Elle a fait transcrire le texte à sa secrétaire. | *She had the text transcribed by her secretary.* |

b. When the action is done for oneself, the expression **se faire** + infinitive is used:

| Je me fais faire un costume sur mesure. | *I'm having a suit custom-tailored for myself.* |

c. **Faire** + infinitive may also be used to express causality:

| Sa situation malheureuse me fait pleurer. | *His/her unhappy situation makes me cry/causes me to cry.* |
| Il y a toujours des garçons qui veulent faire marcher les fermes. | *There are always boys who want to make the farms run = to run the farms.* |

d. The **faire** causative construction may have one or two objects. When there is only one object, it is always direct:

| Ce professeur fait travailler ses étudiants. (**ses étudiants**: D.O.) | *This teacher makes his students work.* |
| Le professeur fait apprendre les verbes irréguliers. (**les verbes irréguliers**: D.O.) | *The teacher teaches the irregular verbs.* |

When there are two objects, the person may be expressed as an agent or an indirect object; the thing is the direct object:

| Il fait mettre les verbes au tableau par les/aux étudiants. (**les verbes**: D.O.; **par les/aux étudiants**: agent/I.O.) | *He has his students put the verbs on the board.* |

e. In the **faire** + infinitive construction, all pronouns precede the conjugated form of **faire,** except in the affirmative imperative:

Il la leur a fait envoyer. (**la** = la lettre)

Faites-la-leur envoyer.

As the first example illustrates, there is no agreement of the past participle in the **faire** + infinitive construction.

f. Note the following translations:

faire savoir = *to cause to know, to let [someone] know, to inform*
faire tomber = *to topple or to knock over*
faire venir = *to cause to come, to send for*
faire voir = *to cause to see, to show*
Ça me fait rire/pleurer … = *That makes me laugh/cry …*

g. Note that while **faire** + infinitive expresses the idea of causing an action, **rendre** + adjective is used to express the idea of causing a change of state of mind or emotion:

| Cette nouvelle me rend très heureux. | *That piece of news makes me very happy.* |

Pratique et conversation

A. Exigences. Qu'est-ce que la première personne de la paire fait faire à la deuxième? Composez des phrases selon le modèle.

> MODÈLE la patronne/sa secrétaire
> La patronne fait taper une lettre à sa secrétaire.

1. le chef d'orchestre/ses violonistes
2. la dentiste/son assistante
3. l'automobiliste/son garagiste
4. le professeur/ses étudiants
5. la cliente dans un restaurant/son serveur
6. le client dans un magasin/sa vendeuse

B. Souhaits. Si vous pouviez, qu'est-ce que vous feriez faire …

1. par votre professeur?
2. par vos amis?
3. par un génie magique?
4. par vos parents?
5. par le président de l'université?

C. La vie d'un domestique. Vous êtes employé/e comme domestique dans une famille riche. On vous demande de faire faire certaines choses. Répondez aux questions selon le modèle.

> MODÈLE Vous allez faire préparer le dîner au cuisinier?
> Bien, Monsieur, je vais le lui faire préparer.

1. Vous allez faire tondre la pelouse au jardinier?
   Bien, Madame …
2. Vous avez déjà fait réparer la voiture au garagiste?
   Oui, Monsieur …
3. Demain, vous allez faire faire toute ma correspondance à ma secrétaire?
   Bien, Madame …
4. Vous avez fait organiser mon voyage à mon agent de voyages personnel?
   Oui, Monsieur …
5. Vous faites servir le petit déjeuner par Marie?
   Oui, Monsieur …

D. Interview. Demandez à votre partenaire …

1. ce qui le/la rend heureux/se.
2. ce qui le/la fait chanter/pleurer.
3. ce qui le/la rend mécontent/e.
4. ce qui pourrait lui faire abandonner ses études.
5. ce qui lui a fait choisir cette université.

E. Traduisez. Traduisez les phrases suivantes.

1. Do you have the pictures? Show them to me.

2. It was **an emergency** (*une urgence*) and he had to have the doctor come.

3. Let him know that I am unable to attend the meeting.

4. He had his friend do all the work.

5. Good news always makes me happy.

Structure IV

Pour mettre en valeur un élément du discours: les pronoms disjoints

a. Stressed pronouns are used to emphasize a word in the sentence:

> Ce n'est pas ce qu'il **m'**a dit **à moi.**
>
> **Toi, tu** m'écoutes?

b. The stressed pronouns are used for identifying after the forms **c'est/ce sont. C'est** is used in all cases except for the third person plural, where **ce sont** is used:

> — C'est toi, Georges? — Non, c'est moi, Henri.
>
> C'est vous, le coupable, ou ce sont eux?

c. This function may be also carried out by the construction **c'est** + stressed pronoun + **qui** for emphasizing subjects, or **c'est** + [preposition] + stressed pronoun + **que** for emphasizing objects:

> (J'ai trouvé la solution).
> C'est moi qui ai trouvé la solution.
>
> (Elle s'ennuie un peu.)
> C'est elle qui s'ennuie un peu.
>
> (Nous avons fini les premiers.)
> C'est nous qui avons fini les premiers.
>
> (Nous lui parlons.)
> C'est à lui que nous parlons.
>
> (Nous sommes venus pour eux.)
> C'est pour eux que nous sommes venus.

d. The stressed pronouns are used in one-word answers to questions, and questions without verbs:

> — Qui a fait tout ce désordre? — Pas moi!
>
> Ça va bien, et toi?

e. Use the stressed pronouns in compound subjects:

> Lui et moi, [nous] allons à la même université.

f. Use stressed pronouns after most prepositions, except in the cases listed in the *Grammaire de Base* (1.1) and in g below:

> Selon eux, les petits villages canadiens perdent beaucoup de leurs habitants.
>
> Pour moi, l'essentiel, c'est d'être heureux.

g. You have learned to use stressed pronouns to replace a noun referring to a person/persons after **de:**

> J'ai besoin de Jean-Philippe. → J'ai besoin de lui.

With the following verbs, you must also use a stressed pronoun, RATHER THAN AN INDIRECT OBJECT PRONOUN, to replace a noun referring to a person/persons after **à:**

> **être à** (*to belong to*)
> faire attention à
> penser à
> s'intéresser à

> Elle pense souvent à sa mère. → Elle pense souvent à elle.

> Tu fais attention au professeur? → Tu fais attention à lui?

h. The forms **moi-même, toi-même, lui-même, elle-même, nous-mêmes, vous-mêmes, eux-mêmes, elles-mêmes** mean *myself, yourself*, etc.

> Tu l'as fait toi-même?   *You did it yourself?*

Pratique et conversation

A. Mini-dialogues. Remplissez les blancs avec un pronom disjoint.

1. —Les journalistes disent que la situation politique **empire** (*is getting worse*).

   —Ça, c'est bon! Les journalistes, _____ , qu'est-ce qu'ils savent?

2. —_____ , Marie, tu vas m'aider ou pas?

   —_____ ? Je ne peux pas, je suis occupée en ce moment.

3. —Henri a fait ça _____-même?

   —Penses-tu! _____ , je l'ai aidé, comme d'habitude.

4. —C'est nouveau, ça! _____ et Julie, vous sortez ensemble?

   C'est vrai que tu sors avec _____ ?

   —Non, c'est fini. _____ et _____ , nous avons rompu.

5. —C'est Marie sur la photo? C'est _____ ? Je ne peux pas le croire.
   —C'est parce qu'elle s'est fait teindre les cheveux depuis.

B. Interview. Posez les questions suivantes à votre partenaire. Demandez-lui …

1. si c'est lui/elle qui fait la cuisine chez lui/elle ou si c'est une autre personne.

2. s'il/si elle sort souvent avec son/sa camarade de chambre.

3. si c'est au professeur qu'il/elle pose ses questions de grammaire ou si c'est à un/e camarade.

4. s'il/si elle veut aller au restaurant avec vous.

5. s'il/si elle pense souvent à ses amis.

C. Test. Êtes-vous vraiment amoureux/se de quelqu'un? Répondez aux questions suivantes en employant un pronom.

1. Pensez-vous souvent à cette personne?

2. Est-ce qu'il/elle s'intéresse à vous?

3. Est-ce qu'il/elle fait très attention à vous?

4. Est-ce que vous avez besoin de lui/d'elle tout le temps?

5. Est-ce que votre cœur est à lui/elle?

   Résultats: si vous avez répondu OUI à trois des questions, c'est le grand amour.

D. J'accuse. Vous êtes accusé d'un crime, mais vous êtes innocent/e, bien sûr. Votre partenaire va formuler l'accusation et vous y répondrez selon le modèle.

   MODÈLE   cambrioler l'appartement de M. Zola
            C'est toi qui as cambriolé l'appartement de M. Zola?
            Non, ce n'est pas moi qui l'ai cambriolé. C'est [Jacqueline].

1. prendre la Joconde au Louvre

2. voler la voiture du professeur

3. prendre les bijoux de la reine d'Angleterre

4. cambrioler la Maison Blanche

5. prendre les examens finals dans le bureau du professeur

Lecture II

   Auteur du dix-septième siècle célèbre pour ses Fables, Jean de La Fontaine *a trouvé son inspiration chez Esope et d'autres fabulistes de l'Antiquité et de la Renaissance, mais il s'est distingué surtout par son art poétique. Ses fables nous enseignent une morale pratique et réaliste. Elles sont connues de tous les Français, qui les citent souvent dans la conversation de tous les jours.*

Avant de lire

A. Réfléchissez. En petits groupes, décidez quels sont, à votre avis, les avantages et les désavantages de la vie en ville ou à la campagne, au vingtième siècle et au dix-septième siècle. Chaque groupe présentera ses idées à la classe.

B. La versification. Pour analyser la forme d'un poème en français, on regarde la mesure et la rime.

- En français, la mesure est déterminée par le nombre de syllabes dans le vers. Combien de syllabes y a-t-il dans chaque vers du poème de

La Fontaine? N.B.: on compte les **e** muets comme composant une syllabe s'ils ne sont pas à la fin du vers, ni suivis d'une voyelle ou d'un **h** muet.

- Consultez la grille ci-dessous pour déterminer la nature et la disposition des rimes dans la fable de La Fontaine.

NATURE DE LA RIME	
Rimes riches:	voyelle identique, plus deux autres éléments sonores identiques
Exemple:	**désertes / découvertes**
Rimes suffisantes:	voyelle identique, plus un seul autre élément sonore identique
Exemple:	**honnête / fête**
Rimes faibles:	voyelle identique
Exemple:	**Turquie / vie**
DISPOSITION DE LA RIME	
Rimes plates:	aabb
Rimes croisées:	abab
Rimes embrassées:	abba

C. Mots apparentés. Quel mot français dans la première colonne est apparenté au mot anglais dans la deuxième colonne? Connaissez-vous aussi des mots *français* qui sont apparentés aux mots de la première colonne?

I	II
1. festin	a. fashion
2. citadin	b. pleasure
3. loisir	c. feast
4. façon	d. city (-dweller)
5. plaisir	e. leisure

D. La ville et la campagne. Lisez rapidement la fable en cherchant des expressions à classer selon les deux catégories ci-dessous. Après avoir dressé vos listes, essayez de décrire les deux rats et leur style de vie.

VILLE	CAMPAGNE
_____	_____
_____	_____
_____	_____

La Fontaine, *Le Rat de ville et le rat des champs*

Autrefois le Rat de ville
Invita le Rat des champs,
D'une façon fort **civile**,
A des **reliefs d'Ortolans**.

polite/table scraps of ortolan
(a bird considered a delicacy)

Sur un Tapis de Turquie
Le **couvert** se trouva mis.   *table setting*
Je **laisse à penser la vie**   *I'll let you imagine the life*
Que firent ces deux amis.

Le **régal** fut fort **honnête**,   *banquet/respectable*
Rien ne manquait au festin;
Mais quelqu'un troubla la fête
Pendant qu'ils étaient en train.

A la porte de la salle
Ils entendirent du bruit:
Le Rat de ville **détale**;   *détaler: to hurry off*
Son camarade le suit.

Le bruit cesse, on se retire:
Rats en campagne aussitôt;
Et le citadin de dire:
Achevons tout notre **rôt**.   *achever: to finish/rôt: rôti*

— C'est assez, dit le rustique;
Demain vous viendrez chez moi:
Ce n'est pas que je **me pique**   *se piquer de: to take offense*
De tous vos festins de Roi;

Mais rien ne vient m'interrompre:
Je mange tout à loisir.
Adieu donc; **fi du plaisir**   *enough with pleasures,*
Que la crainte peut corrompre.   *who needs pleasures*

Après avoir lu

A. Compréhension du texte. Répondez aux questions suivantes.

1. Comment est le dîner en ville? Qu'est-ce qu'on mange? Où est-ce qu'on mange?

2. Qu'est-ce qui arrive pendant le dîner? Quelle est la réaction des deux rats? Expliquez.

3. Qu'est-ce que le rat des champs dit à son ami, une fois retourné à table?

4. Quelle est la morale de la fable?

B. La lecture à haute voix. En petits groupes, discutez comment le poème doit être lu et puis lisez la fable à haute voix. Désignez un membre du groupe qui le lira pour la classe. Ensuite la classe choisira la meilleure interprétation.

C. Analyse du poème. Répondez aux questions suivantes.

1. Est-ce que la fable se divise en parties ou épisodes? Expliquez. Donnez un titre à chacune de ces parties.

2. Quels temps verbaux est-ce que La Fontaine emploie? Identifiez-les tous et trouvez-en des exemples.

3. Comment est-ce que vous caractériseriez le rythme de la fable? rapide ou lent? fluide ou **saccadé** (≠ *fluide*)? Comment est-ce que le rythme contribue au sens du poème?

D. Explication. En petits groupes, discutez des questions suivantes. Ensuite, présentez vos idées à la classe.

1. Dans ce poème, La Fontaine ne donne pas beaucoup de descriptions. Comment est-ce qu'il représente la bonne qualité du repas chez le rat de ville? Pourquoi a-t-il choisi ce procédé au lieu d'une description détaillée?

2. La Fontaine n'identifie pas la menace qui interrompt le dîner. Comment est-ce qu'il la représente donc? Quel effet cherche-t-il en ne révélant pas son identité?

3. La Fontaine se sert de la narration et du dialogue dans le poème. Trouvez-en des exemples. A quels moments est-ce qu'il emploie l'une ou l'autre de ces techniques? Pourquoi est-ce qu'il fait parler le rat des champs à la fin?

E. L'expression personnelle. Chaque membre du groupe va faire une des listes suivantes: cinq noms que vous associez à la campagne; cinq verbes que vous associez à la campagne; cinq noms que vous associez à la ville; et cinq verbes que vous associez à la ville. Ensuite, montrez votre liste aux autres membres du groupe et essayez de composer un poème sur le thème de la ville et de la campagne.

 # *Compréhension auditive*

Texte I: interview avec Mme Tremblay, 45 ans, Québécoise

Habiter la grande ville ou la campagne? Il y a des avantages et des inconvénients dans les deux situations, et parfois le choix dépend du goût personnel. Dans cette interview, Mme Tremblay parle de ses préférences.

Avant d'écouter

A. Et vous? Qu'est-ce que vous préférez, la ville, la banlieue ou la campagne? Faites une liste des avantages et des désavantages de chaque situation.

	AVANTAGES	DÉSAVANTAGES
La ville	_____	_____
	_____	_____
	_____	_____

La banlieue   _____   _____

_____   _____

_____   _____

La campagne   _____   _____

_____   _____

_____   _____

B. Le contexte. Utilisez le contexte pour deviner le sens des mots en italique.

1. Ce qui est important pour moi, c'est les relations avec les gens. Oui, c'est les relations humaines qui *priment* pour moi.

2. Je ne me suis pas vraiment développé des amitiés avec des gens de la ville, des *natifs* de ces villes-là. Les gens avec qui je pouvais *me lier* c'était des gens qui étaient aussi de l'extérieur.

3. Ils sont, les natifs de la ville, ils sont difficiles de contact. Ils ont déjà leurs *réseaux* d'établi et ils sont bien comme ça. Alors, c'est assez difficile d'élargir ces réseaux.

4. Le *bénévolat* n'est pas très populaire. On ne donne pas de son temps facilement.

Québec: une spécialité de la campagne

Ecoutons

En comparant la campagne à la ville, les préférences de Mme Tremblay deviennent très claires. Essayez de dégager ses préjugés.

Pratique et conversation

A. Résumé. Répondez aux questions suivantes.

1. Selon Mme Tremblay, quels sont les avantages de la vie à la campagne? Nommez au moins trois choses.

2. Quels sont les désavantages de la grande ville, d'après Mme Tremblay? Donnez deux exemples.

3. A la fin, Mme Tremblay énumère certains avantages de la grande ville. Lesquels? Est-ce qu'elle est convaincue de l'importance de ces avantages?

4. Où est-ce que Mme Tremblay préférerait habiter? Comment le savez-vous?

B. Et vous? Êtes-vous d'accord avec les opinions suivantes de Mme Tremblay?

- La vie est plus facile à la campagne.
- Les gens s'aident plus à la campagne.
- Il est difficile de rencontrer les gens dans les grandes villes.
- Le bénévolat n'est pas très populaire dans les grandes villes.
- Il est toujours facile d'aller d'un petit village à un grand centre pour l'opéra, le cinéma ou le restaurant.

Texte II: suite de l'interview avec Mme Tremblay

Avant d'écouter

A. Rivalités. Connaissez-vous deux villes rivales? Sur quoi cette rivalité est-elle basée? Quelles en sont les manifestations?

B. Québec ou Montréal? Que savez-vous de ces deux villes? Cochez la case qui correspond à la ville décrite.

	QUÉBEC	MONTRÉAL
Le siège du gouvernement	☐	☐
Le plus grand centre économique	☐	☐
Ville avec le plus important pourcentage d'anglophones	☐	☐
Située plus au nord	☐	☐
La plus grande ville	☐	☐

Ecoutons

En quoi est-ce que l'attitude de Mme Tremblay envers la ville de Québec reflète ses préférences exposées dans la première partie de l'interview?

Québec: la ville de Montréal

Pratique et conversation

A. Québec ou Montréal … suite. Qu'est-ce que vous avez appris de ces deux villes dans l'interview? Cochez la case qui correspond à la ville décrite.

	QUÉBEC	MONTRÉAL
Il y neige plus	☐	☐
Ville de l'équipe « les Canadiens »	☐	☐
La plus vieille ville	☐	☐
Plus de problèmes d'immigration	☐	☐
Site du Parlement	☐	☐

B. Opinions. Certains des commentaires de Mme Tremblay sont basés sur des faits, tandis que d'autres représentent plutôt des opinions personnelles. En écoutant l'interview de nouveau, classez ses jugements. Comment est-ce qu'elle indique qu'il s'agit d'une opinion au lieu d'un fait?

C. Comparaisons. Comparez votre ville à une ville voisine, ou à une ville qui a plus ou moins le même statut. Quelle ville préférez-vous?

Activités

A. En province. Vous venez d'être transféré/e dans une petite ville en pleine campagne. Vous annoncez la nouvelle à un/e ami/e, qui essaie de vous consoler. Vous n'êtes pas convaincu/e par ses arguments, et vous insistez sur tout ce qui va vous manquer dans votre nouvelle situation. Il/elle suggère des remèdes possibles.

★ **B. Réclamations au syndicat.** Vous en avez marre! Votre patron est trop exigeant. Vous allez vous plaindre auprès d'un représentant du syndicat. Vous lui expliquez tout ce que votre patron vous fait faire; ensuite, il fait venir le patron et il lui explique votre point de vue.

C. Chez un conseiller. Votre mariage ne va pas bien. Vous et votre conjoint/e, vous allez chez un conseiller. Vous lui expliquez ce qui ne va pas, mais votre conjoint/e proteste et se lave les mains de toutes accusations en rejetant sur vous l'entière responsabilité des problèmes du couple. Le conseiller essaie de vous réconcilier.

D. Découvertes et inventions. Que savez-vous des découvertes et des inventions suivantes? Parlez-en à vos camarades de classe.

1. Les peintures dans la grotte de Lascaux.
2. La construction de la Tour Eiffel.
3. La fondation de la ville de Montréal.
4. La découverte du Nouveau Monde.
5. L'invention de l'alphabet pour les aveugles.

9

Portes ouvertes ou fermées?
Différences de classe

Introduction

Social class distinctions, whether determined by family tree, education, or wealth, are a crucial factor in establishing what roles an individual may take on in society. Differences in class may be manifested in many ways, but such externally obvious traits as language and dress are nearly always involved. In this chapter, we will discover what it means to belong to one class rather than another in some French-speaking cultures.

Première approche

Les trois photographies qui suivent représentent des terrains de jeu dans trois endroits différents en France.

A.

B.

C.

1. Comparez l'équipement et l'ambiance des trois terrains de jeu. Lequel préférez-vous?
2. Quels signes extérieurs indiquent la classe sociale de ces enfants?

Les trois photographies suivantes représentent trois terrains de jeu américains dans des quartiers qui correspondent plus ou moins à ceux qui sont représentés dans les photographies ci-dessus.

A.

B.

C.

3. Comparez l'équipement et l'ambiance de ces terrains de jeu américains avec ceux en France.
4. Quels signes extérieurs indiquent la classe des enfants américains?
5. Où est-ce que la classe sociale d'un enfant est plus évidente, en France ou aux Etats-Unis?

Pour aller plus loin

Un dessin de Plantu.

1. Quelles classes sociales sont représentées dans le dessin? Comment le savez-vous?

2. Quelle sorte d'école est représentée? Pourquoi le dessinateur a-t-il choisi cette sorte d'école?

3. Qu'est-ce que le dessin indique sur les attitudes de la classe bourgeoise en France? La situation est-elle différente aux Etats-Unis?

4. Qu'est-ce que le dessin suggère sur l'importance relative du racisme et des conflits de classe en France? Comparez-la avec celle des Etats-Unis.

Interaction I

Potins-cancans à l'heure du thé

    Mme Fèvre et Mme Lalande prennent le thé ensemble.

MME FÈVRE Deux morceaux de sucre?

MME LALANDE Non, merci, je n'en prends jamais. Dites, vous connaissez la petite Chantal?

MME FÈVRE La fille de votre voisine? Oui, bien sûr.

MME LALANDE Eh bien, j'ai appris ce matin qu'elle allait se marier. Entre nous, ce n'est pas trop tôt. Elle n'a plus vingt ans, vous savez.

MME FÈVRE Oh, elle n'est pas si vieille que ça! Aujourd'hui, on se marie à n'importe quel âge. Le principal, c'est qu'on s'aime et qu'on s'entende bien. Et si le fiancé de Chantal est gentil … Vous prenez du lait ou du citron?

MME LALANDE Du citron. Bref, le fiancé en question est un certain Gaston. Gaston-je-ne-sais-trop-quoi. Entre nous, pauvre Chantal! Ce Gaston est un petit ouvrier de rien du tout. Je ne sais pas exactement ce qu'il fait …

MME FÈVRE (*en aparté*) Mais ça viendra!

MME LALANDE … mais je suis sûre qu'il n'a pas un radis. Vous comprenez, Chantal et lui ne sont pas du même niveau social. Ce n'est pas pour critiquer, mais ça m'étonnerait que ça marche, tous les deux.

MME FÈVRE Pourquoi? Parce qu'il est de classe moyenne?

MME LALANDE Celui-là? De classe moyenne? Je dirais plutôt bas prolétariat. J'ai vu une photo de lui, et entre nous… Je préfère ne pas en parler.

MME FÈVRE Chantal, bien sûr, vient d'une grande famille.

MME LALANDE Vous pouvez le dire! Haute bourgeoisie. Un tout autre milieu. Les parents de Chantal possèdent des terres, un patrimoine … Lui, il n'a rien. Il n'a même pas de famille. J'en suis malade. **On a beau dire** (*Whatever one might say*), mais la descendance familiale, ça compte. Elle aurait certainement pu mieux tomber!

MME FÈVRE Pensez-vous! De nos jours, la famille, ça ne compte plus. Autrefois, oui, lorsqu'on se mariait, on épousait du même coup toute la famille de son époux — depuis les parents jusqu'aux arrière-petits-cousins! Mais aujourd'hui … D'ailleurs, ce jeune homme doit bien avoir de la famille quelque part. Il n'est pas d'ici. Et après?

MME LALANDE Justement! J'ai demandé à toutes mes amies; et personne ne sait d'où il sort. Remarquez que personnellement, ça ne me regarde pas. Je ne suis pas comme certaines: moi, je ne me mêle jamais de la vie des autres.

Perspectives

1. A quelle classe est-ce que ces deux femmes appartiennent?
2. Quels sont leurs soucis?
3. Que pensez-vous de leurs commentaires?
4. Comment interprétez-vous la dernière remarque de Mme Lalande?

Autrement dit

Pour désigner une personne

Dites, **vous** $\left\{ \begin{array}{l} \text{connaissez} \\ \textbf{vous souvenez de} \end{array} \right\}$ Chantal?　　*Do you remember*

C'est　　　celle qui travaille avec ta femme?
　　　　　la blonde qui habite en face?

Non, elle est comment?　　　　　　*No, what does she look like?*
C'est　　　la jeune fille aux cheveux longs?

Pour désigner une personne quand on ne connaît pas le nom

C'est qui,　　le monsieur　　　qui t'attend toujours à la sortie?
　　　　　la dame
　　　　　la jeune fille/femme
　　　　　le jeune homme
　　　　　la fille
　　　　　le type◊　　　$\left. \begin{array}{l} \\ \\ \end{array} \right\}$ (*the guy*)
　　　　　le mec ◊
　　　　　M. Machin◊　　$\left. \begin{array}{l} \\ \\ \end{array} \right\}$ (*Mr. So-and-so*)
　　　　　M. Untel◊

Pour désigner un objet

Je voudrais le petit truc/machin/gadget qu'on utilise pour …
Je ne sais pas comment ça s'appelle, mais ça sert à/c'est pour …
C'est comment?
C'est　　　rond/carré/rectangulaire/cylindrique
　　　　　rouge/jaune/blanc/vert/orange
　　　　　grand/gros/petit/haut/long/court/lourd/léger
　　　　　dur (*hard*)/**mou** (*soft*)
　　　　　en **bois** (*wood*)/métal/argent/or/**acier** (*steel*)/
　　　　　plastique/**laine** (*wool*)/coton

Pour décrire les rapports personnels

Tu t'entends bien/mal avec ta voisine?　　*Do you get along well/poorly*
　　　　　　　　　　　　　　　　　　with your neighbor?
Quelle sorte de rapports as-tu avec tes collègues?
Je m'entends bien/mal　　　　$\left. \begin{array}{l} \\ \\ \end{array} \right\}$ avec eux.
J'ai de bons/mauvais rapports
Nous sommes $\left\{ \begin{array}{l} \text{très amis.} \\ \text{de très bons amis.} \end{array} \right.$

Nous nous disputons rarement/souvent/fréquemment.
On se comprend très bien.   *We get along well.*

Pour reprocher quelque chose à quelqu'un

Elle pourrait/aurait certainement   *She could certainly do/could have*
pu mieux tomber.   *certainly done better.*
Elle aurait dû/devrait rompre   *She should have broken/should*
avec lui.   *break up with him.*
Elle a/a eu tort de se fiancer avec lui.

Pour se reprocher quelque chose

Je n'aurais pas dû   ⎫   *I shouldn't have done that.*
J'ai eu tort de   ⎬ faire ça.
J'aurais mieux fait de   ⎥   *It would have been better to do that.*
Ce n'était pas bien de   ⎭

study!

Les classes sociales

l'aristocratie
la haute bourgeoisie
la bourgeoisie
la classe moyenne
le [bas] prolétariat
la classe ouvrière
la classe pauvre

Pratique et conversation

A. **Quand j'avais dix ans.** Demandez à votre partenaire s'il/si elle se souvient de ses voisins, son instituteur/institutrice, son/sa meilleur/e ami/e
quand il/elle avait dix ans. Demandez-lui de décrire la/les personne/s
dont il/elle se souvient bien.

B. **Un objet mystérieux.** Pensez à un objet. Votre partenaire vous posera
des questions pour essayer de découvrir ce que c'est que cet objet. Vous
répondrez à ses questions en disant seulement oui ou non.

C. **Interview.** Demandez à votre partenaire …

1. s'il/si elle s'entend bien ou mal avec ses parents/son/sa camarade de
chambre/son frère ou sa sœur.

2. avec qui il/elle est très bon/ne ami/e.

3. avec qui il/elle se dispute souvent.

4. s'il/si elle pense que la distinction entre les classes sociales est très
nette/importante aux Etats-Unis.

5. ce qu'il/elle a eu tort de faire récemment.

Grammaire de base

1.1 Review the following patterns for conditional sentences:

SI + PRESENT	+	FUTURE
Si je réussis à cet examen,		je serai très content.
Si elle ne vient pas tout de suite,		je partirai sans elle.

SI + IMPERFECT	+	CONDITIONAL
Si tu passais plus de temps à la bibliothèque,		tu aurais moins d'ennuis à la fin du semestre.
S'il avait un ordinateur,		son travail serait plus facile.

2.1 You have learned and practiced the demonstrative adjectives on several occasions. Review the complete set below:

	MASCULIN	MASCULIN[1]	FÉMININ
SINGULIER	**ce** téléphone	**cet** ordinateur **cet** homme	**cette** leçon
PLURIEL	**ces** téléphones	**ces** ordinateurs **ces** hommes	**ces** leçons

2.2 **-ci** and **-là** are added to the noun used to distinguish between an item that is close by and one that is far away:

> Cet ordinateur-ci coûte plus cher que cet ordinateur-là.

3.1 Review the conjugation of the verb **devoir:**

PRÉSENT:	je dois	nous devons
	tu dois	vous devez
	elle doit	ils doivent
PASSÉ COMPOSÉ:	j'ai dû …	
PLUS-QUE-PARFAIT:	j'avais dû …	
IMPARFAIT:	je devais …	
FUTUR:	je devrai …	
FUTUR ANTÉRIEUR:	j'aurai dû …	
CONDITIONNEL:	je devrais …	

4.1 Before beginning this chapter, you may also wish to review the formation of the pluperfect tense (Chapter 3), as well as the present subjunctive of the verbs **avoir** and **être** (Chapter 7).

Structure I

Pour exprimer les conditions irréelles: le conditionnel passé

a. The past conditional is formed by conjugating the auxiliary **avoir** or **être** in the conditional and adding the past participle. The rules of past

---

[1] devant une voyelle, un «h muet»

participle agreement that you have learned for other compound tenses apply to the past conditional as well:

FINIR		RESTER	
j'aurais fini	nous aurions fini	je serais resté/e	nous serions resté/es
tu aurais fini	vous auriez fini	tu serais resté/e	vous seriez resté/e/s
il aurait fini	ils auraient fini	elle serait restée	elles seraient restées

b. The conditional is usually translated as *would have* + past participle:

| J'aurais fait le travail moi-même. | *I would have done the work myself.* |
| Ils seraient certainement partis avant minuit. | *They would have certainly left by midnight.* |

c. The past conditional may be used to say what you *should have* or *could have done*. In French, the past conditional of the verbs **devoir** and **pouvoir** expresses these meanings. Study these examples taken from the *Autrement dit*:

Elle aurait certainement pu mieux tomber.	*She could have certainly done better for herself.*
Elle aurait dû rompre avec lui.	*She should have broken up with him.*
Je n'aurais pas dû le faire.	*I should not have done it.*
Ils auraient pu rester ici.	*They could have stayed here.*

d. The past conditional is also used in conditional sentences to express what would have happened if another condition had been realized. The verb in the **si** clause is in the pluperfect, followed by a verb in the past conditional in the result clause:

SI + PLUPERFECT	+ PAST CONDITIONAL
Si j'avais su son nom, *If I had known his name,*	je me serais présenté à lui. *I would have introduced myself to him.*
Si tu avais appelé, *If you had called,*	je t'aurais invité au restaurant. *I would have invited you out to eat.*

Pratique et conversation

A. Une rupture. Virginie vient de rompre avec son fiancé Paul. Elle lui fait des reproches. Complétez les phrases suivantes en mettant le verbe entre parenthèses à la forme correcte.

1. Si tu m'avais offert des fleurs tous les jours, je _____ (rester) certainement avec toi.

2. Si tu m'avais donné une alliance plus tôt, nous _____ (se marier).

3. Si tu avais fait une meilleure impression sur mes parents, ils

   t'_____ (aimer).

4. Si tu n'avais pas oublié mon anniversaire, je t'_____ (pardonner).

5. Si nous avions gagné une fortune à la loterie, notre vie à deux

   _____ (être) parfaite.

B. Questionnaire. Répondez aux questions suivantes.

1. Si vous n'aviez pas décidé d'aller à l'université, qu'est-ce que vous auriez fait?

2. Si vous aviez pu acheter n'importe quelle voiture, quelle marque est-ce que vous auriez choisie?

3. Si vous aviez suivi les conseils de vos parents, qu'est-ce que vous auriez fait de votre vie?

4. Si votre professeur vous avait dit qu'il/elle avait supprimé le prochain examen, quelle aurait été votre réaction?

5. Si la banque vous avait donné un million de dollars par erreur, qu'est-ce que vous auriez fait?

C. Une mère poule (*a mother hen*). Votre fils/fille rentre de ses vacances à la plage fatigué/e, sans argent et avec un **coup de soleil** (*sun burn*). En plus, il/elle a pris cinq kilos et ses vêtements sentent la bière! Quels reproches est-ce que vous pourriez lui faire, en tant que mère poule?

   MODÈLE Si tu n'étais pas sorti tous les soirs, tu ne serais pas rentré fatigué.

D. Interview. Posez les questions suivantes à votre partenaire. Demandez-lui …

1. ce qu'il/elle aurait dû faire hier.

2. ce qu'il/elle aurait pu faire ce matin s'il/si elle avait eu plus de temps.

3. ce qu'il/elle aurait dû faire pour avoir une meilleure note au dernier examen.

4. ce qu'il/elle aurait pu faire pour être plus gentil/le récemment.

5. ce qu'il/elle aurait pu accomplir ce week-end s'il/si elle n'était pas sorti/e.

E. Une meilleure vie. Complétez les phrases suivantes.

1. Si je n'avais pas eu tant de travail hier soir, …

2. J'aurais mieux préparé ce chapitre si …

3. Si j'avais passé plus de temps à la bibliothèque ce semestre, …

4. J'aurais dormi plus longtemps ce week-end si …

5. Si j'avais choisi un cours de langue différent, …

Structure II

Pour faire référence à quelqu'un ou à quelque chose: les pronoms démonstratifs

a. A demonstrative pronoun replaces and refers to a noun that has been previously mentioned. The form of the demonstrative pronoun depends on the gender and number of the noun it is replacing. Study the forms below:

(ce tableau-ci/là)	→ **celui-ci/là** (*this/that one*)
(cette chaise-ci/là)	→ **celle-ci/là**
(ces tableaux-ci/là)	→ **ceux-ci/là** (*these/those ones*)
(ces chaises-ci/là)	→ **celles-ci/là**

b. The demonstrative pronoun cannot be used alone. It may be followed by

- **-ci** or **-là:**

  Adressez-vous à ce vendeur-là. Adressez-vous à celui-là.

- a relative clause:

  Celui avec qui elle sort n'appartient pas à sa classe sociale.   *The one she is going out with doesn't belong to her social class.*

- a phrase with **de** to indicate possession:

  Prends celui de Marc.   *Take Mark's.*

  or to specify:

  Je préfère celle de droite/de gauche/du milieu.   *I prefer the one on the right/on the left/in the middle.*

c. The use of the demonstrative pronoun to refer to a person who is not present may be considered negative or pejorative:

  Celui-là? De classe moyenne? (*se dit d'un ton moqueur*)

d. French also has a set of indefinite demonstrative pronouns, **ceci** (*this*) and **cela** (*that*). Rather than referring to a specific noun, they refer to an idea. **Ceci** is used to *announce* an idea. Otherwise, **cela** is used. In informal spoken French, **cela** is contracted to **ça**.

  Ecoutez ceci: Chantal sort avec un certain Gaston.
  Cela n'est pas normal.
  Je ne comprends pas ça.

Pratique et conversation

A. Des cadeaux de Noël. Vous rentrez du grand magasin où vous avez acheté beaucoup de cadeaux de Noël. Vous demandez à un autre membre de la famille quel cadeau conviendrait à vos parents, vos amis, etc. Remplissez le blanc avec la forme correcte du pronom démonstratif.

1. Quelle paire de gants est-ce que Maman aimerait: _____-ci

   ou _____-là?

2. Et est-ce que cette petite lampe irait bien dans l'appartement de Marc ou

   dans _____ de Françoise?

3. Et qu'est-ce que tu penses de ces cravates pour Papa? Tu crois qu'il

préférerait _____-ci ou _____-là?

4. Non, je n'ai pas acheté de pantoufles pour Papa. _____ qui
étaient en solde étaient moches, et les autres coûtaient trop cher.

5. Tu aimes ces colliers? _____-ci est pour tante Eugénie et

_____-là, je vais le garder pour moi.

B. Un test. Êtes-vous égoïste? Répondez aux questions de ce petit test en
remplaçant les mots en italique par un pronom démonstratif.

1. Mes idées sont plus originales que *les idées* de mes amis.　　OUI　NON

2. Ma chambre est mieux décorée que *la chambre* de
mes amis.　　OUI　NON

3. J'aurai un meilleur avenir que *l'avenir* de mes amis.　　OUI　NON

4. Les voyages que j'ai faits sont plus intéressants que
les voyages que mes amis ont faits.　　OUI　NON

5. Mes amis sont plus fidèles que *les amis* de mes amis.　　OUI　NON

Résultats: Si vous avez répondu oui à plus de deux des questions ci-
dessus, il est sûr que la modestie n'est pas un des traits les plus saillants
de votre caractère.

C. Interview. Posez les questions suivantes à votre partenaire. Il/elle répondra en utilisant un pronom démonstratif. Demandez-lui …

1. s'il/si elle préfère sa voiture ou la voiture de ses parents.

2. s'il/si elle aime son appartement/sa chambre ou l'appartement/la chambre de ses amis.

3. si la note qu'il/elle a eue au dernier examen est meilleure que la note
qu'il/elle a eue à son premier examen. *Celle que j'ai eue au dernier a été meilleure que*

4. si ce chapitre est plus difficile que le chapitre qui précède. *celle que j'ai eu au premier examanen*

5. si le professeur de français de deuxième année est meilleur que le professeur de première année.

*Celle du dernier
examanen a été
meilleure que celle du
premier examen*

D. A un cocktail. Commentaires entendus à un cocktail. Traduisez les
phrases suivantes en utilisant un pronom démonstratif.

1. Do you like Josette's dress? I prefer the one she wore last time.

2. That one! If I ever see her again with my husband, she'll regret it.

3. That one over there, the one who is wearing a red tie, what does he do
for a living?

4. So I told him that I liked his new car better than Philippe's, but I told
Philippe just the opposite.

5. — Who are those women over there? — The ones who are by the door?
I think they are friends of Hélène's.

Étude de vocabulaire

Le verbe devoir

Le verbe **devoir** signifie *to owe*; il pourrait aussi exprimer la nécessité (*to have to*) ou l'obligation (*must*). Pourtant, dans ces derniers sens, sa traduction en anglais n'est pas toujours très évidente. Etudiez les exemples suivants:

PRÉSENT:	Ce jeune homme doit avoir de la famille quelque part. *This young man must/has to have some family somewhere.*
PASSÉ COMPOSÉ:	Elle n'est pas là. Elle a dû sortir. *She isn't in. She must have left/had to leave.*
IMPARFAIT:	Il devait arriver avant dix heures. *He was supposed to arrive by ten o'clock.*
FUTUR:	Nous devrons rentrer bientôt. *We will have to go home soon.*
CONDITIONNEL:	Vous ne devriez pas le lui dire. *You shouldn't tell him that.*
CONDITIONNEL PASSÉ:	Je n'aurais jamais dû venir ici. *I should never have come here.*

Traduisez. Traduisez les phrases suivantes. Attention à l'emploi du verbe **devoir.**

1. I had to leave early, and frankly, I should never have come.

2. — Where is my jacket? — You must have left it at the office.

3. She was supposed to come by yesterday, but she called to say that she had to cancel the appointment.

4. You should try to do some exercise and you shouldn't eat all those sweets.

5. If he wants to do well in school, he will have to spend less time watching TV.

Lecture I

Mémoires écrits en 1990, Nous les filles *décrit l'enfance ouvrière de son auteur, qui se passe à Béziers pendant les années cinquante.*

Avant de lire

A. Prédictions. Essayez de deviner le contenu du texte en répondant aux questions suivantes.

1. Quelle attitude la classe ouvrière a-t-elle envers l'argent? Pourquoi aurait-on une telle attitude?

2. De quelles valeurs est-ce que la classe ouvrière serait fière?

3. Est-ce qu'on trouve du snobisme dans la classe ouvrière? En quoi consisterait un tel snobisme?

4. Comment serait la vie d'un enfant dans une famille ouvrière? Est-ce qu'il posséderait beaucoup de choses? De quoi est-ce qu'il serait **privé** (*deprived*)?

B. Racines. Quel/s autre/s mot/s voyez-vous dans les mots suivants? En utilisant votre connaissance des suffixes, des préfixes et de l'anglais, proposez une définition pour chacun.

1. détourner
2. montrable
3. regroupement
4. paroissial
5. périlleux

C. Hypothèses. Qu'est-ce que les mots en italique pourraient signifier? Formulez des hypothèses de nature générale (exemples: il s'agit d'une qualité positive, c'est un mot synonyme, c'est un mot de sens opposé, etc.). Ensuite, vérifiez vos hypothèses à l'aide d'un dictionnaire.

1. En dessous de nous, il y avait les pauvres, sales, *déguenillés*. On disait d'eux: «Ils ne savent pas *se tenir*».

2. Nous étions propres, *raccommodées* avec soin, nous avions la **raie** (*part*) dans les cheveux bien droite et les trous, même sur les pieds invisibles des chaussettes, étaient *reprisés* soigneusement.

3. Nous ne voulions pas jouer avec certaines fillettes … elles avaient les mains sales, elles avaient des poux, elles disaient des gros mots et étaient toutes des «*garçonnières*». Nous, nous n'étions pas des *caraques*.

D. Parcourez. Lisez rapidement le texte pour trouver les choses suivantes.

1. Le nom du quartier de la narratrice.
2. Le nom d'une copine ou d'une voisine de la narratrice.
3. Les frais mensuels chez la narratrice.
4. Une raison pour laquelle la narratrice n'estimait pas les gens «pauvres».
5. Une de ses activités typiques pendant son enfance.
6. Un endroit où elle jouait.

Marie Rouanet, *Nous les filles*

Le quartier de la Font-Neuve était habité par de pauvres gens. J'ai vécu là une enfance modeste. Sereine aussi.

On comptait pour tout, il était toujours question d'économies et la «fin du mois» **rythmait le temps**, ce passage périlleux dont certains sortaient vaincus. On en entendait parler, on en parlait entre copines.

«Eh! disait Mme Puech à sa fille en l'envoyant **aux commissions**, n'en prends que pour cent francs que c'est la fin du mois.» Lucienne

We counted everything
gave a rhythm (beat) to the
passing time
to buy provisions

«allait à credit» et expliquait à l'épicière «ma mère paiera à la fin du mois». Il n'était pas rare que Paulette, Lili ou Alice précisent: «Je risque pas de prendre des **sous** à ma mère…», «Je ne pense pas acheter de cahier neuf… je prends qu'une pièce pour la **quête**… que c'est la fin du mois»; ou bien elles annonçaient: «Le mois prochain ma mère m'achètera des sandalettes… un **ruban** pour les cheveux.»

money
Sunday collection at church

ribbon

Une économie sans bavures dirigeait la plupart des maisons.

coal for heating
insurance
daily budget
s'en sortir: to get by

Chez moi l'argent était réparti dans des enveloppes: loyer, **charbon**, électricité, nourriture, **mutuelle**, et il n'en sortait que pour l'usage prévu. Jamais rien n'était détourné de ce qui nous assurait le strict **quotidien**. En faisant attention, en s'arrangeant, on **s'en sortait**.

hems/suspenders/pin/
holes/gaping

En dessous de nous, il y avait les pauvres, sales, déguenillés. On disait d'eux: «Ils ne savent pas se tenir.» Leurs boutons n'étaient pas recousus, leurs **ourlets**, leurs **bretelles** fermaient avec une **épingle**, leurs **trous** restaient **béants**. Ils n'étaient pas montrables.

lice/vulgar words
tomboys/occitan word for
"gypsy"/part (of the hair)

Nous ne voulions pas jouer avec certaines fillettes quand par hasard nous les rencontrions dans quelque regroupement paroissial: elles avaient les main sales, elles avaient des **poux**, elles disaient des **gros mots** et étaient toutes des «**garçonnières**». Nous, nous n'étions pas des **caraques**. Nous étions propres, raccommodées avec soin, nous avions la **raie** dans les cheveux bien droite et les trous, même sur les pieds invisibles des chaussettes, étaient reprisés soigneusement.

skillfully make ends meet

La gloire dans les familles se réduisait le plus souvent à la réputation d'être ainsi irréprochable, de pouvoir travailler dur, et de **joindre habilement les deux bouts**.

worries
my share/slaps

Je n'avais pas de **soucis**, je n'étais pas dévorée d'ambitions. Je recevais **mon comptant** de **taloches** et d'affection, je n'avais à m'occuper de rien. J'étais heureuse. J'ai donc passé mon temps à jouer à tout et surtout à ce qui ne coûtait rien. Aucun **tracas** n'est venu me distraire de la corde à sauter, des **marelles** et jeux de balles, du **dépiautage des fleurs sucrées de l'acacia**.

preoccupation
hopscotch/plucking the petals
of sweet acacia blossoms

J'ai joué merveilleusement au milieu de mes «copines», avec les alternances rituelles des saisons, des lieux, des circonstances. J'ai joué avec des filles, exclusivement, à l'école, au catéchisme, **en colonie**: il n'était ni **d'usage**, ni **de bon ton** de nous mêler aux garçons.

at camp
customary/correct, proper

Et malgré la bande de couleur dont ma robe était rallongée, malgré ces **souliers** dont on découpait le **bout** pour qu'il ne **blesse** pas le pied devenu trop grand, malgré ce **goûter** où il y avait plus de pain que de **garniture** mais qui était toujours une fête, je fus, pendant des années, délicieusement **livrée** au jeu.

shoes/end/blesser: to hurt
afternoon snack
garnish
abandoned

Le soir je rentrais vers la lumière, vers la chaleur de la cuisinière de **fonte**, j'étalais un journal sur la table de la cuisine et je jouais encore ou je faisais mes devoirs.

cast iron

Marie ROUANET, *Nous les filles* pp. 15/17 (Payot 1990)

Après avoir lu

A. Vérifiez. Est-ce que vous avez bien anticipé les attitudes de la narratrice formulées dans l'exercice A à la page 294? Est-ce qu'il y a des attitudes ou des descriptions dans le texte qui vous ont surpris/e?

B. Compréhension du texte. Répondez aux questions suivantes.

1. Comment est-ce que les gens de ce quartier se débrouillaient avec si peu d'argent?

2. En quoi consiste la différence que la narratrice voit entre elle, sa famille ou ses amis, et ceux qu'elle appelle «les pauvres»? Est-ce que ce sont des différences de classe? Pourquoi ou pourquoi pas?

3. De quoi est-ce qu'on est fier dans le quartier de la narratrice?

4. Quelles indications extérieures avons-nous de la pauvreté de la narratrice?

5. Est-ce que la narratrice avait des parents sévères? Justifiez votre réponse en citant le texte.

C. Résumez. Choisissez le paragraphe qui résume le mieux le texte. Défendez votre choix et indiquez pourquoi les autres résumés sont moins justes.

Résumé A

Elle a été élevée dans un quartier pauvre et le budget de ses parents était très limité. La vie n'était pas aisée, surtout à la fin du mois. On était fier d'être de la classe ouvrière. Il était très important d'apprécier ce qu'on avait et elle a bien compris qu'il y avait des gens plus malheureux qu'elle. Malgré les ressources limitées de sa famille, elle a eu une enfance heureuse et sans souci.

Résumé B

Elle a été élevée dans un quartier pauvre et le budget de ses parents était très limité. La vie n'était pas aisée, surtout à la fin du mois. On était fier de surmonter les obstacles financiers en travaillant et en se débrouillant. Il était très important de faire de grands efforts pour avoir l'air propre et soigné et elle méprisait les gens qui ne respectaient pas cette exigence. Malgré les ressources limitées de sa famille, elle a eu une enfance heureuse et sans souci.

Résumé C

Elle a été élevée dans un quartier pauvre et le budget de ses parents était très limité. La vie n'était pas aisée, surtout à la fin du mois. On n'arrivait à s'en sortir que par de grands efforts qui décourageaient la famille. Ses vêtements bon marché lui faisaient honte. Elle se considérait supérieure aux gens qui avaient moins qu'elle. Elle avait des parents sévères à qui elle essayait d'échapper en allant jouer avec ses amies.

D. Questions culturelles. En petits groupes, comparez la description de la vie de la narratrice à la vie d'une fille de la classe ouvrière aux Etats-Unis. Quelles différences ou similitudes voyez-vous?

France: un quartier ouvrier en 1903

Interaction II

Tous les métiers se valent

Un ancien mineur parle à son fils de sa philosophie de la vie: la vie a des moments difficiles, mais le mieux, c'est de s'adapter et de ne rien regretter.

LE PÈRE DE FAMILLE Non, comme dit la chanson, je ne regrette rien. Moi, j'ai passé ma vie à travailler dans les mines. Et mon père, avant moi, en avait fait autant. Et son père avant lui. A l'époque, on ne mettait pas en question ce genre d'héritage. On y était destiné, de père en fils. On en était fier. Je le suis toujours — comme toutes les familles de mineurs des environs.

LE FILS Tu ne m'en veux pas trop d'être devenu instituteur, d'avoir manqué à la tradition? Au fond, tu aurais peut-être aimé que je sois mineur comme toi, non?

LE PÈRE Non, Michel. Je suis content que tu aies choisi une voie qui te convient à toi. On doit s'adapter au monde. D'ailleurs, tu n'es pas le seul. Regarde les fermiers, les agriculteurs, la classe ouvrière qui disparaît de plus en plus … Si j'étais jeune, qui sait ce que je ferais? Il y a quand même la solidarité de la classe ouvrière qui me manquerait. Au fond, je garde un bon souvenir de mes années de travail, malgré les moments difficiles.

LE FILS Tu veux dire le **coup de grisou** (*underground natural gas explosion*) qui a emporté grand-père, dans cette mine près de Lille?

LE PÈRE Près de Cambrai. Oui. Et quelques autres coups durs aussi. Bah, il y a des accidents dans tous les métiers. Au moins, nous n'étions jamais au chômage. Les patrons avaient toujours besoin de nous. On a souvent dû lutter contre eux, mais on avait la fierté de faire un travail dur. Et puis on savait qu'on avait un boulot qui comptait pour quelque chose.

Perspectives

1. Décrivez l'attitude du père envers son travail et sa vie.
2. Quelles valeurs est-ce que le père trouve importantes? Qu'est-ce qui a changé avec le temps?

Autrement dit

Pour raconter des souvenirs

Demander à quelqu'un de raconter ses souvenirs
Papa, parle-moi de ton travail dans les mines.
    tu m'as dit qu'une fois, tu … (*you told me that once you…*)
    une fois, n'est-ce pas, tu …
    est-ce que tu te souviens du (*do you remember the day when…*)
    jour où …
    tu n'as pas oublié …
Commencer à raconter des souvenirs
Je me souviens encore du
Je me rappelle le
Je n'oublierai jamais le   } jour où…
J'ai de très bons/mauvais **souvenirs** (*memories*) du
Je ne suis pas certain/e des détails mais …
Si j'ai bonne mémoire …

Dire sa résignation

Bah, c'est normal.
C'est la vie.
C'est comme ça, la vie.
La vie est dure.   *Life is tough.*
La vie n'est pas gaie.

Dire son regret

Je regrette **ma jeunesse** (*my youth*).
    d'avoir choisi ce métier.
    que tu sois devenu instituteur (*that you became a teacher*).

Malheureusement, on n'a pas toujours ce qu'on veut dans la vie.
C'est vraiment dommage (que tu sois arrivé en retard).
C'est vraiment bête (de ne rien faire).
Je suis désolé/e.

Pratique et conversation

A. Des souvenirs. Demandez à votre partenaire de raconter un événement de sa jeunesse. Posez-lui des questions s'il/si elle a oublié des détails.

B. Situations. Qu'est-ce que vous diriez pour répondre aux commentaires suivants? Utilisez une expression de l'*Autrement dit*.

1. Si j'avais seulement un peu plus d'argent, je pourrais faire tout ce que je voudrais.

2. Mais pourquoi est-ce que cette catastrophe m'est arrivée à moi?

3. Les autres, ils ont de belles maisons, une voiture de sport …

4. Et quand je suis retourné au parking, j'ai remarqué que ma voiture avait été cambriolée.

5. Je travaille si dur et je ne vois pas de résultats.

Structure III

Pour exprimer l'antériorité: le passé du subjonctif

a. The **passé du subjonctif** is formed by conjugating the auxiliary (**avoir** or **être**) in the present subjunctive and adding the past participle. Study the forms below:

	VOIR		ARRIVER	
que	j'aie vu	nous ayons vu	je sois arrivé/e	nous soyons arrivé/e/s
	tu aies vu	vous ayez vu	tu sois arrivé/e	vous soyez arrivé/e/s
	elle ait vu	ils aient vu	elle soit arrivée	ils soient arrivés

Note that the same rules you learned for past participle agreement in the compound tenses are observed in the **passé du subjonctif.**

b. The **passé** of the subjunctive is used where the subjunctive mood is required; it expresses an action that occurs before the action in the main clause.

Je suis content que tu aies choisi ce métier.   *I am happy that you chose this trade.*

J'étais content que tu aies choisi ce métier.   *I was happy that you had chosen this trade.*

J'étais content que tu fasses ce travail.   *I was happy that you were doing this work.*

As the above examples indicate, the translation of the **passé du subjonctif** will vary according to the tense of the initial verb, since it expresses past time *relative to the tense in the main clause.*

c. If the subject is the same in both clauses, the past infinitive is used instead of the subjunctive to express the same time relations. The past infinitive is formed by adding the past participle to the infinitive of the auxiliary, either **avoir** or **être.** When the past infinitive is conjugated with **être,** the past participle will agree with the subject of the sentence.

Je suis content d'avoir choisi ce métier.   *I am happy to have chosen this trade.*

J'étais content d'avoir choisi ce métier.   *I was happy to have chosen (that I had chosen) this trade.*

Nous regrettons de ne pas être restés.   *We are sorry that we didn't stay.*

Note in the last example that both parts of the negation precede the infinitive of the auxiliary.

Pratique et conversation

A. Un voyage mémorable. Vous venez de faire un voyage autour du monde et vous parlez de vos expériences à un ami. Faites des phrases en mettant l'infinitif à la forme correcte du passé du subjonctif.

1. Je suis content que tout/se passer bien.

2. J'aurais voulu que notre séjour en Europe/être plus long.

3. J'ai peur que cette petite boutique en Thaïlande/ne … pas envoyer mes achats.

4. Je regrette que nous/ne … pas pouvoir voir le Taj Mahal.

5. Je suis triste que tu/ne … pas venir avec moi.

B. Décisions. Quelles décisions avez-vous prises dans votre vie? En êtes-vous content/e? mécontent/e? satisfait/e? Complétez les phrases suivantes selon le modèle.

MODÈLE   Je suis content/e …

Vous   Je suis content d'avoir choisi cette université.
OU: Je suis content que mes parents m'aient obligé à travailler dès le plus jeune âge.

1. Je suis content/e …

2. Je regrette …

3. Je ne suis pas sûr/e …

4. J'aurais préféré …

5. Je voudrais …

Structure IV

Pour exprimer le doute ou l'incertitude:
le subjonctif après les antécédents indéfinis

a. The verb in a relative clause will be in the subjunctive when the noun modified by the clause refers to someone or something whose existence is somehow in question:

Je ne connais personne qui puisse manger autant que lui.	*I don't know anyone who can eat as much as he can.*
Je cherche une personne qui soit entièrement satisfaite de sa vie.	*I'm looking for a person who is wholly satisfied with his life.*
Il n'y a rien qui puisse me rendre heureux en ce moment.	*There is nothing that can make me happy just now.*

b. The indicative is used in this case when the antecedent's existence is real or unquestioned:

Je connais quelqu'un qui peut manger autant que lui.	*I know someone who can eat as much as he can.*
J'ai trouvé un philosophe qui est entièrement satisfait de sa vie.	*I've found a philosopher who is entirely satisfied with his life.*

Structure V

Pour exprimer une opinion: le subjonctif dans les propositions relatives

a. The verb in a relative clause will be in the subjunctive after superlative expressions such as **le plus ..., le moins ..., le meilleur,** or expressions of uniqueness such as **le seul,** or **l'unique,** when an opinion is being given or a judgment is being made:

C'est le meilleur film que j'aie jamais vu.	*It's the best film I have ever seen.*
Regarder la télé? C'est le seul/ l'unique plaisir que j'aie.	*Watching TV? It's the only pleasure I have.*

b. The indicative is used in these cases when an objective fact is being stated:

C'est le plus grand bâtiment qu'il a construit.	*It's the tallest building he built.*

Pratique et conversation

A. Désirs inassouvis (*Unsatisfied desires*). Un ami parle de ce qu'il veut dans la vie. Malheureusement, ses exigences sont un peu exagérées. Faites des phrases en mettant l'infinitif à la forme correcte.

1. Je cherche un travail qui/payer bien et /ne ... pas être exigeant.

2. Je cherche une femme qui/être riche, belle et spirituelle.

3. Connaissez-vous quelqu'un qui/répondre à ma description?

4. Je cherche un ami qui/ne … pas avoir de défauts de caractère.

5. Je ne connais personne qui/pouvoir répondre à mes exigences.

B. Opinions. Pour les catégories suivantes, faites une phrase selon le modèle.

MODÈLE meilleur film

Vous *Les Dents de la mer*, c'est le meilleur film que j'aie jamais vu/ qui soit.

1. le meilleur film
2. le meilleur livre
3. le plus beau tableau
4. la plus mauvaise pièce de théâtre
5. le cours le plus intéressant
6. la seule activité

C. Interview. Demandez à votre partenaire …

1. s'il/si elle connaît quelqu'un qui ait tout ce qu'il veut.

2. s'il/si elle connaît quelqu'un qui puisse l'aider avec ses devoirs de français.

3. quelle est la plus mauvaise note qu'il/elle ait jamais reçue à un examen.

4. quel est le meilleur cours qu'il/elle ait jamais suivi.

5. s'il y a quelque chose qui puisse vous dispenser du travail du cours.

Lecture II

Un des romanciers les plus importants de la première moitié du dix-neuvième siècle, Stendhal[2] a souvent comparé le roman à un miroir «qui se promène sur une grande route… [qui tantôt] réflète à vos yeux l'azur des cieux, tantôt la fange des bourbiers de la route.» Le Rouge et le noir, publié en 1831, est un des premiers exemples du réalisme psychologique. Dans cet extrait, Julien Sorel, jeune homme ambitieux et fier, mais d'origine modeste, vient de recevoir un poste de secrétaire pour le Marquis de La Mole, homme noble et important. Ce poste permet à Julien de quitter le séminaire où il est étudiant et de s'installer à Paris, ville qu'il ne connaît pas mais dont il rêve depuis longtemps. Il vient d'arriver chez l'abbé Pirard, son protecteur, qui lui parle des responsabilités de son nouveau poste et de sa nouvelle résidence chez le Marquis de La Mole.

Avant de lire

A. Hypothèses. Essayez de deviner le contenu du texte en répondant aux questions suivantes.

1. Que signifient les mots «bourgeois» ou «noble» pour vous?

2. Quelles sortes de différences existent entre les gens d'une classe ouvrière et d'une haute classe sociale? entre les bourgeois et les nobles?

[2] pseudonyme pour Henri Beyle, 1783–1842

3. Quelles sortes de problèmes rencontre-t-on quand on entre comme employé dans une famille riche et d'une très haute classe sociale?

4. Quelle sorte de conseil est-ce que vous donneriez à Julien avant qu'il ne prenne son nouveau poste?

B. **Les mots apparentés.** Employez votre connaissance de l'anglais et du contexte pour deviner le sens des mots en italique. Lequel de ces mots est un faux ami?

1. «Chaque jour, à midi, vous *vous établirez* dans la bibliothèque du marquis…»

2. «S'il est content, vos *appointements* pourront s'élever par la suite jusqu'à huit mille francs.»

3. «Il a de l'esprit, de la *bravoure*; il a fait la guerre d'Espagne.»

4. «…vous verrez Mme la marquise de La Mole. C'est une grande femme blonde, *dévote*, hautaine, parfaitement polie et encore plus insignifiante.»

C. **Familles de mots.** Employez votre connaissance du mot racine et du contexte pour deviner le sens des mots en italique.

1. «—Ah! Monsieur! s'écria Julien *rougissant*.» (rouge)

2. «J'ai dit que vous étiez un grand *latiniste*, peut-être compte-t-il que vous apprendrez à son fils quelques phrases toutes faites, sur Cicéron et Virgile.» (latin)

3. «…tous les *flatteurs* qui dînent chez eux y font de temps en temps ce qu'ils appellent des allusions délicates.» (flatter)

4. «…vous verrez Mme la marquise de La Mole. C'est une grande femme blonde, dévote, *hautaine*, parfaitement polie et encore plus insignifiante.» (haut)

D. **Parcourez.** Trouvez la partie du texte où l'abbé Pirard parle …

1. des responsabilités de Julien.

2. du fils de M. de La Mole.

3. de Mme la marquise de La Mole.

4. du risque qu'on essaierait de corrompre Julien.

5. du snobisme de la noblesse.

Stendhal, *Le Rouge et le noir*

Cet abbé lui expliqua, d'un ton froid, le genre de vie qui l'attendait chez M. de La Mole.

Si au bout de quelques mois vous n'êtes pas utile, vous rentrerez *in good graces* au séminaire, mais **par la bonne porte.** Vous allez loger chez le marquis, l'un des plus grands seigneurs de France. Vous porterez l'habit noir mais *in mourning* comme un homme qui est **en deuil**, et non pas comme un ecclésiastique. *exiger: to insist* J'**exige** que, trois fois la semaine, vous suiviez vos études en théologie dans un séminaire, où je vous ferai présenter. Chaque jour, à midi, vous vous établirez dans la bibliothèque du marquis, qui compte vous employer à faire des lettres pour des **procès** et d'autres affaires. Le marquis écrit, en deux mots, **en marge** de chaque lettre qu'il reçoit, le genre de réponse qu'il faut y faire. **J'ai prétendu** qu'au bout de trois mois, vous seriez en état de faire ces réponses, **de façon que**, sur douze que vous présenterez à la signature du marquis, il puisse en signer huit ou neuf. Le soir, à huit heures vous mettrez son bureau en ordre, et à dix vous serez libre.

lawsuits

in the margins

prétendre: *to claim or to maintain/so that*

Il se peut, continua l'abbé Pirard, que quelque vieille dame ou quelque homme au ton doux vous **fasse entrevoir** des avantages immenses, ou **tout grossièrement** vous offre de l'**or** pour lui montrer les lettres reçues par le marquis…

It's possible

faire entrevoir: *to give [someone] a glimpse of [something]/outrightly/gold*

— Ah! Monsieur! s'écria Julien rougissant.

— Il est singulier, dit l'abbé avec un sourire **amer**, que, pauvre comme vous l'êtes, et après une année de séminaire, il vous reste encore de ces indignations vertueuses. Il faut que vous ayez été bien **aveugle**!

bitter

blind

[…] S'il est content, vos appointements pourront s'élever par la suite jusqu'à huit mille francs. Mais vous sentez bien, reprit l'abbé d'un ton **aigre**, qu'il ne vous donne pas tout cet argent pour vos beaux yeux. **Il s'agit** d'être utile. A votre place, moi, je parlerais très peu, et surtout je ne parlerais jamais de ce que j'ignore.

sharp

It's a question of…

Ah! dit l'abbé, j'ai pris des informations pour vous; j'oubliais la famille de M. de La Mole. Il a deux enfants, une fille et un fils de dix-neuf ans, élégant par excellence, **espèce de fou**, qui ne sait jamais à midi ce qu'il fera à deux heures. Il a de l'esprit, de la bravoure; il a fait la guerre d'Espagne. Le marquis espère, je ne sais pourquoi, que vous deviendrez l'ami du jeune **comte Norbert**.[3] J'ai dit que vous étiez un grand latiniste, peut-être compte-t-il que vous apprendrez à son fils quelques **phrases toutes faites**, sur **Cicéron et Virgile**.[4]

foolish young man

the son of the Marquis de La Mole/ready made, well-known sentences

A votre place, je ne me laisserais jamais **plaisanter par** ce beau jeune homme; et, avant **de céder à** ses avances parfaitement polies, mais un peu **gâtées** par l'ironie, je me les ferais répéter plus d'une fois.

to be mocked by

to give in to

spoiled

Je ne vous cacherai pas que le jeune comte de La Mole doit vous **mépriser** d'abord, parce que vous n'êtes qu'un petit bourgeois. Son **aïeul** à lui était de la cour, et eut l'honneur d'avoir la tête **tranchée** en **place de Grève**,[5] le 26 avril 1574, pour une intrigue politique. Vous, vous êtes le fils d'un **charpentier** de **Verrières**, et de plus, **aux gages** de son père. Pesez bien ces différences, et étudiez l'histoire de cette famille dans **Moreri**;[6] tous les flatteurs qui dînent chez eux y font de temps en temps ce qu'ils appellent des allusions délicates.

to despise/ancestor

cut off

carpenter/the village where Julien was raised/in the employment

Prenez garde à la façon dont vous répondrez aux plaisanteries de M. le comte Norbert de La Mole, chef d'**escadron de hussards** et futur **pair** de France, et ne venez pas me faire des **doléances** par la suite.

important cavalry squadron

membre de la Haute Assemblée législative/complaints

---

[3] in noble families, a son frequently bore a different name or title of nobility from his father
[4] two celebrated authors of Latin literature
[5] the city square where executions were held in Paris
[6] French biographer (1643–1680); author of the *Grand Dictionnaire historique* (1674)

— Il me semble, dit Julien en rougissant beaucoup, que je ne devrais pas même répondre à un homme qui me méprise.

— Vous n'avez pas d'idée de ce mépris-là; il ne se montrera que par des compliments exagérés. Si vous étiez un **sot**, vous pourriez **vous y laisser prendre**; si vous vouliez faire fortune, vous devriez vous y laisser prendre. […]

idiot/be taken in

Vous verrez encore, ajouta-t-il avec la même mauvaise grâce, et comme accomplissant un devoir pénible, vous verrez Mme la marquise de La Mole. C'est une grande femme blonde, dévote, hautaine, parfaitement polie, et encore plus **insignifiante**.[7] Elle est fille du vieux duc de Chaulnes, si connu par ses préjugés nobiliaires. Cette grande dame est une sorte d'**abrégé**, en haut relief, de ce qui fait au fond le caractère des femmes de son **rang**. Elle ne cache pas, elle, qu'avoir eu des ancêtres qui soient allés aux **croisades** est le seul avantage qu'elle estime. L'argent ne vient que longtemps après: cela vous étonne? Nous ne sommes plus **en province**, mon ami.

miniature
rank
Crusades
outside of Paris

Vous verrez dans son salon plusieurs grands **seigneurs** parler de nos princes avec un ton de légèreté singulier. Pour Mme de La Mole, elle **baisse** la voix par respect toutes les fois qu'elle nomme un prince et surtout une princesse. Je ne vous conseillerais pas de dire devant elle que Philippe II ou Henri VIII furent des monstres. Ils ont été ROIS, ce qui leur donne des droits imprescriptibles aux respects de tous et surtout aux respects d'êtres sans naissance, tels que vous et moi.

noblemen

baisser: to lower

Après avoir lu

A. Vérifiez. Révisez vos prédictions. Est-ce que certains aspects de la représentation de la classe noble vous ont surpris/e? Est-ce que vous êtes d'accord avec les conseils que l'abbé Pirard a donnés à Julien? Pourquoi ou pourquoi pas?

B. Compréhension du texte. Répondez aux questions suivantes.

1. Comment est-ce que Julien s'habille pour son nouveau poste?
2. Quelles sont les heures de travail de Julien?
3. Quelles sont ses responsabilités?
4. Qui sont les membres de la famille de La Mole?
5. Décrivez Mme la marquise de La Mole.

C. Julien ou les de La Mole. En vous basant sur le passage que vous venez de lire, indiquez si les mots suivants décrivent Julien, les de La Mole, les deux ou ni l'un ni l'autre. Justifiez vos réponses.

1. courageux
2. fier
3. honorable
4. snob
5. savant

6. respectueux
7. naïf
8. hypocrite
9. flatteur

[7] L'abbé Pirard is calling attention to the Marquise's total lack of authority within her family or society, and to her dull personality by calling her insignificant.

D. Pour approfondir. Discutez des questions suivantes.

1. On peut facilement dire que Mme la marquise de La Mole est très snob, mais est-ce qu'on peut aussi considérer Julien comme un snob? Pourquoi ou pourquoi pas?

2. L'abbé Pirard a beaucoup d'affection pour Julien et lui a servi de protecteur. Est-ce qu'il parle à Julien comme à un ami? Cherchez les phrases qui décrivent la manière dont l'abbé parle. Comment est-ce qu'on peut expliquer le ton de son discours? Pourquoi est-ce qu'il parle à Julien d'une telle manière?

3. Qu'est-ce que la noblesse estime être un mérite? En quoi consiste l'identité noble pour eux?

E. Le snobisme. En petits groupes, discutez du sujet du snobisme. Est-ce que vous le rencontrez souvent? Où? Quelles sortes de gens ont tendance à être snob? Est-ce que les Français sont plus snob que les Américains, ou vice-versa?

Compréhension auditive

Texte I: interview avec Mme C., d'Haïti

Les différences de classe sont plus marquées dans certains pays — et en Haïti notamment. Une Haïtienne nous parle de ces différences, de leurs conséquences économiques et politiques, et de leur effet sur l'environnement.

Avant d'écouter

A. Associations. Quelles possessions matérielles, quelle éducation et quelle influence sociale associez-vous aux classes sociales suivantes?

1. la bourgeoisie

2. la classe moyenne

3. la classe pauvre

B. Le contexte. En utilisant le contexte, essayez de deviner la signification des mots en italique.

1. Haïti, c'est le pays des contrastes: on trouve les riches qui sont vraiment favorisés et les pauvres qui sont complètement *démunis*.

2. Il y a très peu de contacts entre les différentes classes sociales, parce qu'il y a ce qu'on appelle une stratification de classes sociales assez *étanche* en Haïti.

3. La *mobilité sociale* existe. Par l'éducation, on peut arriver à quelque chose en Haïti.

4. Il y a la classe moyenne, ceux qui ont *accédé* à une amélioration de leur vie par l'éducation.

Haïti: contrastes à
Port-au-Prince

Ecoutons

Regardez la grille ci-dessous avant d'écouter. En écoutant, essayez de retenir la caractérisation de chaque classe sociale.

Pratique et conversation

Une grille. Indiquez quelle classe sociale correspond à la description donnée.

	LA CLASSE BOURGEOISE	LA CLASSE MOYENNE	LA CLASSE PAUVRE
En Haïti depuis le début	_____	_____	_____
Ont amélioré leur vie par l'éducation	_____	_____	_____
Maisons extraordinaires	_____	_____	_____
Démunis	_____	_____	_____
Ont de l'argent et de l'éducation	_____	_____	_____
Favorisés	_____	_____	_____

Texte II: suite de l'interview avec Mme. C., d'Haïti

Avant d'écouter

A. A la campagne. Dans cette deuxième partie de l'interview, Mme C. va décrire la campagne haïtienne et la pauvreté rurale. Dans ce contexte, quels mots et quelles images vous viennent à l'esprit en réfléchissant aux sujets suivants?

1. le paysage haïtien
2. l'agriculture
3. les moyens de transport
4. l'éducation

B. Complétez. Complétez la phrase avec un des mots suivants: **analphabétisme, dénudés, éducation, à la dérive, voiture, rudimentaire, âne, charbon.**

1. Il n'y a plus d'arbres, les monts sont complètement _____ .

2. Le pays n'est plus prospère, il va _____ .

3. A la campagne, il n'y a pas d'électricité, la vie est très _____ .

4. La plupart de la population ne sait ni lire ni écrire. L'_____ est prévalent.

5. Il n'y a aucun moyen de transport vraiment moderne. Les gens circulent à dos d'_____ .

Ecoutons

Utilisez la liste des sujets dans l'exercice A ci-dessous pour organiser le texte de la *Compréhension auditive*.

Pratique et conversation

A. Détails. En écoutant le texte de nouveau si nécessaire, trouvez la réponse aux questions suivantes.

1. Quelle/s tradition/s est-ce qu'on trouve à la campagne?
2. Quel est le pourcentage d'analphabètes dans la population haïtienne?
3. Pourquoi est-ce qu'on coupe les arbres à la campagne?
4. Quel problème y est prédominant?
5. Quels sont les produits agricoles principaux?

B. Associations. Quel mot est-ce que le locuteur a utilisé pour décrire les choses suivantes?

1. l'état des routes
2. les gens à la campagne
3. les monts
4. la campagne
5. l'ancienne colonie d'Haïti

C. Optimiste ou pessimiste? Est-ce que Mme C. a une attitude plutôt optimiste ou pessimiste? Est-elle fataliste ou cherche-t-elle à changer les conditions de sa vie? Justifiez votre réponse en citant des passages des deux interviews.

D. Chez nous. Quels problèmes doit-on confronter dans les régions rurales aux Etats-Unis? Quelles solutions est-ce que vous proposeriez pour remédier à ces problèmes?

Activités

A. Un cocktail. Imaginez que vous êtes à un cocktail et que les autres membres de la classe sont des invités. Votre partenaire vous posera des questions sur leur identité en les désignant par une description de leurs traits physiques, leurs vêtements, etc. Vous répondrez à ses questions et vous lui poserez vos propres questions.

MODÈLE   C'est qui, cette jeune fille aux cheveux bouclés qui porte un pull vert?

Vous   Celle-là? C'est Géraldine, une étudiante en chimie …

B. Une action regrettable. Racontez un incident ou une remarque que vous regrettez. Dites ce que vous auriez pu faire pour changer la situation.

C. Mal assorti. Connaissez-vous un couple mal assorti? Décrivez ce couple et dites pourquoi vous le trouvez mal assorti.

D. Mes grands-parents. Décrivez vos grands-parents. Qu'est-ce qu'ils font/ont fait dans la vie? Quels souvenirs de leur jeunesse est-ce qu'ils vous ont racontés? Est-ce qu'ils regrettent quelque chose dans leur vie? Si oui, qu'est-ce qu'ils auraient pu faire pour changer le cours de leur vie?

10

Ouvertures internationales
L'état et le monde

Introduction

The nation is the center of decision-making in world affairs. But international boundaries are often arbitrarily drawn, and the nations of today may not be those of tomorrow. The world of the 1990s is seeing borders dissolved and redrawn as ethnic identities are reasserted and as cultural and economic influences play over greater and greater distances. In this chapter, we will look briefly at some of the political factors that are changing the international face of the French-speaking world.

Première approche

L'annonce suivante a paru dans plusieurs revues africaines.

1. A quel public cette annonce est-elle destinée?
2. Quelles tactiques les Québécois ont-ils adoptées pour attirer les Africains chez eux?
3. Quels avantages le Québec a-t-il sur les Etats-Unis en ce qui concerne les contacts avec l'Afrique de l'Ouest?
4. Quels avantages a-t-il sur la France et la Belgique?
5. La France a toujours maintenu des relations économiques étroites avec ses anciennes colonies africaines. Quelle doit être la réaction de Paris à cette campagne québécoise?

La Belgique, créée en 1830, est un état plus ou moins artificiel. Les tensions entre les Flamands (qui parlent néerlandais) et les Wallons (qui parlent français) durent depuis des siècles. Récemment, l'état belge s'est transformé en fédération. Le dessin suivant montre les nouvelles institutions gouvernementales de la Belgique.

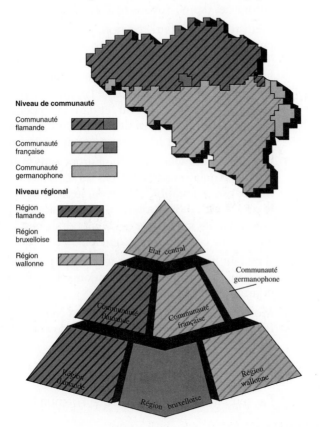

1. En plus des Wallons et des Flamands, quelle autre communauté culturelle est reconnue dans les institutions belges?

2. Les trois **communautés** sont définies par leurs langues. Les **régions** sont des unités géographiques. Cette organisation à deux niveaux a été nécessaire à cause de l'existence de Bruxelles et de la communauté germanophone. Essayez d'expliquer.

3. Les **régions** s'occupent de l'agriculture, de l'énergie et de l'économie. Les **communautés** sont compétentes dans les domaines culturels et sociaux et pour les relations économiques internationales. Quels rôles restent à l'état central?

4. A votre avis, quels sont les avantages de cette décentralisation?

5. Quels pourraient être les désavantages du fédéralisme belge?

Interaction I

L'union européenne: utopie ou réalité?

Un optimiste et un pessimiste débattent le pour et le contre de l'union européenne. Pourront-ils jamais réconcilier leurs points de vue?

LE PESSIMISTE   L'Europe, une seule idéologie politique? Un seul pouvoir? Comme celui des Etats-Unis? Ha! Le jour où les poules auront des dents. Soyons réalistes.

L'OPTIMISTE   Réalistes, oui. Défaitistes, non. Je ne te dis pas que ce sera pour demain. Mais tu commences par l'union politique! Tu as tort! C'est la plus difficile, et son cheminement sera long. Non, il faut commencer par ce qui est plus facile à réaliser, à savoir, la mobilité de l'emploi, la possibilité de faire ses études où l'on veut, et dans nos poches, en 1999, l'Ecu de la Banque centrale européenne, pour remplacer le franc, le mark et les autres monnaies européennes.

LE PESSIMISTE   Une devise européenne? Une Europe sans frontières? Tu sais, les Anglais, ils ne sont pas les seuls à craindre de perdre leur individualité! Moi aussi, je tiens à rester ce que je suis. Traite-moi d'isolationniste. Je ne veux pas être englouti par une puissance qui deviendrait plus forte que les autres, que ce soit l'Allemagne ou …

L'OPTIMISTE   Il ne faut pas exagérer: tout sera prévu pour que cela n'ait pas lieu. D'ailleurs, il y aura toujours des référendums. Tu pourras donner ton avis.

LE PESSIMISTE   Mon opinion, c'est que l'unification économique et l'unification politique présentent autant de problèmes l'une que l'autre.

L'OPTIMISTE   Tu as tort. L'union fait la force. Tous les Français sont d'accord.

LE PESSIMISTE   Pas tous. Ma grand-mère dit que l'oignon fait la force.

Perspectives

1. Quels obstacles et quelles craintes est-ce que le pessimiste présente à l'optimiste?

2. Comment est-ce que l'optimiste répond aux arguments du pessimiste?

La Communauté économique européenne

Ce qui **unit** les pays de la **C.E.E.** (*Common Market*) est sans aucun doute plus fort que ce qui les **oppose**. La proximité géographique était, au départ, la principale **raison d'être** de l'Europe. Elle **avait conduit à** (*had led to*) des évolutions économiques, politiques, sociales, démographiques

*Belgique: Bruxelles,
capitale de l'Europe*

relativement **semblables** (*similar*) dans les pays membres. La seconde raison d'être de l'Europe tient à ce que les nations qui la composent sont des démocraties. Elles figurent, en outre, dans le groupe des pays **industrialisés**. Mais la raison d'être essentielle de la Communauté est que chacun de ses **membres** a globalement intérêt, **sur le plan** (*from the standpoint of*) économique en particulier, à en **faire partie** (*to belong*).

Mais les Français, comme d'ailleurs beaucoup d'Européens, ne **se sentent** (*feel*) pas impliqués **à titre personnel** (*personally*) dans la Communauté. Pour la plupart d'entre eux, elle n'est qu'une construction artificielle dont le fonctionnement n'a pu être assuré qu'à coups de lois compliquées. L'Europe n'est pour eux qu'un vaste groupement d'intérêt économique. Utile ou indispensable selon les individus, mais de toute façon **sans âme** (*without a soul*).

Les jeunes semblent mieux disposés **à l'égard d'** (*with regard to*) une Europe renforcée sur les plans économique, politique et militaire. Une autre question est de savoir si l'Europe doit chercher à **se créer** une **identité culturelle** ou défendre ses **particularismes** (*individualities*) nationaux. Les **tendances actuelles** (*present trends*) vont vers la seconde solution, avec un intérêt croissant pour l'échelon **régional**.

Pratique et conversation

A. Synonymes. Trouvez des synonymes dans l'*Autrement dit* pour les expressions suivantes.

1. vis-à-vis de, à propos de
2. de nos jours, en ce moment
3. pareils
4. adhérents
5. avait résulté
6. appartenir
7. personnellement

B. Formulez. Formulez des phrases originales à partir des expressions ci-dessous.

1. la principale raison d'être/la Communauté européenne …
2. unir/les pays de la C.E.E. …
3. tendances actuelles/jeunes/à l'égard de …
4. évolution démographique/conduire à …
5. l'Europe/se créer une identité culturelle …

C. Mise au point. Faites un résumé de l'attitude des Européens envers la C.E.E. en utilisant le vocabulaire en caractères gras autant que possible. à, de, en, de

pour, pendant, en, dans, depuis

pg 238-239 ...

Grammaire de base

1.1 You have studied how to express time relationships using a number of prepositions. These are summarized and reviewed below:

- **Pour** + time expression refers to time intended rather than time elapsed:

  Je serai aux Etats-Unis **pour** toute l'année scolaire.

- **Pendant** expresses the duration of an action:

  Elle a dû s'absenter **pendant** deux heures.   *She had to be gone for two hours.*

- **En** + time expression expresses how long it takes to perform an action:

  Je peux le faire **en** un jour.

- **Dans** + time expression gives the ending point for an action:

  Je finirai le travail **dans** une heure.

- **Depuis** + present tense expresses an action that began in the past and continues into the present:

  Nous sommes en France **depuis** trois mois.

- **Depuis** + imperfect tense expresses an action that had been going on before it was interrupted:

  J'attendais **depuis** une demi-heure quand le patron est arrivé.

2.1 Review the use of prepositions before geographic nouns. (See chart in Chapter 7, Structure V.)

3.1 You have learned the following prepositions to express spatial relations:

devant	*in front of*
sur	*on*
sous	*under*
derrière	*behind*
à côté de	*beside*
en face de	*opposite*
au-dessus de	*above*
en dessous de	*below*

Structure I

Pour exprimer les rapports de temps et de cause: la forme verbale après les conjonctions

a. The subjunctive is used after the following conjunctions:

CONJUNCTIONS THAT EXPRESS
TIME RELATIONSHIPS

avant que (+ *ne*) *before*
jusqu'à ce que *until*

Avant qu'il n'y ait une vraie Communauté européenne, il faudra résoudre beaucoup de questions.

Il n'y aura jamais de Communauté européenne jusqu'à ce que ces questions soient résolues.

Les pays se sont réunis pour que ces questions soient résolues.

CONJUNCTIONS THAT INDICATE
A GOAL OR PURPOSE

pour que }
afin que } *in order that*

Before there can be a true European Community, a lot of questions will have to be settled.

There will never be a European Community until these questions are settled.

The countries met in order to settle these questions.

CONJUNCTIONS THAT EXPRESS
A CONDITION

pourvu que *provided that*
à condition que *on the condition that*

Je le ferai pourvu que (à condition que) vous me payiez avant.

Quoique (bien que) leurs intentions soient honnêtes, nous ne pourrons pas faire ce qu'ils nous demandent.

CONJUNCTIONS THAT EXPRESS
A CONCESSION

bien que }
quoique } *although*

I will do it provided that (on the condition that) you pay me ahead of time.

Although their intentions are honest, we won't be able to do what they ask us.

CONJUNCTIONS THAT PRESENT A RESTRICTION

à moins que (+ *ne*)   *unless*
sans que   *without*

Je ne passerai pas à moins qu'elle ne m'appelle.	*I won't stop by unless she calls me.*
La criminalité continuera sans que le gouvernement prenne des mesures exceptionnelles.	*Crime will continue without the government taking exceptional measures.*

b. As the examples above illustrate, **ne** precedes a verb in the subjunctive after the conjunctions **avant que** and **à moins que.** This is not the negation **ne** and does not negate the verb. You have already seen an example of this usage of **ne** after verbs that express fear such as **avoir peur de** and **craindre** (Chapter 7).

c. When there is only one subject involved in the action, most of the conjunctions listed above are replaced by a corresponding preposition followed by an infinitive:

TWO SUBJECTS: CONJUNCTION + SUBJUNCTIVE	ONE SUBJECT: PREPOSITION + INFINITIVE
à moins que (+ ne)	à moins de
sans que	sans
à condition que	à condition de
afin que	afin de
pour que	pour
avant que	avant de

Il est sorti de la réunion sans rien demander.	*He left the meeting without asking for anything.*
J'étudie le français afin de (pour) pouvoir faire des recherches en histoire de l'art.	*I'm studying French in order to be able to do research in art history.*
Il a regardé les infos avant de dîner.	*He watched the news before having dinner.*

d. Note, however, that even without a change of subject, **bien que, jusqu'à ce que, quoique** and **pourvu que** must be followed by a clause with a verb in the subjunctive. There is no corresponding preposition.

> Il attendra jusqu'à ce qu'il doive aller à son cours.

> Bien que (quoique) je sois en faveur d'une Europe unie, je reconnais qu'il y aura des obstacles.

e. The conjunction **après que** is followed by the indicative, normally the future or future anterior:

Après qu'il nous aura déposés à l'aéroport, nous achèterons nos billets.	*After he drops us off (will have dropped us off) at the airport, we will buy our tickets.*

Ils nous rejoindront après que sa femme se sera un peu reposée.	*They will join us after his wife has rested (will have rested) a little.*

f. The corresponding preposition **après** is used when there is only one subject involved in the action. It is followed by the past infinitive (see Chapter 9):

Je me sentirai mieux après avoir fait un peu de jogging.	*I will feel better after having jogged a little.*
Elle nous rejoindra après s'être un peu reposée.	*She will join us after having rested a bit.*

g. The preposition **sans** may also be followed by the past infinitive:

Il ne devrait pas sortir sans avoir parlé à son médecin.	*He shouldn't go out without having spoken to his doctor.*

Pratique et conversation

A. Paul et Virginie (suite). Paul et Virginie, qui venaient de rompre dans le chapitre précédent, essaient de se réconcilier. Remplissez le blanc en conjuguant le verbe entre parenthèses à la forme correcte.

VIRGINIE   Je ne te pardonnerai pas à moins que tu _____ (promettre) d'être fidèle pour toujours.

PAUL   Et moi, je ne serai pas content jusqu'à ce que nous

_____ (se marier).

VIRGINIE   Je ne me marierai pas avec toi avant que tu me

_____ (donner) le diamant que tu m'avais promis.

PAUL   Bien que je te le _____ (promettre), tu ne l'auras

pas; il est évident que nous _____ (ne ... pas pouvoir) nous réconcilier. Nous nous disputons constamment. Et

avant que nous _____ (recommencer), je m'en vais. Adieu.

B. Un babysitter. Vous gardez un enfant très mal élevé. Quelles menaces est-ce que vous pourriez lui faire pour qu'il soit sage? Complétez les phrases suivantes.

MODÈLE   rester dans le coin/jusqu'à ce que…

VOUS   Tu resteras dans le coin jusqu'à ce que tes parents reviennent.

1. A moins que tu/laisser tomber ce couteau …
2. Bien que tu/avoir seulement cinq ans …
3. Je te punis pour que/tu/apprendre …
4. Avant de se coucher/tu …
5. Après que tes parents/revenir …

C. Complétez. Complétez les phrases suivantes en ajoutant votre propre réponse.

1. Je fais des études universitaires afin de …
2. Quoique …, je suis content/e de ma vie.
3. Après …, j'irai prendre un pot avec mes amis.
4. Je continuerai à étudier le français jusqu'à ce que …
5. Je ne pourrai pas acheter de nouvelle voiture à moins de …

D. Ma journée. Parlez de votre journée en utilisant les conjonctions/prépositions **avant que/avant de** et **après que/après.**

MODÈLE   Je prends une douche avant que mon camarade de chambre ne se réveille.

Structure II

Pour situer dans le temps: prépositions de temps

a. The following prepositions are used to situate in time:

- **avant** means *before* or *by*:

Nous aurons une monnaie commune avant 1999.	*We will have a common currency by 1999.*

By now is translated as **déjà** or **maintenant:**

Il est sans doute déjà à Bruxelles.	*He is probably in Brussels by now.*

- **ne … pas avant** expresses the time that must go by before an action can take place:

Je ne pourrai pas arriver avant 17h00.	*I won't be able to arrive before (until) 5:00 pm.*

- **à partir de** marks the beginning point or period of an action or state:

A partir de 1999, nous aurons une monnaie commune.	*Beginning in 1999, we will have a common currency.*

- **vers** expresses approximation in time:

Je serai libre vers midi.	*I'll be free around noon.*

b. To talk about years, dates and time periods, the following expressions will be useful:

au [vingtième] siècle	*in the twentieth century*
à l'avenir	*in the future*
dans le passé	
autrefois	*in the past*
dans le temps	
en (au mois de) [janvier]	*in [January]*

c. No preposition is necessary when referring to the days of the week:

Son anniversaire est lundi. *Her birthday is Monday.*

However, to express *every* [*Saturday*], the definite article is used before the days of the week:

J'achète toujours un billet de loto le mardi.
I always buy a lottery ticket on Tuesdays.

d. The definite article is also used with dates:

Aujourd'hui, c'est le 18 décembre. *Today is December 18.*

Pratique et conversation

A. Mini-dialogues. Complétez les dialogues suivants en ajoutant une préposition ou un article si nécessaire.

1.   ANNE Jean-Philippe, c'est aujourd'hui ton anniversaire?

JEAN-PHILIPPE Non, c'est _____ 12 mars, pas

_____ 2 mars.

2. LE CONTRÔLEUR Mesdames et Messieurs les passagers, _____ du premier juin, ce train ne s'arrêtera plus à Trouville.

UN PASSAGER Zut alors, _____ l'avenir je serai obligé de prendre ma voiture.

3.   LUI Tu arriveras quand, chérie?

ELLE Je ne serai pas là _____ (*until*) 17h00.

LUI Bon, j'arriverai _____ (*around*) 17h15, alors.

4. LE PROFESSEUR Ce roman se situe _____ dix-neuvième siècle …

UN ÉTUDIANT Tous les livres que nous lisons se situent

_____ le passé. Vous ne pourriez pas changer?

5.   LA MÈRE J'ai posté ton colis lundi. Tu aurais dû _____ (*by now*) le recevoir!

LE FILS Ne t'inquiète pas. Je l'aurai _____ (*by*) le week-end.

B. Interview. Demandez à votre partenaire …

1. quelle est la date aujourd'hui.

2. vers quelle heure il/elle va rentrer.

3. ce qu'il/elle doit faire avant le week-end.

4. ce qu'il/elle ne pourra pas faire avant le week-end.

5. quelle fête on célèbre en juillet.

C. Mme Bordier est très occupée. Madame Bordier parle de sa journée.
Traduisez les phrases suivantes.

1. I have to go to the bank before 5 pm.

2. But I can't go until Sylvie gets home from school.

3. She should be home by now. Where is she?

4. Oh, I forgot. On Tuesdays, she has dinner at a friend's house.

Lecture I

Ce texte est tiré d'une série d'interviews avec des Africains qui ont immigré en France.

Avant de lire

A. Réfléchissez. Quelles sortes de difficultés est-ce que les immigrants
éprouvent aux Etats-Unis aujourd'hui? Est-ce qu'ils sont toujours contents d'avoir immigré? Quelles déceptions éprouvent-ils?

B. Hypothèses. Regardez les trois questions (en italique) posées pendant
cette interview et, sans lire le texte, essayez d'imaginer comment la personne interviewée répondrait. Selon vous, qu'est-ce qui l'aurait surprise?
Qu'est-ce qui lui aurait plu et qu'est-ce qui lui aurait déplu?

C. Vrai ou faux? Lisez rapidement le texte pour déterminer si les phrases
suivantes sont vraies ou fausses. Citez la partie du texte qui justifie votre
réponse. Corrigez les phrases qui sont fausses.

1. L'image de l'Europe que les colonisateurs ont donnée à l'Africain interviewé n'était pas juste.

2. Il aime et admire les colonisateurs européens de son pays.

3. Il n'était pas curieux de voir Europe.

4. Il n'aime ni l'Europe ni les Européens.

5. Il n'est pas à l'aise avec les Européens.

D. Parcourez. Trouvez les passages où on parle …

1. de la bonté des colonisateurs.   4. des monuments européens.

2. de la vie européenne.   5. de l'adaptation culturelle.

3. de son accueil en Europe.

Rêves d'en France:
des Africains parlent, qui les écoute?
ed. Jean-Yves Carfantan

*Vous, vous êtes arrivé en France il y a quelques années pour faire des
études de journaliste. Vous parliez l'autre jour de l'image qui avait été formée
par les **colons** dans la tête des colonisés, l'image de l'Europe qu'on leur avait
inculquée; qu'est-ce qui vous a surpris quand vous êtes arrivé en Europe par*

*colonists, settlers
instilled, taught*

rapport à l'image qu'on vous avait présentée de la Belgique, puisque vous étiez colonisé par les Belges?

D'abord, l'Europe m'a **déçu**; je cherche encore cette Europe-là, l'Europe que je vis et que je vois, ce n'est pas cette Europe-là et je cherche toujours.

disappointed (décevoir: to disappoint)

L'Europe, c'était quoi? C'était la bonté, la générosité; l'Europe était présentée comme le **ciel**: on a tout et on **ramasse**, on ne tue pas, on ne **vole** pas, la **haine** est inconnue; c'était là l'image du Blanc, du colonisateur. Vous n'avez pas de père, vous colonisés, je vous en donne un, c'est moi votre père, je vous donne tout. Voilà pourquoi quand un **boy** est engagé par un colonisateur, il transfère tout ce sentiment de sécurité à travers son nouveau maître: «Je lui dois tout, la vie». Alors il y avait cette curiosité: comment est l'Europe?

heaven/remasser: to accumulate wealth/voler: to steal/hatred
black servant in a white colonist's home

Nous nous posions cette question quand nous étions petits: comment est le ciel de l'Europe, comment vivent les Blancs chez eux, comment est cette partie du monde qui nous donne des hommes aussi bons? C'est le colonisateur qui inculque cet esprit-là: le paternalisme. Il a fait le Noir dépendant; on est toujours **habité** par le souci de connaître l'Europe; quand on vous annonce que vous allez partir en Europe, on ne pleure pas, on sourit, on va satisfaire ce besoin que d'autres n'ont pas pu satisfaire, on va découvrir l'Europe, ce pays d'où viennent les Blancs.

obsessed

Alors, on arrive en Europe et on voit que l'Europe c'est encore **la terre**, ce n'est pas le ciel! où il faut travailler aussi dur qu'en Afrique, sinon plus; en Europe, il faut travailler, on ne ramasse pas. Les Blancs que je vois en Europe ne sont pas ceux que je voyais au Zaïre, qui disaient bonjour à dix mètres, qui souriaient. Ici, les visages sont graves, il y a de l'indifférence, on est deçu. Ce n'est pas ça l'Europe et on cherche toujours. Et ce qui est encore grave: on est étonné de voir que vous êtes étonné de n'avoir pas de présence en Europe. Ce pays où je croyais que l'on allait m'**accueillir** les bras ouverts, où on allait m'inviter à manger, où on allait m'ouvrir toutes les portes, on se demande pourquoi je suis ici. Où est cette Europe généreuse, bonne, on cherche toujours.

the Earth as opposed to Paradise

to welcome

Cette image-là, ce n'est pas l'image du naïf; non, c'est l'image d'un homme formé par l'école coloniale. Les pays africaines **ont accédé à** l'indépendance, mais les Européens qui sont encore en Afrique Noire ne veulent pas que l'image de l'ancienne Europe disparaisse. Dans tous ses anciens pays, le colonisateur a installé des structures qui permettent de **faire briller** cette ancienne image de l'Europe. Il y a des centres culturels où l'on ne montrera jamais **les clochards**, où l'on vous montre les belles images de B. Bardot, c'est la grande Europe; on vous montre la tour Eiffel, les Champs-Élysées, la Grande-Place de Bruxelles, la tour de Londres… C'est cette belle Europe qu'on vous montre, celle qui attire… Qui ne serait pas attiré par des images aussi belles? d'un tel idéal? L'Europe pour moi a symbolisé ce que l'on peut atteindre. On dit qu'un **Zoulou** qui n'a pas lavé sa lance dans le sang, n'est pas un homme, c'est la même chose en Afrique: qui n'a pas encore vu l'Europe, n'est pas un homme, il faut voir l'Europe, je l'ai vue.

accéder à: to achieve

to show off
the homeless, drunkards, street bums

an African tribe known for its fierce warriors

Quels genres d'obstacles concrets avez-vous rencontré en arrivant en Europe, en dehors de l'image que vous aviez à l'esprit? Pratiquement, qu'est-ce qui s'est passé et qu'est-ce qui a fait obstacle?

D'abord, la difficulté de m'intégrer. Je suis venu en Europe pour vivre ici; pour vivre ici, il faut s'intégrer aux gens, s'ouvrir à eux, qu'ils vous acceptent, et c'est ça le problème! Là, s'est posé le problème de la collision de deux cultures. Ma culture… c'est là où je me suis découvert, la différence avec l'autre…

Cette différence, elle se marque par quoi par exemple?

se lier: *to make close ties or bonds*/**aborder:** *to address [someone]*

La spontanéité… Ici, les gens sont réservés, tandis que chez nous les gens sont spontanés, on **se lie** facilement d'amitié, on parle facilement. Ici, il faut aller avec beaucoup de tact, l'Européen on ne l'**aborde** pas n'importe comment, c'est tout un art pour aborder un homme, pour obtenir sa parole, on n'y va pas n'importe comment. Quand j'oubliais de l'aborder d'une façon propre à ici, on ne me répondait pas, il fallait toujours avoir à l'esprit la manière d'aborder d'ici, c'est ça le problème, donc il fallait apprendre à vivre.

rire à gorge déployée: *to laugh heartily, out loud*

Quand je suis reçu, je **ne ris plus à gorge déployée**, il faut sourire; vous étonnez et moi aussi je suis étonné de voir que j'étonne parce que je ris à gorge déployée; ici, on sourit, on crie pas ici, on parle à voix basse; on est obligé de se dépasser, d'oublier ce qu'on était et c'est ce qui est difficile, surtout quand on arrive dans un pays avec un **noyau** culturel résistant.

kernel

Editions L'Harmattan

Après avoir lu

A. Vérifiez et comparez. Est-ce que les réponses de la personne interviewée vous ont surpris/e? Selon vous, est-ce que ses expériences sont différentes de celles des immigrés aux Etats-Unis, ou bien sont-elles similaires?

B. Classez. Classez les phrases suivantes dans la catégorie appropriée.

	LES EUROPÉENS EN AFRIQUE	LES EUROPÉENS EN EUROPE
généreux		
fraternels		
graves		
chaleureux		
indifférents		
égocentriques		

	LE RÊVE DE L'EUROPE	LA RÉALITÉ DE L'EUROPE
les monuments		
les clochards		

travailler dur	_____	_____
on ne tue pas	_____	_____
les préjugés	_____	_____
le paradis terrestre	_____	_____

C. **Compréhension du texte.** Répondez aux questions suivantes.

1. Pourquoi est-ce que les colonisateurs inculquent cette image idéalisée de l'Europe aux colonisés? Comment est-ce qu'ils le font?

2. Quelle est l'importance symbolique de l'Europe pour les colonisés?

3. Quels aspects des Européens ou de la vie européenne ont mis fin au rêve de la personne interviewée?

4. Comment cette personne trouve-t-elle les Européens?

5. Quels efforts fait-elle pour s'intégrer à la culture européenne?

D. **L'interaction culturelle.** En petits groupes, discutez des difficultés de la rencontre entre deux cultures. Par exemple, qu'est-ce que les Français font qui pourrait rendre les Américains mal à l'aise et vice-versa?

Interaction II

Une Guadeloupe indépendante?

Joseph, employé aux PTT à Paris, revient en congé dans sa Guadeloupe natale. Il discute dans un café de Pointe-à-Pitre avec sa sœur Joëlle.

Guadeloupe: un marché à Pointe-à-Pitre

JOSEPH   Alors, ma petite, ça te tente pas un voyage à Paris? Tu pourrais retourner avec moi.

JOËLLE   Je t'ai déjà dit que j'y mettrais jamais les pieds!

JOSEPH   Mais, c'est pas possible! Tu te prends encore pour une grande indépendantiste?

JOËLLE   Ecoute, ne me parle pas sur ce ton! C'est pas parce que je suis ta petite sœur....

JOSEPH   Non, mais je suis un peu surpris, quand même. Tu ne sais pas la chance qu'on a. Regarde autour de toi. Tu as vu beaucoup d'autres villes aussi prospères aux Antilles?

JOËLLE   Je te signale que le niveau de vie ici est bien plus bas qu'en France. Les **Békés** (*descendants de colons blancs*) se comportent en chefs et ce sont les **Métros** (*Français de France*)qui ont presque tous les postes de fonctionnaires. Et n'oublie pas que les gendarmes viennent tous de là-bas.

JOSEPH   Tu me fais rigoler. Maman était institutrice ici, fonctionnaire de la République, et ça t'a apporté pas mal d'avantages. Vous n'êtes qu'une petite poignée d'illuminés à vouloir l'indépendance, tu le sais bien.

JOËLLE   Peut-être, mais on a déjà vu de quoi les illuminés sont capables. Ecoute, je ne suis pas pour la violence, mais il y a quand même une ambiance de colonialisme en Guadeloupe. On ne nous enseigne plus «nos ancêtres, les Gaulois», mais j'ai encore l'impression qu'on veut nous donner une mentalité de Blancs.

JOSEPH   Et les avantages sociaux? Comment vous allez pouvoir vous les payer dans une Guadeloupe indépendante? Tu m'as dit toi-même que c'était impossible de s'en passer maintenant.

JOËLLE   Je n'en sais rien. Tu ferais mieux de ne pas m'en parler.

JOSEPH   De toute façon, on sera toujours dépendant de quelqu'un.

JOËLLE   Bon, on ne peut pas discuter avec toi. Alors, bois ton punch et parlons d'autre chose.

Perspectives

1. Qu'est-ce que Joëlle reproche aux Français en Guadeloupe?
2. Comment est-ce que Joseph répond à ses accusations?

Autrement dit

Dire sa surprise

Je suis surpris/e
Je suis étonné/e
Ça m'étonne
Ça me surprend } que tu me parles sur ce ton.

C'est surprenant/étonnant.
Ce n'est pas possible/croyable.
Oh là là! **Je n'en reviens pas.**   *I can't get over it.*
Comment? Quoi? Ah bon?
Ça alors! **Je ne l'aurais jamais cru**   *I would never have believed it*
(venant de toi).   *(coming from you).*

Pour exprimer la bonne humeur

Je me sens } de bonne humeur.
Je suis

en (pleine) forme.

Pour exprimer la mauvaise humeur

Je me sens } de mauvaise humeur.
Je suis
Ça ne va pas du tout.
Je suis déprimé(e).
Il est pénible/fatiguant aujourd'hui.   *He's annoying today.*

Pour montrer sa colère

Ne me parle pas sur ce ton.   *Don't talk to me that way.*
Pour qui te prends-tu?   *Who do you think you are?*
Tu n'as pas honte, toi?   *Aren't you ashamed?*
T'es gonflé, toi!◊ }
Tu as du culot, toi!◊ }   *You have a lot of nerve!*

Pratique et conversation

A. Situations. Qu'est-ce que vous diriez dans les situations suivantes?

1. On vous dit que votre voisine est une criminelle violente.
2. Votre petit frère n'est pas du tout sage aujourd'hui.
3. Votre ami/e critique votre façon de vous habiller et de parler …
4. … et ensuite vous demande un prêt de cinq cents dollars.
5. Vous vous levez plein/e d'énergie et d'enthousiasme.

B. Jeu de rôle. Jouez la scène décrite dans les phrases 3 et 4 ci-dessus. A la fin, est-ce que vous vous réconcilierez avec votre ami/e? Est-ce que vous accepterez de lui prêter les cinq cents dollars?

Etude de vocabulaire

Les verbes revenir, retourner, rentrer et rendre

Les quatre verbes **revenir, retourner, rentrer** et **rendre** signifient «*to return*», mais chacun communique un sens différent:

• Le verbe **revenir** signifie «*to come back (here)*»:

Attends-moi! Je reviens!   *Wait for me. I'll be back.*

| Quand je suis revenu au bureau, le patron voulait me voir. | *When I came back to the office, the boss wanted to see me.* |

- Le verbe **retourner** signife «*to go back (there)*»:

| Il est retourné en Guadeloupe après quelques années d'absence. | *He went back to Guadeloupe after several years of absence.* |
| Je n'ai aucun désir de retourner là-bas. | *I have no desire to go back there.* |

- Le verbe **rentrer** signifie «*to go or come home*»:

| Tu rentres à quelle heure? | *What time do you go home?/ What time are you coming home?* |

- Le verbe **rendre** signifie «*to return (something to someone)*»:

| Elle m'a finalement rendu mon ordinateur. | *She finally returned my computer to me.* |
| Je vais lui rendre sa voiture cet après-midi. | *I'll return his/her car to him/her this afternoon.* |

(handwritten margin note: le lavabo / sauter)

Pratique et conversation

Traduisez. Traduisez les phrases suivantes.

1. When are you going back to Sénégal?
2. Could you return my book to me as soon as possible?
3. Is he going directly home after the movies?
4. I don't have time now. Come back in an hour.
5. I won't be going home until dinner time.

Structure III

Pour rapporter le discours de quelqu'un: le discours indirect

a. When you cite the exact words of another person using quotation marks, you are using direct discourse:

| Elle m'a dit: «Je n'y mettrai jamais les pieds!» | *She said to me, "I will never set foot there!"* |

b. When you report the content of another person's message without using a direct quotation, you are using indirect discourse:

| Elle m'a dit qu'elle n'y mettrait jamais les pieds! | *She said to me that she would never set foot there!* |

c. Indirect discourse is introduced by a verb such as **dire, demander, expliquer, exprimer, répondre, répéter,** etc. The message reported is contained in a clause introduced by **que** (assertion) or **si** (question):

| Il m'a dit qu'il retournerait en Guadeloupe. | *He told me that he would go back to Guadeloupe.* |
| Il m'a demandé si je voulais retourner en Guadeloupe avec lui. | *He asked me if I wanted to return to Guadeloupe with him.* |

d. If the initial verb is in the present, imperative, future or present conditional, the tense of the verb in the following clause does not change.

e. If the initial verb is in the past, the tense of the verb in the following clause may change:

VERBE DU MESSAGE INITIAL	VERBE AU STYLE INDIRECT
Il a dit: «J'ai faim.» présent	Il a dit qu'il avait faim. imparfait
Il a crié: «J'ai fini mon projet.» passé composé	Il a crié qu'il avait fini son projet. plus-que-parfait
Il a dit: «Tu portais une jolie robe à la soirée.» imparfait	Il a dit qu'elle portait une jolie robe à la soirée. imparfait
Elle a dit: «J'avais tout préparé avant de partir.» plus-que-parfait	Elle a dit qu'elle avait tout préparé avant de partir. plus-que-parfait
Elle lui a demandé: «Est-ce que tu pourras m'accompagner?» futur	Elle lui a demandé s'il pourrait l'accompagner. conditionnel
Elle a déclaré: «J'aurai fini mon travail avant deux jours.» futur antérieur	Elle a déclaré qu'elle aurait fini son travail avant deux jours. conditionnel passé
Il a dit: «Je le ferais avec plaisir.» conditionnel	Il a dit qu'il le ferait avec plaisir. conditionnel
Elle a dit: «Je n'aurais pas dû le faire.» conditionnel passé	Elle a dit qu'elle n'aurait pas dû le faire. conditionnel passé

f. Note that these tense shifts respect the time value of the tenses you have studied. In most cases, the same tense changes occur in English when switching from direct to indirect discourse.

Pratique et conversation

A. **Un safari en Afrique.** Votre amie Martine vient de faire un safari en Afrique. Elle vous raconte son voyage au téléphone. Ensuite, vous racontez ses expériences à un autre ami. Transformez les phrases suivantes selon le modèle.

MODÈLE   «Je voulais toujours faire un safari en Afrique.»

Vous   Elle m'a dit qu'elle voulait toujours faire un safari en Afrique.

1. «Avant de partir, je me suis fait vacciner.»

2. «Au début du voyage, j'ai perdu mon appareil-photo.»

3. «On a vu des éléphants et des lions.»

4. «J'avais un peu peur, même à distance.»

5. «Tu veux m'accompagner la prochaine fois?»

6. «Je vais y retourner la semaine prochaine!»

B. Discours rapporté. Répondez aux questions suivantes en utilisant le style indirect.

1. Est-ce que vous avez refusé une invitation récemmment? Qu'est-ce que vous avez dit à la personne qui vous a invité(e)?

2. Est-ce qu'on vous a demandé de sortir récemment? Quelle question est-ce que cette personne vous a posée?

3. Est-ce qu'on a essayé de vous emprunter de l'argent récemment? Quelle question est-ce que la personne vous a posée?

4. Est-ce qu'on vous a fait un compliment récemment? Qu'est-ce que cette personne vous a dit?

5. Est-ce qu'on vous a annoncé une nouvelle récemment? Qu'est-ce que cette personne vous a annoncé?

C. Une anecdote. Votre partenaire vous racontera une petite anecdote amusante que vous rapporterez ensuite à la classe en utilisant le style indirect.

Structure IV

Pour narrer: récapitulation des temps du verbe

TENSE	FUNCTION	EXAMPLES
LE PRÉSENT	• talking about what is happening, what happens	Il **prépare** son cours en ce moment.
	• describing states, characteristics, truths	Je **suis** triste.
	• stating a condition	Si nous **restons**… [elle sera contente.]
	• with **depuis,** to talk about an action that began in the past and continues into the present	Elle **est** là depuis deux heures.
LE PASSÉ COMPOSÉ	• talking about a completed past action	Je **suis tombé** en faisant du ski.
	• talking about a sequence of past actions	J'**ai glissé**, je **suis tombé** mais je **me suis relevé**.

L'IMPARFAIT	• describing in past time	Elle **avait** les cheveux blonds.
	• talking about on-going past actions	Nous **écoutions** de la musique quand il est passé.
	• talking about habit-ual past actions	Tous les jours, nous **allions** à la plage.
	• talking about an eventuality	Si tu **avais** besoin d'aide…[nous pourrions venir].
	• making a suggestion	Si on **sortait** ce soir?
	• expressing a wish or a regret	Si j'**avais** le temps!
	• with **depuis,** to express an action that had been going on before it was interrupted	J'**étais** là depuis une heure quand il est arrivé.
LE PLUS-QUE-PARFAIT	• talking about an event that happened before another event	Quand nous nous sommes levés, il **avait** déjà **pris** son petit déjeuner.
	• talking about a contrary-to-fact condition	Si j'**avais su** … [je n'aurais jamais appelé].
	• expressing a wish or regret in the past	Si seulement il **était venu** à temps.
LE FUTUR	• talking about what will happen	Je **partirai** en vacances lundi en huit.
	• talking about what will happen if a certain condition holds true	[Si nous restons …], elle **sera** contente.
LE FUTUR ANTÉRIEUR	• talking about an action that will have taken place before another future action	Quand tu arriveras, j'**aurai fini** ce travail.
LE CONDITIONNEL	• making polite requests	Est-ce que vous **pourriez** me dire où se trouve la poste?
	• talking about what you would do if another action/ condition were to come about	[Si tu avais besoin d'aide…], nous **pourrions** venir.

LE CONDITIONNEL ANTÉRIEUR	• expressing regret and reproach: talking about what you would have or should have done	Vous n'**auriez** pas **dû** faire ça.
	• expressing contrary-to-fact conditions: what would have happened if something else had happened	[Si j'avais su …], je n'**aurais** jamais **appelé**.
LES TEMPS DU SUBJONCTIF	• used in dependent clauses after impersonal expressions denoting necessity, judgment and uncertainty	Il faut que tu **t'arrêtes**.
	• used in dependent clauses after expressions of emotion, will, fear, and preference	Je suis content que tu **aies posé** cette question.
	• used after certain conjunctions expressing time, goal, concession, restriction or condition	Ils nous ont donné de l'argent pour que nous **puissions** l'acheter.
	• used in dependent clauses to express an opinion after superlative expressions or expressions of uniqueness.	C'est le meilleur film que j'**aie** jamais **vu**.
	• used in dependent clauses to place in doubt the existence of the antecedent	Connais-tu quelqu'un qui **puisse** le réparer?

Pratique et conversation

Anecdotes. Complétez les anecdotes en remplissant le blanc avec la forme correcte du verbe.

Je _____ (faire) la queue au supermarché où une

seule caisse _____ (être) ouverte. Je _____
(décider) de prendre mon mal en patience quand, juste derrière moi,

_____ (arriver) une jeune femme qui _____

(pousser) un chariot plein à ras bord. Elle _____ (avoir)

l'air si épuisée que je _____ (se sentir) prête à voler à son **secours** (*aid*).

«C'est scandaleux de nous _____ (faire) attendre ainsi, lui dis-je. Voulez-vous que j'_____ (aller) demander au **gérant** (*manager*) de _____ (ouvrir) une autre caisse?»

— Non, je vous en prie, s'exclama-t-elle. «J'ai un enfant de deux ans et je _____ (venir) d'avoir des jumeaux. Croyez-moi, je ne suis pas du tout pressée de rentrer à la maison!»

***

Ma fille, qui est étudiante, et sa compagne de chambre _____ (décider) d'acheter un répondeur téléphonique.

Au bout de (*après*) quelques semaines, je leur _____ (demander) si elles en _____ (être) satisfaites.

«Moi, me _____ (répondre) la **copine** (*friend*) de ma fille crois que je _____ (préférer) quand on _____ (pouvoir) rentrer en _____ (se dire): «Il _____ (devoir) appeler pendant que nous _____ (sortir).»

Maintenant, nous savons qu'il _____ (ne … pas appeler).»

Lecture II

Les deux poèmes que vous allez lire évoquent le sens de l'oppression chez les Africains colonisés tout en traitant des aspects différents de la colonisation.

Avant de lire

A. Prédictions. Essayez de deviner le contenu des deux poèmes en répondant aux questions suivantes.

1. Quelles sortes de thèmes trouveriez-vous dans un poème qui critique la colonisation de l'Afrique par les Européens? Regardez les deux titres. Est-ce qu'ils vous suggèrent certains thèmes?

2. Quelles sortes d'émotions est-ce que vous vous attendez à voir dans ces poèmes?

3. Essayez d'imaginer comment les poètes représenteraient les Européens dans leur poème.

B. Les mots apparentés. Employez votre connaissance de l'anglais et du contexte pour deviner le sens des mots en italique.

Paraboles

1. «Je suis le fruit de l'Amour / Cueilli sur l'arbre du *tourment*»

2. «Mon arbre *a poussé* sur la terre sèche»

3. «Je suis la mauvaise *herbe* / Au milieu des *herbes* vertes»

Ecoliers

4. «Je *m'installais* à rebrousse-poils»

C. **Familles de mots.** Employez votre connaissance du mot racine et du contexte pour deviner le sens des mots en italique.

Paraboles

1. «Entre les oranges / Je suis le citron / Fruit *acidulé*…» (acide)

2. «Je pousse au bout du mauvais chemin / Où les gens bien ne *s'aventurent* pas» (une aventure)

Ecoliers

3. «Je m'installais à rebrousse-poils / Et ricanais aux *dires* du Maître» (dire)

4. «Tu vas à l'école *ganté* de bon vouloir» (les gants)

D. **Classez.** Cherchez des mots dans les poèmes qui pourraient être classés dans les catégories ci-dessous.

Paraboles: images négatives   la botanique

Ecoliers: la culture africaine

Maurice Koné: *Paraboles*

une parabole: *a story that conveys a moral lesson*

Je suis le fruit de l'Amour
Cueilli sur l'arbre du tourment.
J'ai pris forme
Sur la branche de la douleur.

cueillir: *to pick or to gather*

sec: *dry*

Mon arbre a poussé sur la terre **sèche**
Des mauvaises saisons
Et toutes les **pluies** m'ont frappé
Et tous les vents m'ont **secoué.**

rains

secouer: *to shake*

Entre les oranges
Je suis le citron
Fruit acidulé
Au milieu des **épines.**

thorns

Je suis la mauvaise herbe
Au milieu des herbes vertes
Et l'on me reconnaît par ma couleur
Qui est grise comme l'**amertume.**

bitterness

Fruit entre les fruits
Je suis le fruit vert sans **goût**   *taste*
Fruit entre les fruits
Je suis le citron au milieu des oranges.

Je suis fruit je suis herbe
Fruit vert et herbe grise
Mais je pousse quand même
Là où on ne m'accepte pas.

Je pousse au bout du mauvais chemin
Où les gens bien ne s'aventurent pas
Et seul dans ma solitude
Je me ris de la **sécheresse**.   *drought*

Malik Fall: *Ecoliers*

J'allais à l'école les pieds nus et la tête riche
Contes et légendes **bourdonnant**   bourdonner: *to buzz*
Dans l'air sonore à hauteur d'oreilles
Mes livres et les amulettes se battaient
Dans mon sac dans ma tête riche
J'allais à l'école **sur le flot** de mes rêves   *on the stream*
Dans le sillage millénaire des totems   *in the shadow, wake/*
Je m'installais **à rebrousse-poils**   *millennial/awkwardly* (liter-
Et **ricanais** aux dires du Maître   ally, *against the grain*)/
                                                                     ricaner: *to snicker*

Tu vas à l'école ganté de bon vouloir
L'esprit **disponible** et le cœur léger   *accessible*
Prêt à **subir** toutes les humiliations   *to endure*

Tu vas à l'école en compagnie d'Homère[1]
Des vers d'Eluard[2] ou des contes de Perrault[3]

N'oublie pas Kotje[4] **à l'orée** du sanctuaire.   *at the edge or at the entry*

Après avoir lu

A. Vérifiez. Avez-vous bien anticipé le portrait des Européens et de la vie
des Africains colonisés?

---

[1] author of the Greek epics *The Iliad* and *The Odyssey*
[2] French poet (1895–1952) influenced by surrealism; he was a Resistance fighter and a member of the
French Communist party.
[3] French author (1628–1703) best known for his fairy tales, such as Cinderella
[4] an ancient, pre-Islamic Senegalese philosopher

B. Lecture critique. Répondez aux questions suivantes.

1. Est-ce que vous voyez une leçon morale dans *Paraboles?* En quoi consiste-t-elle?

2. Quelle émotion domine dans *Paraboles?* Comment le poète l'évoque-t-il?

3. Est-ce que *Paraboles* est un poème triste ou optimiste? Justifiez votre réponse.

4. Pourquoi est-ce que le poète a choisi le moment où on va à l'école pour évoquer la collision de deux cultures dans *Ecoliers?*

5. De quelle manière est-ce que le poète représente la culture africaine dans *Ecoliers?* Quelle opinion essaie-t-il de nous communiquer en ce qui concerne l'héritage africain?

6. Quel est le message destiné aux Africains colonisés dans *Ecoliers?*

C. Comparaisons. Comparez les deux poèmes. Comment sont-ils différents ou semblables? Lequel est le plus triste? Le plus amer? Pourquoi? Lequel est-ce que vous préférez? Expliquez.

D. Le monde et la culture. En petits groupes, faites une liste des thèmes politiques et moraux qui préoccupent actuellement le monde (par exemple, la menace nucléaire). Lesquels de ces thèmes sont universels? Est-ce que vous connaissez des poèmes ou chansons qui traitent des thèmes que vous avez identifiés? Lesquels?

 # *Compréhension auditive*

Texte I: interview avec Jean-Pierre Roland, délégué à Washington de la communauté française de Belgique

Comment est-ce que la Belgique réagit à l'unification imminente de l'Europe? Dans cette interview, un représentant de la communauté belge à Washington exprime son point de vue.

Avant d'écouter

A. Connaissez-vous la Belgique? Que savez-vous déjà de la Belgique? Où se trouve-t-elle? Quelles langues y parle-t-on? Dans quelles régions? Est-ce que la population est bilingue? Quelle est sa capitale? Quelle est son importance pour la Communauté européenne?

B. Hypothèses. Connaissez-vous l'expression «un compromis à la belge»? Pourquoi est-ce qu'un compromis serait nécessaire en Belgique? Qu'est-ce que cette expression pourrait signifier?

C. Le pour et le contre. En vous reportant au premier dialogue, faites un résumé des arguments pour et contre l'unification de l'Europe.

Le conflit linguistique en Belgique: une manifestation des étudiants flamands à Louvain en 1966

Ecoutons

Ecoutez le passage une fois. Ensuite, écoutez de nouveau et prenez des notes en vous basant sur le schéma ci-dessous.

Pratique et conversation

A. Des notes. Ecrivez vos notes ici, en suivant les indications données.

1. Compromis à la belge: définition et exemple:

_____

_____

_____

2. Différences culturelles entre les deux régions de la Belgique:

_____

_____

3. Construction de l'Europe: côté positif pour la Belgique:

_____

_____

4. Construction de l'Europe: côté négatif pour la Belgique:

_____

_____

_____

5. Langues parlées à Bruxelles; groupe auquel les **locuteurs** (*speakers*) appartiennent:

_____

_____

_____

6. Est-ce que les Belges sont pro-Européens?
   ☐ OUI
   ☐ NON
   Réserves exprimées?

_____

_____

7. Ce qui va devenir européen:

_____

_____

_____

8. Ce qui va rester national:

_____

_____

_____

B. Répondez. En vous basant sur vos notes, répondez aux questions suivantes.

1. Quel est le compromis «perpétuel» dont parle M. Roland?
2. Pourquoi est-ce que Bruxelles serait plus connu aux Etats-Unis que la Belgique?
3. En quoi est-ce que Bruxelles est devenu «trop cosmopolite»?
4. Qu'est-ce qui va devenir européen?
5. Qu'est-ce qui va rester national?

C. Point de vue. Répondez aux questions suivantes en donnant votre opinion personnelle.

1. Pourquoi pensez-vous que Bruxelles a été choisi comme capitale de l'Europe?
2. Pourquoi est-ce que les Belges seraient plus pro-Européens que les Anglais, par exemple?
3. Est-ce que l'unification de l'Europe pourrait résoudre la question du compromis à la belge?

Activités

A. Un défi. Est-ce qu'on vous a jamais lancé un défi? Qu'est-ce qu'on vous a demandé de faire? Quelle a été votre réponse? Racontez l'expérience.

B. Une situation énervante. Racontez une situation où on vous a mis/e en colère. Qu'est-ce qui s'est passé? Qu'est-ce qu'on vous a dit/fait? Quelle a été votre réaction?

C. Le monde francophone. Maintenant que vous arrivez à la fin du livre, nous espérons que vous connaissez mieux le monde francophone. Qu'est-ce que vous avez appris? Testez-vous en remplissant la grille.

	PAYS/ RÉGIONS	SITUATION POLITIQUE	LANGUES PARLÉES	SITUATION DU FRANÇAIS
Le Sénégal				
Le Québec				
L'Occitanie				
L'Algérie				
La Guadeloupe				

Comment est-ce que la notion de francophonie varie selon le pays?

D. Une culture française? En réfléchissant à ce que vous avez appris dans ces dix chapitres, quelles variétés de cultures est-ce que vous avez vues? Qu'est-ce qu'elles partagent? En quoi sont-elles différentes?

Répertoire géographique

The Répertoire géographique *that follows provides basic information on a few of the places in the world where the French language plays an important role. We have chosen these places primarily in order to complement the materials that appear elsewhere in the textbook, but we have made a few additional entries in hopes of demonstrating more clearly the multifaceted nature of the French-speaking world. We have not been consistent in choosing nations as our entries, simply because political boundaries often do not correspond to cultural geography. Thus, Guadeloupe is presented separately from France, and Louisiana has its own entry. Where an entry is not a nation in itself, the nation of which it is a part is indicated in parentheses. By looking in the Répertoire géographique, you should be able to find the information that you will need in order to discuss the places that come up in the text. Thus, when you hear about Senegalese values in Chapter 6 or read about the attitudes of the citizens of Guadeloupe toward Paris in Chapter 10, you will find that the Répertoire géographique will help you to better understand the dialogues and exercises of the text.*

Because we believe very strongly in language study as preparation for world citizenship, we have added to the almanac enough information on recent history to allow you to make some sense of current political strife in certain countries. Our hope is that the brief notes here will make you eager to seek out further insights. Moreover, since the level of language ability required to access basic information of the type included here is not especially high, we have written the almanac in French. Consulting it will therefore allow you to begin to use the language you are studying as a tool for retrieving information. The Répertoire géographique, then, is an adjunct to the material presented elsewhere in the book and a path toward the independent use of French to gain a better understanding of the world.

L'Algérie

Superficie: 2.381.741 km², un des plus grands pays africains, à peu près un quart de la superficie des Etats-Unis.
Population: 27.600.000
Langues principales: L'arabe et le berbère. La langue nationale est l'arabe. Le français est souvent mêlé à l'arabe parlé, et il joue un rôle important dans l'éducation et dans les domaines techniques, mais l'arabisation de l'enseignement est en cours.
Capitale: Alger.
Gouvernement: République démocratique et populaire; régime présidentiel. En 1992, au moment où le Front islamique du Salut paraissait sur le point de gagner une majorité au Parlement, les élections ont été annulées et un comité dominé par l'armée a pris le pouvoir. Le chef d'état a été assassiné en juin 1992.
Devise: Le dinar.
Histoire: Les Français sont entrés en Algérie en 1830 sous prétexte de mettre fin aux attaques des corsaires arabes. Une guerre extrêmement sanglante contre la France (1954–1962) mène à l'indépendance. Le Front de libération nationale installe un système politique à parti unique. En 1988, une nouvelle constitution permet la participation d'autres partis à la vie politique. Crise politique à partir de janvier 1992.

La Belgique

Superficie: 30.518 km², un des plus petits pays de l'Europe, à peu près la moitié de la taille de la Virginie Occidentale.
Population: 9.947.782
Langues principales: Le néerlandais, le français, l'allemand. Ces trois langues ont un statut officiel.
Capitale: Bruxelles.
Gouvernement: Monarchie constitutionnelle et parlementaire à partir de 1831; décentralisation vers une structure fédéraliste depuis 1977.
Devise: Le franc belge.
Histoire: La révolution bruxelloise de 1830 mène à l'indépendance de la Belgique (et à sa séparation des Pays-Bas). Formation en 1950 du Benelux (union douanière avec les Pays-Bas et le Luxembourg): c'est le premier pas vers le Marché commun. En 1977, la Belgique a été séparée en trois régions autonomes: la Flandre, la Wallonie, Bruxelles.

La Côte-d'Ivoire

Superficie: 322.462 km², à peu près la taille du Nouveau-Mexique.

Population: 11.587.000

Langues principales: Le dioula et le baoulé. Le français sert de langue officielle.

Capitale: Abidjan.

Gouvernement: République présidentielle.

Devise: Le franc C.F.A. (Communauté financière africaine).

Histoire: La colonisation française date de 1893. Le pays gagne son indépendance sans violence en 1960. Un régime à parti unique (le Parti démocratique de la Côte-d'Ivoire) permet au Président Houphouët-Boigny de rester au pouvoir pendant plus de trente ans. Le multipartisme est autorisé pour la première fois en 1990.

La France

Superficie: 551.602 km², à peu près la taille de la Californie plus la Floride.

Population: 56.016.958

Langues principales: Le français, qui est à la fois la langue nationale et la langue maternelle de la vaste majorité des Français.

Capitale: Paris.

Gouvernement: République de type parlementaire.

Devise: Le franc français.

Histoire: A la suite des campagnes de Jules César (1er siècle av. J.-C.), la Gaule est romanisée. En 843, le royaume de Charlemagne est divisé en trois parties: celle de l'ouest, de langue romane, deviendra la France. Le régime de Louis XIV (1643–1715) marque l'apogée de la monarchie française. La Révolution de 1789 donne naissance à des passions politiques qui dureront presque deux siècles (mais la République est définitivement installée en 1870 seulement). En 1958, en pleine guerre d'Algérie, une nouvelle constitution est écrite: elle mène le général De Gaulle au pouvoir et établit la Ve République. En 1981, les socialistes gagnent le pouvoir: François Mitterrand est président de la République.

La Guadeloupe (France)

Superficie: Un archipel de 9 îles habitées: 1.780 km², la moitié de la taille du Rhode Island.

Population: 387.000

Langues principales: Le créole et le français, qui est langue officielle.

Capitale: Pointe-à-Pitre (préfecture).

Gouvernement: Département français d'outre-mer (comme pour le reste de la France: représenté au Parlement de la République française et administré par un préfet nommé par le gouvernement français).

Devise: Le franc français.

Histoire: Découvert par Christophe Colomb, la Guadeloupe a été occupée par les Français à partir de 1635. L'esclavage a été aboli en 1848. Devenues département français en 1946, les îles connaissent l'agitation autonomiste, quelquefois violente, depuis les années 60.

Haïti[1]

Superficie: 27.750 km², à peu près la taille du Maryland.

Population: 6.368.000

Langues principales: Le créole, qui est la langue maternelle de la vaste majorité des Haïtiens, est langue officielle. Le français joue un grand rôle dans l'enseignement et l'administration et, jusqu'en 1987, était la langue officielle du pays.

Capitale: Port-au-Prince.

Gouvernement: République de type présidentiel; le premier président à être élu librement, Jean-Bertrand Aristide, a été obligé de fuir le pays à la suite d'un coup d'état en 1991.

Devise: La gourde.

Histoire: La colonisation française commence en 1659. Des rébellions d'esclaves dirigées par Toussaint Louverture mènent à l'indépendance dès 1804. La dictature brutale de la famille Duvalier a duré de 1956 jusqu'en 1986. Une nouvelle constitution a été approuvée en 1987,

---

[1] Haïti, unlike most names of countries, does not take a definite article. Other examples: Israël, Monaco.

mais le pays est caractérisé actuellement par l'instabilité politique et par une situation économique désastreuse.

La Louisiane (USA)

Superficie: 123.677 km²
Population: 4.382.000
Langues principales: L'anglais et le français; les deux langues sont officielles dans l'état (en droit, sinon en pratique).
Capitale: Baton Rouge.
Gouvernement: Etat des Etats-Unis, divisé en «paroisses». Le droit dans la Louisiane est un compromis entre le droit commun anglophone et le droit civil du Code Napoléon.
Devise: Le dollar américain.
Histoire: En 1682, La Salle prend possession de la Louisiane pour la France; les Français établissent le port de La Nouvelle-Orléans en 1718. Dans les années 1760, l'arrivée des Acadiens expulsés du Canada contribue à renforcer la population francophone: ils deviendront les «Cajuns». Les Etats-Unis achètent la Louisiane à Napoléon en 1803; elle devient état américain en 1812. La constitution de 1921 interdit aux enfants de parler français à l'école; celle de 1974 rétablit le statut officiel du français.

Le Maroc

Superficie: 710.850 km², à peu près la taille de la Californie plus le Nevada.
Population: 24.430.000
Langues principales: L'arabe et le berbère. L'arabe est la langue officielle. Le français joue un rôle important dans les affaires, dans l'enseignement et dans les domaines techniques.
Capitale: Rabat.
Gouvernement: Monarchie constitutionnelle.
Devise: Le dirham.
Histoire: La France, l'Angleterre et l'Espagne pénètrent progressivement au Maroc au 19ᵉ s.; en 1912, le sultan accepte le statut de protectorat français. L'indépendance est négociée en 1956. Hassan II règne depuis 1961. Conflit du Sahara Occidental à partir de 1975: le Maroc veut annexer cet ancien territoire espagnol.

Le Québec (Canada)

Superficie: 1.540.680 km², à peu près la taille de l'Alaska.
Population: 6.532.465
Langues principales: Le français, l'anglais. Le français est la seule langue officielle au Québec.
Capitale: Québec.
Gouvernement: Province du Canada (état fédératif, membre du Commonwealth). La question de la place du Québec à l'intérieur de la fédération canadienne (à majorité anglophone) n'est toujours pas résolue.
Devise: Le dollar canadien.
Histoire: Jacques Cartier explore le Canada pour la France en 1534; Samuel de Champlain fonde la ville de Québec en 1608. Au cours de la guerre de Sept Ans, Québec tombe aux mains des Anglais, et en 1763 la Nouvelle-France est cédée à l'Angleterre. «La Révolution tranquille» modernise et transforme la société québécoise au cours des années 1960. En 1970, le Front de libération du Québec lance une campagne de terrorisme. Le Parti québécois (autonomiste) arrive au pouvoir en 1976, mais l'indépendance n'est pas approuvée au scrutin de 1980. En 1990, d'autres provinces rejettent l'accord du Lac Meech, qui devait régler la place du Québec comme «société distincte» au sein de la fédération canadienne.

Le Sénégal

Superficie: 196.192 km², à peu près la taille du Dakota du Sud.
Population: 6.928.405
Langues principales: Le wolof, le sérère, le peul, le mandingue. Le français est langue officielle.
Capitale: Dakar.
Gouvernement: République présidentielle, multipartisme.
Devise: Le franc C.F.A. (Communauté financière africaine).
Histoire: Les Français s'installent au Sénégal au 17ᵉ s., en partie pour la traite des Noirs. Au 19ᵉ s., la France achève la conquête du pays, qui devient en quelque sorte la capitale des colonies françaises en Afrique noire. L'indépendance est négociée en 1960 et Léopold Sédar Senghor est président jusqu'en

1980. Depuis 1989, une situation économique difficile et des conflits avec la Mauritanie sont à l'origine de troubles sociaux graves.

La Suisse

Superficie: 41.293 km², à peu près deux fois la taille du New-Jersey.
Population: 6.710.000
Langues principales: L'allemand (65%), le français (18%), l'italien (10%) et le romanche (1%). Ces quatre langues sont désignées «langues nationales», mais seules les trois premières sont «langues officielles». Ce statut est établi au niveau du canton, et chaque canton n'a qu'une seule langue officielle.
Capitale: Berne.
Gouvernement: République fédérative, constituée de 20 cantons et 6 demi-cantons souverains. Les cantons sont représentés dans une Assemblée fédérale; l'exécutif consiste d'un Conseil fédéral (7 membres).
Devise: Le franc suisse.
Histoire: La Confédération des cantons suisses prend forme au 14e s. dans les régions germaniques. Les régions de langue française (avec Genève) étaient des centres intellectuels importants au moment de la Réforme (Calvin) et au siècle des Lumières (Voltaire, Rousseau). En 1815, le statut politique et la neutralité de la Suisse sont fixés par le Congrès de Vienne. Genève devient un grand centre d'organisations internationales au 20e s.

Le Viêt-nam

Superficie: 329.566 km², à peu près la taille du Nouveau-Mexique.
Population: 64.400.000
Langues principales: Le vietnamien est la langue officielle. Le français et l'anglais sont présents dans l'enseignement supérieur et chez certains intellectuels.
Capitale: Hanoï.
Gouvernement: République socialiste à parti unique (Parti communiste du Viêt-nam).
Devise: Le nouveau dông.
Histoire: Dans la seconde moitié du 19e s., la France intervient au Viêt-nam pour des raisons économiques et impose

un protectorat en 1883. Les premiers combats (menés par Hô Chi Minh) contre les Français ont lieu en 1945. Après la chute de Diên Biên Phû en 1954, la France se retire et le pays est divisé en deux. La guerre civile dans le Viêt-nam Sud entraînera l'intervention des Etats-Unis. En 1973, les Américains se retirent et le pays est unifié sous le contrôle de Hanoï.

Le Zaïre

Superficie: 2.344.855 km², à peu près la taille de l'Algérie, un quart de la superficie des Etats-Unis.

Population: 33.460.000

Langues principales: Le swahili, le tshiluba, le lingala, le kikongo. Le français est langue officielle.

Gouvernement: République démocratique; multipartisme depuis 1990.

Devise: Le zaïre.

Histoire: En 1876, le roi Léopold II de Belgique forme l'Association internationale africaine, chargée «d'ouvrir l'Afrique à la civilisation» et d'abolir la traite des esclaves. Avec l'explorateur Stanley, l'AIA crée le noyau de ce qui deviendra le Congo. L'indépendance est acquise en 1960; une période de violence et de guerres civiles commence. En 1970, le général Mobutu est élu président; il procède à la nationalisation de toutes les grandes entreprises et établit un régime à parti unique. En 1990, une nouvelle constitution rétablit la démocratie et le multipartisme. Un congrès national, qui devait promouvoir l'évolution democratique du pays, a été suspendu par Mobutu en 1992.

Verb Appendix

Narrer au passé: le passé simple

a. The **passé simple** is a literary tense: it is found primarily in the written language. In most of its uses, it is equivalent in meaning to the **passé composé.**

b. Learn to <u>recognize</u> the forms of the **passé simple.** You will not need to produce them.

c. Study the forms of regular verbs in the **passé simple.** Note that the stem is derived from the infinitive minus the endings **-er, -ir** and **-re.** The endings are highlighted.

	CHANTER		FINIR
je chant**ai**	nous chant**âmes**	je fin**is**	nous fin**îmes**
tu chant**as**	vous chant**âtes**	tu fin**is**	vous fin**îtes**
il chant**a**	elles chant**èrent**	elle fin**it**	ils fin**irent**

	RÉPONDRE
je répond**is**	nous répond**îmes**
tu répond**is**	vous répond**îtes**
il répond**it**	elles répond**irent**

d. Irregular verbs form the **passé simple** by adding the endings **-s, -s, -t, -^mes, -^tes, -rent** to the stem. The stem of many irregular verbs is the past participle. These irregular stems are listed below.

aller: all-
apercevoir: aperçu-
avoir: eu-
boire: bu-
conduire: conduisi-
connaître: connu-
courir: couru-
craindre: craigni-
croire: cru-
devenir: devin-
devoir: du-
dire: di-
écrire: écrivi-
être: fu-
faire: fi-
falloir: il fallut
lire: lu-

mettre: mi-
mourir: mouru-
naître: naqui-
offrir: offri-
ouvrir: ouvri-
paraître: paru-
plaire: plu-
pleuvoir: il plut
pouvoir: pu-
prendre: pri-
recevoir: reçu-
savoir: su-
suivre: suivi-
venir: vin-
vivre: vécu-
voir: vi-
vouloir: voulu-

e. Here is the full conjugation of the verbs **être** and **avoir** in the **passé simple.**

ÊTRE		AVOIR	
je fus	nous fûmes	j'eus	nous eûmes
tu fus	vous fûtes	tu eus	vous eûtes
il fut	elles furent	elle eut	elles eurent

Pratique et conversation

Le passé composé peut traduire le passé simple dans la plupart des cas. Donnez le passé composé des verbes suivants.

1. nous mîmes
2. je fus
3. il alla
4. tu vis
5. elles voulurent
6. je dus
7. vous vîntes
8. il devint
9. tu bus
10. elles naquirent

Les verbes

In the list below, we give the full conjugation of the simple tenses of regular and irregular verbs, as well as a partial conjugation of the compound tenses. For the remaining forms of the compound tenses, consult the conjugation of the auxiliaries **avoir** and **être**.

Les verbes réguliers

Simple tenses

	PARLER	FINIR	RÉPONDRE
présent	je parle	je finis	je réponds
	tu parles	tu finis	tu réponds
	il/elle/on parle	il/elle/on finit	il/elle/on répond
	nous parlons	nous finissons	nous répondons
	vous parlez	vous finissez	vous répondez
	ils/elles parlent	ils/elles finissent	ils/elles répondent
impératif	parle!	finis!	réponds!
	parlons!	finissons!	répondons!
	parlez!	finissez!	répondez!
participe présent	parlant	finissant	répondant
imparfait	je parlais	je finissais	je répondais
	tu parlais	tu finissais	tu répondais
	il parlait	il finissait	il répondait
	nous parlions	nous finissions	nous répondions
	vous parliez	vous finissiez	vous répondiez
	ils parlaient	ils finissaient	ils répondaient
futur	je parlerai	je finirai	je répondrai
	tu parleras	tu finiras	tu répondras
	il parlera	il finira	il répondra
	nous parlerons	nous finirons	nous répondrons
	vous parlerez	vous finirez	vous répondrez
	ils parleront	ils finiront	ils répondront
conditionnel	je parlerais	je finirais	je répondrais
	tu parlerais	tu finirais	tu répondrais
	il parlerait	il finirait	il répondrait
	nous parlerions	nous finirions	nous répondrions
	vous parleriez	vous finiriez	vous répondriez
	ils parleraient	ils finiraient	ils répondraient
présent du subjonctif	que je parle	que je finisse	que je réponde
	que tu parles	que tu finisses	que tu répondes
	qu'il parle	qu'il finisse	qu'il réponde
	que nous parlions	que nous finissions	que nous répondions
	que vous parliez	que vous finissiez	que vous répondiez
	qu'ils parlent	qu'ils finissent	qu'ils répondent

Compound tenses

| passé composé | j'ai parlé … | j'ai fini … | j'ai répondu … |

plus-que-parfait	j'avais parlé …	j'avais fini …	j'avais répondu …
futur antérieur	j'aurai parlé …	j'aurai fini …	j'aurai répondu …
conditionnel passé	j'aurais parlé …	j'aurais fini …	j'aurais répondu …
subjonctif passé	que j'aie parlé …	que j'aie fini …	que j'aie répondu …

Les verbes avec changement d'orthographe

	PRÉFÉRER	ACHETER	MANGER	PAYER
présent	je préfère	j'achète	je mange	je paie
	tu préfères	tu achètes	tu manges	tu paies
	il/elle/on préfère	il/elle/on achète	il/elle/on mange	il/elle/on paie
	nous préférons	nous achetons	nous mangeons	nous payons
	vous préférez	vous achetez	vous mangez	vous payez
	ils/elles préfèrent	ils/elles achètent	ils/elles mangent	ils/elles paient
passé composé	j'ai préféré …	j'ai acheté …	j'ai mangé …	j'ai payé …
imparfait	je préférais …	j'achetais/	je mangeais/	je payais …
		nous achètions	nous mangions	
futur	je préférerai …	j'achèterai …	je mangerai …	je paierai …
conditionnel	je préférerais …	j'achèterais …	je mangerais …	je paierais …
présent du subjonctif	que je préfère	que j'achète	que je mange	que je paie
	que tu préfères	que tu achètes	que tu manges	que tu paies
	qu'il préfère	qu'il achète	qu'il mange	qu'il paie
	que nous	que nous	que nous	que nous
	préférions	achètions	mangions	payions
	que vous préfériez	que vous achètiez	que vous mangiez	que vous payiez
	qu'ils préfèrent	qu'ils achètent	qu'ils mangent	qu'ils paient

	APPELER
présent	j'appelle
	tu appelles
	il appelle
	nous appelons
	vous appelez
	ils appellent
passé composé	j'ai appelé …
imparfait	j'appelais …
futur	j'appellerai …
conditionnel	j'appellerais …

Les verbes être et avoir

	ÊTRE	AVOIR
présent	je suis	j'ai
	tu es	tu as
	il/elle/on est	il/elle/on a
	nous sommes	nous avons
	vous êtes	vous avez
	ils/elles sont	ils/elles ont

passé composé	j'ai été	j'ai eu
	tu as été	tu as eu
	il/elle/on a été	il/elle/on a eu
	nous avons été	nous avons eu
	vous avez été	vous avez eu
	ils/elles ont été	ils/elles ont eu
imparfait	j'étais	j'avais
	tu étais	tu avais
	il/elle/on était	il/elle/on avait
	nous étions	nous avions
	vous étiez	vous aviez
	ils/elles étaient	ils/elles avaient
futur	je serai	j'aurai
	tu seras	tu auras
	il/elle/on sera	il/elle/on aura
	nous serons	nous aurons
	vous serez	vous aurez
	ils/elles seront	ils/elles auront
conditionnel	je serais	j'aurais
	tu serais	tu aurais
	il/elle/on serait	il/elle/on aurait
	nous serions	nous aurions
	vous seriez	vous auriez
	ils/elles seraient	ils/elles auraient
présent du subjonctif	que je sois	que j'aie
	que tu sois	que tu aies
	qu'il/elle/on soit	qu'il/elle/on ait
	que nous soyons	que nous ayons
	que vous soyez	que vous ayez
	qu'ils/elles soient	qu'ils/elles aient
participe présent	étant	ayant

Les verbes irréguliers

Here is a list of the irregular verbs presented in this section. Verbs conjugated in a similar fashion are listed under a single heading. Consult the list below for the model conjugation.

aller	to go	
admettre	to admit	see **mettre**
apparaître	to appear	see **connaître**
appartenir	to belong	see **tenir**
apprendre	to learn	see **prendre**
boire	to drink	
comprendre	to understand	see **prendre**
conduire	to drive, to conduct	
connaître	to know	
construire	to construct	see **conduire**
contenir	to contain	see **tenir**
courir	to run	

couvrir	to cover	see **ouvrir**
craindre	to fear	
croire	to believe	
decevoir	to disappoint	see **recevoir**
découvrir	to discover	see **couvrir**
décrire	to describe	see **écrire**
déplaire	to displease	see **plaire**
détruire	to destroy	see **conduire**
devenir	to become	see **venir**
devoir	must, to have to, to owe	
dire	to say, to tell	
disparaître	to disappear	see **connaître**
dormir	to sleep	
écrire	to write	
envoyer	to send	
faire	to make, to do	
falloir	to be necessary	
s'inscrire	to register, to sign up	see **écrire**
lire	to read	
maintenir	to maintain	see **tenir**
mentir	to lie	see **dormir**
mettre	to put, to place	
mourir	to die	
naître	to be born	
obtenir	to obtain	see **tenir**
offrir	to offer	see **ouvrir**
ouvrir	to open	
paraître	to appear	see **connaître**
partir	to leave	see **dormir**
permettre	to permit	see **mettre**
plaindre	to pity	see **craindre**
se plaindre	to complain	see **craindre**
plaire	to please	
pleuvoir	to rain	
pouvoir	to be able, can	
prendre	to take	
produire	to produce	see **conduire**
promettre	to promise	see **mettre**
recevoir	to receive, get	
reconnaître	to recognize	see **connaître**
revenir	to come back	see **venir**
savoir	to know	
sentir	to smell	see **dormir**
se sentir	to feel	see **dormir**
servir	to serve	see **dormir**
sortir	to go out	see **dormir**
souffrir	to suffer	see **ouvrir**

se souvenir	to remember	see **venir**
suivre	to follow	
survivre	to survive	see **vivre**
tenir	to hold	
traduire	to translate	see **conduire**
venir	to come	
vivre	to live	
voir	to see	
vouloir	to wish, to want	

	PRÉSENT	PRÉSENT DU SUBJONCTIF	PASSÉ COMPOSÉ	IMPARFAIT	FUTUR	CONDI-TIONNEL
aller	je vais	que j'aille	je suis allé(e)	j'allais	j'irai	j'irais
	tu vas	que tu ailles				
	il va	qu'il aille				
	nous allons	que nous allions				
	vous allez	que vous alliez				
	ils vont	qu'ils aillent				
boire	je bois	que je boive	j'ai bu	je buvais	je boirai	je boirais
	tu bois	que tu boives				
	il boit	qu'il boive				
	nous buvons	que nous buvions				
	vous buvez	que vous buviez				
	ils boivent	qu'ils boivent				
conduire	je conduis	que je conduise	j'ai conduit	je conduisais	je conduirai	je conduirais
	tu conduis	que tu conduises				
	elle conduit	qu'elle conduise				
	nous conduisons	que nous conduisions				
	vous conduisez	que vous conduisiez				
	ils conduisent	qu'ils conduisent				

(Like **conduire**: **construire, détruire, produire, traduire**)

	PRÉSENT	PRÉSENT DU SUBJONCTIF	PASSÉ COMPOSÉ	IMPARFAIT	FUTUR	CONDI-TIONNEL
connaître	je connais	que je connaisse	j'ai connu	je connaissais	je connaîtrai	je connaîtrais
	tu connais	que tu connaisses				
	il connaît	qu'il connaisse				
	nous connaissons	que nous connaissions				
	vous connaissez	que vous connaissiez				
	ils connaissent	qu'ils connaissent				

(Like **connaître: apparaître, disparaître, paraître, reconnaître**)

courir	je cours	que je coure	j'ai couru	je courais	je courrai	je courrais
	tu cours	que tu coures				
	il court	qu'elle coure				
	nous courons	que nous courions				
	vous courez	que vous couriez				
	elles courent	qu'elles courent				

craindre	je crains	que je craigne	j'ai craint	je craignais	je craindrai	je craindrais
	tu crains	que tu craignes				
	il craint	qu'il craigne				
	nous craignons	que nous craignions				
	vous craignez	que vous craigniez				
	elles craignent	qu'elles craignent				

(Like **craindre: [se] plaindre**)

croire	je crois	que je croie	j'ai cru	je croyais	je croirai	je croirais
	tu crois	que tu croies				
	il croit	qu'il croie				
	nous croyons	que nous croyions				
	vous croyez	que vous croyiez				
	ils croient	qu'ils croient				

	PRÉSENT	PRÉSENT DU SUBJONCTIF	PASSÉ COMPOSÉ	IMPARFAIT	FUTUR	CONDITIONNEL
devoir	je dois	que je doive	j'ai dû	je devais	je devrai	je devrais
	tu dois	que tu doives				
	il doit	qu'il doive				
	nous devons	que nous devions				
	vous devez	que vous deviez				
	ils doivent	qu'ils doivent				
dire	je dis	que je dise	j'ai dit	je disais	je dirai	je dirais
	tu dis	que tu dises				
	il dit	qu'il dise				
	nous disons	que nous disions				
	vous dites	que vous disiez				
	ils disent	qu'ils disent				
dormir	je dors	que je dorme	j'ai dormi	je dormais	je dormirai	je dormirais
	tu dors	que tu dormes				
	elle dort	qu'elle dorme				
	nous dormons	que nous dormions				
	vous dormez	que vous dormiez				
	elles dorment	qu'ils dorment				

(Like **dormir: mentir, partir, sentir, servir, sortir**)

	PRÉSENT	PRÉSENT DU SUBJONCTIF	PASSÉ COMPOSÉ	IMPARFAIT	FUTUR	CONDITIONNEL
écrire	j'écris	que j'écrive	j'ai écrit	j'écrivais	j'écrirai	j'écrirais
	tu écris	que tu écrives				
	il écrit	qu'il écrive				
	nous écrivons	que nous écrivions				
	vous écrivez	que vous écriviez				
	ils écrivent	qu'ils écrivent				

(Like **écrire: décrire, s'inscrire**)

	PRÉSENT	PRÉSENT DU SUBJONCTIF	PASSÉ COMPOSÉ	IMPARFAIT	FUTUR	CONDI-TIONNEL
envoyer	j'envois tu envois il envoit nous envoyons vous envoyez ils envoient	que j'envoie que tu envoies qu'il envoie que nous envoyions que vous envoyiez qu'ils envoient	j'ai envoyé	j'envoyais	j'enverrai	j'enverrais
faire	je fais tu fais il fait nous faisons vous faites ils font	que je fasse que tu fasses qu'il fasse que nous fassions que vous fassiez qu'ils fassent	j'ai fait	je faisais	je ferai	je ferais
falloir	il faut	qu'il faille	il a fallu	il fallait	il faudra	il faudrait
lire	je lis tu lis il lit nous lisons vous lisez ils lisent	que je lise que tu lises qu'il lise que nous lisions que vous lisiez qu'ils lisent	j'ai lu	je lisais	je lirai	je lirais
mettre	je mets tu mets il met nous mettons vous mettez ils mettent	que je mette que tu mettes qu'il mette que nous mettions que vous mettiez qu'ils mettent	j'ai mis	je mettais	je mettrai	je mettrais

(Like **mettre: admettre, permettre, promettre**)

	PRÉSENT	PRÉSENT DU SUBJONCTIF	PASSÉ COMPOSÉ	IMPARFAIT	FUTUR	CONDI-TIONNEL
mourir	je meurs	que je meure	je suis mort(e)	je mourais	je mourrai	je mourrais

	PRÉSENT	PRÉSENT DU SUBJONCTIF	PASSÉ COMPOSÉ	IMPARFAIT	FUTUR	CONDITIONNEL
	tu meurs	que tu meures				
	il meurt	qu'elle meure				
	nous mourons	que nous mourions				
	vous mourez	que vous mouriez				
	elles meurent	qu'elles meurent				
naître	je nais	que je naisse	je suis né(e)	je naissais	je naîtrai	je naîtrais
	tu nais	que tu naisse				
	il naît	qu'il naisse				
	nous naissons	que nous naissions				
	vous naissez	que vous naissiez				
	elles naissent	qu'elles naissent				
ouvrir	j'ouvre	que j'ouvre	j'ai ouvert	j'ouvrais	j'ouvrirai	j'ouvrirais
	tu ouvres	que tu ouvres				
	il ouvre	qu'il ouvre				
	nous ouvrons	que nous ouvrions				
	vous ouvrez	que vous ouvriez				
	ils ouvrent	qu'ils ouvrent				

(Like ouvrir: couvrir, découvrir, offrir, souffrir)

	PRÉSENT	PRÉSENT DU SUBJONCTIF	PASSÉ COMPOSÉ	IMPARFAIT	FUTUR	CONDITIONNEL
plaire	il plaît	qu'il plaise	il a plu	il plaisait	il plaira	il plairait

(Like plaire: déplaire)

	PRÉSENT	PRÉSENT DU SUBJONCTIF	PASSÉ COMPOSÉ	IMPARFAIT	FUTUR	CONDITIONNEL
pleuvoir	il pleut	qu'il pleuve	il a plu	il pleuvait	il pleuvra	il pleuvrait
pouvoir	je peux	que je puisse	j'ai pu	je pouvais	je pourrai	je pourrais
	tu peux	que tu puisses				
	il peut	qu'il puisse				
	nous pouvons	que nous puissions				
	vous pouvez	que vous puissiez				
	ils peuvent	qu'ils puissent				

	PRÉSENT	PRÉSENT DU SUBJONCTIF	PASSÉ COMPOSÉ	IMPARFAIT	FUTUR	CONDI- TIONNEL
prendre	je prends	que je prenne	j'ai pris	je prenais	je prendrai	je prendrais
	tu prends	que tu prennes				
	il prend	qu'il prenne				
	nous prenons	que nous prenions				
	vous prenez	que vous preniez				
	ils prennent	qu'ils prennent				

(Like prendre: apprendre, comprendre)

	PRÉSENT	PRÉSENT DU SUBJONCTIF	PASSÉ COMPOSÉ	IMPARFAIT	FUTUR	CONDI- TIONNEL
recevoir	je reçois	que je reçoive	j'ai reçu	je recevais	je recevrai	je recevrais
	tu reçois	que tu reçoives				
	il reçoit	qu'il reçoive				
	nous recevons	que nous recevions				
	vous recevez	que vous receviez				
	ils reçoivent	qu'ils reçoivent				

(Like recevoir: decevoir)

	PRÉSENT	PRÉSENT DU SUBJONCTIF	PASSÉ COMPOSÉ	IMPARFAIT	FUTUR	CONDI- TIONNEL
savoir	je sais	que je sache	j'ai su	je savais	je saurai	je saurais
	tu sais	que tu saches				
	il sait	qu'il sache				
	nous savons	que nous sachions				
	vous savez	que vous sachiez				
	ils savent	qu'ils sachent				
suivre	je suis	que je suive	j'ai suivi	je suivais	je suivrai	je suivrais
	tu suis	que tu suives				
	il suit	qu'il suive				
	nous suivons	que nous suivions				
	vous suivez	que vous suiviez				
	ils suivent	qu'ils suivent				
tenir	je tiens	que je tienne	j'ai tenu	je tenais	je tiendrai	je tiendrais

	PRÉSENT	PRÉSENT DU SUBJONCTIF	PASSÉ COMPOSÉ	IMPARFAIT	FUTUR	CONDI-TIONNEL
	tu tiens	que tu tiennes				
	elle tient	qu'elle tienne				
	nous tenons	que nous tenions				
	vous tenez	que vous teniez				
	ils tiennent	qu'ils tiennent				

(Like **tenir: appartenir, contenir, maintenir, obtenir**)

	PRÉSENT	PRÉSENT DU SUBJONCTIF	PASSÉ COMPOSÉ	IMPARFAIT	FUTUR	CONDITIONNEL
venir	je viens	que je vienne	je suis venu(e)	je venais	je viendrai	je viendrais
	tu viens	que tu viennes				
	il vient	qu'il vienne				
	nous venons	que nous venions				
	vous venez	que vous veniez				
	ils viennent	qu'ils viennent				

(Like **venir: devenir, revenir, se souvenir**)

	PRÉSENT	PRÉSENT DU SUBJONCTIF	PASSÉ COMPOSÉ	IMPARFAIT	FUTUR	CONDITIONNEL
vivre	je vis	que je vive	j'ai vécu	je vivais	je vivrai	je vivrais
	tu vis	que tu vives				
	il vit	qu'il vive				
	nous vivons	que nous vivions				
	vous vivez	que vous viviez				
	elles vivent	qu'elles vivent				

(Like **vivre: survivre**)

	PRÉSENT	PRÉSENT DU SUBJONCTIF	PASSÉ COMPOSÉ	IMPARFAIT	FUTUR	CONDITIONNEL
voir	je vois	que je voie	j'ai vu	je voyais	je verrai	je verrais
	tu vois	que tu voies				
	il voit	qu'il voie				
	nous voyons	que nous voyions				
	vous voyez	que vous voyiez				
	ils voient	qu'ils voient				

	PRÉSENT	PRÉSENT DU SUBJONCTIF	PASSÉ COMPOSÉ	IMPARFAIT	FUTUR	CONDI- TIONNEL
vouloir	je veux	que je veuille	j'ai voulu	je voulais	je voudrai	je voudrais
	tu veux	que tu veuilles				
	il veut	qu'il veuille				
	nous voulons	que nous voulions				
	vous voulez	que vous vouliez				
	ils veulent	qu'ils veuillent				

Verbs that take être in the passé composé

aller	monter	rester
arriver	mourir	revenir
descendre	naître	sortir
devenir	partir	tomber
entrer	rentrer	venir

Verbe + infinitif

This list contains verbs that are frequently followed by the infinitive form of the verb, along with the linking preposition, if required. The verb **faire** is used to stand for any infinitive complement. The following abbreviations are used:

qqch   quelque chose
qqn   quelqu'un

accepter de faire qqch	accept (agree) to do something
aider qqn à faire qqch	help someone to do something
s'amuser à faire qqch	have a good time doing something
apprendre à faire qqch	learn to do something
(s') arrêter de faire qqch	stop doing something
avoir à faire qqch	have to do something
avoir besoin de faire qqch	need to do something
avoir envie de faire qqch	want to do something
avoir l'intention de faire qqch	intend to do something
cesser de faire qqch	stop doing something
choisir de faire qqch	choose to do something
commencer à/de faire qqch	begin to do something
commencer par faire qqch	begin by doing something
compter faire qqch	count on, intend to do something
conseiller à qqn de faire qqch	advise someone to do something
continuer à/de faire qqch	continue to do something
craindre de faire qqch	fear doing something

décider de faire qqch	decide to do something
décourager à qqn de faire qqch	discourage someone from doing something
demander à qqn de faire qqch	ask someone to do something
désirer faire qqch	want to do something
détester faire qqch	hate doing something
devoir faire qqch	have to do something
dire qqch à qqn	tell someone something
écrire à qqn de faire qqch	write someone to do something
encourager qqn à faire qqch	encourage someone to do something
enseigner à qqn à faire qqch	teach someone to do something
espérer faire qqch	hope to do something
essayer de faire qqch	try to do something
éviter de faire qqch	avoid doing something
falloir faire qqch	have to do something
finir de faire qqch	finish doing something
finir par faire qqch	finish by doing something
forcer qqn à faire qqch	force someone to do something
hésiter à faire qqch	hesitate to do something
inviter qqn à faire qqch	invite someone to do something
laisser qqn faire qqch	allow someone to do something
se mettre à faire qqch	begin to do something
négliger de faire qqch	neglect to do something
obliger qqn à faire qqch	oblige someone to do something
oublier de faire qqch	forget to do something
parler de qqch	speak about something
passer [du temps] à faire qqch	spend time doing something
penser [à] faire qqch	think of doing something
permettre à qqn de faire qqch	allow someone to do something
persuader à qqn de faire qqch	persuade someone to do something
pouvoir faire qqch	be able to do something
préférer faire qqch	prefer to do something
promettre à qqn de faire qqch	promise someone to do something
proposer à qqn de faire qqch	propose (suggest) to someone to do something
recommander à qqn de faire qqch	recommend someone to do something
refuser de faire qqch	refuse to do something
regretter de faire/d'avoir fait qqch	regret doing (having done) something
remercier qqn de faire/d'avoir fait qqch	thank someone for doing (having done) something
réussir à faire qqch	succeed in doing something
rêver de faire qqch	dream of doing something
risquer de faire qqch	risk doing something
savoir faire qqch	know how to do something
souhaiter [de] faire qqch	want (wish) to do something
suggérer à qqn de faire qqch	suggest to someone to do something
téléphoner à qqn de faire qqch	telephone someone to do something
tenir à faire qqch	be bent on doing something
valoir mieux faire qqch	be better to do something
venir de faire qqch	have just done something
vouloir faire qqch	want to do something

Verbe + complément

This list contains verbs that are frequently followed by noun complements, along with the preposition (if any) that introduces the complement.

appartenir à qqn	belong to someone
assister à qqch	attend something
attendre qqch/qqn	wait for something/someone
avoir besoin de qqch/qqn	need something/someone
avoir peur de qqch/qqn	be afraid of something/someone
conseiller qqch à qqn	advise something to someone
demander qqch à qqn	ask someone something
dire qqch à qqn	say something to someone
divorcer [d'] avec qqn	divorce someone
donner qqch à qqn	give something to someone
douter de qqch	doubt something
écouter qqch/qqn	listen to someone/something
écrire qqch à qqn	write something to someone
entrer dans qqch	enter something
être à qqn	belong to someone
être amoureux/-se de qqn	be in love with someone
expliquer qqch à qqn	explain something to someone
se fier à qqch/qqn	trust something/someone
jouer à qqch	play [a game]
jouer de qqch	play [an instrument]
se marier avec qqn	marry someone
obéir à qqn	obey someone
parler à qqn	speak to someone
penser à qqch/qqn	think about something/someone
penser de qqch/qqn	have an opinion about someone/something
permettre qqch à qqn	permit something to someone
plaire à qqn	be pleasing to someone
promettre qqch à qqn	promise something to someone
raconter qqch à qqn	tell something to someone
rendre visite à qqn	visit someone
répondre à qqch/qqn	answer something/someone
ressembler à qqn	resemble someone
se souvenir de qqch	remember something
suggérer qqch à qqn	suggest something to someone
téléphoner à qqn	telephone someone

Glossary

The French/English and English/French glossaries contain the high-frequency words found in the dialogues, *Autrement dit*, *Pratique et conversation* and *Compréhension auditive* sections. Verbs are listed in the infinitive form. Genders are provided for all nouns. The plural form is also given when it is not formed by adding an **-s.** The feminine of adjectives is given when it is not formed by adding an **-e** to the masculine. The following abbreviations are used:

f.   féminin
m.   masculin
qqch   quelque chose
qqn   quelqu'un

A good dictionary is recommended to supplement these lists.

French/English

A

à (au, aux) to, in
à point medium (cooked)
à propos de speaking of, concerning
abandonner to abandon
aboyer to bark
abruti primitive, brutish
absence *f.* absence
absent absent
absenter, s' absent oneself, to be absent
absolument absolutely
absorption *f.* absorption
abstenir, s' to abstain
abuser to abuse
accent *m.* accent
accent, mettre l'accent sur to emphasize
accepter to accept
accéder to accede, agree
accélération *f.* acceleration
accident *m.* accident
accidentel/-le accidental
accompagner to accompany
accomplir to accomplish
accord *m.* agreement
accorder to grant
accueil *m.* welcome

accueillir to welcome
accumuler to accumulate
accusation *f.* accusation
accuser to accuse
achat *m.* purchase
acheter to buy
acheteur *m.* buyer
acier *m.* steel
acoustique acoustic
acte *m.* act
acteur/actrice *f.* actor/actress
actif/-ve active
action *f.* action, stock
activité *f.* activity
actualités *f.* current events
actuel/-le current
actuellement currently
adapter to adapt
adapter, s' to get used to
addition *f.* bill
adhérent member, adherent
adieu *m.* farewell
adjectif *m.* adjective
admettre to admit
administrateur *m.* administrator
administration *f.* administration
admirateur/admiratrice *m./f.* admirer, fan
admirer to admire

adolescence *f.* adolescence
adopter to adopt
adorer to adore
adresse *f.* address
adresser to address
adroit skillful
adulte *m.* adult
adverbe *m.* adverb
affaire *m.* business, affair, possession
affecter to affect
affection *f.* affection
affirmatif/-ve affirmative
affoler to get upset
affreux/-se horrible
afin de/que in order to/that
africain African
Afrique *f.* Africa
âge *m.* age
agence *f.* agency
agenda *m.* agenda, appointment book
agent *m.* agent
aggresseur *m.* aggressor
aggressif/-ve aggressive, obnoxious
aggression *f.* aggression, mugging
agile agile
agir to act

agit (s') to be about
agréable nice, pleasant
agricole agricultural
agriculteur *m.* farmer
agriculture *f.* agriculture
aide *f.* help
aider (qqn à faire qqch) to help
aimable likable
aimer to like, love
aîné oldest
ainsi thus
ainsi que as well as
air *m.* air
air, avoir l'air to seem like, have the appearance, appear
ajouter to add
alcool *m.* alcohol
alcoolique alcoholic
alcoolisé alcoholic
alentours *m.* surroundings
Algérie *f.* Algeria
algérien/-ne Algerian
alimentaire alimentary, relating to food
Allemagne Germany
aller to go
alliance *f.* alliance, engagement ring
allocation *f.* allowance, grant
allumer to light, turn on
allusion *f.* allusion
alors then
alphabet *m.* alphabet
Alsace *f.* Alsace, region of France
alsacien/-ne of or from Alsace
altruiste altruistic
amateur *m.* fan, amateur
ambiance *f.* ambiance, atmosphere
ambigu/ambiguë ambiguous
ambivalent ambivalent
âme *f.* soul
amener to bring
amélioration *f.* improvement
améliorer to improve
américain American
Amérique *f.* America

ami/e *m./f.* friend
amincir to reduce, become thin
amincissant slimming, reducing
amitié *f.* friendship
amour *m.* love
amoureux/-se, être (de) love, to be in love with
amusant amusing, funny
amuser to amuse
amuser, s' to have fun, have a good time
an *m.* year
analphabète illiterate
analphabétisme *m.* illiteracy
analyser to analyze
ancêtre *m.* ancestor
anchois *m.* anchovy
ancien/-ne former, ancient
âne *f.* donkey
anecdote *f.* anecdote
anglais English
anglais *m.* English language
Angleterre *f.* England
anglophone *m./f.* English speaker
anglosaxon/-ne Anglo-Saxon
animal (pl. animaux) *m.* animal
animé animated
année *f.* year
anniversaire *m.* birthday
annonce *f.* announcement
annoncer to announce
annuler to cancel
antenne *f.* antenna
Antenne 2 French television station
Antilles *f.* Antilles, Caribbean
anxieux/-se anxious
anxiété *f.* anxiety
août *m.* August
apéritif *m.* before-dinner drink
apparaître to appear
appareil *m.* apparatus, camera
appareil ménager *m.* appliance
appareil photo *m.* camera
appartement *m.* apartment
appartenir (à) to belong (to)
appeler to call
appeler (s') to be called

apporter to bring
appréciation *f.* appreciation
apprécier to appreciate
apprendre to learn
approprié appropriate
après after
après que after
après-midi *m./f.* afternoon
arabe Arab
araignée *f.* spider
arbre *m.* tree
archéologie *f.* archeology
archéologue *m./f.* archeologist
architecte *m./f.* architect
argent *m.* money
argot *m.* slang
argotique slang, relating to
argument *m.* point of debate, discussion
aristocratie *f.* aristocracy
armagnac *m.* Armagnac, apple brandy
arme *f.* weapons, arms
arranger to arrange
arrêter to stop
arrêter (s') to stop (oneself)
arrière back
arrivée *f.* arrival
arriver to arrive
arrogant arrogant
arroser to water
art *m.* art
article *m.* article
artificiel/-le artificial
artiste *m./f.* artist
as *m.* ace
ascète ascetic
Asie *f.* Asia
assaisonner to season
asseoir (s') to be seated
assez enough
assiette *f.* plate
assimilation *f.* assimilation
assimiler to assimilate
assistant/-e *m./f.* assistant
assister (à) to attend (class, lecture, concert)
association *f.* association

associer to associate
assortir to match
assurance *f.* assurance, insurance
assurer to assure, insure
athlète *m./f.* athlete
athlétisme *m.* athletics
atmosphérique atmospheric
atroce awful, atrocious
attacher to attach
atteindre *m.* choice
atteindre to reach
attendre to wait
attention *f.* attention
atterrir to land
attirer to attract
attitude *f.* attitude
attrait *m.* attraction
au see **à**
aucun no, none
auditif/-ve auditory
augmentation *f.* raise
augmenter to enlarge, augment
aujourd'hui today
auprès to, before
auquel see **lequel**
aussi also
aussitôt as soon as
autant as much, as many
auteur *m.* author
automobiliste *m./f.* motorist
autorité *f.* authority
autoroute *f.* highway
autour around
autre other, another
autrefois formerly, in the past
autrement otherwise
automne *m.* autumn
auvergnat Auvergne, from the Auvergne region
aux see **à**
auxquel see **lequel**
avance *f.* advance
avance, à l'avance ahead of time
avancement *m.* advancement
avancer to advance
avant before
avant que before
avantage *m.* advantage

avare greedy
avec with
avenir *m.* future
aventure *f.* adventure
avenue *f.* avenue
aveugle blind
avion *m.* airplane
avis *m.* opinion
avocat-/e *m./f.* lawyer
avoir to have
avoir chaud to be hot
avoir faim to be hungry
avoir froid to be cold
avoir soif to be thirsty
avouer to confess
avril *m.* April
ayant see **avoir**

B

babysitter *f.* babysitter
bac *m.* baccalauréat
baccalauréat *m.* diploma, high school (approx. equiv.)
badge *m.* button (with political/social message)
bagnole *f.* car (fam.)
bain *m.* bath
baisser to lower
banc *m.* bench
banlieue *f.* suburbs
banque *f.* bank
barbe *f.* beard
barbu bearded
barrière *f.* barrier
bas/-se low
basané tanned complexion
base *f.* basis, base
baser to base
basque Basque
bateau *m.* boat
bâtiment *m.* building
bâtir to build
batterie *f.* percussion section
bavarder to chat, gossip
beau/belle beautiful, handsome
beaucoup a lot

beaujolais *m.* Beaujolais (red wine)
beauté *f.* beauty
beaux-parents *m.* in-laws
Béké *m.* Martiniquais or Guadeloupéen with white ancestors
belge Belgian
Belgique *f.* Belgium
belle-mère *f.* mother-in-law, stepmother
bénédictine *f.* Benedictine, after-dinner drink
bénéfice *m.* benefit
bénévolat *m.* volunteer work
bénévolat, faire du to do volunteer work
benjamin youngest
berk ugh!
besoin *m.* need
besoin, avoir besoin de to need
bête beast, creature
bêtise *f.* foolish error, foolish action
beurk ugh!
beurre *m.* butter
biais *m.* bias
bibiche term of affectionate address
bibliothèque *f.* library
biche term of affectionate address
bien well
bien *m.* good
bien-être *m.* well-being
bientôt soon
bienveillant well-meaning
bienvenu welcome
bière *f.* beer
bifteck *m.* steak
bijou (*pl.* **bijoux**) *m.* jewel
bilingue bilingual
billet *m.* ticket
biniou *m.* bagpipes
biologie *f.* biology
bizarre strange
blague *f.* joke
blanc, blanche white
blesser to wound
bleu blue

bleu marine navy blue
blond blond
bœuf *m.* beef
boire to drink
bois *m.* woods
boisson *f.* drink
boîte *f.* box, can
bol *m.* bowl
bon/-ne good
bonheur *m.* happiness
bonjour *m.* hello
bonsoir good evening
bord *m.* bank
bord, à bord on board
bordeaux *m.* red wine
bordé bordered
borner to limit
bosser to study (fam.)
bouche *f.* mouth
boucher/bouchère *m./f.* butcher
bouclé curly
boue *f.* mud
bouffer to eat (fam.)
bourgeois middle-class
bouillon *m.* bouillon
boulanger/boulangère *m./f.* baker
boulevard *m.* boulevard
boulot *m.* work (fam.)
bouquin *m.* book (fam.)
bourgogne *m.* Burgundy
    (red wine)
bout *m.* end
bouteille *f.* bottle
boutique *f.* boutique
bouton *m.* button, pimple
boutonner to button
bras *m.* arm
brave brave, worthy
bref in brief
bref, brève brief
breton/-ne Breton, of or from
    Brittany
briser to shatter
brosser to brush
bruit *m.* noise
brûler to burn
brun brown
brushing *m.* comb out

Bruxelles Brussels
bruyant noisy
bu past participle **boire**
bucher to study (fam.)
bureau *m.* office, desk
but *m.* goal

C

c'est-à-dire that is to say
ça this, that
cabinet *m.* office (lawyer's,
    doctor's)
cacher to hide
cactus *m.* cactus
cadeau (*pl.* **cadeaux**) *m.* present
cadet younger
cadre *m.* executive
cadre/femme cadre *f.* executive
cafard *m.* roach
café *m.* coffee; café
cafétéria *f.* cafeteria
caisse *m.* cash register, fund
californien/-ne Californian
calme calm
calorie *f.* calorie
camarade *m./f.* friend
Cambodge *m.* Cambodia
cambouis *m.* grease
cambrioler to burglarize
campagne *f.* campaign; country,
    rural area
camping *m.* campsite
campus *m.* campus
Canada *m.* Canada
canadien/-ne Canadian
cancer *m.* cancer
candidat/-e *m./f.* candidate
candidature *f.* candidacy
cantatrice *f.* singer
canton *m.* canton (administrative
    division of Switzerland)
capable capable
capitale *f.* capital
capitalisme *m.* capitalism
capitaliste capitalist
car for, because
car *m.* interurban bus

caractère *m.* character
caractérisation *f.* characterization
caractériser to characterize
caractéristique *f.* characteristic
carbonade *f.* stew-like dish
carbone *m.* carbon
carbonisé charred
carotte *f.* carrot
carré *m.* square
carte *f.* card
cas *m.* case
case *f.* box, square
casser to break
cassette *f.* cassette
catastrophe *f.* catastrophe
catastrophique catastrophic
catégorie *f.* category
cause *f.* cause
ce, cet, cette, ces this, that
ceci this
**CEE (Communauté économique
    européenne)** *f.* EEC
cela that
célèbre famous
celui, celle, ceux, celles this one,
    that one, these ones
Cendrillon Cinderella
cent *m.* hundred
centre *m.* center
centriste *m./f.* centrist, middle of
    the roader
cependant however
certain certain, sure
certainement certainly
certifiable certifiable
cesser to stop
chacun each one
chaîne *f.* chain; channel
chaleur *f.* heat, warmth
chaleureux/-se warm, friendly
chambre *f.* room
champ *m.* field
champagne *m.* champagne
champignon *m.* mushroom
chance *f.* luck
change *f.* currency exchange
changement *m.* change
changer to change

chanson f. song
chanter to sing
chanteur/chanteuse m./f. singer
chapitre m. chapter
chaque each, every
charabia m. nonsense
charbon m. coal
charge f. responsibility, load
chargé appointed, responsible
charger to load, assign responsibility
chariot m. cart
charmant charming
chartreuse f. Chartreuse, after-dinner drink
chat m. cat
châtain brown (hair color)
château m. castle, château
châtié spare style, polished
châtier to chastise
chaud hot
chauffage m. heating
chauffer to heat
chauffeur m. driver, professional
chaumière f. hut
chausette f. sock
chaussure f. shoe
chauvin nationalistic, chauvinistic
chauvinisme m. chauvinism, nationalism
chef m. head, chief, boss
chemin m. path, way, road
cheminée f. fireplace, hearth, chimney
cheminement m. advancement, path
chemise f. shirt
chèque m. check
cher/chère dear, expensive
chercher to look for
chercheur m. researcher
chéri dear
cheveux m. hair
cheville f. ankle
chez at the house of, by
chic chic, stylish
chien m. dog

chiffre m. digit, number
chimie f. chemistry
chimique chemical
chinois Chinese
chipe f. potato chip
chirurgie f. surgery
chocolat m. chocolate
choisir to choose
chômage m. unemployment
chômeur/chômeuse m./f. unemployed worker
chose f. thing
chou m. cabbage; term of affection
choucroute f. sauerkraut
chum m. boyfriend (Can.)
chute f. fall
chuter to fall
ci-dessous below
ci-dessus above
ciao bye!
ciel m. sky, heaven
cinéma m. movies, cinema
cinématographie f. screenplay
cinquantaine fifty, around fifty
circonstance f. circumstance
circulation f. traffic
circuler to circulate, run
citadelle f. citadel
citer to quote
citoyen/-ne m./f. citizen
citron m. lemon
civil civil
clair clear, light
clairvoyant/-e m./f. clairvoyant
clarinette f. clarinet
classe f. class
classement m. classification
classer to classify
classique classical
clavier m. keyboard
clé f. key
client/-e m./f. client, customer
clientèle f. clientele, customers
clin (d'œil) m. wink
clip m. music video
cloche f. bell
cocher to check off

cochon m. pig
cocktail m. cocktail
cœur m. heart
cognac m. cognac, after-dinner drink
coiffeur/coiffeuse m./f. hairdresser
coiffure f. hairstyle
coin m. corner
colère f. anger
colère, être en to be angry
colis m. parcel
collaboration f. collaboration
collé, être to fail
collègue m./f. colleague
coller to flunk (fam.), to glue, stick
collier m. necklace
colon m. colonist
colonialisme colonialism
colonialiste colonialist
colonie f. colony
colonie de vacances f. summer camp
colonisation f. colonization
colonne f. column
combien how many
combles m. attic
comédie f. comedy
commander to order
comme like, as
commencer to begin
comment how
commentaire m. commentary
commenter to comment, make comments
commerce m. business
commettre to commit
commissariat m. police headquarters
commun common
communauté f. community
communication f. communication
communiquer to communicate
communiste communist
compagnie f. company
comparaison f. comparison

comparer to compare

compatir to sympathize, empathize

compatriote m./f. compatriot, fellow citizen

compensation f. compensation

compétent competent

compétition f. competition

complément m. complement

complètement completely

compléter to complete

compliment m. compliment

compliquer to complicate

comporter to behave

composer to compose, make up

compositeur m. composer

composition f. composition

compréhensible comprehensible

compréhension f. understanding

comprendre to understand

compromis m. compromise

comptable m. accountant

compte m. account

compte, se rendre to realize

compter to count

compte-rendu m. review (of play, movie)

concert m. concert

concevoir to conceive

concierge m./f. "super","janitor", "manager" of apartment

conclusion f. conclusion

concours m. competition, contest

conçu past participle **concevoir**

concurrence f. competition

condition f. condition

condoléances f. condolences

conducteur m. driver

conduire to drive

conduite f. conduct, behavior

conférence f. lecture

conférencier/-ière m./f. lecturer

confesser to confess

confiance f. confidence

conflit m. conflict

confronter to confront

congé m. leave, vacation

congédier to fire, dismiss

conjoint/-e m./f. spouse

conjonction f. conjunction

conjugaison f. conjugation

conjugal conjugal

connaissance f. acquaintance

connaissances f. knowledge

connaître to know, be acquainted with

connu past participle **connaître**

consacrer to spend time

conseil m. advice

conseiller (qqch à qqn) to advise

conseiller/ère m./f. counsellor

conséquence f. consequence

conséquent consequent, resulting

conservateur/conservatrice conservative

considérer to consider

consoler to console

consonne f. consonant

constamment constantly

constant constant

constater to note, remark, observe

constitution f. constitution

construction f. construction

construire to construct

contact m. contact

conte m. story

content happy

contenu m. content

contester to contest, question

contexte m. context

continuer (à) to continue

contrariété f. adversity, obstacle

contraire m. opposite

contraste m. contrast

contre against

contredire contradict

contribuable m./f. taxpayer

contribuer to contribute

contrôle m. test, check, control

contrôleur m. conductor

convaincre to convince

convaincu convinced

convainquant convincing

convenable suitable, appropriate

convenir to suit, agree

conversation f. conversation

coopération f. cooperation

copain m. pal, boyfriend

copine f. girlfriend

coq m. rooster

coquette f. flirt

cordial (pl. cordiaux) m. cordial

corps m. body

correct correct, right

correspondre to correspond

cosmopolite cosmopolitan

côte f. coast; rib

côté m. side

côté, à côté de beside

côtelette f. cutlet

coton m. cotton

coucher to put to sleep

coucher, se to go to sleep

couleur f. color

couloir m. hallway

coup m. knock, blow

coup (de main) m. help, hand

coup (de pied) m. kick

coup (de poing) m. punch

coup (de téléphone) telephone call

coupe f. haircut

couper m. to cut

couple m. couple

cour f. courtyard

cour de récréation f. playground

courage m. courage

couramment fluently

courgette f. squash

courrier m. mail

cours m. course

course f. race

court short

couscous m. couscous, North African dish

cousin/e m./f. cousin

coût m. cost

couteau m. knife

coûter to cost

couvent m. convent

couvert m. table setting

couvrir to cover

craindre to fear
crainte *f.* fear
crapaud *m.* toad
cravate *f.* tie
création *f.* creation
crédit *m.* credit
créer to create
crème *f.* cream
créole creole
crime *m.* crime
criminel/-le criminal
crise *f.* crisis
critique *f.* critique
critique *m.* critic
critiquer to criticize, critique
croire (à, en) to believe
croissant growing
croissant *m.* croissant
croyable believable
croyance *f.* belief
cru raw
cru past participle **croire**
cuillère *f.* spoon
cuisine *f.* kitchen, cuisine
cuisine, faire la to cook
cuisiner to cook
cuisinière *f.* stove
cuit cooked
culinaire culinary
culot, avoir du to have nerve
culpabilité *f.* guilt
culte *m.* cult, faith
cultivateur *m.* planter, cultivater
cultiver to cultivate
culture *f.* culture
culturel/-le cultural
curé *m.* priest, curate
curieux/-se curious, strange
curriculum vitae *m.* resumé
CV *m.* curriculum vitae, resumé
cylindrique cylindrical

D

d'abord first of all
d'accord OK
d'ailleurs besides, moreover
dame *f.* woman

Danemark *m.* Denmark
dangereux/-se dangerous
dans in, within
danser to dance
danseur/danseuse *m./f.* dancer
d'après according to, in the
  opinion of
dâte *f.* date
de of, from
débarasser to get rid of
débat *m.* debate
débattre to debate
déboutonner to unbutton
débrouiller (se) to get out of a
  situation
début *m.* debut
décapsuleur *m.* bottle opener
décembre *m.* December
décider (de qqch) to decide
décision *f.* decision
déclarer to declare
décoller to take off
déconseillé ill-advised
déconseiller to advise against
décor *m.* decor, setting
décorer to decorate
découper to cut out
découverte *f.* discovery
découvrir to discover
décrire to describe
défaire to undo
défaitiste *m.* defeatist
défaut *m.* defect, flaw
défendre to defend
définir to define
définition *f.* definition
dégager to disengage, extract
dégoût *m.* disgust
dégoûtant disgusting
dégoûter to disgust
dégueulasse disgusting (fam.)
dehors *m.* outside
déjà already
déjeuner *m.* lunch
déjeuner, petit *m.* breakfast
délégué *m.* delegate
délicieux/-se delicious
délinquance *f.* delinquency

délinquant delinquent
demain tomorrow
demande *f.* request, application
demander (qqch à qqn) to ask
démaquiller to take off make-up
demi-frère *m.* step-brother
demi-sœur *f.* step-sister
démission *f.* resignation
démocratie *f.* democracy
démocratique democratic
démographique demographic
démonstratif/-ve demonstrative
démonstration *f.* demonstration
démuni lacking
dénouement *m.* outcome
dent *m.* teeth
dentelle *f.* lace
dentiste *m./f.* dentist
dénudé denuded, stripped
dépanner to repair (on the spot)
dépanneur *m.* mechanic,
  breakdown
départ *m.* departure
dépendre (de) to depend
dépensier/-ère *m./f.* spendthrift
dépêcher (se) to hurry
déplacer to displace, move about
déprimé depressed
depuis for, since
déranger to disturb
dériver to derive
dernier/-ière last
dernièrement lastly, recently,
  lately
dérouler to unfold, occur
derrière behind
des partitive article
dès que as soon as
désaccord *m.* disagreement
désastre *m.* disaster
désavantage *m.* disadvantage
descendance *f.* descent, lineage
descendant *m.* descendant,
  offspring
descendre to go down
description *f.* description
désengager to disengage
désespérer to despair

désigner to designate
désinfecter to disinfect
désintéressé disinterested
désir *m.* desire
désirer to desire, want
désodoriser to deodorize
désolé sorry
désordre *m.* disorder
dessert *m.* dessert
desservir to clear the table
dessin *m.* drawing
dessin animé *m.* cartoon
dessiner to draw
déstabiliser to destabilize
destin *m.* fate, destiny
destination *f.* destination
destiner to intend, destine
détail *m.* detail
détendre (se) to relax
détenir to power, hold power over
déterminer to determine
détestable detestable, despicable
détracteur *m.* detractor
détruire to destroy
dette *f.* debt
devant in front of
développer to develop
devenir to become
deviner to guess
devise *f.* motto; currency
devoir *m.* homework assignment
devoirs *m.* homework
dévouer to devote
dévoué devoted
d'habitude usually
diable *m.* devil
dialecte *m.* dialect
dialogue *m.* dialogue
diamant *m.* diamond
dictateur *m.* dictator
dictature *f.* dictatorship
dictée *f.* dictation
dicter to dictate
diction *f.* diction
dictionnaire *m.* dictionary
Dieu God
différence *f.* difference

différer to be different
difficile difficult
difficulté *f.* difficulty
diffuser to broadcast, spread
digestif *m.* after-dinner drink
digital (*pl.* digitaux) digital
dimanche *m.* Sunday
diminuer to diminish, lessen
dîner *m.* dinner
dîner to eat dinner
diplomatie *f.* diplomacy
diplôme *m.* diploma, degree
dire to say
dire, vouloir to mean
directeur/directrice *m./f.* director
direction *f.* management, direction
discothèque *f.* discothèque
discours *m.* speech, discourse
discret/discrète discrete
discrètement discretely
discrétion *f.* discretion
discrimination *f.* discrimination
discussion *f.* discussion
discuter to debate, discuss critically
discuter (de) to discuss
diseuse de bonne aventure fortune-teller
disjoint disjointed
disparaître to disappear
disparu past participle **disparaître**
dispenser to dispense with
disponible available
disposer (de) to have available
dispute *f.* argument
disputer to dispute
disputer (se disputer avec qqn) to argue
disque *m.* record
distance *f.* distance
distinct distinct
distinction *f.* distinction
distingué distinguished
distinguer to distinguish
distraction *f.* amusement, distraction

distraire to distract
distribuer distribuer
diva *f.* diva, female opera singer
divers diverse, differing
diversifier to diversify
diviser to divide
divorce *m.* divorce
divorcer to divorce
docteur *m.* doctor
doctorat *m.* doctorate
doigt *m.* finger
dollar *m.* dollar
domaine *m.* domain
domesticité *f.* domesticity
domestique domestic
dommage *m.* shame, damage
donc so, then
donnée *f.* data
donner to give
dont relative pronoun
d'origine at the beginning
dormir to sleep
dos *m.* back
dossier *m.* file, dossier
douanier/douanière *m./f.* customs agent
doubler to dub
douche *f.* shower
doute *m.* doubt
douter (de) to doubt
douter, se douter de to suspect
douteux/-se doubtful
doux/douce sweet, gentle
dramatique dramatic
drame *m.* drama
drogue *f.* drug
drogué *m.* drug addict
droguer to drug
droit *m.* right
droite (à) right (direction)
drôle funny
drôlement really
du masculine partitive article
dû past participle **devoir**
dur hard
durée *f.* duration
durer to last

E

eau *f.* water
échange *m.* exchange
échanger to exchange
échelon *m.* echelon, rank
échouer (à) to fail
écœurant sickening, nauseating
écœurer to sicken, nauseate, make ill
école *f.* school
écolo *m./f.* ecologist (fam.)
écologiste *m./f.* ecologist
économe economical
économie *f.* economy
économies *f.* savings
économies, faire des to save
économique economical
économiser to save, economize
écouter to listen to
écran *m.* screen
écrire to write
écu *m.* Common Market currency
écurie *f.* stable
éducatif/-ve educational
éducation *f.* upbringing, education
effacer to erase
effectuer to bring about
effet *m.* effect
effet, en indeed
efficace efficient
efficacité *f.* efficiency
effort *m.* effort
égal (*pl.* égaux) equal
également equally
égalité *f.* equality
égard *m.* regard, respect
église *f.* church
égoïste selfish, egotistical
élaborer to elaborate
élargir to enlarge
élection *f.* election
électricité *f.* electricity
électrique electric
élégant elegant

élément *m.* element
éléphant *m.* elephant
élever to bring up, raise
élève *m./f.* pupil
elle she
éliciter to elicit
éloigner to distance, become distant
élu elected
embarassant embarrassing, bothersome, encumbering
embaucher to hire
embêtant annoying
embêter to annoy
embrasser to kiss
émission *f.* program
emmener to lead, take away
émotion *f.* emotion
empêcher to prevent
empirer to get worse, worsen
emploi *m.* job
employé/-e *m./f.* employee
employer to use
employeur *m.* employer
emporter to take out
empreinte digitale *f.* finger print
emprisonner to imprison
emprunt *m.* loan
emprunter (qqch à qqn) to borrow
en in
enceinte pregnant
enchanté delighted
encontre (à l'encontre de) faced with, confronted with, up against
encore still, yet
endormir to put asleep
endormir (s') to fall asleep
énergie *f.* energy
énervant to annoy
énerver to annoy
enfance *f.* infancy, childhood
enfant *m.* child
enfin finally
engager to hire
engendrer to engender,

bring about
englouti envelopped, enshrouded
enlever to take off, kidnap
ennui *m.* annoyance, boredom
ennuyer to annoy
ennuyer, s' to get bored
ennuyeux/-se boring
énoncer to enunciate, put forth
énorme enormous
énormément enormously
enseignant/-e *m./f.* teacher
enseignement *m.* teaching
enseigner to teach
ensemble together
ensuite next
entendre to hear
entendre (s'entendre bien/mal avec) to get along (well, poorly) with
entendu OK, agreed
entente *f.* accord, understanding
enthousiaste enthusiastic
entier/entière entire
entourer to surround
entre between
entreprendre to undertake
entrepreneur *m.* entrepreneur
entreprise *f.* enterprise
entrer (dans) to enter
entretenir to maintain
entretien *m.* maintenance
énumérer to enumerate
envers approximately; towards
envie *f.* envy
envie de, avoir to want, desire
environ around
environnement *m.* environment
environnemental (*pl.* environnementaux) environmental
envoyer to send
épicier/épicière *m./f.* grocer
épidémie *f.* epidemic
épisode *m.* episode
époque *f.* time period
épouser to marry
épouvantable frightening

époux/épouse *m./f.* spouse
épreuve *f.* test
éprouvette *f.* test tube
épuiser to exhaust
équilibre *m.* balance
équipe *f.* team
équipement *m.* equipment
équivalent *m.* equivalent
érosion *f.* erosion
erreur *f.* error, mistake
escale *f.* stopover
escargot *m.* snail
espace *m.* space
espagnol Spanish
espérer to hope
espionnage *m.* espionnage,
  spying
espoir *m.* hope
esprit *m.* spirit
essai *m.* trial
essayer (de) to try
essence *f.* gasoline
essentiel/le essential
essuyer to dry, to wipe
est *m.* east
estudiantin student
et and
établir to establish, make out
établissement *m.* establishment,
  business
étanche waterproof
étang *m.* pond
état *m.* state
Etats-Unis *m.* United States
éteindre to put out, turn off
été *m.* summer
été past participle être
ethnique ethnic
étoile *f.* star
étonnement *m.* astonishment
étonner to surprise, astonish
étonner (s') to be surprised
étranger/-ère *m./f.* stranger
être to be
étroit narrow
étude *f.* study
étudiant/-e *m./f.* student
étudier to study

eu past participle **avoir**
Europe *f.* Europe
européen/-ne European
évaluer to evaluate
événement *m.* event
Evian *f.* mineral water
évidemment evidently
évident evident
éviter to avoid
évolution *f.* evolution
ex-femme *f.* ex-wife
exact exact, correct
exactement exactly
exagérer to exaggerate, make a
  fuss, go too far
examen *m.* test, exam
examiner to examine
excellent excellent
excessif/-ve excessive
excès *m.* excess
exclamer, s' to exclaim
exclusif/-ve exclusive
exclusivement exclusively
excuser to excuse
exemple *m.* example
exercer to perform, carry out
exercice *m.* exercise
exigeant demanding, strict
exigence *f.* demand
exiger to demand
exister to exist
exorbitant exorbitant, excessive
expert expert
expérience *f.* experience,
  experiment
expérimenté experienced
explication *f.* explanation
expliquer to explain
exploiter to exploit, make use of
exploser to explode
explosion *f.* explosion
exportation *f.* export
exporter to export
exposer to discuss, expose
exposition *f.* exhibition
expression *f.* expression
exprimer to express
expulsion *f.* expulsion

extérieur *m.* exterior, outside
extincteur *m.* extinguisher
extra extra
extrait *m.* excerpt
extraordinaire extraordinary
extraverti extroverted
extrême extreme

F

fabuleux/-se fabulous
fac *f.* university (fam.)
face *f.* side
face, en in front of
fâché angry
facile easy
facilement easily
façon *f.* way, fashion
facteur *m.* factor, postman
facture bill
facultatif/-ve optional
faculté *f.* university, faculty
fade tasteless
faible weak
faim *f.* hunger
faire to make, do
faire chaud to be hot (weather)
faire froid to be cold (weather)
faire la queue to stand in line
faisable feasible
fait *m.* fact
falloir to be necessary
fameux/-se famous, notorious
familial family
familiariser to familiarize
familiarité *f.* familiarity
familier/-ère familiar
famille *f.* family
fantaisiste fanciful, at whim
fantastique fantastic
fantôme *m.* ghost
fataliste fatalistic
fatiguant tiring
fatigué tired
faut, il it is necessary
faute *f.* error
faux/fausse false
favori/favorite favorite

favorisé favored
fédéral federal
fédération f. federation
fée f. fairy
féminin feminine
femme f. woman, wife
fenêtre f. window
ferme f. farm
ferme firm
fermer to close
fermier m. farmer
fête f. party, celebration
feu m. fire
feuille f. leaf, sheet
février m. February
fiancé/-e m./f. fiancé(e)
fiche f. fiche, small document
fidèle faithful
fier, se fier à to trust
fier/fière proud
fierté f. pride
figurer to figure, be a part of
figurer, se to imagine
filet m. net, cut of meat
fille f. daughter, girl
film m. film
film d'epouvante horror film
fils m. son
fin f. end
fin fine
final (*pl.* **finals**) final
finalement finally
finance f. finance
financier/-ère financial
finir to finish
flamand Flemish
flamme f. flame
Flandre f. Flanders
fleur f. flower
fleuriste m./f. florist
Floride f. Florida
foie m. liver
foin m. hay
fois f. time
foncé dark
fonctionnaire m./f. bureaucrat
fonctionnement m. functioning
fonctionner to function

fond m. bottom, back
fondation f. founding, foundation
foot m. soccer (fam.)
football m. soccer
force f. force
forcer (qqn à faire qqch) to force
forcer, se forcer de to attempt
formation f. background, training
forme f. form, shape
former to form
formidable great, wonderful
formule f. formula
formuler to formulate
fort strong
fortune f. fortune
fou/folle crazy
foule f. crowd
fourchette f. fork
fournir to furnish
fragment m. fragment
frais, faire to be cool (weather)
frais/fraîche fresh
franc m. franc (currency)
franc/franche frank, sincere
français m. French language
français French
France f. France
franchement frankly
franco-américain Franco-American
franco-canadien/-ne Franco-Canadian
francophile Francophile
francophone French-speaking
frapper to strike
frein m. brake
fréquemment frequently
fréquent frequent
fréquenter to hang out, frequent
frère m. brother
frisé curly, frizzy
froid cold
fromage m. cheese
front m. front, forehead
frontière f. border
fruit m. fruit

frustrant frustrating
frustrer to frustrate
fumer to smoke
furieux/-se furious
futur m. future

G

gadget m. gadget
gaffe f. error (social)
gagner to win, earn
gai carefree
gamme f. scale, range
gant m. glove
garagiste m. mechanic
garantir to guarantee
garçon m. boy, waiter
garder to watch
gardien/-ne m./f. guard, guardian
gare f. train station
garnir to garnish
garniture f. garnish
Gascon Gascon (from Gascony)
gâter to spoil
gauche left
Gaulois Gaulish
gaz m. gas
gendarme m. gendarme
généalogique genealogical
gêner to bother, annoy
général (*pl.* **généraux**) general
généralisation f. generalization
génération f. generation
généreux/-se generous
génial brilliant
génie m. genius
genre m. genre, gender
gens m. people
gentil/-le nice, gentle
gentillesse f. courtesy
gentiment nicely, gently
géographie f. geography
géographique geographical
géologie f. geology
gérant/-e m./f. manager
gestion f. management
giraffe f. giraffe
giron m. lap

global (*pl.* **globaux**) global
globalement globally
gonflé egotistical
gosse *m./f.* kid, child (fam.)
gourmandise *f.* love of eating
goût *m.* taste
goûter to taste
gouvernement *m.* government
grade *f.* rank
grammaire *f.* grammar
grammatical (*pl.* **grammaticaux**) grammatical
grand big, large
grandir to grow up
grand-mère *f.* grandmother
grand-parent *m.* grandparent
grand-père *m.* grandfather
gras/-se greasy, oily
grave serious, grave
grec/grecque Greek
Grèce *f.* Greece
grève *f.* strike
grille *f.* fence, grid
grimace *f.* frown
gris gray
grisou *m.* explosion, mine explosion
gros/-se fat, thick, big
grotte *f.* grotto
groupe *m.* group
groupement *m.* grouping
Guadeloupe *f.* Guadeloupe
guérir to cure
guerre *f.* war
guide *m./f.* guide
guitarre *f.* guitar
gymnastique *f.* gymnastics, exercise
gymnastique, faire de la to work out

H

habiller to dress
habiller (s') to get dressed
habitant *m.* inhabitant
habitation *f.* dwelling
habiter to live
habitude *f.* habit
habituer to accustom
habituer, s' to become accustomed
haine *f.* hatred
Haïti *m.* Haiti
haïtien/-ne Haitian
handicappé handicapped
hargne *f.* ill-temper
haut high
hein interjection
herbe *f.* herb; grass
héritage *m.* inheritance
hériter (de) to inherit
hésitation *f.* hesitation
hésiter (à) to hesitate
heure *f.* hour
heureusement happily
heureux/-se happy
hier yesterday
hippopotame *m.* hippopotamus
histoire *f.* story, history
historique historical
hiver *m.* winter
HLM (Habitation à loyer modéré) *m.* low-cost housing
homme *m.* man
honneur *m.* honor
honnête honest
honte *f.* shame
honte, avoir to be ashamed
horreur *f.* horror
horreur, avoir horreur de to hate
horrible horrible
hors de outside of
hostile hostile
hotdog *m.* hotdog
hôte/hôtesse *m./f.* host/hostess
hôtel *m.* hotel
huile *f.* oil
huiler to oil
humain human
humble humble
humeur *f.* mood
humour *f.* humor

hypocrite deceitful, hypocritical
hypothèse *f.* hypothesis

I

ici here
idéal ideal
idéal (*pl.* **idéaux**) *m.* ideal
idée *f.* idea
identification *f.* identification
identifier to identify
identité *f.* identity
idéologie ideology
il he
île *f.* island
Ile-de-France region around Paris
illuminer to illuminate
illusion *f.* illusion
illustrer to illustrate
image *f.* picture
imaginaire imaginary
imagination *f.* imagination
imaginer to imagine
imbuvable undrinkable
immédiat immediate
immédiatement immediately
immigration *f.* immigration
immigré *m.* immigrant
imminent imminent
immobilier, agent *m.* real-estate agent
imparfait *m.* imperfect
impératif *m.* imperative
impliquer to implicate
impoli impolite
importance *f.* importance
important important
importation *f.* import
importer to import
imposant imposing
impossible impossible
impôt *m.* tax
impression *f.* impression
impressionant impressive
impressionner to impress
imprimante *f.* printer, computer

imprimeur *m.* printer
improvisation *f.* improvisation
inadmissible inadmissible
inassouvi unsatisfied
incertitude *f.* uncertainty
incident *m.* incident
incompétent incompetent
inconvénient *m.* disadvantage
incrédulité *f.* incredulity, disbelief
incroyable unbelievable
Inde *f.* India
indéfini indefinite
indépendance *f.* independence
indépendant independent
indépendantiste *m./f.* partisan of independence
indicatif *m.* indicative mood (grammar)
indications *f.* directions
indifférence *f.* indifference
indigestion *f.* indigestion
indiquer to indicate
indirect indirect
indiscret/indiscrète indiscreet
indispensable indispensable
individu *m.* individual
individualité *f.* individuality
indulgent indulgent
industrialisé industrialized
industrie *f.* industry
inefficace inefficient
infâme shameful, infamous, notorious
inférieur inferior, less
infesté infested
infidèle unfaithful
infiniment infinitely
infinitif *m.* infinitive
influence *f.* influence
influent influential
informaticien/-ne *m./f.* computer scientist
informatique *f.* computer science
informer to inform
ingénieur *m.* engineer
ingrédient *m.* ingredient

initial (*pl.* **initiaux**) initial
initiative *f.* initiative
injure *f.* insult
injurier to insult
innocent innocent
innovateur/innovatrice innovative
inoubliable unforgettable
inquiéter to worry
inquiéter, (s') to be worried
inquiétude *f.* worry, concern
insecticide *m.* insecticide
insipide silly, insipid
insister to insist
inspecteur *m.* inspector
inspirer to inspire
installation *f.* installation
installer to install, settle in
instinct *m.* instinct
instituteur/institutrice elementary school teacher
institution *f.* institution
instrument *m.* instrument
insulte *f.* insult
insulter to insult
intellectuel/-le intellectual
intelligent intelligent
intense intense
interaction *f.* interaction
interdit forbidden
intéressant interesting
intéresser (à), s' to be interested in
intérêt *m.* interest
intérieur *m.* inside, interior
intérieur interior
interjection *f.* interjection
international (*pl.* **internationaux**) international
interprétation *f.* interpretation
interpréter to interpret
interrogatif/-ve interrogative
interruption *f.* interruption
interview *f.* interview
interviewer to interview
interviewer *m.* interviewer
intrigue *f.* plot

introduire to introduce
introverti introverted
inutile useless
inventer to inventer
invention *f.* invention
investir to invest
investissement *m.* investment
invisible invisible
invitation *f.* invitation
inviter to invite
invité/e *m./f.* guest
ironique ironic
irréconciliable irreconcilable
irritation *f.* irritation
isolationiste *m./f.* isolationist
Italie *f.* Italy
italien/-ne Italian
italique *f.* italics
itinéraire *m.* itinerary
ivoirien/-ne of/from the Ivory Coast
ivresse *f.* drunkeness, intoxication

J

jamais ever, already
jambe *f.* leg
jambon *m.* ham
janvier *m.* January
Japon *m.* Japan
japonais Japanese
jardinier/-ère *m./f.* gardener
jaser to gab
jaune yellow
jazz *m.* jazz
je I
Jérusalem Jerusalem
jeton *m.* token
jeu *m.* game
jeudi *m.* Thursday
jeune young
jeunesse *f.* youth
job *m.* short-term job
Joconde *f.* Mona Lisa
joie *f.* joy
joindre to join

joli pretty
jouer (à) to play a game
jouer (de) to play an instrument
jouet *m.* toy
joueur *m.* player
jour *m.* day
journal (*pl.* **journaux**) *m.* newspaper
journaliste *m./f.* journalist
journée *f.* daytime
juge *m.* judge
jugement *m.* judgment
juillet *m.* July
juin *m.* June
jumeau (*pl.* **jumeaux**) *m.* twin
jupe *f.* skirt
jurer to swear
jusqu'à ce que until
jusque up until
juste correct, just
justement exactly
justesse *f.* rightness, correctness
justifier to justify

K

ketchup *m.* ketchup
kidnapper to kidnap
kilo *m.* unit of measure (2.2 pounds)
kilomètre *m.* kilometer
kir *m.* Kir, before-dinner drink
km kilometer

L

la *f.* definite article feminine
là-bas there, over there
labo *m.* laboratory (fam.)
laboratoire *m.* laboratory
là-dedans within
laid ugly
laine *f.* wool
laisser to leave
lamentable lamentable, sorry
lampe *f.* lamp
lancer to launch, throw

langage *m.* language (variety of)
langue *f.* language (national)
Languedoc *m.* region of France
laver to wash
laver, se to wash oneself
le *m.* definite article masculine
leçon *f.* lesson
lecture *f.* reading
légendaire legendary
léger/légère light, slight
législatif/-ve legislative
léguer to bequeath
lendemain *m.* the next day
lent slow
lequel relative pronoun
les definite article plural
lessive *f.* detergent
lettre *f.* letter
lettres, Faculté des college, liberal arts
leur their
lever to raise
lever, se to get up
liberté *f.* liberty
libéral (*pl.* **libéraux**) liberal
libre free
licence *f.* B.A. degree, approximate equivalent
lien *m.* link
lier to tie, bind, link
lieu (*pl.* **lieux**) *m.* place
ligne *f.* line
limitation *f.* limitation
linge *m.* laundry
linge, faire le to do laundry
linguistique *f.* linguistics
linguistique linguistic
lion *m.* lion
liqueur *f.* liqueur
liquide *m.* liquid
lire to read
lisible legible
liste *f.* list
lit *m.* bed
littérature *f.* literature
livre *m.* book
livrer to deliver
local *m.* site

local (*pl.* **locaux**) local
locuteur/locutrice *m./f.* speaker
loge *f.* apartment, lodge
logement *m.* lodging
logiciel *m.* software
logique *f.* logic
logique logical
loi *f.* law
loin far
long/longue long
longtemps long time
Lorraine *f.* Lorraine, region of France
lorsque when
loterie *f.* lottery
louer to rent
loup-garou *m.* werewolf
lourd heavy
Louvre *m.* museum in Paris
lu past participle **lire**
lucide lucid
lumière *f.* light
lundi *m.* Monday
lutter to fight
lycée *m.* high school
lycéen/-ne *m./f.* high-school student

M

M. Monsieur
machin *m.* thing
machine *f.* machine
Madame *f.* Ma'am, Mrs.
Mademoiselle *f.* Miss
magasin *m.* store
magazine *m.* magazine
magique magic
magistrat *m.* magistrate
magnifique great, magnificent
Maghrébin *m.* North African
mai *m.* May
main *f.* hand
Maine *m.* Maine, region of France
maintenant now
maintenir to maintain
maintien *m.* maintenance

mais but
maison *f.* house
maîtrise *f.* mastery, master's degree
maîtriser to master
majorité *f.* majority
mal poorly
mal (*pl.* maux) *m.* wrong
mal, avoir to hurt
malade sick
maladie *f.* sickness
maladroit awkward
malaise *m.* uneasiness
malchanceux/-euse unlucky
malentendu *m.* misunderstanding
malgré in spite of
malhabile awkward
malheur *m.* misfortune
malheureusement unfortunately
malheureux/-se unfortunate
malhonnête dishonest
malin/maligne clever
malpropre unclean
malsain unhealthy
malveillant malevolent
maman *f.* mom
manger to eat
manifestation *f.* demonstration (protest)
manque *m.* lack
manquer (à) to miss
marchand/-e *m./f.* merchant
marcher to walk
marché *m.* market
mardi *m.* Tuesday
mari *m.* husband
mariage *m.* marriage
marier (se) to get married
Maroc *m.* Morocco
Marocain *m.* Moroccan
marque *f.* mark
marqué impressed, struck, affected
marquer to mark
marrant funny (fam.)
marre (en avoir) to be fed up
marron brown (eye color)
mars *m.* March

martini *m.* vermouth
masculin masculine
match *m.* game
matérialiste materialistic
maternel/-le maternal
maternité *f.* maternity
mathématiques *f.* mathematics
maths *f.* math (fam.)
matière *f.* matter, subject matter
matin *m.* morning
matinée *f.* morning time
matrimonial matrimonial, marriage
mauvais bad
maux see **mal**
mec *m.* guy (fam.)
mécanicien *m.* mechanic
méchant ill-behaved, wicked, ferocious
mécontent unhappy
médecin *m.* doctor
médical (*pl.* médicaux) medical
médiocre so-so, mediocre
méfiance *f.* defiance, mistrust
méfier (se) to distrust
meilleur better, best
mélange *m.* mixture
mêler to mix
méli-mélo *m.* mixture
membre *m.* member
même same, even
mémère *f.* grandma
mémoire *f.* memory
mémoire *m.* term paper
mémorable memorable
mémoriser to memorize
menace *f.* threat
menacer to threaten, menace
ménage *m.* household
ménager/-ère relating to household
mental (*pl.* mentaux) mental
mentalité *f.* mentality
mépris *m.* scorn
mer *f.* sea
merci thank you
mercredi *m.* Wednesday
mère *f.* mother

merguez *m.* sausage
mérite *f.* merit
mériter to merit
merveilleux/-se marvellous
Mesdames *pl.* **Madame**
mésentente *f.* misunderstanding
messe *f.* mass
Messieurs *pl.* **Monsieur**
mesure *f.* measurement
mesurer to measure
métal (*pl.* métaux) *m.* metal
météo *f.* weather report
méthode *f.* method
méticuleux/-se careful
métier *m.* trade
mètre *m.* meter
métro *m.* metro, subway
mettre to put, place
meuble *m.* furniture (a piece of)
meublé furnished
meurtre *m.* murder
meurtrier *m.* murderer
meurtrier/-ière murderous
mexicain Mexican
Mexique *m.* Mexico
mi-temps part time
Midi *m.* south of France
midi *m.* noon
mieux better, best
miliers thousands
milieu *m.* middle, surroundings, atmosphere
militaire military
mille *f.* thousand
million *m.* million
minable pitiful, lamentable
mince thin
mine *f.* mine
minette term of affectionate address
mineur *m.* miner
minéral (*pl.* minéraux) mineral
ministre minister
minorité *f.* minority
minou term of affectionate address
minuit *m.* midnight
miracle *m.* miracle

mitron *m.* baker's apprentice
Mlle Mademoiselle
Mme Madame
mobile *f.* mobile, motive
mobilier *m.* furniture (collection of)
mobilité *f.* mobility
moche pitiful, lamentable
moderne modern
modeste modest
modestie *f.* modesty
modération *f.* moderation
modèle *m.* model
modifier to modify
moins less
moins, à moins de/que unless
mois *m.* month
moisson *f.* harvest
moitié *f.* half
moment *m.* moment
monarchie *f.* monarchy
monde *m.* world
mondial (*pl.* **mondiaux**) world
monnaie *f.* change
monnaies *f.* monies
monotonie *f.* monotony
Monsieur *m.* Sir, Mr.
monstre *m.* monster
mont *m.* mountain, mount
monter to go up
montrer to show
monument *m.* monument
moquer, se moquer de to make fun of, mock
morceau *m.* piece
mort *f.* death
mortel/-le mortal, boring
mot *m.* word
motif *m.* pattern, motive
moto *f.* motorcycle (fam.)
mou/mol/molle soft
mourir to die
mousse *f.* mousse
moustache *f.* mustache
moustachu having a mustache
moutarde *f.* mustard
mouvement *m.* movement
moyen *m.* means

moyen/-ne average, middle
moyenne *f.* average
moelleux/-se creamy, smooth
muet/muette mute
mûr mature, ripe
musée *m.* museum
musical (*pl.* **musicaux**) musical
musicien/-ne *m./f.* musician
musique *f.* music
musulman Moslem
muter to transfer
mystérieux/-se mysterious
mystifier to mystify

N

naif/naïve naïve
naissance *f.* birth
naître to be born
natal native, of birth
natif/-ve native
nation *f.* nation
national (*pl.* **nationaux**) national
nationalisation *f.* nationalization
nationalité *f.* nationality
nature *f.* nature
naturel/-le natural
navet *m.* turnip; flop (fam.)
navette *f.* shuttle
navette, faire la to commute
ne ... jamais never
ne ... ni ... ni neither ... nor
ne ... pas negation
ne ... personne no one
ne ... plus no more, no longer
ne ... que only
ne ... rien nothing
né past participle **naître**
nécessaire necessary
nécessairement necessarily
négatif/-ve negative
négation *f.* negation
négliger to neglect
neige *f.* snow
neiger to snow
nerf *m.* nerve
nerveux/-se nervous
net/-te clear

nettoyer to clean
neuf/-ve new
new yorkais of or from New York
nez *m.* nose
nier to deny
n'importe quoi no matter what
niveau *m.* level
Noël *m.* Christmas
noir black
noisette *f.* hazel(nut)
nom *m.* name, noun
nombre *m.* number
nominalisé nominalized, turned into a noun
nommer to name, nominate
non no
nord *m.* north
nord africain North African
normal (*pl.* **normaux**) normal
Normandie *f.* Normandy, region of France
nos our
notamment notably
note *f.* grade
noter to grade, note
notion *f.* notion
notre our
nounours term of affectionate address
nourrir to feed, nourish
nourriture *f.* food
nous us
nouveau/nouvel/nouvelle new
Nouvelle-Caledonie *f.* New Caledonia
nouvelles *f.* news
novembre *m.* November
nuance *f.* nuance, subtlety
nuancer to make subtle
nucléaire nuclear
nuire (à) to harm
nuisible harmful
nuit *f.* night

O

obéir (à) to obey
objecter to object

objet *m.* object
obligatoire required, obligatory
obliger to obligate
obsidienne *f.* obsidian
obstacle *m.* obstacle
obtenir to obtain, get
obtenir un diplôme to graduate
occasion *f.* occasion, bargain
occitan *m.* Occitan (language)
occitan of or from Occitanie
Occitanie Occitania, region of southern France
occupé busy
occuper to occupy
occuper (s') to be busy
octobre *m.* October
œil *m.* eye
œuf *m.* egg
offert past participle **offrir**
officiel/-le official
offrir to offer
oignon *m.* onion
olivâtre olive-colored
omettre to omit
on one, people
oncle *m.* uncle
ONU (Organisation des Nations Unies) *f.* UN
opéra *m.* opera
opinion *f.* opinion
opposer to oppose
opposer (s') to oppose, be opposed to
opposition *f.* opposition
oppression *f.* oppression
optimiste *m./f.* optimist
or *m.* gold
orange *f.* orange
orange orange
orchestre *m.* orchestra
ordinal (*pl.* **ordinaux**) ordinal
ordinateur *m.* computer
organisation *f.* organization
organiser to organize
orgueil *m.* pride
orientation *f.* orientation
original (*pl.* **originaux**) original
originalité *f.* originality

origine *f.* origin, beginning
orphelin/-e *m./f.* orphan
orthographe *f.* spelling
ou or
où where
ouailles *f.* flock (ecclesiastical)
oublier to forget
ouest *m.* west
oui yes
outre beyond, other than
ouvert past participle **ouvrir**
ouvertement openly
ouvrier/ouvrière *m./f.* worker
ouvrir to open
OVNI (objet volant non-identifié) *m.* UFO
ozone *m.* ozone
ozonosphère *f.* ozone layer

P

page *f.* page
pain *m.* bread
paire *f.* pair
paisible peaceful
palais *m.* palace
pâle pale
pantalon *m.* pants
pantoufle *f.* slipper
papa *m.* dad
paquet *m.* package
par by
paragraphe *m.* paragraph
paraître to seem, appear
paranoïaque paranoid
parce que because
parcourir to skim, go through
pardon *m.* pardon
pardonner to pardon
pareil/-le similar, like
parent *m.* parent, relative
parenthèse *f.* parenthesis
paresseux/-se lazy
parfait perfect
parfois sometimes
parfum *m.* perfume
parisien/-ne Parisian
parking *m.* parking lot

parlement *m.* parliament
parler to speak
parmi among
paroisse *f.* parish
parole *f.* word
part *f.* share
partager to share
partenaire *m./f.* partner
parti *m.* party (political)
participant *m.* participant
participer (à) to participate
particularisme *m.* particularity
particulier/particulière *m./f.* individual
particulier/particulière particular, individual
partie *f.* part
partir to leave
partitif *m.* partitive
partout everywhere
pas *m.* step
passage *m.* passage
passant *m.* passerby
passé *m.* past
passer to pass, spend time
passif/-ve passive
passionant compelling, absorbing
paternité *f.* paternity
pâté *m.* pâté
pathologique pathological
patiemment patiently
patience *f.* patience
patient patient
patois *m.* patois, non-prestigious dialect
patrie *f.* fatherland, country
patrimoine *m.* legacy, heritage
patron *m.* pattern
patron/-ne *m./f.* boss
pauvre poor
pauvreté *f.* poverty
payer (qqch à qqn) to pay
pays *m.* country, region
paysage *m.* countryside
paysan/-ne *m./f.* peasant
peine *f.* pain, sorrow, punishment
peinture *f.* painting
pelouse *f.* lawn

penchant *m.* leaning, liking
pencher to lean
pendant during, while
pénétrer to penetrate
penible annoying, painful, difficult
pensée *f.* thought
penser (à) to think about
penser (de) to have an opinion about
perdre to lose
père *m.* father
perfection *f.* perfection
période *f.* period
permanent permanent
permettre (à qqn de faire qqch) to permit
permis permitted
perpétuel/-le perpetual
Perrier *f.* Perrier, mineral water
persévérant persistent
personnalité *f.* personality
personne *f.* person
personnel direct
personnel/-le personal
personnellement personally
perspective *f.* perspective
persuader to persuade
persuasion *f.* persuasion
pessimiste *m./f.* pessimist
petit small
petite-fille *f.* granddaughter
petit-fils *m.* grandson
peu little
peuple *m.* people
peur *f.* fear
peur, avoir to be afraid
peut-être perhaps, maybe
pharmacie *f.* pharmacy
phase *f.* phase
philosophe *m.* philosopher
philosophie *f.* philosophy
phobie *f.* phobia
photo *f.* photo
phrase *f.* sentence
physique physical
physiquement physically
pianiste *m./f.* pianist

pièce *f.* play, room of a house
pied *m.* foot
pierre *f.* stone
pieuvre *f.* octopus
pilote *m.* pilot
piquer to steal (fam.)
pizza *f.* pizza
place *f.* square, plaza
plage *f.* beach
plaindre to pity
plaindre, se plaindre de to complain
plainte *f.* complaint
plaintif/-ve complaining, whining
plaire (à) to be pleasing to
plaisanter to joke
plaisanterie *f.* joke
plaisir *m.* pleasure
plan *m.* plan
planer to glide
plante *f.* plant
plaquer to get rid of
plastique *m.* plastic
plat *m.* dish
plein full
pleurer to cry
pleut, il it's raining
pleuvoir to rain
plombier *m.* plumber
pluie *f.* rain
plupart, la plupart des *f.* most of
pluralité *f.* plurality
plus more
plusieurs several
plutôt rather
pneu *m.* tire
poche *f.* pocket
poète *m./f.* poet
poids *m.* weight
poigneé *f.* handful, fistful
point *m.* point
poire *f.* pear
poisson *m.* fish
poivre *m.* pepper
poli polite
police *f.* police

policier, roman *m.* detective novel
politique *f.* policy
politique political
pollueur *m.* polluter
pollution *f.* pollution
pomme *f.* apple
populaire popular
population *f.* population
porc *m.* pork
porte *f.* door
portefeuille *m.* wallet
porter to carry, wear
portrait *m.* portrait
portugais Portuguese
Portugal *m.* Portugal
poser (une question à qqn) to ask (a question)
positif/-ve positive
position *f.* position
posséder to possess
possessif/-ve possessive
possession *f.* possession
possibilité *f.* possibility
possible possible
poste *m.* post, job
pot *m.* drink (fam.)
pot, prendre un pot to have a drink
potage *m.* thick soup
poterie *f.* pottery
potin *m.* story, gossip
poubelle *f.* trash can
poule *f.* hen
poulet *m.* chicken
poulette term of affectionate address
pour for
pour que in order to/that
pourcentage *m.* percentage
pourquoi why
pourri rotten
pourrir to rot
poursuite *f.* pursuit
pourtant however
pourvu que provided that
pousser to push
pouvoir can, to be able

pouvoir *m.* power, might
pratique *f.* practice
précaution *f.* precaution
précédant preceding
précéder to precede
précieux/-se precious
précis precise
préciser to specify, make precise
préférable preferable
préféré favorite
préférence *f.* preference
préférer to prefer
préfixe *m.* prefix
préjugé *m.* prejudice
premier/première first
prendre to take, eat, drink
préparatif *m.* preparatory activity
préparation *f.* preparation
préparer to prepare
préposition *f.* preposition
près (de) near
présence *f.* presence
présentation *f.* introduction, presentation
présenter (qqn, qqch à qqn) to introduce, present
président/-e *m./f.* president
presque almost
pressé hurry, in a hurry
presser, se presser de to hurry
pressing *m.* dry cleaners
pression *f.* pressure
prestige *m.* prestige
prestigieux/-se prestigious
prêt *m.* loan
prêt ready
prétendre to claim
prêter to lend
prêtre *m.* priest
preuve *f.* proof
prévaloir to prevail
prévenir to let know, forewarn
prévision *f.* forecast, prediction
prévoir to predict
prévu anticipated, foreseen
prier to pray
prière *f.* prayer
primer to take precedence

principal (*pl.* principaux) main, principal
principe *m.* principle
printemps *m.* spring
priorité *f.* priority
prison *f.* prison
prisonnier/-ère *m./f.* prisoner
privatisation *f.* privatization
prix *m.* price, prize
probabilité *f.* probability
probable probable
problème *m.* problem
prochain next
production *f.* production
produire to produce
produit *m.* product
produit chimique *m.* chemical
prof *m./f.* teacher, professor (fam.)
professeur *m.* teacher
profession *f.* profession
professionel/-le professional
profil *m.* profile
profit *m.* profit
profiter (de) to profit
programme *m.* program
programmeur/programmeuse *m./f.* programmer
progressif/-ve progressive
prolétariat *m.* proletariat
prolonger to prolong
promener to walk
promener, se to take a walk
promettre to promise
promotion *f.* promotion
promouvoir to promote
promu promoted
pronom *m.* pronom
pronominal (*pl.* pronominaux) pronominal, conjugated with a pronoun
prononcer to pronounce
prononciation *f.* pronunciation
propos *m.* matter, business
proposer to propose
propre clean, own
prospère prosperous
protester to protest

Provence *f.* Provence, region of France
proverbe *m.* proverb
province *f.* province
provincial (*pl.* provinciaux) provincial
provoquer to provoke
proximité *f.* proximity
prudent careful, prudent
psychiatre *m./f.* psychiatrist
psychologique psychological
psychologue *m./f.* psychologist
PTT *m.* post office
pu past participle **pouvoir**
public *m.* public
public/publique public
publicité *f.* advertisement, publicity
puis then
puisque since
puissance *f.* power
puissant powerful
pull *m.* sweater
punch *m.* punch (drink)
punir to punish
pur pure
purement purely

Q

qualifié qualified
qualifier to qualify
qualité *f.* quality
quand when
quant à as for
quantité *f.* quantity
quarantaine forty, around forty
quartier *m.* neighborhood, district
quartz *m.* quartz
Québec *m.* Quebec, Quebec City
québécois of or from Quebec
quel, quelle, quels, quelles which
quelque some, a certain
quelque chose something
quelqu'un someone
question *f.* question, issue

questionnaire *m.* questionnaire
questionner to question
queue *f.* line, tail
qui who
quiproquo *m.* mix-up, mistaken identity
quitter to leave
quoi what
quotidien/-ne daily

R

race *f.* race
racine *f.* root
racisme *m.* racism
raconter to tell
radio *f.* radio
radis *m.* radish
radium *m.* radium
raffiner to refine
rafraîchissement *m.* refreshment
raison *f.* reason
raison, avoir to be right
raisonnable reasonable
raisonnement *m.* reasoning
ramasser to gather
ramener to bring back
rang *m.* rank
rapidité *f.* speed, rapidity
rappeler to call back, recall
rapport *m.* report, rapport
rapporter to bring back, report
rare rare
rarement rarely
ras level
ras-le-bol (en avoir) to be fed up
raser, se to shave
rassemblement *m.* assembly
rassurer to reassure
rat *m.* rat
rater to fail, miss
RATP Régie Autonome des Transports Parisiens
ravi delighted
réaction *f.* reaction
réactionnaire *m./f.* reactionary
réaffirmer to reaffirm
réagir to react

réaliser to bring about
réaliste realistic
réalité *f.* reality
récemment recently
récent recent
réception *f.* reception (desk)
recette *f.* recipe
recevoir to receive
recharger to reappoint, reload
réchauffer to reheat
rechercher to seek out
réciproque reciprocal
réclamation *f.* complaint
récolte *f.* harvest
recommencer to rebegin, begin again
recommender to recommend
recompenser to reward
réconcilier to reconcile
réconforter to comfort
reconnaître to recognize
récréation *f.* recreation
rectangulaire rectangular
reçu past participle **recevoir**
reçu *m.* receipt
reçu, être to pass, pass a course
recueil *m.* collection, gathering
recueillir to pick, gather, collect
recueillir, se to meditate
récupérer to retrieve, pick up
redoubler to repeat a course
réduction *f.* reduction
réduit reduced
refaire to redo
référence *f.* reference
référendum *m.* referendum
référer, se référer à to refer to
refermer to close again
réflexion *f.* thought, reflexion
réfléchi reflexive
réfléchir (à) to think over, reflect
refléter to reflect
réfugié *m.* refugee
refus *m.* refusal
refuser to refuser
regarder to look at
régime *m.* diet

régime, être au to be on a diet
région *f.* region
régional (pl. régionaux) regional
règle *f.* rule
règlement *m.* regulation, rule
régler to pay, settle
regret *m.* regret, sorrow
regrettable regrettable
regretter to miss, regret
régulier/régulière regular
régulièrement regularly
rein *m.* kidney
reine *f.* queen
rejeter to reject
relatif/-ve relative
relation *f.* relation
relativement relatively
relax relaxed
relever to raise a point
religieux/-se religious
religion *f.* religion
relire to reread, proofread
remarier to remarry
remarquer to notice, remark
rembourser to reimburse
remettre to postpone
remède *m.* remedy
remédier (à) to remedy
remplaçant *m.* replacement, substitute
remplacer to replace
remplir to fill
remuer to stir, move
rémunérer to remunerate
rencontre *f.* meeting
rencontrer to meet
rendez-vous *m.* meeting
rendre to return
rendre (se rendre compte de) to realize
renforcer to reinforce
renseignement *m.* information
renseigner to inform, give information
renseigner, se to inform oneself
rentabilité *f.* worth, income potential
rentrer to go home

renverser to reverse, spill
renvoyer to send back, fire
réparer to repair
repartir to leave again
repas *m.* meal
repérer to locate
répéter to repeat
répétition *f.* repetition, rehearsal
répondeur *m.* answering machine
répondre (à) to answer
réponse *f.* answer
reporter to postpone, put off
reporter, se to refer back
reposer, se to rest
reprendre to begin, take up again
représentable representable
représentant/-e *m./f.* representative
représenter to represent
reproche *m.* reproach, blame
reprocher to reproach
république *f.* republic
répugnant repugnant, repulsive
répugner to be repulsive
réputation *f.* reputation
requis required
réseau *m.* network
réservation *f.* reservation
réserve *f.* reserve
réserver to reserve
résident/-e *m./f.* resident
résignation *f.* resignedness, resignation
résister (à) to resist
résoudre to resolve
responsabilité *f.* responsibility
responsable (de) responsible
resquiller to cut in
ressemblance *f.* resemblance
ressembler (à) to resemble
resservir to have a second helping
restaurant *m.* restaurant
reste *m.* remainder, leftover
rester to stay
résultat *m.* result, score
résulter to result

résumé *m.* summary
résumer to summarize
retard *m.* lateness
retard, être en to be late
retenir to retain
retirer to withdraw
retour *m.* return
retour, être de to be back
retourner to go back
retraite *f.* retreat, retirement
retraite, prendre la to retire
retrouver to meet, find again
réunion *f.* meeting
réunir to bring together
réunir, se to meet
réussir (à) to succeed
revanche *f.* revenge
revanche, en on the other hand
rêve *m.* dream
réveil *m.* alarm clock
réveiller to wake up, awaken (someone)
réveiller, se to wake (oneself) up
révélation *f.* revelation
révéler to reveal
revenir to come back, return
revenu *m.* revenue
réviser to review
révision *f.* review
revoir to see again
revoir, au good bye
révolter to revolt
révolution revolution
rez-de-chaussée *m.* ground floor
riche rich
rideau *m.* curtain
ridicule ridiculous
rigolade *f.* laughing matter
rigoler to laugh (fam.)
rigolo funny (fam.)
rire to laugh
risible laughable
risquer to risk
rivalité rivalry
riz *m.* rice
robe *f.* dress
robot *m.* robot
rock *m.* rock music

roi *m.* king
rôle *m.* role
roman *m.* novel
rompre to break, break up
ronchonner to snore
rond round
rose pink
rosé *m.* rosé wine
rôti *m.* roast
rouge red
rougir to blush
route *f.* route
routine *f.* routine
roux/rousse redhaired
rudimentaire rudimentary
rue *f.* street
rupture *f.* breaking up, rupture
rural (*pl.* ruraux) rural
rustique rustic
rythme *m.* rhythm

S

sachant present participle **savoir**
sacrifier to sacrifice
safari *m.* safari
sage wise, well-behaved
saignant rare (meat)
saillant important, standing out, salient
saint holy
saisir to seize, understand
saison *f.* season
salade *f.* salade
sale dirty
salé salty
salle *f.* room
salle de bains *f.* bathroom
saluer to greet
salut hi!
salutation *f.* greeting
samedi *m.* Saturday
sans without
sans abri homeless
sans que without, unless
satisfaction *f.* satisfaction
satisfaire (à) to satisfy
satisfait satisfied

sauce *f.* sauce, dressing
saucer to dress, put sauce on
saucisse *f.* sausage
sauf except
sauf/sauve safe
sauterelle *f.* grasshopper
sauver to save
savoir to know
savoir *m.* knowledge
savoir-vivre *m.* sophistication
saxophone *m.* saxophone
scandale *m.* scandal
scandaleux/-se scandalous
scénario *m.* screen play
scène *f.* scene
schéma *m.* schema, plan
science *f.* science
science-fiction *f.* science fiction
sciences économiques *f.*
    economics
sciences politiques *f.* political
    science
scolaire school, academic
scolarité *f.* schoolwork
sculpteur *m.* sculptor
sculpture *f.* sculpture
séance *f.* showing, session
sec/sèche dry
sécher to dry, skip a class
secours *m.* help
secret *m.* secret
secrétaire *m./f.* secretary
sécurité *f.* security
séduire to entice, seduce
séduisant enticing
séjour *m.* stay
sel *m.* salt
sélection *f.* selection
selon according to, in the
    opinion of
semaine *f.* week
semblable similar
sembler to seem
semelle *f.* sole (shoe)
semestre *m.* semester
séminaire *m.* seminary,
    seminar
semoule *f.* semolina

sénat *m.* senate
sénateur *m.* senator
Sénégal *m.* Senegal
sénégalais of or from Senegal
sens *m.* sense, meaning
sentiment *m.* feeling
sentimental (*pl.* **sentimentaux**)
    sentimental
sentir to feel, smell
sentir (se) to feel
séparer to separate
septembre *m.* September
série *f.* series
sérieux/-se serious
serrer to lock
serrer la main to shake hands
servant/-e *m./f.* servant
serveur/serveuse *m./f.*
    waiter/waitress
service *m.* service, tip
serviette *f.* napkin
servir to serve
seul only, alone
seulement only
sévère strict, severe
sexy sexy
si if, whether, yes
SIDA (Syndrôme immuno-
    déficitaire acquis) *m.* AIDS
siècle *m.* century
siège *m.* seat, siege
sigle *m.* acronym
signaler to point out
signature *f.* signature
signe *m.* sign
signer to sign
signification *f.* meaning
signifier to mean
similaire similar
simple simple, elementary
simplement simply
sincère sincere
site *m.* site
situation *f.* situation
situer to situate
ski *m.* ski
ski, faire du to go skiing
smoking *m.* tuxedo

SNCF (Société nationale des
    chemins de fer français) *f.*
    French railroad
snob snob
sociable sociable, likable
social (*pl.* **sociaux**) social
socialiser to socialize
socialisme *m.* socialism
société *f.* society
sociologie *f.* sociology
sœur *f.* sister
sofa *m.* sofa
soie *f.* silk
soif *f.* thirst
soif, avoir to be thirsty
soigner to care for
soigneusement carefully
soigneux/-se careful
soin *m.* care
soir *m.* evening
soirée *f.* evening time, evening
    social event
soit present subjunctive **être**
soit … soit either … or
solde *m.* sale
solde, en on sale
soleil *m.* sun
solution *f.* solution
sombre dark
sommeil *m.* sleep
sommeil, avoir to be sleepy
son *m.* sound
sondage *m.* poll
sonner to sound
sophistiqué sophisticated, slick
soprano *f.* soprano
sorcière *f.* witch
sorte *f.* sort, type
sortie *f.* exit, excursion, date
sortir to go out
souche *f.* origin, stock
souci *m.* concern, worry
soudain sudden, suddenly
souffert past participle **souffrir**
souffrir to suffer
souhait *m.* wish, desire
souhaitable desirable
souhaiter to wish

souligner to underline
soumettre to submit
soupe *f.* soup
source *f.* source, stream
sourd deaf
sourire to smile
sourire *m.* smile
sous under
sous-développé underdeveloped
sous-développement *m.*
    underdevelopment
sous-titre *m.* subtitle
sous-titré subtitled
souvenir *m.* memory
souvenir (se souvenir de)
    to remember
souvent often
spacieux/-se spacious
spécial (*pl.* **speciaux**) special
spécialisation *f.* major,
    specialization
spécialiser, se to major,
    specialise in
spécialiste *m./f.* major, specialist
spécialité *f.* specialty
spectacle *m.* show, spectacle
spectateur *m.* spectator, viewer
splendide splendid
sport *m.* sport
sportif/-ve athletic
standard standard
station service *f.* gas station
statistique *f.* statistic
statut *m.* statute, status
stéréotype *m.* stereotype
stimulant stimulating
stratification *f.* stratification
stressé stressed, anxious
structure *f.* structure
style *m.* style
subjonctif *m.* subjunctive mood
substantif *m.* noun
sucre *m.* sugar
sucré sugary, sweet
sud *m.* south
sud south
sudiste southern
suffire to suffice

suffisant sufficient
suffixe *m.* suffix
suffrage *m.* suffrage
suggestion *f.* suggestion
suggérer to suggest
suisse Swiss
suite *f.* continuation
suivant following
suivre to follow, take a course
sumérien/-ne Sumerian
super great
superficiel/-le superficial
supérieur superior, higher
supériorité *f.* superiority
supermarché *m.* supermarket
supposer to suppose, assume
supprimer to delete, suppress
sur on
sûr sure, certain
surprenant surprising
surprendre to surprise
surprise *f.* surprise
surprise-partie *f.* party
surtout especially
surveiller to supervise
susceptible susceptible, risking to
suspect *m.* suspect
suspect suspect
symbolique symbolic
sympa nice (familiar)
sympathie *f.* understanding,
    sympathy
sympathique nice
syndical (*pl.* **syndicaux**)
    union-related
syndicat *m.* union
syndicat d'initiative *m.* chamber
    of commerce
syndrôme *m.* syndrome
synonyme *m.* synonym
synthèse *f.* synthesis
système *m.* system

T

table *f.* table
tableau (*pl.* **tableaux**) *m.*
    painting, picture

tache *f.* stain
tâche *f.* task, job
tact *m.* tact
taille *f.* size
talentueux/-se talented
tandis que while
tant so many
tante *f.* aunt
taper to type
tapis *m.* rug
taquiner to tease
tard late
tarif *m.* fare, rate
taxi *m.* taxi
technicien/-ne *m./f.* technician
technologie *f.* technology
teindre to tint
teint *m.* complexion
tel such
téléphone *m.* telephone
téléphoner (à) to telephone
téléphonique relating to the
    telephone
télévision *f.* television
tellement so many, such
témoignage *m.* witnessing,
    testimony
témoigner to testify
témoin *m.* witness
temporel/-le temporal
temps *m.* time, weather
tendance *f.* tendency
tendre to stretch
tendre tender
tenir to hold
ténor *m.* tenor
tenter to attempt, tempt
terme *f.* term
terminaison *f.* ending
terminer to finish
terrasse *f.* terrace
terre *f.* earth, land
terrible terrible
terrorisme *m.* terrorism
test *m.* test
tête *f.* head
têtu stubborn
texte *m.* text

TGV (train à grande vitesse) *m.* high-speed train
Thaïlande *f.* Thailand
thé *m.* tea
théâtre *m.* theater
théorique theoretical
thérapeute *m./f.* therapist
tiède lukewarm
tiens say, well
tiers *m.* third
Tiers Monde *m.* Third World
timide shy, timid
tirer to pull
tiret *m.* dash, hyphen
tisane *f.* tea, herbal infusion
titre *m.* title
tollé *m.* outcry
tomber to fall
tommette *f.* tile
ton *m.* tone
tondre to cut (the lawn)
tort *f.* wrong
tort, avoir to be wrong
tortue *f.* tortoise
tôt early
total *m.* total
total total
totalitaire totalitarian
toubib *m.* doc (fam.)
toucher to touch
toujours always
tour *m.* tour, trick
tour *f.* tower
tourisme *m.* tourism
touriste *m./f.* tourist
touristique tourist (relating to)
tourner to turn
tous everybody
tout everything
tout, toute, tous, toutes all, every
toxicomane *m./f.* drug addict
toxicomanie *f.* drug addiction
trace *f.* trace
tradition *f.* tradition
traditionnel/-le traditional
traduction *f.* translation
traduire to translate

train *m.* train
train, être en train de to be in the midst of
trait *m.* characteristic
traiter to treat
traiter (de) to be about, deal with
trajet *m.* trip, circuit
tranquille calm, tranquil
transférer to transfer
transformer to transform
transit *m.* transit
transition *f.* transition
transport *m.* transportation
traumatisé traumatized, upset
travail (*pl.* **travaux)** *m.* work
travailleur *m.* worker
travailleur/-se industrious, hard-working
travers, à across, through
trentaine around thirty
très very
trésor *m.* treasure
trimestre *m.* trimester, quarter
triste sad
tromper to deceive
tromper (se) to make a mistake
trop too much, too many
trou *m.* hole
trouble *m.* trouble
trouver to find
truc *m.* thing
tuberculose *f.* tuberculosis
tuer to kill
Tunisie *f.* Tunisia
tunisien/-ne Tunisian
tutoyer to use the **tu** form
type *m.* type, guy

U

un, une a, an
unification *f.* unification
unifié unified
unifier to unify
union *f.* union
unique unique
unir to unite

unité *f.* unit
unité de valeur *f.* credit
universel/-le universal
universitaire university
université *f.* university
usine *f.* factory
utile useful
utilisateur/utilisatrice *m./f.* user
utiliser to use
utopie *f.* utopia
UV (unité de valeur) *f.* credit

V

vacances *f.* vacation
vacant vacant
vacciner to vaccinate
vachement really (fam.)
vague *f.* wave, trend
valable valuable
valeur *f.* value
valoir to be worth
vampire *m.* vampire
variation *f.* variation
varier to vary
variété *f.* variety
vaste vast
veille *f.* eve, night before
veine *f.* luck
vendeur/-euse *m./f.* salesperson
vendre to sell
vendredi *m.* Friday
venir to come
vent *m.* wind
vent, faire du to be windy
verbe *m.* verb
vérifier to check, verify
véritable true, real
vérité *f.* truth
verre *f.* glass
vers toward
vers *m.* verse
vert green
veste *f.* jacket
vêtements *m.* clothing
veuf/veuve *m./f.* widower/widow
viande *f.* meat
vide *m.* void

vide empty
vie *f.* life
vietnamien/-ne Vietnamese
vieux, vieil, vieille old
vilain nasty
village *m.* village
ville *f.* city
vin *m.* wine
violemment violently
violence *f.* violence
violent violent
violet/-te violet, purple
violoniste *m./f.* violinist
vis-à-vis (de) with respect to, in relation to
visite *f.* visit
visite, faire visite à to visit a person
visite, rendre visite à to visit a person
visiter to visit a place
visiteur *m.* visitor
vive long live …
vivre to live

vocabulaire *m.* vocabulary
vocal (pl. vocaux) vocal
voici here is
voie *f.* way, thoroughfare
voilà here, there is
voir to see
voire even
voisin/-e *m./f.* neighbor
voisinant neighboring
voiture *f.* car
voix *f.* voice
vol *m.* theft
volant *m.* steering wheel
volcan *m.* volcano
voler to steal; to fly
voleur *m.* thief
volontiers gladly, willingly
volume *m.* volume
vos your
votre your
vouloir to want
vouloir dire to mean
vouvoyer to use the **vous** form
voyage *m.* trip

voyager to travel
voyelle *f.* vowel
vrai true
vraiment really
vue *f.* view

W

week-end *m.* weekend
western *m.* western
whisky *m.* whiskey
wolof *m.* language of Senegal

Y

y there
yeux plural of **œil**

Z

Zaïre *m.* Zaire
zaïrien/-ne of or from Zaire

English/French

A

a, an un, une
to abandon abandonner
able, to be able to pouvoir
to be about s'agir (de),
traiter (de)
above ci-dessus
absence absence *f.*
absent absent
to absent oneself, be absent
s'absenter
absolutely absolument
absorbing passionant
absorption absorption *f.*
to abstain s'abstenir
to abuse abuser
academic académique, scolaire
accede accéder
acceleration accélération *f.*
accent accent *m.*
to accept accepter
accident accident *m.*
accidental accidentel/-le
to accompany accompagner
to accomplish accomplir
accord entente *f.*
according to d'après, selon
account compte *m.*
accountant comptable *m.*
to accumulate accumuler
accusation accusation *f.*
to accuse accuser
to accustom habituer
to become accustomed s'habituer
ace as *m.*
acoustic acoustique
acquaintance connaissance *f.*
to be acquainted with connaître
acronym sigle *m.*
across, through à travers
act acte *m.*
to act agir
action action *f.*
active actif/-ve
activity activité *f.*

actor/actress acteur/actrice *m./f.*
to adapt adapter
to add ajouter
address adresse *f.*
to address adresser
adjective adjectif *m.*
administration administration *f.*
administrator administrateur *m.*
to admire admirer
admirer admirateur/
admiratrice *m./f.*
to admit admettre
adolescence adolescence *f.*
to adopt adopter
to adore adorer
adult adulte *m.*
advance avance *f.*
to advance avancer
advancement avancement *m.*,
cheminement *m.*
advantage avantage *m.*
adventure aventure *f.*
adverb adverbe *m.*
adversity contrariété *f.*
advertisement publicité *f.*
advice conseil *m.*
to advise conseiller (qqch à qqn)
to advise against déconseiller
affair affaire *f.*
to affect affecter
affection affection *f.*
affirmative affirmatif/-ve
to be afraid avoir peur
Africa Afrique *f.*
African africain
after après, après que
after-dinner drink digestif *m.*
afternoon après-midi *m./f.*
against contre
age âge *m.*
agency agence *f.*
agenda agenda *m.*
agent agent *m.*
aggression aggression *f.*
aggressive aggressif/-ve

aggressor aggresseur *m.*
agile agile
to agree accéder, convenir à,
se mettre d'accord
agreement accord *m.*
agricultural agricole
agriculture agriculture *f.*
ahead of time avance, à l'avance
AIDS SIDA *m.*
air air *m.*
airplane avion *m.*
alarm clock réveil *m.*
alcohol alcool *m.*
alcoholic alcoolique *m./f.*
alcoholic alcoolisé
Algeria Algérie *f.*
Algerian algérien/-ne
alimentary alimentaire
all tout, toute, tous, toutes
alliance alliance *f.*
allowance allocation *f.*
allusion allusion *f.*
almost presque
alone seul
alphabet alphabet *m.*
already déjà
also aussi
altruistic altruiste
always toujours
ambiance ambiance *f.*
ambiguous ambigu/ambiguë
ambivalent ambivalent
America Amérique *f.*
American américain
among parmi
to amuse amuser
amusement distraction *f.*
amusing amusant
to analyze analyser
ancestor ancêtre *m./f.*
anchovy anchois *m.*
ancient ancien/-ne
and et
anecdote anecdote *f.*
anger colère *f.*

Anglo-Saxon anglo-saxon/-ne
angry fâché
to be angry être en colère
animal animal (*pl.* animaux) *m.*
animated animé
ankle cheville *f.*
to announce annoncer
announcement annonce *f.*
to annoy embêter, énerver,
    ennuyer, gêner
annoyance ennui *m.*
annoying embêtant, énervant,
    gênant, pénible
another autre
answer réponse *f.*
to answer répondre (à)
answering machine répondeur *m.*
antenna antenne *f.*
anticipated prévu
Antilles Antilles *f.*
anxiety anxiété *f.*
anxious anxieux/-se
apartment loge *f.*,
    appartement *m.*
apparatus appareil *m.*
to appear to paraître
to appear apparaître
appearance, to have the
    appearance avoir l'air
apple pomme *f.*
appliance appareil-ménager *m.*
application demande *f.*
appointed chargé (de)
appointment rendez-vous *m.*
appointment book agenda *m.*
appointment, to make
    an appointment
    prendre rendez-vous
to appreciate apprécier
appreciation appréciation *f.*
apprentice, baker's mitron *m.*
appropriate approprié,
    convenable
approximately à peu près, envers
April avril *m.*
Arab arabe *m./f.*
archeologist archéologue *m./f.*
archeology archéologie *f.*

architect architecte *m./f.*
to argue disputer (se disputer
    avec qqn)
argument dispute *f.*
aristocracy aristocratie *f.*
arm bras *m.*
Armagnac, apple brandy
    armagnac *m.*
arms (military) armes *f.*
around autour, environ
to arrange arranger
arrival arrivée *f.*
to arrive arriver
arrogant arrogant
art art *m.*
article article *m.*
artificial artficiel/-le
artist artiste *m./f.*
as comme
as for quant à
as many autant
as much autant
as soon as aussitôt que, dès que
as well as ainsi que
ascetic ascète
to be ashamed avoir honte
Asia Asie
to ask (a question) poser (une
    question à qqn)
to ask demander (qqch à qqn)
to fall asleep s'endormir
to put asleep endormir
assembly rassemblement *m.*
to assimilate assimiler
assimilation assimilation *f.*
assistant assistant/-e *m./f.*
to associate associer
association association *f.*
to assume supposer
assurance assurance *f.*
to assure assurer
to astonish étonner
astonishment étonnement *m.*
athlete athlète *m./f.*
athletic sportif/-ve
athletics athlétisme *m.*
atmosphere ambiance *f.*,
    atmosphère *f.*, milieu *m.*

atmospheric atmosphérique
atrocious atroce
to attach attacher
to attain atteindre
to attempt tenter, se forcer de
to attend (class, lecture,
    concert) assister (à);
    attend (university) aller à,
    faire ses études à
attention attention *f.*
attic combles *m.*
attitude attitude *f.*
to attract attirer
attraction attrait *m.*
auditory auditif/-ve
to augment augmenter
August août *m.*
aunt tante *f.*
author auteur *m.*
authority autorité *f.*
autumn automne *m.*
available disponible
to have available disposer (de)
avenue avenue *f.*
average moyenne *f.*
average moyen
to avoid éviter
to awaken (someone) réveiller
awful atroce
awkward maladroit, malhabile

B

B.A. degree licence *f.*
babysitter babysitter *f.*
back dos *m.*, fond *m.*
back, in en arrière
back, to be back retour, être de
background formation *f.*
bad mauvais
bagpipes binious *m.*
baker boulanger/boulangère *m./f.*
balance équilibre *m.*
bank banque *f.*, bord *m.*
bargain occasion *f.*
to bark aboyer
base base *f.*
to base baser

basis base *f.*
Basque basque
bath bain *m.*
bathroom salle de bains *f.*
to be être
beach plage *f.*
beard barbe *f.*
bearded barbu
beast bête *f.*
Beaujolais beaujolais *m.*
beautiful beau/bel/belle
beauty beauté *f.*
because car, parce que
to become devenir
bed lit *m.*
beef bœuf *m.*
beer bière *f.*
before avant, avant que
to begin commencer, reprendre
to begin again recommencer
beginning commencement,
　　début *m.*, origine *f.*
beginning, at the d'origine
to behave comporter
behavior comportement *m.*,
　　conduite *f.*
behind derrière
Belgian belge
Belgium Belgique *f.*
belief croyance *f.*
believable croyable
to believe croire (à, en)
bell cloche *f.*
to belong appartenir (à)
below ci-dessous
bench banc *m.*
benefit bénéfice *m.*
to bequeath léguer
beside à côté de
besides d'ailleurs
best meilleur, mieux
between entre
beyond outre
bias biais *m.*
big grand, gros/-se
bilingual bilingue
bill addition, facture *f.*
to bind lier

biology biologie *f.*
birth naissance *f.*
birthday anniversaire *m.*
black noir
blame blâme, reproche *m.*
to blame blâmer
blind aveugle
blond blond
blow coup *m.*
blue bleu
blue, navy bleu marine
to blush rougir
boat bateau *m.*
body corps *m.*
book livre, bouquin (fam.) *m.*
border frontière *f.*
bordered bordé
to get bored s'ennuyer
boredom ennui *m.*
boring ennuyeux/-se
to be born naître
to borrow emprunter (qqch
　　à qqn)
borrowing emprunt *m.*
boss patron/-ne *m./f.*
boss chef *m.*
to bother gêner
bottle bouteille *f.*
bottle opener décapsuleur *m.*
bottom fond *m.*
bouillon bouillon *m.*
boulevard boulevard *m.*
boutique boutique *f.*
bowl bol *m.*
box boîte, case *f.*
boy garçon *m.*
boyfriend copain, petit ami *m.*,
　　(Can.) chum *m.*
brake frein *m.*
brave brave
bread pain *m.*
to break casser
to break up rompre
breakfast petit déjeuner *m.*
breaking up rupture *f.*
Breton breton/-ne
brief bref, brève
brilliant génial

to bring amener, apporter
to bring about effectuer,
　　engendrer, réaliser
to bring back ramener, rapporter
to bring together réunir
to bring up élever
to broadcast diffuser
brother frère *m.*
brown brun, (eye color) marron,
　　(hair color) châtain
to brush brosser
Brussells Bruxelles
to build bâtir
building bâtiment *m.*
bureaucrat fonctionnaire *m./f.*
to burglarize cambrioler
to burn brûler
business affaire *f.*, commerce,
　　établissement *m.*
busy occupé
to be busy s'occuper
but mais
butcher boucher/bouchère *m./f.*
butter beurre *m.*
button (with political/social
　　message) badge, bouton *f.*
to button boutonner
to buy acheter
buyer acheteur *m.*
by par, chez
bye! ciao

C

cabbage chou *m.*
cactus cactus *m.*
cafeteria cafétéria *f.*
café café *m.*
Californian californien
to call appeler
to call back rappeler
to be called s'appeler
calm calme, tranquille
calorie calorie *f.*
Cambodia Cambodge *m.*
camera appareil,
　　appareil-photo *m.*
campaign campagne *f.*

campsite camping *m.*
campus campus *m.*
can boîte *f.*
can pouvoir
Canada Canada *m.*
Canadian canadien/-ne
to cancel annuler
cancer cancer *m.*
candidacy candidature *f.*
candidate candidat/-e *m./f.*
canton (administrative division of Switzerland) canton *m.*
capable capable
capital capitale *f.*
capitalism capitalisme *m.*
capitalist capitaliste
car voiture, bagnole (fam.) *f.*
carbon carbone *m.*
card carte *f.*
care soin *m.*
to care for soigner
carefree gai
careful méticuleux/-se, prudent, soigneux/-se
carefully soigneusement
Caribbean Antilles *f.*
carrot carotte *f.*
to carry porter
to carry out effectuer, exercer
cart chariot *m.*
cartoon dessin animé *m.*
case cas *m.*
cash register caisse *f.*
cassette cassette *f.*
castle château *m.*
cat chat *m.*
catastrophe catastrophe *f.*
catastrophic catastrophique
category catégorie *f.*
cause cause *f.*
celebration fête *f.*
center centre *m.*
centrist centriste *m./f.*
century siècle *m.*
certain certain, sûr
certainly certainement
certifiable cetifiable
chain chaîne *f.*

chamber of commerce syndicat d'initiative *m.*
champagne champagne *m.*
change changement *m.*, monnaie *f.*
to change changer
channel chaîne *f.*
chapter chapitre *m.*
character caractère *m.*
characteristic caractéristique *f.*, trait *m.*
characterization caractérisation *f.*
to characterize caractériser
charming charmant
charred carbonisé
to chastise châtier
to chat bavarder
chauvinism chauvinisme *m.*
chauvinistic chauvin
check chèque, contrôle *m.*
to check contrôler, vérifier
to check off cocher
cheese fromage *m.*
chemical chimique
chemical produit chimique *m.*
chemistry chimie *f.*
chicken poulet *m.*
chief chef *m.*
child enfant *m.*, gosse *m./f.*
chimney cheminée *f.*
Chinese chinois
chocolate chocolat *m.*
choice choix *m.*
to choose choisir
Christmas Noël *m.*
church église *f.*
Cinderella Cendrillon
cinema cinéma *m.*
circuit circuit, trajet *m.*
to circulate circuler
circumstance circonstance *f.*
citadel citadelle *f.*
citizen citoyen/-ne *m./f.*, compatriote *m./f.*
city ville *f.*
civil civil
to claim prétendre
clairvoyant clairvoyant/-e

clarinet clarinette *f.*
classe classe *f.*
classical classique
classification classement *m.*
to classify classer
clean propre
to clean nettoyer
clear clair, net/-te
to clear the table desservir
clever malin/maligne
client client/-e *m./f.*
clientele clientèle *f.*
to close fermer
to close again refermer
clothing vêtements *m.*
coal charbon *m.*
coast côte *f.*
cocktail cocktail *m.*
coffee café *m.*
cognac cognac *m.*
cold froid
to be cold avoir froid
to be cold (weather) faire froid
collaboration collaboration *f.*
colleague collègue *m./f.*
to collect ramasser, recueillir
collection recueil *m.*
college, liberal arts Faculté des Lettres *f.*
colonialism colonialisme *m.*
colonialist colonialiste
colonist colon *m.*
colonization colonisation *f.*
colony colonie *f.*
color couleur *f.*
column colonne *f.*
comb out brushing *m.*
to come venir
to come back revenir
comedy comédie *f.*
to comfort réconforter
commentary commentaire *m.*
comments, to make comments commenter
to commit commettre
common commun
Common Market Communauté économique européenne,

CEE *f.*
to **communicate** communiquer
communication communication *f.*
communist communiste
community communauté *f.*
to **commute** faire la navette
company compagnie *f.*
to **compare** comparer
comparison comparaison *f.*
compelling passionant
compensation compensation *f.*
competent compétent
competition compétition,
    concurrence *f.*, concours *m.*
to **complain** plaindre,
    se plaindre de
complaining plaintif/-ve
complaint plainte, réclamation *f.*
complement complément *m.*
to **complete** compléter
completely complètement
complexion teint *m.*
to **complicate** compliquer
compliment compliment *m.*
to **compose** composer
composer compositeur *m.*
composition composition *f.*
comprehensible compréhensible
compromise compromis *m.*
computer ordinateur *m.*
computer science informatique *f.*
computer scientist
    informaticien/-ne *m./f.*
to **conceive** concevoir
concern souci *m.*
concerning à propos de,
    concernant, vis à vis de
concert concert *m.*
conclusion conclusion *f.*
condition condition *f.*
condolences condoléances *f.*
conduct conduite *f.*
conductor contrôleur *m.*
to **confess** avouer, confesser
confidence confiance *f.*
conflict conflit *m.*
to **confront** confronter
conjugal conjugal

conjugation conjugaison *f.*
conjunction conjonction *f.*
consequence conséquence *f.*
consequent conséquent
conservative conservateur/
    conservatrice
to **consider** considérer
to **console** consoler
consonant consonne *f.*
constant constant
constantly constamment
constitution constitution *f.*
to **construct** construire
construction construction *f.*
contact contact *m.*
content contenu *m.*
contest concours *m.*
to **contest** contester
context contexte *m.*
continuation suite *f.*
to **continue** continuer (à)
to **contradict** contredire
contrast contraste *m.*
to **contribute** contribuer
control contrôle *m.*
convent couvent *m.*
conversation conversation *f.*
to **convince** convaincre
convinced convaincu
convincing convainquant
to **cook** cuisiner, faire la cuisine
cooked cuit
to **be cool** (weather) faire frais
cooperation coopération *f.*
cordial cordial (*pl.* cordiaux)
corner coin *m.*
correct correct, juste
correctness justesse *f.*
to **correspond** correspondre
cosmopolitan cosmopolite
cost coût *m.*
to **cost** coûter
cottage chaumière *f.*
cotton coton *m.*
counsellor conseiller/ère *m./f.*
to **count** compter
country patrie *f.*, pays *m.*
countryside paysage *m.*

couple couple *m.*
courage courage *m.*
course cours *m.*
course, to take a course suivre
    un cours
courtesy gentillesse *f.*
courtyard cour *f.*
cousin cousin/e *m./f.*
to **cover** couvrir
crazy fou/folle
cream crème *f.*
creamy mœlleux/-se
to **create** créer
creation création *f.*
creature bête *f.*
credit crédit *m.*
credit (for a college course)
    unité de valeur, UV *f.*
creole créole
crime crime *m.*
criminal criminel/-le *m./f.*
crisis crise *f.*
critic critique *m.*
to **criticize** critiquer
critique critique *f.*
to **critique** critiquer
croissant croissant *m.*
crowd foule *f.*
to **cry** pleurer
cuisine cuisine *f.*
culinary culinaire
cult culte *m.*
to **cultivate** cultiver
cultural culturel/-le
culture culture *f.*
to **cure** guérir
curious curieux/-se
curly bouclé, frisé
currency devise *f.*
currency exchange change *m.*
current actuel/-le
current events actualités *f.*
currently actuellement
curriculum vitae curriculum
    vitae, CV *m.*
curtain rideau *m.*
customer client/-e *m./f.*
customs agent douanier/

douanière m./f.
to cut couper
to cut in resquiller
to cut out découper
to cut the lawn tondre (le gazon, la pelouse)
cutlet côtelette f.
cylindrical cylindrique

D

dad papa m.
daily quotidien/-ne
damage dommage m.
to dance danser
dancer danseur/danseuse m./f.
dangerous dangereux/-se
dark foncé, sombre
data donnée f.
date date, sortie f.
daughter fille f.
day jour m.
daytime journée f.
deaf sourd
to deal with s'agir de, traiter (de)
dear cher/chère
dear (affectionate term) chéri, chou, nounours m., biche, bibiche, chérie f.
death mort f.
debate débat f.
to debate débattre, discuter (de)
debt dette f.
deceitful hypocrite
to deceive tromper
December décembre m.
to decide décider (de qqch)
decision décision f.
to declare déclarer
decor décor m.
to decorate décorer
defeatist défaitiste
defect défaut m.
to defend défendre
defiance méfiance f.
to define définir
definition définition f.
degree degré, diplôme m.

delegate délégué m.
to delete supprimer
delicious délicieux/-se
delighted enchanté, ravi
delinquency délinquance f.
delinquent délinquant
to deliver livrer
demand exigence f.
to demand exiger
demanding exigeant
democracy démocratie f.
democratic démocratique
demographic démographique
demonstration démonstration f.
demonstration (protest) manifestation f.
demonstrative démonstratif/-ve
Denmark Danemark m.
dentist dentiste m./f.
denuded dénudé
to deny nier
to deodorize désodoriser
departure départ m.
to depend dépendre (de)
depressed déprimé
to derive dériver
descendant descendant m.
descent descendance f.
to describe décrire
description description f.
to designate désigner
desirable désirable, souhaitable
desire désir, souhait m.
to desire avoir envie de, désirer
desk bureau m.
to despair désespérer
despicable détestable
dessert dessert m.
to destabilize déstabiliser
destination destination f.
destiny destin m.
to destroy détruire
detail détail m.
detective novel roman, policier m.
detergent lessive f.
to determine déterminer
detestable détestable

detractor détracteur m.
to develop développer
devil diable m.
to devote dévouer
devoted dévoué
dialect dialecte m.
dialogue dialogue m.
diamond diamant m.
to dictate dicter
dictation dictée f.
dictator dictateur m.
dictatorship dictature f.
diction diction f.
dictionary dictionnaire m.
to die mourir
diet régime m.
diet, to be on a diet être au régime
difference différence f.
to be different différer
difficult difficile, pénible
difficulty difficulté f.
digit chiffre m.
digital digital (pl. digitaux)
to diminish diminuer
dinner dîner m.
to eat dinner dîner
diploma, degree diplôme m.
diploma, high school (approx. equiv.) baccalauréat m.
diplomacy diplomatie f.
direct direct
direction direction f.
directions indications f.
director directeur/directrice m./f.
dirty sale
disadvantage désavantage, inconvénient m.
disagreement désaccord m.
to disappear disparaître
disaster désastre m.
disbelief incrédulité f.
discotheque discothèque f.
discourse discours m.
to discover découvrir
discovery découverte f.
discreet discret/discrète
discreetly discrètement

discretion discrétion *f.*
discrimination discrimination *f.*
to discuss discuter (de), exposer
discussion discussion *f.*
to disengage dégager, désengager
disgust dégoût *m.*
to disgust dégoûter
disgusting dégoûtant,
    dégueulasse (fam.)
dish assiette *f.*, plat *m.*
dishonest malhonnête
to disinfect désinfecter
disinterested désintéressé
disjointed disjoint
to dismiss congédier
disorder désordre *m.*
to dispense with dispenser
to displace déplacer
to dispute disputer
distance distance *f.*
distant, to become distant
    éloigner
distinct distinct
distinction distinction *f.*
to distinguish distinguer
distinguished distingué
to distract distraire
distraction distraction *f.*
to distribute distribuer
district quartier *m.*
to distrust méfier (se) (de)
to disturb déranger
diva diva *f.*
diverse divers
to diversify diversifier
to divide diviser
divorce divorce *m.*
to divorce divorcer
to do faire
doc (fam.) toubib *m.*
doctor docteur, médecin *m.*
doctorate doctorat *m.*
dog chien *m.*
dollar dollar *m.*
domain domaine *m.*
domestic domestique
domesticity domesticité *f.*
donkey âne *f.*

door porte *f.*
dossier dossier *m.*
doubt doute *m.*
to doubt douter (de)
doubtful douteux/-se
drama drame *m.*
dramatic dramatique
to draw dessiner
drawing dessin *m.*
dream rêve *m.*
dress robe *f.*
to dress habiller
to get dressed habiller (s')
dressing, to put dressing/
    sauce on saucer
drink boisson *f.*, (fam.) pot *m.*
drink, before dinner drink
    apéritif *m.*
drink, to have a drink prendre
    un pot
to drink boire
to drive conduire
driver conducteur *m.*
driver, professional chauffeur *m.*
drug drogue *f.*
to drug droguer
drug addict drogué, toxicomane
    m./f.
drug addiction toxicomanie *f.*
drunkeness ivresse *f.*
dry sec/sèche
dry cleaners pressing *m.*
to dry essuyer, sécher
to dub doubler
duration durée *f.*
during pendant
dwelling habitation *f.*
to dye teindre

E

each chaque
each one chacun
early tôt
to earn gagner
earth terre *f.*
easily facilement
east est *m.*

easy facile
to eat manger, (fam.) bouffer
echelon échelon *m.*
ecologist écologiste *m./f.*,
    (fam.) écolo
economical économe,
    économique
economics sciences
    économiques *f.*
to economize économiser
economy économie *f.*
education éducation,
    instruction *f.*
educational éducatif/-ve
effect effet *m.*
efficiency efficacité *f.*
efficient efficace
effort effort *m.*
egg œuf *m.*
egotistical égoïste, gonflé
either … or ou … ou, soit … soit
to elaborate élaborer
elected élu
election élection *f.*
electric électrique
electricity électricité *f.*
elegant élégant
element élément *m.*
elementary élémentaire, simple
elementary school teacher
    instituteur/institutrice *m./f.*
elephant éléphant *f.*
to elicit éliciter
embarassing embarrasant
emotion émotion *f.*
to empathize compatir,
    sympathiser (avec)
to emphasize mettre l'accent sur
employee employé/-e *m./f.*
employer employeur *m.*
empty vide
end bout *m.*, fin *f.*
ending terminaison *f.*
energy énergie *f.*
engagement ring alliance *f.*
engineer ingénieur *m.*
England Angleterre *f.*
English anglais

English language anglais *m.*
English-speaking anglophone
to enlarge augmenter, élargir
enormous énorme
enormously énormément
enough assez
enshrouded englouti
to enter entrer (dans)
enterprise entreprise *f.*
enthusiastic enthousiaste
to entice séduire
enticing séduisant
entire entier/entière
entrepreneur entrepreneur *m.*
to enumerate énumérer
to enunciate énoncer
envelopped englouti
environment environnement *m.*
environmental environnemental
  (*pl.* environnementaux)
envy envie *f.*
epidemic épidémie *f.*
episode épisode *m.*
equal égal (*pl.* égaux)
equality égalité *f.*
equally également
equipment équipement *m.*
equivalent équivalent
to erase effacer
erosion érosion *f.*
error erreur, faute *f.*
error (social) gaffe *f.*
especially surtout
espionnage espionnage *m.*
essential essentiel/-le
to establish établir
establishment établissement *m.*
ethnic ethnique
Europe Europe *f.*
European européen/-ne
to evaluate évaluer
eve veille *f.*
even même, voire
evening soir *f.*
evening social event soirée *f.*
evening time soirée *f.*
event événement *m.*

ever jamais
every chaque, tout
everybody tous
everything tout, tout le monde
everywhere partout
evident évident
evidently évidemment
evolution évolution *f.*
exact exact
exactly exactement, justement
to exaggerate exagérer
exam examen *m.*
to examine examiner
example exemple *m.*
excellent excellent
except sauf
excerpt extrait *m.*
excess excès *m.*
excessive excessif/-ve, exorbitant
exchange échange *m.*
to exchange échanger
to exclaim s'exclamer
exclusive exclusif/-ve
exclusively exclusivement
excursion excursion, sortie *f.*
to excuse excuser
executive cadre/femme cadre
  m./f.
exercise exercice *m.*,
  gymnastique *f.*
to exhaust épuiser
exhibition exposition *f.*
to exist exister
exit sortie *f.*
exorbitant exorbitant
expensive cher/chère
experience expérience *f.*
experienced expérimenté
experiment expérience *f.*
expert expert
to explain expliquer
explanation explication *f.*
to explode exploser
to exploit exploiter
explosion explosion *f.*, grisou *m.*
expulsion expulsion *f.*
export exportation *f.*

to export exporter
to expose exposer
to express exprimer
expression expression *f.*
exterior extérieur *m.*
extinguisher extincteur *m.*
extra extra
to extract dégager
extraordinary extraordinaire
extreme extrême *m.*
extroverted extraverti
ex-wife ex-femme *f.*
eye œil *m.* (*pl.* yeux)

F

fabulous fabuleux/-se
faced with à l'encontre de
fact fait *m.*
factor facteur *m.*
factory usine *f.*
faculty faculté *f.*
to fail échouer (à), rater
to be failed être collé
fairy fée *f.*
faith culte *m.*
faithful fidèle
fall chute *f.*
to fall chuter, tomber
false faux/fausse
familiar familier/-ère
familiarity familiarité
to familiarize familiariser
family familial
family famille *f.*
famous célèbre, fameux/-se
fan admirateur/admiratrice,
  amateur/amatrice *m./f.*
fanciful fantaisiste
fantastic fantastique
far loin
fare tarif *f.*
farewell *m.* adieu
farm ferme *f.*
farmer agriculteur, fermier *m.*
fashion façon, mode *f.*
fat gros/-se

fatalistic fataliste
fate destin *m.*
father père *m.*
favored favorisé
favorite favori/favorite, préféré
fear crainte, peur *f.*
to fear craindre
feasible faisable
February février *m.*
to be fed up en avoir marre,
    en avoir ras-le-bol
federal fédéral
federation fédération *f.*
to feed nourrir
to feel sentir, se sentir
feeling sentiment *m.*
feminine féminin
fence grille *f.*
fiancé(e) fiancé/-e *m./f.*
fiche fiche *f.*
field champ *m.*
fifty, around fifty cinquantaine *f.*
to fight lutter
file dossier *m.*
to fill remplir
film film *m.*
final final (*pl.* finals)
finally enfin, finalement
finance finance *f.*
financial financier/-ère
to find trouver
fine fin
finger doigt *m.*
finger print empreinte digitale *f.*
to finish finir, terminer
fire feu *m.*
to fire congédier, renvoyer
fireplace cheminée *f.*
firm ferme *f.*
first premier/première
first of all d'abord
fish poisson *m.*
fist poing *m.*
fistful poignée *f.*
flame flamme *f.*
Flanders Flandre *f.*
flaw défaut *m.*

Flemish flamand
flirt coquette *f.*
flock (ecclesiastical) ouailles *f.*
flop navet *m.*
Florida Floride *f.*
florist fleuriste *m./f.*
flower fleur *f.*
fluently couramment
to flunk (fam.) coller
to fly voler
to follow suivre
following suivant
food nourriture *f.*
food, relating to alimentaire
foot pied *m.*
for pour, depuis
forbidden interdit
force force *f.*
to force forcer (qqn à faire qqch)
forecast prévision *f.*
forehead front *m.*
foreseen prévu
to forewarn avertir, prévenir
to forget oublier
fork fourchette *f.*
form forme *f.*
to form former
former ancien/-ne
formerly autrefois
formula formule *f.*
to formulate formuler
fortune fortune *f.*
fortune–teller diseuse de bonne
    aventure
forty, around forty quarantaine *f.*
foundation fondation *f.*
founding fondation *f.*
fragment fragment *m.*
franc (currency) franc *m.*
France France *f.*
Franco-American franco-
    américain
Franco-Canadian franco-
    canadien/-ne
Francophile francophile
frank franc/franche
frankly franchement

free libre
French français
French language français *m.*
French-speaking francophone
frequent fréquent
to frequent fréquenter
frequently fréquemment
fresh frais/fraîche
Friday vendredi *m.*
friend ami/e, camarade *m./f.*
friendly amical, chaleureux/-se
friendship amitié *f.*
frightening épouvantable
frizzy frisé
from de
frown grimace *f.*
fruit fruit *m.*
to frustrate frustrer
frustrating frustrant
full plein
fun, to make fun of
    se moquer (de)
to function fonctionner
functioning fonctionnement *m.*
fund caisse *f.*
funny amusant, drôle, marrant,
    rigolo (fam.)
furious furieux/-se
to furnish fournir
furnished meublé
furniture (a piece of) meuble *m.*
furniture (collection of)
    mobilier *m.*
fuss, to make a fuss exagérer
future avenir, futur *m.*

G

to gab jaser
gadget gadget *m.*
game jeu, match *m.*
gardener jardinier/-ère *m./f.*
garnish garniture *f.*
to garnish garnir
gas gaz *m.*
gas station station service *f.*
gasoline essence *f.*

to gather ramasser, recueillir
gathering recueil *m.*
gendarme gendarme *m.*
gender genre *m.*
genealogical généalogique
general général (*pl.* généraux)
generalization généralisation *f.*
generation génération *f.*
generous généreux/-se
genius génie *m.*
genre genre *m.*
gentle doux/douce, gentil/-le
gently gentiment
geographical géographique
geography géographie *f.*
geology géologie *f.*
Germany Allemagne *f.*
to get obtenir
to get along (well, poorly) with
    s'entendre (bien, mal) avec
to get out of a situation
    se débrouiller
to get rid of débarasser
to get up se lever
ghost fantôme *m.*
giraffe girafe *f.*
girl fille *f.*
girlfriend copine *f.*
to give donner
gladly volontiers
glass verre *m.*
to glide planer
global global
globally globalement
glove gant *m.*
to glue coller
to go aller
to go back retourner
to go down descendre
to go home rentrer
to go out sortir
to go to sleep se coucher
to go up monter
goal but *m.*
God Dieu *m.*
gold or *m.*
good bien *m.*
good bon/-ne

good-bye au revoir
good evening bonsoir
gossip bavardage, potin *m.*
to gossip bavarder
government gouvernement *m.*
grade note *f.*
to grade noter
to graduate obtenir un diplôme
grammar grammaire *f.*
grammatical grammatical (*pl.*
    grammaticaux)
granddaughter petite-fille *f.*
grandfather grand-père *m.*
grandma mémère *f.*
grandmother grand-mère *f.*
grandparent grand-parent *m.*
grandson petit-fils *m.*
grant allocation *f.*
to grant accorder
grass herbe *f.*
grasshopper sauterelle *f.*
gray gris
grease cambouis *m.*
greasy gras/-se
great formidable, magnifique,
    super
Greece Grèce *f.*
greedy avare
Greek grec/grecque
green vert
to greet saluer
greeting salutation *f.*
grid grille *f.*
grocer épicier/épicière *m./f.*
grotto grotte *f.*
ground floor rez-de-chaussée *m.*
group groupe *m.*
grouping groupement *m.*
to grow up grandir
growing croissant
Guadeloupe Guadeloupe *f.*
to guarantee garantir
guard gardien/-ne *m./f.*
guardian gardien/-ne *m./f.*
to guess deviner
guest invité/e *m./f.*
guide guide *m./f.*
guilt culpabilité *f.*

guitar guitare *f.*
guy mec, type *m.*
gymnastics gymnastique *f.*

H

habit habitude *f.*
hair cheveux *m.*
haircut coupe *f.*
hairdresser coiffeur/coiffeuse *m./f.*
hairstyle coiffure *f.*
Haiti Haïti *m.*
Haitian haïtien/-ne
half moitié *f.*
hallway couloir *m.*
ham jambon *m.*
hand main *f.*
hand, on the other hand
    en revanche
handful poigneé *f.*
handicapped handicappé
handsome beau/bel/belle
to hang out fréquenter
happily heureusement
happiness bonheur *m.*
happy content, heureux/-se
hard dur
hard-working travailleur/-se
to harm nuire (à)
harmful nuisible
harvest moisson, récolte *f.*
to hate haïr, détester,
    avoir horreur de
hatred haine *f.*
to have fun, have a good time
    s'amuser
to have avoir
hay foin *m.*
hazel(nut) noisette *f.*
he il
head tête *f.*
head (leader) chef *m.*
to hear entendre
heart cœur *m.*
hearth cheminée *f.*
heat chaleur *f.*
to heat chauffer
heating chauffage *m.*

heaven ciel *m*.
heavy lourd
hello bonjour *m*.
help aide *f*., coup de main,
    secours *m*.
to help aider (qqn à faire qqch)
hen poule *f*.
herb herbe *f*.
here ici
here is voici, voilà
heritage héritage, patrimoine *m*.
to hesitate hésiter (à)
hesitation hésitation *f*.
hi! salut
to hide cacher
high haut
high school lycée *m*.
high-school student lycéen/-ne
    m./*f*.
higher supérieur
highway autoroute *f*.
hippopotamus hippopotame *m*.
to hire embaucher, engager
historical historique
history histoire *f*.
to hold tenir
hole trou *m*.
holy saint
homeless sans abri
homework devoirs *m*.
homework assignment devoir *m*.
honest honnête
honnor honneur *m*.
hope espoir *m*.
to hope espérer
horrible affreux/-se, horrible
horror horreur *f*.
horror film film d'épouvante *m*.
host/hostess hôte/hôtesse *m*./*f*.
hostile hostile
hot chaud
to be hot avoir chaud
to be hot (weather) faire chaud
hotdog hotdog *m*.
hotel hôtel *m*.
hour heure *f*.
house maison *f*.
house, at the house of chez

household ménage *m*.
household, relating to
    ménager/-ère
how comment
how many combien
however cependant, pourtant
human humain
humble humble
humor humour *m*.
hundred cent
hunger faim *f*.
to be hungry avoir faim
hurry, in a hurry pressé
to hurry se dépêcher, presser,
    se presser de
to hurt avoir mal
husband mari
hyphen tiret *m*.
hypocritical hypocrite
hypothesis hypothèse *f*.

I

idea idée *f*.
ideal idéal
ideal idéal (*pl*. idéaux) *m*.
identification identification *f*.
to identify identifier
identity identité *f*.
ideology idéologie *f*.
if si
ill-advised déconseillé
ill-behaved méchant
ill-temper hargne *f*.
illiteracy analphabétisme *m*.
illiterate analphabète
to illuminate illuminer
illusion illusion *f*.
to illustrate illustrer
imaginary imaginaire
imagination imagination *f*.
to imagine se figurer, imaginer
immediate immédiat
immediately immédiatement
immigrant immigré/-e *m*./*f*.
immigration immigration *f*.
imminent imminent
imperative impératif/-ve

imperfect imparfait
to implicate impliquer
impolite impoli
import importation *f*.
to import importer
importance importance *f*.
important important
imposing imposant
impossible impossible
to impress frapper,
    impressionner, marquer
impression impression *f*.
to imprison emprisonner
to improve améliorer
improvement amélioration *f*.
improvisation improvisation *f*.
in à, dans, en
in brief bref
in front of devant
in order to/that afin de/que,
    pour, pour que
in spite of malgré
in-laws beaux-parents *m*.
inadmissible inadmissible
incident incident *m*.
incompetent incompétent
incredulity incrédulité *f*.
indeed en effet
indefinite indéfini
independent indépendant
independence indépendance *f*.
independence, partisan of
    indépendantiste *m*./*f*.
India Inde *f*.
to indicate indiquer
indicative mood (grammar)
    indicatif *m*.
indifference indifférence *f*.
indigestion indigestion *f*.
indirect indirect
indiscreet indiscret/indiscrète
indispensable indispensable
individual individu *m*.
individual particulier/particulière
individuality individualité *f*.
indulgent indulgent
industrialized industrialisé
industrious travailleur/-se

industry industrie *f.*
inefficient inefficace
infancy enfance *f.*
inferior inférieur
infested infesté
infinitely infiniment
infinitive infinitif *m.*
influence influence *f.*
influential influent
to inform informer, renseigner
to inform oneself se renseigner
information renseignement *m.*
ingredient ingrédient *m.*
inhabitant habitant *m.*
to inherit hériter (de)
inheritance héritage *m.*
initial initial (*pl.* initiaux)
initiative initiative *f.*
innocent innocent
innovative innovateur/
  innovatrice
insecticide insecticide *m.*
inside intérieur *m.*
to insist insister
inspector inspecteur *m.*
to inspire inspirer
to install installer
installation installation *f.*
instinct instinct *m.*
institution institution *f.*
instruction enseignement *m.*,
  instruction *f.*
instructor enseignant/-e *m./f.*
instrument instrument *m.*
insult injure *f.*
to insult injurier, insulter
insurance assurance *f.*
to insure assurer
intellectual intellectuel/-le
intelligent intelligent
to intend destiner
intense intense
interaction interaction *f.*
interest intérêt *m.*
to be interested in s'intéresser (à)
interesting intéressant
interior intérieur *m.*

interjection interjection *f.*
international international (*pl.*
  internationaux)
to interpret interpréter
interpretation interprétation *f.*
interrogative interrogatif/-ve
interruption interruption *f.*
interurban bus car *m.*
interview interview *f.*
to interview interviewer *m.*
interviewer interviewer *m.*
intoxication ivresse *f.*
to introduce présenter (qqn,
  qqch à qqn), introduire
introduction présentation
introverted introverti
to invent inventer
invention invention *f.*
to invest investir
investment investissement *m.*
invisible invisible
invitation invitation *f.*
to invite inviter
ironic ironique
irreconcilable irréconciliable
irritation irritation *f.*
island île *f.*
isolationist isolationniste
issue question *f.*
Italian italien/-ne
italics italique
Italy Italie *f.*
itinerary itinéraire *m.*

J

jacket veste *f.*
January janvier *m.*
Japan Japon *m.*
Japanese japonais
jazz jazz *m.*
Jerusalem Jérusalem
jewel bijou (*pl.* bijoux) *m.*
job emploi, job, poste, travail *m.*
to join joindre
joke blague, plaisanterie *f.*
to joke blaguer, plaisanter

journalist journaliste *m./f.*
joy joie *f.*
judge juge *m.*
judgment jugement *m.*
July juillet *m.*
June juin *m.*
just juste
to justify justifier

K

ketchup ketchup *m.*
key clé *f.*
keyboard clavier *m.*
kick coup (de pied) *m.*
kid gosse *m./f.*
to kidnap enlever, kidnapper
kidney rein *m.*
to kill tuer
kilometer kilomètre *m.*
king roi *m.*
to kiss embrasser
kitchen cuisine *f.*
knee genou *m.*
knife couteau *m.*
knock coup *m.*
to know savoir, connaître
knowledge connaissances *f.*,
  savoir *m.*

L

laboratory laboratoire, labo *m.*
lace dentelle *f.*
lack manque *m.*
lacking démuni
lamentable lamentable
lamp lampe *f.*
land terre *f.*
to land atterrir
language (national) langue *f.*
language (variety of) langage *m.*
lap genou *m.*
large grand
last dernier/-ière
to last durer
lastly dernièrement

late tard
to be late être en retard
lately dernièrement, récemment
lateness retard *m.*
to laugh rire, rigoler (fam.)
laughable risible
laughing matter rigolade *f.*
to launch lancer
laundry linge *m.*
to do laundry faire la lessive
law loi *f.*
lawn pelouse *f.*
lawyer avocat/-e *m./f.*
lazy paresseux/-se
to lead away emmener
to lean pencher
leaning penchant *m.*
to learn apprendre
leaf feuille *f.*
leave congé *m.*
to leave laisser, partir, quitter
to leave again repartir
lecture conférence *f.*
lecturer conférencier/-ière *m./f.*
left gauche
leftover reste *m.*
leg jambe *f.*
legacy patrimoine *m.*
legendary légendaire
legible lisible
legislative législatif/-ve
lemon citron *m.*
to lend prêter
less inférieur, moins
to lessen diminuer
lesson leçon *f.*
to let know avertir, prévenir
letter lettre *f.*
level niveau *m.*
level ras
liberal libéral (*pl.* libéraux)
liberty liberté *f.*
library bibliothèque *f.*
life vie *f.*
to lift soulever
light lumière *f.*
to light allumer

light clair, léger/légère
likable aimable
like comme
to like aimer
liking penchant *m.*
to limit borner
limitation limitation *f.*
line ligne *f.*
line queue *f.*
lineage descendance *f.*
linguistic linguistique
linguistics linguistique *f.*
link lien *m.*
to link lier
lion lion *m.*
liqueur liqueur *f.*
liquid liquide *m.*
list liste *f.*
to listen to écouter
literature littérature *f.*
little peu *m.*
to live habiter, vivre
liver foie *m.*
load charge *f.*
to load charger
loan prêt *m.*
local local (*pl.* locaux)
to locate repérer
to lock serrer
lodging logement *m.*
logic logique *f.*
logical logique
long long/longue
long live … vive …
long time longtemps
to look at regarder
to look for chercher
to lose perdre
lot, a lot beaucoup
lottery loterie *f.*
love amour *m.*
love of eating gourmandise *f.*
to love aimer
love, to be in love with être
   amoureux/-se de
low bas/-se
to lower baisser

lucid lucide
luck chance, veine *f.*
lukewarm tiède
lunch déjeuner *m.*

M

Ma'am Madame
machine machine *f.*
magazine magazine *m.*
magic magie *f.*
magic magique
magistrate magistrat *m.*
magnificent magnifique
mail courrier *m.*
main principal (*pl.* principaux)
to maintain entretenir, maintenir
maintenance entretien,
   maintien *m.*
major spécialisation *f.*
to major se spécialiser
majority majorité *f.*
to make faire
to make use of exploiter
make-up maquillage *m.*
malevolent malveillant
man homme *m.*
management direction *f.*,
   gestion *f.*
manager gérant/-e *m./f.*
manager (of apartment building)
   concierge *m./f.*
manner manière, façon *f.*
March mars *m.*
mark marque *f.*
to mark marquer
market marché *m.*
marriage mariage *m.*
to get married se marier (avec)
to marry épouser
marvellous merveilleux/-se
masculine masculin
mass messe *f.*
to master maîtriser
master's degree maîtrise *f.*
mastery maîtrise *f.*
to match assortir

materialistic matérialiste
maternal maternel/-le
maternity maternité f.
math (fam.) maths f.
mathematics mathématiques f.
matrimonial matrimonial (pl. matrimoniaux)
matter propos m.
matter matière f.
mature mûr
May mai m.
maybe peut-être
meal repas m.
to mean signifier, vouloir dire
meaning signification f., sens m.
means moyen m.
to measure mesurer
measurement mesure f.
meat viande f.
mechanic garagiste, mécanicien m.
medical médical (pl. médicaux)
mediocre médiocre
to meditate se recueillir
medium (cooked) à point
to meet rencontrer, retrouver, se réunir (avec)
meeting rencontre, réunion f., rendez-vous m.
member adhérent, membre m.
memorable mémorable
to memorize apprendre par cœur, mémoriser
memory mémoire f., souvenir m.
to menace menacer
mental mental (pl. mentaux)
mentality mentalité f.
merchant marchand/-e m./f.
merit mérite f.
to merit mériter
metal métal m.
meter mètre m.
method méthode f.
Mexican mexicain
Mexico Mexique m.
middle milieu, moyen m.
middle-class bourgeois/-e
middle-of-the-roader centriste

midnight minuit m.
midst, to be in the midst of être en train de
military militaire
million million m.
mine mine f.
miner mineur m.
mineral minéral (pl. minéraux)
mineral water eau minérale f.
minister ministre m.
minority minorité f.
miracle miracle m.
misfortune malheur m.
Miss Mademoiselle
to miss manquer (à), regretter
mistake erreur, faute f.
mistake, to make a mistake faire une erreur/faute, se tromper (de)
mistrust méfiance f.
misunderstanding malentendu m., mésentente f.
to mix mêler
mix-up quiproquo m.
mixture mélange, méli-mélo m.
mobility mobilité f.
model modèle m.
moderation modération f.
modern moderne
modest modeste
modesty modestie f.
to modify modifier
mom maman f.
moment moment m.
Mona Lisa Joconde f.
monarchy monarchie f.
Monday lundi m.
money argent m.
monies monnaies f.
monotony monotonie f.
monster monstre m.
month mois m.
monument monument m.
mood humeur f.
more plus
moreover d'ailleurs
morning matin m.
morning time matinée f.

Moroccan marocain
Morocco Maroc m.
mortal mortel/-le
Moslem musulman
most of la plupart des
mother mère f.
mother-in-law belle-mère f.
motive mobile, motif m.
motorcycle moto (fam.) f.
motorist automobiliste m./f.
motto devise f.
mount mont m.
mountain mont m.
mousse mousse f.
mouth bouche f.
to move bouger, remuer
movement mouvement m.
movies cinéma m.
mud boue f.
mugging aggression f.
murder meurtre m.
murderer meurtrier m.
murderous meurtrier/-ière
museum musée m.
mushroom champignon m.
music musique f.
music video clip m.
musical musical (pl. musicaux)
musician musicien/-ne m./f.
mustache moustache f.
mustache, having a moustachu
mustard moutarde f.
mute muet/muette
mysterious mystérieux/-se
to mystify mystifier

N

naïve naïf/naïve
name nom m.
to name nommer
napkin serviette f.
narrow étroit
nasty vilain
nation nation f.
national national (pl. nationaux)
nationalism chauvinisme, nationalisme m.

nationalistic chauvin
nationality nationalité f.
nationalization nationalisation f.
native natal, natif/-ve
natural naturel/-le
nature nature
to nauseate écœurer
nauseating écœurant
near près (de)
necessarily nécessairement
necessary nécessaire
to be necessary falloir
necklace collier m.
need besoin m.
to need avoir besoin de
negation négation f.
negative négatif/-ve
to neglect négliger
neighbor voisin/-e m./f.
neighborhood quartier m.
neighboring voisinant
neither ... nor ne ... ni ... ni
nerve nerf m.
to have nerve avoir du culot
nervous nerveux/-se
net filet m.
network réseau m.
never ne ... jamais
new neuf/-ve; nouveau/nouvel/
    nouvelle
New Caledonia Nouvelle-
    Calédonie f.
news nouvelles f.
newspaper journal
    (pl. journaux) m.
next ensuite, prochain
next day lendemain m.
nice agréable, gentil/-le,
    sympathique, sympa
nicely gentiment
night nuit f.
night before veille f.
no non
no longer ne ... plus
no matter what n'importe quoi
no more ne ... plus
no one ne ... personne
noise bruit m.

noisy bruyant
to nominate nommer
none aucun
nonsense charabia m.
noon midi m.
normal normal (pl. normaux)
north nord m.
North African maghrébin,
    nord-africain
nose nez m.
notably notamment
to note constater, noter
nothing ne ... rien
to notice remarquer
notion notion f.
notorious fameux/-se
noun nom, substantif m.
to nourish nourrir
novel roman m.
November novembre m.
now maintenant
nuance nuance f.
nuclear nucléaire
number chiffre, nombre,
    numéro m.

O

to obey obéir (à)
object objet m.
to object objecter
obligate obliger (à)
obligatory obligatoire, requis
obnoxious aggressif/-ve
to observe constater, observer
obsidian obsidienne f.
obstacle obstacle m.,
    contrariété f.
to obtain obtenir
occasion occasion f.
Occitan occitan m.
to occupy occuper
to occur arriver, dérouler,
    se passer
October octobre m.
octopus pieuvre f.
of de
to offer offrir

office bureau m.
office (lawyer's, doctor's)
    cabinet m.
official officiel/-le
offspring descendant m.
often souvent
oil huile f.
to oil huiler
oily gras/-se
OK d'accord, entendu
old vieux/vieil/vieille
oldest aîné
olive-colored olivâtre
to omit omettre
on sur
on board à bord
onion oignon m.
only ne ... que, seulement
only seul
to open ouvrir
openly ouvertement
opera opéra m.
opinion avis m., opinion f.
opinion, in the opinion of
    d'après, selon
opinion, to have an opinion
    about penser (de)
to oppose opposer
opposed, to be opposed to
    s'opposer
opposite contraire m.
opposition opposition f.
oppression oppression f.
optimist optimiste m./f.
optional facultatif/-ve
or ou
orange orange f.
orange orange
orchestra orchestre m.
to order commander
ordinal ordinal (pl. ordinaux)
organization organisation f.
to organize organiser
orientation orientation f.
origin origine, souche f.
original original (pl. originaux)
originality originalité f.
orphan orphelin/-e m./f.

other autre
otherwise autrement
outcome dénouement, résultat *m.*
outcry tollé *m.*
outside dehors, extérieur *m.*
outside of en dehors de, hors de
own propre
ozone ozone *m.*
ozone layer ozonosphère *f.*

P

package paquet *m.*
page page *f.*
pain peine *f.*
painful pénible
painting peinture *f.*, tableau (*pl.* tableaux) *m.*
pair paire *f.*
pal copain/copine *m./f.*
palace palais *m.*
pale pâle
pants pantalon *m.*
paragraph paragraphe *m.*
paranoid paranoïaque
parcel colis *m.*
pardon pardon *m.*
to pardon pardonner
parent parent *m.*
parenthesis parenthèse *f.*
parish paroisse *f.*
Parisian parisien/-ne
parking lot parking *m.*
parliament parlement *m.*
part partie *f.*
part-time mi-temps
part, to be a part of faire partie (de), figurer
participant participant *m.*
to participate participer (à)
particular particulier/-ière
particularity particularisme *m.*
partitive partitif *m.*
partner partenaire *m./f.*
party fête, surprise-partie *f.*, (political) parti *m.*
to pass passer
pass, to pass a course être reçu,

réussir (à)
passage passage *m.*
passerby passant *m.*
passive passif/-ve
past passé *m.*
paternity paternité *f.*
path chemin, cheminement *m.*
pathological pathologique
patience patience *f.*
patient patient
patiently patiemment
patois patois *m.*
pattern motif, patron *m.*
to pay payer (qqch à qqn), régler
pâté pâté *m.*
peaceful paisible
pear poire *f.*
peasant paysan/-ne *m./f.*
to penetrate pénétrer
people gens, peuple *m.*
pepper poivre *m.*
percentage pourcentage *m.*
percussion section batterie *f.*
perfect parfait
perfection perfection *f.*
to perform effectuer, exercer
perfume parfum *f.*
perhaps peut-être
period période *f.*
permanent permanent
to permit permettre (à qqn de faire qqch)
permitted permis
perpetual perpétuel/-le
persistent persévérant
person personne *f.*
personal personnel/-le
personality personnalité *f.*
personally personnellement
perspective perspective *f.*
to persuade persuader
persuasion persuasion *f.*
pessimist pessimiste *m./f.*
pharmacy pharmacie *f.*
phase phase *f.*
philosopher philosophe *m./f.*
philosophy philosophie *f.*
phobia phobie *f.*

photo photo *f.*
physical physique
physically physiquement
pianist pianiste *m./f.*
to pick cueillir
to pick up récupérer
picture image *f.*, tableau (*pl.* tableaux) *m.*
piece morceau *m.*
pig cochon *m.*
pilot pilote *m.*
pimple bouton *m.*
pink rose
pitiful minable, moche
to pity plaindre
pizza pizza *f.*
place endroit, lieu (*pl.* lieux) *m.*
to place mettre
plan plan, schéma *m.*
plant plante *f.*
planter cultivateur *m.*
plastic plastique *m.*
plate assiette *f.*, plat *m.*
play pièce *f.*
to play a game jouer (à)
to play an instrument jouer (de)
player joueur *m.*
playground cour de recréation *f.*
plaza place *f.*
pleasant agréable
pleasing, to be pleasing to plaire (à)
pleasure *m.* plaisir
plot intrigue *f.*
plumber plombier *m.*
plurality pluralité *f.*
pocket poche *f.*
poet poète *m.*
point point *m.*
point of debate, discussion argument *m.*
to point out signaler
police police *f.*
police headquarters commissariat *m.*
policy politique *f.*
polite poli
political politique

political science sciences politiques *f.*
poll sondage *m.*
polluter pollueur *m.*
pollution pollution *f.*
pond étang *m.*
poor pauvre
poorly mal
popular populaire
population population *f.*
pork porc *m.*
portrait portrait *m.*
position position *f.*
positive positif/-ve
to possess posséder
possession affaire, possession *f.*
possessive possessif/-ve
possibility possibilité *f.*
possible possible
post poste *m.*
post office poste *f.*, bureau de poste *m.*
to postpone remettre
potato chip chipe *f.*
pottery poterie *f.*
poverty pauvreté *f.*
power puissance *f.*, pouvoir *m.*
power, to hold power over détenir
powerful puissant
practice pratique *f.*
to pray prier
prayer prière *f.*
precaution précaution *f.*
to precede précéder
to take precedence primer
preceding précédant
precious précieux/-se
precise précis
to predict prévoir
prediction prévision *f.*
to prefer préférer
preferable préférable
preference préférence *f.*
prefix préfixe *m.*
pregnant enceinte
prejudice préjugé *m.*
preparation préparation *f.*

preparatory activity préparatif *m.*
to prepare préparer
preposition préposition *f.*
presence présence *f.*
present cadeau (*pl.* cadeaux) *m.*
presentation présentation *f.*
president président/-e *m./f.*
pressure pression *f.*
prestige prestige *m.*
prestigious prestigieux/-se
pretty joli
to prevail prévaloir
to prevent empêcher
price prix *m.*
pride fierté *f.*, orgueil *m.*
priest curé, prêtre *m.*
primitive abruti, primitif/-ve, sauvage
principal principal (*pl.* principaux)
principal principe *m.*
printer imprimeur *m.*
printer (of a computer) imprimante *f.*
priority priorité *f.*
prison prison *f.*
prisoner prisonnier/-ère *m./f.*
privatization privatisation *f.*
prize prix *m.*
probability probabilité *f.*
probable probable
problem problème *m.*
to produce produire
product produit *m.*
production production *f.*
profession profession *f.*
professional professionel/-le
profile profil *m.*
profit profit *m.*
to profit profiter (de)
program émission *f.*, programme *m.*
programmer programmeur/ programmeuse *m./f.*
progressive progressif/-ve
proletariat prolétariat *m.*
to prolong prolonger
to promise promettre

to promote promouvoir
promoted promu
promotion promotion *f.*
pronoun pronom *m.*
to pronounce prononcer
pronuncation prononciation *f.*
proof preuve *f.*
to proofread relire
to propose proposer
prosperous prospère
to protest protester
proud fier/fière
proverb proverbe *m.*
provided that pourvu que
province province *f.*
provincial provincial (*pl.* provinciaux)
to provoke provoquer
proximity proximité *f.*
prudent prudent
psychiatrist psychiatre *m./f.*
psychological psychologique
psychologist psychologue *m./f.*
public public *m.*
public public/publique
publicity publicité *f.*
to pull tirer
punch coup (de poing), (drink) punch *m.*
to punish punir
punishment peine *f.*
pupil élève *m./f.*
purchase achat *m.*
pure pur
purely purement
purple violet/-te
pursual poursuite *f.*
to push pousser
to put mettre
to put forth énoncer, exposer
to put out éteindre
to put to sleep coucher

Q

qualified qualifié
to qualify qualifier
quality qualité *f.*

quantity quantité *f.*
quarter trimestre *m.*
quartz quartz *m.*
queen reine *f.*
question question *f.*
to question contester,
   questionner
questionnaire questionnaire *m.*
quiz interrogation *f.*
to quote citer

R

race course, race *f.*
racism racisme *m.*
radio radio *f.*
radish radis *m.*
radium radium *m.*
rain pluie *f.*
to rain pleuvoir
raise augmentation *f.*
to raise élever, lever
to raise a point relever
range gamme *f.*
rank échelon, grade, rang *m.*
rapidity rapidité *f.*
rapport rapport *m.*
rare rare
rare (of meat) saignant
rarely rarement
rat rat *m.*
rate tarif *m.*
rather plutôt
raw cru
to reach atteindre
to react réagir
reaction réaction *f.*
reactionary réactionnaire
to read lire
reading lecture *f.*
ready prêt
to reaffirm réaffirmer
real véritable, vrai
real-estate agent agent
   immobilier *m.*
realistic réaliste
reality réalité *f.*
to realize se rendre compte de

really vraiment, vachement
   (fam.), drôlement
to reappoint recharger
reason raison *f.*
reasonable raisonnable
reasoning raisonnement *m.*
to reassure rassurer
to recall rappeler
receipt reçu *m.*
to receive recevoir
recent récent
recently dernièrement,
   récemment
reception (desk) réception *f.*
recipe recette *f.*
reciprocal réciproque
to recognize reconnaître
to recommend recommender
to reconcile réconcilier
record disque *m.*
recreation récréation *f.*
rectangular rectangulaire
red rouge
redhaired roux/rousse
to redo refaire
to reduce amincir, réduire
reduced réduit
reduction réduction *f.*
to refer back reporter
to refer to référer, se référer à
reference référence *f.*
referendum référendum *m.*
to refine raffiner
to reflect réfléchir (à), refléter
reflexive réfléchi
refreshment refraîchissement *m.*
refugee réfugié *m.*
refusal refus *m.*
to refuser refuser
regard égard *m.*
region pays *m.*, région *f.*
regional régional (*pl.* régionaux)
regret regret *m.*
to regret regretter
regrettable regrettable
regular régulier/-ère
regularly régulièrement
regulation règlement *m.*

rehearsal répétition *f.*
to reheat réchauffer
to reimburse rembourser
to reinforce renforcer
to reject rejeter
relation relation *f.*, rapport *m.*
relation, in relation to à propos
   (de), concernant, vis-à-vis (de)
relative parent *m.*
relative relatif/-ve
relatively relativement
to relax se détendre
relaxed relax
religion religion *f.*
religious religieux/-se
to reload recharger
remainder reste *m.*
to remark constater, remarquer
to remarry remarier
remedy remède *m.*
to remedy remédier (à)
to remember rappeler,
   se souvenir de
to remunerate rémunérer
to rent louer
to repair réparer, (on the spot)
   dépanner
repairman dépanneur *m.*
to repeat répéter
repeat, to repeat a course
   redoubler
to replace remplacer
replacement remplaçant *m.*
report rapport *m.*
to report rapporter
to represent représenter
representable représentable
representative représentant/-e
   m./f.
reproach reproche *m.*
to reproach reprocher
repetition répétition
republic république *f.*
repugnant répugnant
to be repugnant répugner
repulsive répugnant
reputation réputation *f.*
request demande *f.*

required obligatoire, requis
to reread relire
researcher chercheur *m.*
resemblance ressemblance *f.*
to resemble ressembler (à)
reservation réservation *f.*
reserve réserve *f.*
to reserve réserver
resident résident/-e *m./f.*
resignation démission, résignation *f.*
resignedness résignation *f.*
to resist résister (à)
to resolve résoudre
respect respect *m.*
to respect respecter
respect, with respect to à propos (de), concernant, vis-à-vis (de)
responsibility charge, responsabilité *f.*
responsible chargé (de), responsable (de)
to make responsible charger
to rest se reposer
restaurant restaurant *m.*
result résultat *m.*
resulting conséquent *m.*
resumé curriculum vitae, CV *m.*
to retain retenir
to retire prendre la retraite
retirement retraite *f.*
retreat retraite *f.*
to retrieve récupérer
return retour *m.*
to return rendre, rentrer, revenir, retourner
to reveal révéler
revelation révélation *f.*
revenge revanche *f.*
revenue revenue *m.*
to reverse renverser
review révision *f.*, (of play, movie) compte-rendu *m.*
to review réviser
to revolt révolter
revolution révolution *f.*
to reward récompenser
rhythm rythme *m.*

rib côte *f.*
rice riz *m.*
rich riche
to get rid of plaquer, se débarasser
ridiculous ridicule
right correct, juste
right droit *m.*
right (direction) droite (à)
to be right avoir raison
rightness justesse
ripe mûr
to rise se lever
risk risque *m.*
to risk risquer
risking susceptible (de)
rivalry rivalité *f.*
roach cafard *m.*
road chemin *m.*
roast rôti *m.*
robot robot *m.*
rock music rock *m.*
role rôle *m.*
room salle, pièce *f.*
rooster coq *m.*
root racine *f.*
rosé wine rosé *m.*
to rot pourrir
rotten pourri
round rond
route route *f.*
routine routine *f.*
rudimentary rudimentaire
rug tapis *m.*
rule règle *f.*
to run circuler, courir
rupture rupture *f.*
rural rural (*pl.* ruraux)
rustic rustique

S

to sacrifice sacrifier
sad triste
safari safari *m.*
safe sauf/sauve
salade salade *f.*
sale solde *m.*

sale, on sale en solde
salesperson vendeur/-euse *m./f.*
salient saillant
salt sel *m.*
salty salé
same même
satisfaction satisfaction *f.*
satisfied satisfait
to satisfy satisfaire (à)
Saturday samedi *m.*
sauce sauce *f.*
sauerkraut choucroute *f.*
sausage saucisse *f.*
to save économiser, faire des économies, sauver
savings économies *f.*
saxophone saxophone *m.*
to say dire
scale gamme *f.*
scandal scandale *m.*
scandalous scandaleux/-se
scene scène *f.*
school école *f.*
science science *f.*
science fiction science-fiction *f.*
score résultat *m.*
scorn mépris *m.*
screen écran *m.*
screenplay scénario *m.*
screenplay cinématographie *f.*
sculptor sculpteur *m.*
sculpture sculpture *f.*
sea mer *f.*
season saison *f.*
to season assaisonner
seat siège *m.*
to be seated s'asseoir
secret secret *m.*
secretary secrétaire *m./f.*
security sécurité *f.*
to seduce séduire
to see voir
to see again revoir
to seek out rechercher
to seem paraître, sembler
to seem like avoir l'air de
to seize saisir
selection sélection *f.*

selfish égoïste
to sell vendre
semester semestre *m.*
seminar séminaire *m.*
seminary séminaire *m.*
semolina semoule *f.*
senate sénat *m.*
senator sénateur *m.*
to send envoyer
to send back renvoyer
sense sens *m.*
sentence phrase *f.*
sentimental sentimental (*pl.* sentimentaux)
to separate séparer
September septembre *m.*
series série *f.*
serious grave, sérieux/-se
servant servant/-e *m./f.*
to serve servir
service service *m.*
session séance, session *f.*
setting décor *m.*
to settle régler
to settle in s'installer
several plusieurs
severe sévère
sexy sexy
to shake hands serrer la main
shame dommage *m.*, honte *f.*
shameful honteux, infâme
shape forme *f.*
share part *f.*
to share partager
to shatter briser
to shave se raser
sheet drap *m.*, (of paper) feuille *f.*
shirt chemise *f.*
shoe chaussure *f.*
short court
show spectacle *m.*
to show montrer
shower douche *f.*
showing séance *f.*
shuttle navette *f.*
shy timide
sick malade
sickening écœurant

sickness maladie *f.*
side côté *m.*, face *f.*
siege siège *m.*
sign signe *m.*
to sign signer
signature signature *f.*
silk soie *f.*
silly insipide
similar pareil/-le, semblable, similaire
simple simple
simply simplement
since depuis, puisque
sincere sincère
to sing chanter
singer chanteur/chanteuse, cantatrice *m./f.*
sister sœur *f.*
site local, site *m.*
to situate situer
situation situation *f.*
size pointure, taille *f.*
ski ski *m.*
to go skiing faire du ski
skillful adroit
to skim (reading) parcourir
skirt jupe *f.*
sky ciel *m.*
slang argot *m.*
slang, relating to argotique
sleep sommeil *m.*
to sleep dormir
to be sleepy avoir sommeil
slight léger/légère
slim mince
slimming amincissant
slipper pantoufle *f.*
slow lent
small petit
to smell sentir
smile sourire *m.*
to smile sourire
to smoke fumer
smooth mœlleux/-se
snail escargot *m.*
snob snob
to snore ronchonner
snow neige *f.*
to snow neiger

so alors, donc
so many tant, tellement
soccer football, foot (fam.) *m.*
sociable sociable
social social (*pl.* sociaux)
socialism socialisme *m.*
to socialize socialiser
society société *f.*
sociology sociologie *f.*
sock chausette *f.*
sofa divan *m.*
soft mou/mol/molle
software logiciel *m.*
sole (shoe) semelle *f.*
solution solution *f.*
some quelque
someone quelqu'un
something quelque chose
sometimes parfois
son fils *m.*
song chanson *f.*
soon bientôt
sophisticated sophistiqué
sophistication savoir-vivre *m.*
soprano soprano *f.*
sorrow peine *f.*, regret *m.*
sorry désolé
sort espèce, sorte *f.*
soul âme *f.*
sound son *m.*
to sound sonner
soup soupe *f.*
source source *f.*
south sud *m.*
southern sudiste
space espace *m.*
spacious spacieux/-se
Spanish espagnol
to speak parler
speaker locuteur/locutrice *m./f.*
speaking of à propos de
special spécial (*pl.* spéciaux)
specialist spécialiste *m./f.*
speciality spécialité *f.*
specialization spécialisation *f.*
to specialize in se spécialiser (dans, en)
to specify préciser
spectacle spectacle *m.*

spectator spectateur *m.*
speech discours *m.*
speed rapidité, vitesse *f.*
spelling orthographe *f.*
to spend time consacrer
spendthrift dépensier/-ère *m./f.*
spider araignée *f.*
to spill renverser
spirit esprit *m.*
splendid splendide
to spoil (a child) gâter
spoon cuillère *f.*
sport sport *m.*
spouse conjoint/-e, époux/
   épouse *m./f.*
to spread diffuser
spring printemps *m.*
spying espionnage *m.*
square carré *m.*, case *f.*
squash courgette *f.*
stable écurie *f.*
stain tache *f.*
to stand in line faire la queue
standard standard
star étoile *f.*
state état *m.*
statistic statistique *f.*
status statut *m.*
statute statut *m.*
stay séjour *m.*
to stay rester
steak bifteck *m.*
to steal voler, piquer (fam.)
steel acier *m.*
steering wheel volant *m.*
step pas *m.*
step-brother demi-frère *m.*
step-sister demi-sœur *f.*
stereotype stéréotype *m.*
to stick coller
still encore
stimulating stimulant
to stir remuer
stock action, souche *f.*,
   stock *m.*
stone pierre *f.*
to stop arrêter, cesser
to stop (oneself) s'arrêter
stopover escale *f.*

store magasin *m.*
story conte, potin *m.*, histoire *f.*
stove cuisinière *f.*
strange bizarre
stranger étranger/-ère *m./f.*
stratification stratification *f.*
stream source *f.*
street rue *f.*
stressed anxieux/-se, stressé
to stretch tendre
strict exigeant, sévère
strike grève *f.*
to strike frapper
strong fort
structure structure *f.*
stubborn têtu
student étudiant/-e *m./f.*
students, relating to estudiantin
study étude *f.*
to study étudier, bosser (fam.),
   bûcher (fam.)
stupid bête, stupide
stupid error bêtise *f.*
style style *m.*
stylish chic
subject matter matière *f.*
subjunctive mood subjonctif *m.*
to submit soumettre
substitute remplaçant *m.*
subtitle sous-titre *m.*
subtitled sous-titré
subtle, to make subtle nuancer
subtlety nuance, subtilité *f.*
suburbs banlieue *f.*
subway métro *m.*
to succeed réussir (à)
such tel, tellement
sudden soudain
suddenly soudain
to suffer souffrir
to suffice suffire
sufficient suffisant
suffix suffixe *m.*
suffrage suffrage *m.*
sugar sucre *m.*
sugary sucré
to suggest suggérer
suggestion suggestion *f.*
to suit convenir

suitable convenable
to summarize résumer
summary résumé *m.*
summer été *m.*
summer camp colonie de
   vacances *f.*
sun soleil *m.*
Sunday dimanche *m.*
superficial superficiel/-le
superior supérieur
superiority supériorité *f.*
supermarket supermarché *m.*
to supervise surveiller
to suppose supposer
to suppress supprimer
sure certain, sûr
surgery chirurgie *f.*
surprise surprise *f.*
to surprise étonner, surprendre
to be surprised être surpris,
   s'étonner
surprising étonnant, surprenant
to surround entourer
surroundings alentours, milieu *m.*
susceptible susceptible
suspect suspect *m.*
to suspect douter, se douter de
suspect suspect
to swear jurer
sweater pull *m.*
sweet doux/douce, sucré
Swiss suisse
symbolic symbolique
to sympathize compatir
syndrome syndrôme *m.*
synonym synonyme *m.*
synthesis synthèse *f.*
system système *m.*

T

table table *f.*
table setting couvert *m.*
tact tact *m.*
tail queue *f.*
to take prendre
to take a meal, a drink prendre
   un repas, une boisson

to take away emmener
to take off enlever, ôter, (airplanes) décoller
to take out emporter
to take up reprendre
talented doué, talenteux/-se
tanned complexion basané
task tâche *f.*
taste goût *m.*
to taste goûter
tasteless fade
tax impôt *m.*
taxi taxi *m.*
taxpayer contribuable *m.*
tea thé *m.*, (herbal infusion) tisane *f.*
to teach enseigner
teacher (elementary school) instituteur, institutrice *m./f.*, (high school, university) professeur *m.*, (fam.) prof *m./f.*
teaching enseignement *m.*
team équipe *f.*
to tease taquiner
technician technicien/-ne *m./f.*
technology technologie *f.*
telephone téléphone *m.*
telephone call coup (de téléphone) *m.*
to telephone téléphoner (à)
television télévision *f.*
to tell raconter
temporal temporel/-le
to tempt tenter
tendency tendance *f.*
tender tendre
tenor ténor *m.*
term terme *m.*
term paper mémoire *m.*
terrace terrasse *f.*
terrible terrible
terrorism terrorisme *m.*
test contrôle, examen, test *m.*, épreuve *f.*
test tube éprouvette *f.*
to testify témoigner
text texte *m.*
thank you merci *m.*

that is to say c'est-à-dire
theater théâtre *m.*
theft vol *m.*
then alors, donc, ensuite, puis
theoretical théorique
therapist thérapeute *m./f.*
there là-bas
there is voilà
thief voleur *m.*
thin mince
thin, to become thin amincir
thing chose *f.*, machin, truc *m.*
to think about penser (à)
third tiers *m.*
Third World Tiers Monde *m.*
thirst soif *f.*
to be thirsty avoir soif
thirty, around trentaine *f.*
thoroughfare voie *f.*
thought pensée, réflexion *f.*
thousand mille *f.*
thousands miliers *m.*
threat menace *f.*
to threaten menacer
to throw lancer
Thursday jeudi *m.*
thus ainsi
ticket billet *m.*
tie cravate *f.*
to tie lier
tile tomette, tuile *f.*
time fois *f.*, temps *m.*
time, to spend time passer du temps (à)
time period époque *f.*
timid timide
to tint teindre
tip service *m.*
tire pneu *m.*
tired fatigué
tiring fatiguant
title titre *m.*
to à (au, aux)
toad crapaud *m.*
today aujourd'hui
together ensemble
token jeton *m.*
tomorrow demain

tone ton *m.*
too many trop
too much trop
tooth dent *f.*
tortoise tortue *f.*
total total
totalitarian totalitaire
to touch toucher
tour tour *m.*
tourism tourisme *m.*
tourist touriste *m./f.*
tourist (relating to) touristique
toward envers, vers
tower tour *f.*
toy jouet *m.*
trace trace *f.*
trade métier *m.*
tradition tradition *f.*
traditional traditionnel/-le
traffic circulation *f.*
train train *m.*
train station gare *f.*
training formation *f.*
tranquil calme, tranquille
to transfer muer, transférer
to transform transformer
transit transit *m.*
transition transition *f.*
to translate traduire
translation traduction *f.*
transportation transport *m.*
trash can poubelle *f.*
traumatized traumatisé
to travel voyager
treasure trésor *m.*
to treat traiter
tree arbre *m.*
trend vague *f.*
trial essai, procès *m.*
trick tour *m.*
trimester trimestre *m.*
trip trajet, voyage *m.*
trouble trouble *m.*
true véritable, vrai
to trust se fier à
truth vérité *f.*
to try essayer (de), tenter (de)
tuberculosis tuberculose *f.*

Tuesday mardi *m.*
to turn tourner
to turn off éteindre
to turn on allumer, mettre
turnip navet *m.*
tuxedo smoking *m.*
twin jumeau/jumelle
 (*pl.* jumeaux) *m./f.*
type espèce, sorte *f.*, type *m.*
to type taper

U

UFO OVNI
ugh! berk, beurk
ugly laid
unbelievable incroyable
to unbutton déboutonner
uncertainty incertitude *f.*
uncle oncle *m.*
unclean malpropre
under sous
underdeveloped sous-développé
underdevelopment
 sous-développement
to underline souligner
to understand comprendre,
 saisir (le sens)
understanding compréhension,
 entente, sympathy *f.*
to undertake entreprendre
to undo défaire
undrinkable imbuvable
uneasiness malaise *m.*
unemployed worker chômeur/
 chômeuse *m./f.*
unemployment chômage *m.*
unfaithful infidèle
unforgettable inoubliable
unfortunate malheureux/-se
unfortunately malheureusement
unhappy mécontent
unhealthy malsain
unification unification *f.*
unified unifié
to unify unifier
union syndicat *m.*, union *f.*
union-related syndical

unique unique
unit unité *f.*
to unite unir
United Nations Organisation
 des Nations Unies, ONU *f.*
United States Etats-Unis *m.*
universal universel/-le
university faculté, fac (fam.),
 université *f.*
university-related universitaire
unless moins, à moins de/que,
 sans que
unlucky malchanceux/-euse
unsatisfied inassouvi
until jusqu'à ce que
up until jusque
upbringing éducation *f.*
upset agité, traumatisé
to get upset affoler
to use employer, se servir de,
 utiliser
to get used to s'adapter
useful utile
useless inutile
user utilisateur/utilisatrice *m./f.*
usually d'habitude, normalement
utopia utopie *f.*

V

vacant vacant
vacation congé *m.*, vacances *f.*
to vaccinate vacciner
valuable valable
value valeur *f.*
vampire vampire *m.*
variation variation *f.*
variety variété *f.*
to vary varier
vast vaste
verb verbe *m.*
to verify vérifier
vermouth martini *m.*
verse vers *m.*
very très
Vietnamese vietnamien/-ne
view vue *f.*
viewer spectateur *m.*

village village *m.*
violence violence *f.*
violent violent
violently violemment
violet violet/-te
violinist violoniste *m./f.*
visit visite *f.*
to visit a person faire/rendre
 visite à
to visit a place visiter
visitor visiteur *m.*
vocabulary vocabulaire *m.*
vocal vocal (*pl.* vocaux)
voice voix *f.*
void vide *m.*
volcano volcan *m.*
volume volume *m.*
volunteer volontaire *m./f.*
volunteer work bénévolat *m.*
to do volunteer work faire du
 bénévolat
vowel voyelle *f.*

W

to wait attendre
waiter/waitress serveur/serveuse
 m./f., garçon *m.*
to wake oneself up se réveiller
to wake up someone réveiller
to walk marcher
walk, to take a walk
 promener, se
wallet portefeuille *m.*
to want avoir envie (de), désirer,
 vouloir
war guerre *f.*
warm chaleureux/-se
warmth chaleur *f.*
to wash laver
to wash oneself se laver
to watch garder
water eau *f.*
to water arroser
waterproof étanche
wave vague *f.*
way chemin *m.*, voie *f.*, (a
 means) moyen *m.*, façon *f.*

weak faible
weapons armes *f.*
to wear porter
weather temps *m.*
weather report météo *f.*
Wednesday mercredi *m.*
week semaine *f.*
weekend week-end *m.*
weight poids *m.*
welcome accueil *m.*
to welcome accueillir
welcome! bienvenu
well bien
well-behaved sage
well-being bien-être *m.*
well-meaning bienveillant
werewolf loup-garou *m.*
west ouest *m.*
western (film) western *m.*
when lorsque, quand
where où
whether si
which quel, lequel
while pendant, tandis que
whining plaintif/-ve
whiskey whisky *m.*
white blanc/blanche
who qui
why pourquoi
wicked méchant
widower/widow veuf/veuve *m./f.*

wife femme *f.*
willingly volontiers
to win gagner
wind vent *m.*
window fenêtre *f.*
to be windy faire du vent
wine vin *m.*
wink clin (d'œil) *m.*
winter hiver *m.*
wise sage
wish souhait *m.*
to wish souhaiter
witch sorcière *f.*
with avec
to withdraw retirer
within dans, là-dedans
without sans, sans que
witness témoin *m.*
witnessing témoignage
woman dame, femme *f.*
wonderful formidable
woods bois *m.*
wool laine *f.*
word mot *m.*, parole *f.*
work emploi, job, travail (*pl.* travaux), boulot (fam.) *m.*
to work travailler
to work out faire de la gymnastique
worker ouvrier/ouvrière *m./f.*, travailleur *m.*

world monde *m.*
world mondial (*pl.* mondiaux)
to be worried s'inquiéter
worry inquiétude *f.*, souci *m.*
to worry inquiéter
worse, to get worse empirer
worth rentabilité, valeur *f.*
to be worth valoir
worthy brave, digne
to wound blesser
wretched lamentable
to write écrire
wrong mal (*pl.* maux)
wrong tort *f.*
to be wrong avoir tort

Y

year an *m.*, année *f.*
yellow jaune
yes oui, si
yesterday hier
yet encore
young jeune
younger cadet
youngest benjamin *m.*
youth jeunesse *f.*

Z

Zaire Zaïre *m.*

Index de l'Autrement dit

L'index suivant répertorie les actes de paroles et le vocabulaire présentés dans l'Autrement dit.

Index grammatical

Marie ROUANET, *Nous les filles* pp. 15/17 (Payot 1990); Locha MATESO, for use of the following poems appearing in *l'Anthologie de la poésie d'Afrique noire d'expression française*, Nouvelles Editions Africaines: Malick FALL, "Ecoliers", *L'Argile du rêve*, Nouvelles Editions Africaines, Maurice KONE, "Paraboles", *Reliefs*, Editions Présence Africaine; Albert CAMUS, Journaux de voyage, © Editions GALLIMARD; Caisse Nationale des Allocations Familiales, "Vous attendez un enfant"; Daniel LATOUCHE, *Réponse à un ami canadien*, Les Editions du Boréal; INA, excerpt for television: "L'Histoire immédiate: la nouvelle France"; Extraits de l'épisode de «Maguy» intitulé «La SICAV se rebiffe,» une production TELEIMAGES/France 2. Auteurs de l'épisode: Stéphane BARBIER, Jean-Guy GINGEMBRE, Jean HACIE, Pierre COLIN-THIBERT. Périodiques Reader's Digest Limitée; Excerpt from l'histoire immédiate: la nouvelle France, originally broadcast by Antenne 2 (Paris). The complete video from which this excerpt is taken is available in the United States and Canada from PICS, 266 International Center, University of Iowa, Iowa City, IA 52242 (Tel. 1-800-373-PICS).